Das Mittelalter zwischen Vorstellung und Wirklichkeit

AF280815

Waxmann Verlag GmbH
Steinfurter Straße 555, 48159 Münster
info@waxmann.com

Thomas Martin Buck,
Nicola Brauch (Hg.)

Das Mittelalter zwischen Vorstellung und Wirklichkeit

Probleme, Perspektiven und Anstöße für die Unterrichtspraxis

Waxmann 2011
Münster / New York / München / Berlin

Bibliografische Informationen der Deutschen Nationalbibliothek

Die Deutsche Nationalbibliothek verzeichnet diese Publikation in der
Deutschen Nationalbibliografie; detaillierte bibliografische Daten sind
im Internet über http://dnb.d-nb.de abrufbar.

ISBN 978-3-8309-2305-3

© Waxmann Verlag GmbH, Münster 2011

www.waxmann.com
info@waxmann.com

Umschlaggestaltung: Anne Breitenbach, Tübingen
Umschlagabbildung: Sven Kommer, Freiburg

Gedruckt auf alterungsbeständigem Papier,
säurefrei gemäß ISO 9706

Vorwort

Der vorliegende Band geht auf ein Mittelalter-Symposion zurück, das vom 24. bis 26. September 2009 an der Pädagogischen Hochschule Freiburg stattfand[1]. Die Tagung verfolgte zwei Ziele: Zum einen sollte ein Dialog zwischen den verschiedenen historischen Disziplinen, die sich mit der Epoche des Mittelalters an Schule, Hochschule und Universität befassen (Forschung, Didaktik, Mittelalterunterricht an der Schule), eingeleitet werden. Zum anderen ging es darum, das didaktische Potential der populären Mittelalterkultur für die Mediävistik, aber auch für die Geschichtsdidaktik und damit für Schule und Unterricht auszuloten und fruchtbar zu machen.

Dass es sich dabei um einen komplexen Prozess handelt, der Zeit braucht und auch gewachsene institutionelle Vorbehalte und Interessen berücksichtigen muss, ist im Laufe der Tagung deutlich geworden. Es ist ein Unterschied, ob man über die Geschichte der mittelalterlichen Stadt in universitären Zusammenhängen forscht[2], ob man diese Geschichte an Schulen im Anschluss an staatliche Bildungspläne angemessen vermitteln und lehren will oder ob man diese mittelalterliche Stadt, von der man in der Lehre ja eigentlich nur abstrakt handeln kann[3], in der Gegenwart tatsächlich nachbaut, wie dies etwa im „Histotainment Park Adventon" bei Osterburken durch Michael E. Wolf geschieht[4].

In allen drei Fällen wird ein „Dialog zwischen dem Mittelalter und der Gegenwart"[5] eingeleitet, aber der Zugang zur Epoche gestaltet sich doch jeweils unterschiedlich. Der erste Zugang ist theoretisch, der zweite didaktisch, der dritte experimentell oder performativ ausgerichtet. Aber alle drei „Zugänge" versuchen, das

---

1   Mittelalter-Symposion. Das Mittelalter zwischen Vorstellung und Wirklichkeit. Probleme, Perspektiven und Anstöße für die Unterrichtspraxis. 24.09.2009–26.09.2009. Pädagogische Hochschule Freiburg. Vgl. URL: http://hsozkult.geschichte.hu-berlin.de/termine/id=11667 (Konferenzankündigung von Thomas Martin Buck); http://hsozkult.geschichte.hu-berlin.de/tagungsberichte/id=2835 (Tagungsbericht von Nicola Brauch). Siehe auch den Bericht von Maik NOLTE, Das Mittelalter als Wille und Vorstellung. Und der Mediävist als Experte für Requisiten: Zur populären Aneignung einer Epoche, in: Frankfurter Allgemeine Zeitung vom 30.12.2009, Nr. 302, S. N3.

2   Wie dies etwa das Mittelalter-Zentrum der Albert-Ludwigs-Universität Freiburg mit dem Sonderforschungsbereich „Urbanitas. Manifestationen des Wissens in Mittelalter und Früher Neuzeit" (SFB 913) versucht (Sprecher: Prof. Dr. Maarten JFM Hoenen).

3   Von Handlungsorientierung („Geschichte als Erlebnis") ist im Bereich akademischen Lernens ja eher am Rande die Rede, während sie im schulischen Lehr- und Lernbereich eine sehr wichtige Rolle spielt. Siehe hierzu Bärbel VÖLKEL, Handlungsorientierung im Geschichtsunterricht, 2. Aufl., Schwalbach/Ts. 2008.

4   URL: http://www.adventon.de/ (Zugriff am 06.12.2010).

5   Hans-Werner GOETZ, Moderne Mediävistik. Stand und Perspektiven der Mittelalterforschung, Darmstadt 1999, S. 33.

Mittelalter auf ihre Weise zu vergegenwärtigen und „aktuell" zu halten, tragen also nicht unwesentlich zum Mittelalterbild unserer Gegenwart bei.

Die Tagung, die Mediävisten und Geschichtsdidaktiker, aber auch Museumsmitarbeiter, Lehrer und Studierende sowie Erziehungswissenschaftler zum wechselseitigen Austausch zusammenführte, warf Streiflichter auf eine vergangene Epoche, die in der öffentlichen Wahrnehmung nachweislich eine prominente Rolle spielt. Es versteht sich von selbst, dass es sich dabei nur um ausgewählte Perspektiven handeln konnte[6]. Das Feld der populären Geschichtskultur ist im Falle des Mittelalters mittlerweile so groß und unübersehbar geworden, dass man es kaum noch zureichend erfassen und abbilden kann. Es gibt nahezu kein Medium oder Genre, das sich des Mittelalters nicht auf die eine oder andere Weise bemächtigt hätte. Das reicht vom historischen Roman bis zum Computerspiel, Kino, Comic und Spielzeug. Der Rezeption und Adaption sind nahezu keine Grenzen (mehr) gesetzt, so dass man geradezu von einer Omnipräsenz des Mittelalters in der Geschichtskultur sprechen kann.

Gerade deshalb schien es uns notwendig, alle diejenigen, die in unterschiedlichen Institutionen und Bereichen mit dem Mittelalter und seiner Vermittlung befasst sind, miteinander ins Gespräch zu bringen: Forschung, Populärkultur, Fachdidaktik und Schulpraxis. Dass das Gespräch notwendig ist, erhellt aus der Tatsache, dass wir es derzeit mit zwei gegenläufigen Entwicklungen zu tun haben: Während das populäre Mittelalter boomt, wird, worauf Hans-Werner Goetz 2007 eindringlich hingewiesen hat, das akademische Mittelalter zunehmend marginalisiert[7]. Damit stellen sich u.a. folgende Fragen: Wie ist diese gegenläufige Entwicklung zu erklären? Lassen sich beide Tendenzen zusammenführen oder einander annähern? Was hat das akademische Mittelalter mit dem populären zu tun oder schließen sich die beiden Mittelalterbilder a priori aus? Gibt es Konvergenzen, Verbindungslinien oder Wechselwirkungen zwischen der akademischen und der populären Aneignungs- und Repräsentationsform der mittelalterlichen Epoche? Wie lässt sich die populäre Mittelalterkultur so in Schule und Unterricht integrieren, dass das „his-

---

6   Es fehlt z.B. der Mittelalter-Comic, aber auch die Jugendliteratur oder die musikalische
      Mittelalterrezeption. Zum Comic, zur Jugendliteratur und zur Musik vgl. Hubert MITTLER,
      Prinz Eisenherz oder: Das Mittelalter in der Sprechblase. Das Bild von Ritter und Rittertum
      zwischen 1000 und 1200 in ausgewählten historisierenden Comics, Frankfurt a.M. 2008;
      Melanie ROSSI, Das Mittelalter in Romanen für Jugendliche. Historische Jugendliteratur und
      Identitätsbildung, Frankfurt a.M. 2010; Mittelalter-Sehnsucht? Texte des interdisziplinären
      Symposions zur musikalischen Mittelalterrezeption an der Universität Heidelberg, April 1998,
      hg. von Annette KREUTZIGER-HERR und Dorothea REDEPENNING, Kiel 2000 und Annette
      KREUTZIGER-HERR, Ein Traum vom Mittelalter. Die Wiederentdeckung mittelalterlicher
      Musik in der Neuzeit, Köln – Weimar – Wien 2003.
7   Vgl. Hans-Werner GOETZ, Dossier zur Situation der Mediävistik in Deutschland, in: Das
      Mittelalter 12 (2007) 1, S. 161–179.

torische" Mittelalter dabei nicht ganz aus dem Blickfeld rückt oder marginalisiert wird?

Fest steht jedenfalls, dass eine Auseinandersetzung nötig ist. Die populäre Geschichtskultur, die sich rasant entwickelt und seit einigen Jahren auch verstärkt die Aufmerksamkeit sowohl der Fachwissenschaft als auch der Fachdidaktik findet, ist nicht nur selbstverständlicher Teil des öffentlichen Geschichtsbewusstseins und damit der Geschichtskultur, sie prägt und beeinflusst diese auch nachhaltig. Die Grenzlinien zwischen dem Umgang mit Geschichte innerhalb und außerhalb der Wissenschaft sind gerade im Bereich des Mittelalters „porös"[8] geworden. Insofern verbietet es sich schon aus pädagogisch-didaktischen Gründen, die populären Aneignungs- und Distributionsformen der Vergangenheit, zumal es sich dabei auch um Wissenskulturen handelt, (weiterhin) zu ignorieren oder von vornherein als unwissenschaftlich oder unakademisch abzutun. Sie sind für junge Menschen und Erwachsene wichtige Zugangsweisen zur Geschichte (Geschichte als Erlebnis, als Unterhaltung und Freizeitbeschäftigung, als Selbsterfahrung), die sie – etwa im Bereich der neuen Medien – längst kennen, bevor sie in die institutionelle Bildungs- und Lernkultur der Schule eintreten. Außerdem spielen geschichtskulturelle Angebote unserer zeitgenössischen Gegenwart im Rahmen der modernen Kompetenzdiskussion, die auf die Förderung eines reflektierten Geschichtsbewusstseins abzielt, eine zunehmend bedeutsamere Rolle[9].

Der vorliegende Band hat deshalb die Aufgabe, auf die Möglichkeiten, aber auch auf die Grenzen des Umgangs mit der mittelalterlichen Populärkultur in Hochschule, Schule und Unterricht hinzuweisen. Es soll deutlich werden, dass die populäre Aufbereitung des Mittelalters ein didaktisches Potential birgt, das noch kaum angemessen analysiert und erschlossen ist. Die Auseinandersetzung mit den genannten Phänomenen stellt deshalb nach Auffassung der Herausgeber für alle Beteiligten eine Bereicherung dar. Die wissenschaftliche Befassung mit Phänomenen der populären Geschichtskultur ist auch deshalb nötig, weil sich der Umgang mit Geschichte in modernen demokratischen Gesellschaften nicht (mehr) „hoheitlich" (etwa über Lehr- und Bildungspläne) steuern oder kontrollieren lässt. Die „kollektive Geschichte" und die damit einhergehenden „Geschichts- und Erinnerungsbilder" lassen sich nicht mehr einfachhin verordnen, sondern sind Ergebnis

---

8   Dieter LANGEWIESCHE, Geschichtsschreibung und Geschichtsmarkt in Deutschland, in: Ders., Zeitwende. Geschichtsdenken heute, hg. von Nikolaus BUSCHMANN und Ute PLANERT, Göttingen, 2008, S. 9–17, S. 14.

9   Vgl. Hans-Jürgen PANDEL, Geschichtsunterricht nach PISA. Kompetenzen, Bildungsstandards und Kerncurricula, Schwalbach/Ts. 2005, S. 40–49; Bernd SCHÖNEMANN, Geschichtsdidaktik, Geschichtskultur, Geschichtswissenschaft, in: Geschichts-Didaktik. Praxishandbuch für die Sekundarstufe I und II, hg. von Hilke GÜNTHER-ARNDT, Berlin 2003, S. 19f. und Dietmar VON REEKEN, Geschichtskultur im Geschichtsunterricht. Begründungen und Perspektiven, in: Geschichte in Wissenschaft und Unterricht 55 (2004) S. 233–240.

komplizierter Aushandlungsprozesse, an denen alle Elemente einer Gesellschaft partizipieren[10].

Schulen und Hochschulen haben deshalb nicht zuletzt die Aufgabe, die Schülerinnen und Schüler, aber auch die Studierenden und die angehenden Lehrpersonen, zu befähigen, an solchen Diskursen kritisch und reflektiert teilzunehmen. Wenn die Fachwissenschaft die Manifestationen der öffentlichen Geschichtskultur ignoriert oder sich selbst überlässt, weil sie als unwissenschaftlich oder unakademisch erachtet werden, verliert sie nicht nur an Einfluss, sie begibt sich auch der Möglichkeit, ihre fachliche und methodische Kompetenz in diese Aushandlungsprozesse angemessen einzubringen. Es geht, um es etwas pathetisch zu formulieren, um die gemeinsame Arbeit an unserer Vergangenheit, zu der nachgerade auch die mittelalterliche Geschichte zählt, – hat das Mittelalter nach einem Diktum des italienischen Sprachwissenschaftlers Umberto Eco doch „alles erfunden, was uns noch heute zu schaffen macht [...]"[11].

Im Falle des Mittelalters ist diese geschichtskulturelle Arbeit deshalb besonders wichtig, weil es wohl keine andere Epoche gibt, die seit ihrer „Erfindung" in der frühen Neuzeit derart intensiv rezipiert, adaptiert, instrumentalisiert und funktionalisiert worden ist[12]. „Nie hat die Zeit", so hat Ernst Voltmer 1987 formuliert, „eine Chance gehabt, wie sie gewesen, d.h. in ihrer eigenen Wertigkeit gesehen zu werden, immer wurde und wird sie benutzt, instrumentalisiert, mythisiert oder als Negativ-Folie (Nicht-Aufklärung, Nicht-Moderne), als mal verklärte, mal verteufelte Gegenwelt der jeweiligen Gegenwart präsentiert. Eben weil es von Anfang an schon nur als Alibi und als Spiegel konzipiert wurde, fällt auch heute, bei allem Fortschritt unseres Wissens, uneingeschränkte Neutralität gegenüber dem Mittelalter schwer"[13].

Der vorliegende Band versucht deshalb aus der Sicht der Mediävistik und der Geschichtsdidaktik Probleme und Perspektiven des Umgangs mit der populären

---

10 Vgl. Edgar WOLFRUM, Geschichte als Waffe. Vom Kaiserreich bis zur Wiedervereinigung, Göttingen 2001, S. 5f., der betont, dass auch in „demokratischen, auf Konkurrenz und Pluralismus basierenden Gesellschaften" (S. 6) Geschichtspolitik betrieben werde.

11 Umberto ECO, Zehn Arten, vom Mittelalter zu träumen, in: DERS., Über Spiegel und andere Phänomene. Aus dem Italienischen von Burkhart KROEBER, München – Wien 1988, S. 111–126, S. 116.

12 Vgl. Gerd ALTHOFF, Sinnstiftung und Instrumentalisierung. Zugriffe auf das Mittelalter. Eine Einleitung, in: Die Deutschen und ihr Mittelalter. Themen und Funktionen moderner Geschichtsbilder vom Mittelalter, hg. von Gerd ALTHOFF, Darmstadt 1992, S. 1–6 und Veronika ORTENBERG WEST-HARLING, Medievalism as Fun and Games, in: Defining Medievalism(s) II, hg. von Karl FUGELSO (Studies in Medievalism 18), Cambridge 2009, S. 1–16, S. 2.

13 Ernst VOLTMER, Das Mittelalter ist noch nicht vorbei ... Über die merkwürdige Wiederentdeckung einer längst vergangenen Zeit und die verschiedenen Wege, sich ein Bild davon zu machen, in: Ecos Rosenroman. Ein Kolloquium, hg. von Alfred HAVERKAMP und Alfred HEIT, München 1987, S. 185–228, S. 197f.

Mittelalterkultur aufzuzeigen und zugleich Anstöße für die konkrete Unterrichtspraxis zu geben[14].

In einem ersten Teil wird die Perspektive der Mittelalterforschung bzw. der Mediävistik wiedergegeben. Th. M. Buck weist darauf hin, dass der alteritätsfreie Umgang mit der mittelalterlichen Vergangenheit zwar grundsätzlich kein Problem darstelle, da viele geschichtskulturellen Angebote ihren Reiz gerade aus der Abweichung von historisch Triftigem ziehen. Schwierig werde es allerdings dann, wenn die Beschäftigung mit dem Mittelalter mehr sein wolle als Event, Entertainment und Unterhaltung. H.-W. Goetz betont zum einen, dass Geschichtswissenschaft wie Geschichtsunterricht zwar der Aktualitätsforderung unterliegen, diese aber hinsichtlich ihres Stellenwerts im Mittelalter prüfen und in das Mittelalterspezifische einordnen müssen. Zum anderen stellt er heraus, dass unser „Mittelalter zwischen Vorstellung und Wirklichkeit" geschichtswissenschaftlich nur dann für die Gegenwart nutzbar ist, wenn weiterhin auch nach der Wirklichkeit gefragt und die „Vorstellung" nicht verabsolutiert werde, was selbstverständlich auch einschließe, die eigene „Vorstellung vom Mittelalter" ständig auf ihre Zeitgebundenheit hin zu hinterfragen. B. Lundt zeigt im Rückgriff auf moderne globalgeschichtliche Perspektiven am Beispiel des mittelalterlichen Afrika, dass das Mittelalter nicht länger als das „nächste Fremde", sondern als das „nächste Ähnliche" zu gelten habe. Das setze freilich voraus, dass dieses Zeitalter nicht mehr auf Mitteleuropa und seine „weiße" Bevölkerung begrenzt oder christlich dominiert, sondern global, multireligiös und transkulturell gedacht werde. Das Mittelalter sei nur so anders und so fern, wie wir es sein ließen. J. Schwarz hebt mit den mittelalterlichen Gesandtenberichten auf eine Quellengattung ab, die in der einschlägigen Mittelalterforschung in den letzten zwei bis drei Jahrzehnten zwar größere Beachtung erfahren habe, aber außerhalb des Faches trotzdem noch kaum zureichend bekannt sei, obwohl sie aufgrund ihrer Lebendigkeit und Wirklichkeitsnähe faszinierende Einblicke in das Mittelalter – gerade auch für Studium und Schule – liefern könnte. Voraussetzung hierfür wäre allerdings, dass die Quellengattung von den Historikern philologisch und paläographisch erschlossen und editorisch verfügbar gemacht würde.

Im zweiten Teil des vorliegenden Bandes geht es um die Präsenz des Mittelalters in der populären Geschichtskultur. S. M. Hassemer arbeitet an drei ausgewählten Beispielen heraus, dass es sich beim Mittelalter der Populärkultur um ein „kulturelles Konstrukt" handele, das in unterschiedlichen kulturellen Sphären (Hoch-, Sub- und Popkultur) konstruiert werde, wobei sich diese in einer noch unklaren Wechselwirkung gegenseitig (auch intermedial) beeinflussen, ohne dass das historische Mittelalter überhaupt noch eine größere Rolle spiele. Den Schülerinnen und Schülern müsse im Unterricht vermittelt werden, dass das Mittelalter und andere Epochen nicht einfach gewesen sind („schlechter Historismus"), sondern im Hier

---

14 Vgl. SCHÖNEMANN, Geschichtsdidaktik (Anm. 9) S. 19f. und VON REEKEN, Geschichtskultur (Anm. 9) S. 233–240.

und Jetzt immer wieder neu entstehen. Denn „Mittelalter" sei keine objektivierbare Größe, sondern entstehe immer wieder neu in einer Reihe diskursiver Praktiken. M. Clauss und C. Grieb machen deutlich, dass die mittelalterliche Epoche in der geschichtskulturellen Wahrnehmung (Comic, Spielzeug, Kinofilme und PC-Spiele) nicht selten auf Gewalt und Krieg reduziert werde, wobei die Verbindung von Krieg und Mittelalter mitunter recht früh (Kinderspielzeug) beginne. Kampf und Gewalt würden als aufregend und spannend und damit als unterhaltend empfunden. Die Dimension des Leids, das der Krieg produziert, werde ausgeblendet. Ziel eines reflektierten Geschichtsunterrichts sei es deshalb, den Krieg zu entzaubern, indem man zeige, dass Krieg und Gewalt in den geschichtskulturellen Manifestationen der Gegenwart selektiv und medial gefiltert präsentiert würden, mithin nicht der Realität entsprächen. Außerdem seien die Schüler in diesem Zusammenhang für das Funktionieren von Helden- und Ehrennarrativen zu sensibilisieren. C. Kuchler macht in seinem Beitrag darauf aufmerksam, dass sich, was den Zuschauerzuspruch anbelangt, der kommerzielle Mittelalterfilm (im Vergleich zu anderen historisch ausgerichteten Kinofilmen und im Gegensatz zur vorherrschenden Meinung) zwar in der Krise befinde, das Medium aber gleichwohl im Geschichtsunterricht („Kino als Lernort") eingesetzt werden sollte, wenn wir auch häufig mit Klischeevorstellungen konfrontiert würden. Die Schülerinnen und Schüler müssten allerdings wissen, dass das, was uns im Film begegnet, nicht das Mittelalter sei, sondern das gängige Bild einer breiten Öffentlichkeit vom Mittelalter. C. Heinze untersucht am Beispiel von ausgewählten PC-Spielen die Darstellung des Mittelalters und stellt fest, dass diese bewusst populäre Vorstellungen über das Mittelalter transportieren, da einerseits selbstverständlich Spielspaß vor Realismus rangiere, andererseits aber die „Spielregeln" des Mediums die Darstellung der Geschichte und ihre Inhalte bestimmten. S. Kommer betont in seinem Beitrag zum Phänomen der Mittelaltermärkte, dass die performativ hervorgebrachten Mittelalterimaginationen nicht ohne Folgen für die gesellschaftliche (und damit letztendlich auch wissenschaftliche) Konstruktion von „Mittelalter" bleiben würden, die „Wissenskultur der Mittelalterszene" also durchaus auch für die akademische Fachwissenschaft Bedeutung habe, da andernfalls eine Selbst-Exklusion der Mediävistik aus dem öffentlichen Mittelalterdiskurs drohe. C. Bumiller und H. Krieg machen deutlich, dass sich in historischen Museen und Ausstellungen dem Besucher die Lebens- und Vorstellungswelt des Mittelalters vor allem über erhaltene Sachüberreste erschließe, jeder Sachüberrest aber eine andere Aussagekraft und eine unterschiedliche gesellschaftliche Reichweite habe. Medievale Kultur, wie sie uns in Museen und Ausstellungen präsentiert werde, sei häufig zufällig selektiv und könne daher allenfalls Aspekte mittelalterlichen Alltags und mittelalterlicher Kultur abbilden. Es bedürfe deshalb kluger didaktischer Konzepte, um die Epoche für die Besucher, wie die Museen immer wieder programmatisch fordern, „lebendig" werden zu lassen, zumal weite Kreise der Bevölkerung ihr Mittelalterbild eher aus animierten und zerfließenden Phantasiewelten als aus der authentischen Begegnung mit der originalen Sachüberlieferung bezögen. Ausgehend von der literarischen Fiktion der Zeitreise analysiert W. Hochbruck Hintergründe und Auswirkungen der Konstruktion speziell von „Mittelalter" als Projektions- und Rückzugsraum für die von ihren diversen Gegenwarten Enttäuschte. Bezüge zwischen (Re-)Konstruktion und objektivierbarer Geschichtlichkeit blieben dabei weitgehend außen vor. Der imaginierten Vergangenheit als simulierter Dyschronie würden dabei in Literatur, Film und oft auch im Geschichtstheater Qualitäten zugeschrieben, die der Gegenwart zu fehlen scheinen. Es gehe bei diesen performativen Vergangenheitsannäherungen daher nicht um die Herstellung von Identität zwischen Lebensweltlichkeit und Erlebnisweltlichkeit, sondern um temporäre Begegnung und Kontakt mit der Alterität des Anderzeitigen, was im Geschichtsunterricht etwa durch nicht-identifikatorische geschichtstheatrale Lernspiele praktiziert und umgesetzt werden könnte.

Der dritte Teil fokussiert die mittelalterliche Epoche unter geschichtsdidaktischen und damit auch unterrichtspraktischen Gesichtspunkten. H.-J. Fischer geht in seinem Beitrag von einem ganzheitlichen Erkenntnisbegriff aus, der nicht nur rational begründet ist, sondern auch konkreten Nachvollzug verlangt. Das Erkennen habe gerade im Kindes- und Jugendalter nicht nur eine objektivierende, sondern auch eine subjektivierende Seite. Das werde im Bereich der populären Mittelalterkultur insofern deutlich, als man hier versuche, das fremde und längst vergangene Mittelalter durch Spiel und Inszenierung für die Gegenwart erfahrbar und nachvollziehbar zu machen. A. Bühler zeigt in pointierter Analyse an verschiedenen Lehrplänen aus Hessen und Baden-Württemberg, dass im Geschichtsunterricht der Schule nach wie vor Mittelalterbilder vermittelt würden, die nicht immer dem Stand der neuesten mediävistischen Forschung entsprächen. Er plädiert deshalb dafür, den Schülerinnen und Schülern ein „anderes Mittelalter" zu vermitteln, das nicht mehr als „graue Vorzeit" erscheine, die wir glücklich überwunden haben, sondern das sie als „unsere" Geschichte begreifen könnten. N. Brauch und G. Löffler untersuchen die „Wirklichkeit des Mittelalters" in der gymnasialen Schulpraxis unter kompetenzdidaktischen Gesichtspunkten. Ausgangspunkt ihrer Überlegungen ist der empirische Befund, dass Interesse und Motivation für die Epoche des Mittelalters zwischen der 5./6. Klasse und der 10. Klasse stark nachlassen. Es stelle sich deshalb die Frage, wie das Mittelalter im Geschichtsunterricht im Blick auf die zu vermittelnden Standards und Kompetenzen nachhaltiger unterrichtet werden könnte, als dies bislang vielfach der Fall sei. S. Pflefka hebt kritisch auf das Problem ab, inwiefern im Mittelalterunterricht der Schule Alteritätserfahrungen möglich und qualitativ messbar seien. Als Beispiel wählt er den Romzug Friedrich Barbarossas und hier das erste Zusammentreffen von Papst und König am 9. Juni 1155. Zwar ließen sich aufgrund des engen Forschungsdesigns keine endgültigen Ergebnisse formulieren, aber das Resultat hinsichtlich des Alteritätsverständnisses falle doch insofern ernüchternd aus, als keinem der interviewten Schülerinnen und

Schülern die Kernproblematik sowie die Intentionen der Beteiligten aus der zugrunde gelegten Quelle ohne Hilfe des Lehrers klar geworden seien. K. Kneile-
Klenk betont, dass Alterität kaum irgendwo schneller deutlich werde als im Umgang mit mittelalterlicher Bildlichkeit. Am Beispiel einer altfranzösischen Buchmalerei aus dem 14. Jahrhundert zeigt sie, dass zur angemessenen Erschließung
und Interpretation mittelalterlicher Bildlichkeit (und vor allem von deren Symbolik) der Erwerb historisch-kultureller Bildkompetenz zwar unbedingt notwendig,
diese aber in der Regel nicht Bestandteil der Lehrerausbildung sei. Ausgehend von
einem konstruktivistischen Lern- und Wissensbegriff macht F. Stöckle deutlich,
dass es gerade vor der Beschäftigung mit den älteren Epochen wichtig und sinnvoll
sei, die Vorkenntnisse, Alltagskonzepte und impliziten Theorien der Schülerinnen
und Schüler empirisch zu erheben und im Unterricht, wenn diese Alltagsvorstellungen das historische Verständnis erschweren, auf einen „conceptual
change" abzuheben, der die Schülerinnen und Schüler zu einer Revision ihrer Vorstellungen veranlasse. N. Brauch untersucht das Verhältnis von populärhistorischer
Vorprägung von Geschichtsbewusstsein und reflektiertem historischen Lernen am
Beispiel der Artustradition. Dabei verfolgt sie deren Rezeption vom 12. bis zum 20.
Jahrhundert. Mit Hilfe der historischen Narratologie entwickelt sie ein Instrument
zur geschichtswissenschaftlichen und geschichtsdidaktischen Analyse populärhistorischer Erzählungen und plädiert für deren Integration in den Unterricht sowie in
die Lehrerbildung. Ziel sei die Förderung reflektierten und selbst-reflexiven historischen Denkens.

Der Band wird von einem Resümee U. Mayers beschlossen, der versucht, die
Ergebnisse der Tagung zusammenzufassen. Dabei hebt er in besonderer Weise auf
die Lernpotenziale im Mittelalterunterricht ab, die er auf verschiedenen Ebenen zu
skizzieren versucht. Da die Logik der Geschichtsdidaktik von der der Geschichtswissenschaft verschieden sei, gehe es zunächst einmal um die Auswahl des
Wissenswürdigen aus der Vielfalt des Wissensmöglichen. Die Relevanz der Unterrichtsthemen ergebe sich aus der Diskussion darüber, was für das gegenwärtige und
zukünftige Leben der Schülerinnen und Schüler in der sie umgebenden Gesellschaft wichtig sein könnte. Wenn man beabsichtige, im Unterricht die aktive und
nachdenkliche Teilhabe an der Geschichtskultur zu ermöglichen, so müsse man die
Schülerinnen und Schüler befähigen, populäre Darstellungsweisen entschlüsseln,
durchschauen und damit umgehen zu lernen. Ob man dieses Verfahren mit der Vokabel „Dekonstruktion" bezeichnen müsse, sei allerdings zweifelhaft.

Den Schlussvortrag der Tagung bestritt V. Groebner. Sein Beitrag rundete die
Veranstaltung in gewisser Hinsicht ab, indem er noch einmal die grundsätzliche
Frage aufwarf, was uns heute noch mit dem Mittelalter verbindet. Er weist darauf
hin, dass die Bezeichnung Mittelalter längst nicht mehr als sachlicher Begriff für
einen Zeitabschnitt verwendet werde, sondern dieser von der Geschichte seiner eigenen Rezeption „überwuchert" worden sei. Mittelalter sei keine Epoche, sondern

eine „Über-Kategorie", ein Erzählmodus, der vom ausgehenden 18. bis weit ins 20. Jahrhundert hinein vor allem zwei Erzählmodelle favorisierte: das Mittelalter als nationale Ursprungsgeschichte und das Mittelalter als religiöse Echtheit. Unter diesem doppelten Vorzeichen habe sich die Mediävistik zu einer machtvollen und zeitweise sehr einflussreichen Disziplin entwickelt. Erst nach 1945 habe sich dies geändert. Das Mittelalter stehe jetzt nicht mehr für religiöse Authentizität oder für nationale Ursprünge. Der Modus der Geschichtsbenutzung ändere sich. Das Mittelalter gelte nicht mehr als Chiffre für das Urtümliche und Echte, sondern funktioniere als Zeichen für Verkleidung, für Simulation, für Re-Inszenierung. Das habe Auswirkungen auf die moderne Befassung mit dem Mittelalter. Ein Hauptseminar über die Kreuzzüge könne heute nicht nur von Richard Löwenherz und Wilhelm von Tyrus handeln, sondern müsse auch von der kolonialen Expansion des 19. Jahrhunderts sprechen, die den Begriff des „Kreuzzugs" überhaupt erst geschaffen habe. Denn diese Imaginationen hätten „in einem Spiegelkabinett von Retrofiktionen" selbst wieder höchst reale Wirkungen gehabt. Mittelaltergeschichte, so sein Resümee könne deswegen nie nur vom Mittelalter handeln. Das Mittelalter könne nie „rein" vermittelt oder unterrichtet werden. Es sei immer nur „gemischt" zu haben, vermengt mit seinen Inanspruchnahmen, Remakes und Reinszenierungen aus den letzten 250 Jahren. Die Mediävistik werde sich deshalb in Zukunft mit diesen Geschichtsinszenierungen der Unterhaltungs- und Tourismusindustrien intensiv befassen müssen, und zwar nicht als Rand-, sondern als Kernthema der Fachdisziplin.

Der Dank der Herausgeber gilt allen Autorinnen und Autoren, die ihre Beiträge für die Publikation zur Verfügung gestellt haben. Für redaktionelle Arbeiten, die u.a. die Durchsicht und die Formatierung der Texte umfasste, haben wir Thomas Diether und Matthias Baumann herzlich zu danken. Bei der Schlussredaktion hat sich Markus Himmelsbach große Verdienste erworben. Dem Verlag danken wir für die Aufnahme des Bandes in sein Programm. Das Foto zur Gestaltung des Covers hat uns freundlicherweise Sven Kommer zur Verfügung gestellt. Es wurde im Jahr 2008 auf Burg Herzberg im Rahmen von Ritterspielen aufgenommen.

Die Herausgeber sind sich im Klaren darüber, mit der Tagung eine zwar notwendige, aber keineswegs abgeschlossene Diskussion angestoßen zu haben. Wenn die nachfolgenden Artikel dazu beitragen, einen Weg in eine Richtung zu weisen, die zeigt, wie man mit der Populärkultur des Mittelalters in Schule und Hochschule reflektiert und kritisch umgehen kann, ohne sie zu ignorieren oder zu marginalisieren, haben sie ihr selbst gesetztes Ziel erreicht. Der Dialog zum Thema „Geschichte in der Öffentlichkeit" muss in jedem Fall fortgeführt und auf eine neue Ebene gehoben werden.

Freiburg, im Mai 2011   Thomas Martin Buck/Nicola Brauch

Inhalt

Einführung

Thomas Martin Buck

Das Mittelalter zwischen Vorstellung und Wirklichkeit

1. Einleitung

Das Mittelalter ist, wie das bereits Ernst Voltmer 1987 formuliert hatte, „noch nicht vorbei"[1]. Aber es ist nicht das akademische Mittelalter der Mediävisten, das „nicht aufhört", wie es Valentin Groebner 2008 ausgedrückt hat[2], sondern das populäre Mittelalter der Geschichtskultur, das „boomt"[3]. Die mittelalterliche Geschichte ist, worauf Peter Johanek 2005 in einem Sammelband zur deutschsprachigen Mediävistik hingewiesen hat, in einem Maße populär geworden „wie seit dem 19. Jahrhundert nicht mehr"[4]. Man mag mit Hartmut Boockmann bestreiten, dass es einen Mittelalter-Boom gegeben hat[5]. Fest steht jedenfalls, dass es ein ebenso breites wie großes öffentliches Interesse am Mittelalter gibt, das sich in unterschiedlichen Präsentations- und Inszenierungsformen mittelalterlicher Vergangenheit niederschlägt.

Symbolisch mag dafür die Playmobilfigur stehen, mit der 2006 der „Magdeburger Reiter" nachgebildet wurde[6]. Nicht der faktische historische Überrest, sondern der kleine Plastikritter wurde zum Maskottchen der großen historischen Doppelausstellung „Heiliges Römisches Reich Deutscher Nation 962–1806", die in Magdeburg und Berlin mit großem Erfolg gezeigt wurde[7]. Damit wird der

---

1   Ernst VOLTMER, Das Mittelalter ist noch nicht vorbei … Über die merkwürdige Wiederentdeckung einer längst vergangenen Zeit und die verschiedenen Wege, sich ein Bild davon zu machen, in: Ecos Rosenroman. Ein Kolloquium, hg. von Alfred HAVERKAMP und Alfred HEIT, München 1987, S. 185–228.

2   Valentin GROEBNER, Das Mittelalter hört nicht auf. Über historisches Erzählen, München 2008.

3   Vgl. Stephanie WODIANKA, Zwischen Mythos und Geschichte. Ästhetik, Medialität und Kulturspezifik der Mittelalterkonjunktur, Berlin – New York 2009, S. 1–11.

4   Peter JOHANEK, Zu neuen Ufern? Beobachtungen eines Zeitgenossen zur deutschen Mediävistik von 1975 bis heute, in: Die deutschsprachige Mediävistik im 20. Jahrhundert, hg. von Peter MORAW und Rudolf SCHIEFFER (Vorträge und Forschungen 62), Ostfildern 2005, S. 139–174, hier S. 142.

5   Vgl. Hartmut BOOCKMANN, Die Gegenwart des Mittelalters, Berlin 1988, S. 43–74. Siehe auch Hans-Werner GOETZ, Moderne Mediävistik. Stand und Perspektiven der Mittelalterforschung, Darmstadt 1999, S. 55.

6   Vgl. Aleida ASSMANN, Geschichte im Gedächtnis. Von der individuellen Erfahrung zur öffentlichen Inszenierung, München 2007, S. 142f.

7   In Magdeburg war der Mittelalterteil von Otto dem Großen bis zu Maximilian I., in Berlin der Neuzeitteil von 1495 bis 1806 gezeigt worden (28. August bis 10. Dezember 2006).

historisch-politische Impetus, der hinter der Ausstellung stand, keineswegs abgewertet, aber doch gezeigt, *wie* und *wodurch* das Mittelalter heute vor allem wirkt.

Es ist nicht das faktische, das historische, das authentische, sondern das imaginierte, das inszenierte, das performative Mittelalter, das die Massen interessiert und fesselt. Es ist nicht das vergangene und weithin fremde Mittelalter der schwer zu lesenden und noch schwerer zu deutenden und zu verstehenden Überreste und Quellen, für deren Kenntnis wir komplizierte und anspruchsvolle Hilfswissenschaften wie Paläographie, Diplomatik, Chronologie, Numismatik oder Heraldik studieren müssen, sondern das bunte, das laute, das interaktive, das „lebendige" Mittelalter, wie es etwa auf Mittelaltermärkten, in historischen Romanen, im Kino, im Fernsehen, in PC-Spielen und in den einschlägigen Szenezeitschriften allenthalben evoziert, inszeniert und kolportiert wird.

2.   Von der Ambivalenz der Mittelaltersehnsucht unserer Zeit

Die Mittelaltersehnsucht unserer Zeit ist mithin ambivalent. Von den gewaltigen Schwierigkeiten, die die Annäherung an diese uns so ferne Zeit in Wirklichkeit birgt, will sie im Allgemeinen wenig wissen. Von daher erklären sich wohl auch die Vorbehalte, die die Mediävistik gegenüber dem Mittelalter-Boom geltend gemacht hat. Der ehemalige Präsident der „Monumenta Germaniae Historica" (MGH), Horst Fuhrmann, hat das in einem Eichstätter Vortrag 2002 über „Das Mittelalter in der Literatur" einmal ganz drastisch formuliert: Die Leute „rennen" zwar, wie er sagt, „zu Hunderttausenden in Ausstellungen über das Mittelalter", von der dazugehörigen Wissenschaft, die diese Ausstellungen verantwortet und aufbaut, wollen sie in der Regel aber wenig wissen[8]. Das ist irgendwie paradox und zeigt, dass unsere moderne Suche nach dem Mittelalter, nicht immer der mittelalterlichen Vergangenheit gilt.

Wenn wir von „Mittelalter" sprechen, ist es jedenfalls häufig nicht die vergangene mittelalterliche Wirklichkeit[9], die im Fokus steht. Es sind vielmehr mo-

---

8   Horst FUHRMANN, Das Mittelalter in der Literatur. Umberto Eco und sein Roman „Baudolino" (Eichstätter Universitätsreden 110), Wolnzach 2003, S. 5. Fuhrmann bezieht sich hier auf einen nicht näher genannten Zeitungsartikel.

9   Wenn hier von „historischer Wirklichkeit" die Rede ist, dann immer im Sinne der von Hans-Jürgen Goertz entwickelten „Theorie historischer Referentialität". Der Historiker hat es, epistemologisch gesehen, nie mit der vergangenen Wirklichkeit zu tun. Denn eine Wirklichkeit, die vergangen ist, gibt es nicht. Der Historiker kann nur Bezug nehmen auf eine intendierte Vergangenheit, von der in unserer Gegenwart noch Quellen oder Überreste vorhanden sind. Von diesen gegenwärtigen Quellen schließen wir zurück auf eine Vergangenheit, die es als aktuelle Wirklichkeit nie mehr geben wird. Dieser Rückschluss ist unsicher, ungewiss und problematisch. Vgl. Hans-Jürgen GOERTZ, Unsichere Geschichte. Zur Theorie historischer Referentialität, Stuttgart 2001, S. 24.

derne Bilder, Vorstellungen und Imaginationen, die den zeitgenössischen Diskurs über die historische Epoche bestimmen. Damit bewegen wir uns aber nicht mehr auf einer faktischen, sondern auf einer imaginären bzw. ideellen Ebene. Es geht nicht mehr primär um die angemessene wissenschaftliche Rekonstruktion vergangener Wirklichkeit(en), sondern um die absichtsvolle Konstruktion einer neuen und anderen Wirklichkeit, die wir zwar „Mittelalter" nennen, die aber gewissermaßen eine Platzhalterfunktion hat[10].

Es stellt sich deshalb die Frage, warum das Mittelalter in der öffentlichen Wahrnehmung eine derart prominente Rolle spielt, wenn es gar nicht primär um das historische Mittelalter als vergangene Epoche geht. Die Frage lässt sich zwar insgesamt auf die gewachsene gesellschaftliche Bedeutung von Geschichte in der Öffentlichkeit (Fernsehen, Printmedien, Internet, Museen, Ausstellungen, Themenparks usw.) beziehen[11], gewinnt aber im Hinblick auf das Mittelalter als Referenzepoche der Moderne[12] besondere Brisanz.

Das hat zum einen damit zu tun, dass der Mittelalterbegriff eine moderne „Erfindung" ist. Erst das Nachmittelalter hat bekanntlich das Mittelalter als „Mittelalter" apostrophiert. Das Mittelalter selbst hat sich nicht als Mittel-, sondern als Endzeit gesehen. Insofern sagen die zahlreichen Mittelalterbilder, die die Moderne entworfen hat und immer noch entwirft, mehr über die Moderne als über das Mit-

---

10 Hierher gehört etwa auch die Diskussion um ein „neues" Mittelalter, zu der sich etwa Otto Gerhard OEXLE, Die Moderne und ihr Mittelalter. Eine folgenreiche Problemgeschichte, in: Mittelalter und Moderne. Entdeckung und Rekonstruktion der mittelalterlichen Welt. Kongressakten des 6. Symposiums des Mediävistenverbandes in Bayreuth 1995, hg. von Peter SEGL, Sigmaringen 1997, S. 307–364, S. 307–309 geäußert hat. Vgl. auch Umberto ECO, Über Gott und die Welt. Essays und Glossen. Aus dem Italienischen von Burkhart KROEBER, München – Wien 1985, S. 7–33; Vilém FLUSSER, Die Wiederkunft des Mittelalters, in: Nachgeschichte. Eine korrigierte Geschichtsschreibung (Vilém Flusser Schriften 2), Düsseldorf 1993, S. 143–154, S. 149–154 und Alain MINC, Le nouveau moyen âge, Paris 1993 (Das Neue Mittelalter. Aus dem Französischen von Holger FOCK, Hamburg 1994).

11 Vgl. Geschichte in der Öffentlichkeit. Tagung der Konferenz für Geschichtsdidaktik vom 5.–8. Oktober 1977 in Osnabrück, hg. von Wilhelm VAN KAMPEN, Stuttgart 1979; Geschichte und Öffentlichkeit. Orte – Medien – Institutionen, hg. von Sabine HORN und Michael SAUER, Göttingen 2009 und Dieter LANGEWIESCHE, Geschichtsschreibung und Geschichtsmarkt in Deutschland, in: DERS., Zeitwende. Geschichtsdenken heute, hg. von Nikolaus BUSCHMANN und Ute PLANERT, Göttingen 2007, S. 9–17.

12 Vgl. Rolf BALLOF, Zum Umgang mit dem Mittelalter, in: DERS. (Hg.), Geschichte des Mittelalters für unsere Zeit. Erträge des Kongresses des Verbandes der Geschichtslehrer Deutschlands „Geschichte des Mittelalters im Geschichtsunterricht" Quedlinburg 20.–23. Oktober 1999, Wiesbaden 2003, S. 7–16, S. 16: „Die Geschichte des Mittelalters wird zur Referenzgeschichte der Moderne".

telalter aus[13]. Sie sind Selbstbestimmungen bzw. Selbstdeutungen der Moderne anhand des Mittelalters[14].

Aber das Mittelalter ist nicht nur terminologisch eine „Erfindung" der Moderne. Die „Entdeckung des Mittelalters"[15] hat die Moderne als Moderne geradezu konstituiert. Mit anderen Worten: Die Moderne „braucht" das Mittelalter (als Konstrukt), um sich ihrer selbst immer wieder neu zu versichern[16]. Solange es die Moderne, die Spätmoderne, die Hochmoderne, die Postmoderne oder die „Zweite Moderne" gibt, wird es sich daher auch nicht vermeiden lassen, das Mittelalter als Referenzmodell der Moderne immer wieder neu zu „erfinden".

Die damit einhergehende Produktion immer neuer (zeitabhängiger) Mittelalterbilder hält die Epoche zwar durchaus aktuell[17], sagt aber nicht immer auch etwas über die Präsenz des historischen Mittelalters im kollektiven Geschichtsbewusstsein der Gesellschaft (also etwa im schulischen oder akademischen Betrieb) aus. Andernfalls wäre nicht erklär- und nachvollziehbar, warum die Mittelalterhistoriker von einer „bedrohlichen Krise" ihres Faches sprechen[18] und Einführungen in das Studium der mittelalterlichen Geschichte mittlerweile sogar explizit betonen, dass „von keinerlei studentischen Grundkenntnissen ausgegangen werden kann"[19]. Bodo von Borries hatte bereits 1999 im Rahmen einer Quedlinburger Tagung zur „Geschichte des Mittelalters im Geschichtsunterricht" auf die „anhaltende Erosion des Mittelalters aus dem Geschichtsbewusstsein" hingewiesen und betont, dass deshalb „eine Herabstufung (ja partielle Austauschbarkeit) des Mittelalters" im Schulunter-

---

13 Vgl. Otto Gerhard OEXLE, Das entzweite Mittelalter, in: Die Deutschen und ihr Mittelalter. Themen und Funktionen moderner Geschichtsbilder vom Mittelalter, hg. von Gerd ALTHOFF, Darmstadt 1992, S. 7–28, S. 12f.

14 Insofern ist die Auseinandersetzung mit dem Mittelalter Teil einer Problemgeschichte der Moderne. Vgl. OEXLE, Die Moderne und ihr Mittelalter (Anm. 10) S. 307–364.

15 Sabine FASTERT, Die Entdeckung des Mittelalters. Geschichtsrezeption in der nazarenischen Malerei des frühen 19. Jahrhunderts, München – Berlin 2000.

16 Vgl. Frank REXROTH, Das Mittelalter und die Moderne in den Meistererzählungen der historischen Wissenschaften, in: Zeitschrift für Literaturwissenschaft und Linguistik 38 (2008) S. 12–31, S. 21.

17 Vgl. Hans-Werner GOETZ, Einführung: Die Gegenwart des Mittelalters und die Aktualität der Mittelalterforschung, in: DERS. (Hg.), Die Aktualität des Mittelalters, Bochum 2000, S. 7–23, S. 9. Siehe auch Johannes FRIED, Mediävistik in heutiger Zeit. Fragen an die Geschichte, in: Fünfzig Jahre Konstanzer Arbeitskreis für mittelalterliche Geschichte. Die Gegenwart des Mittelalters, hg. von Stefan WEINFURTER, Stuttgart 2001, S. 27–45 sowie DERS., Die Aktualität des Mittelalters. Gegen die Überheblichkeit unserer Wissensgesellschaft, Stuttgart 2002.

18 GROEBNER (Anm. 2) S. 18. Siehe auch Hans-Werner GOETZ, Dossier zur Situation der Mediävistik in Deutschland, in: Das Mittelalter 12 (2007) 1, S. 161–179 und Hartmut KUGLER, Mediävistik – Memoria – Management, in: Mitteilungen des Germanistenverbandes 45 (1998) S. 129–132, S. 130.

19 Gerhard LUBICH, Das Mittelalter. Orientierung der Geschichte, Paderborn 2010, S. 9.

richt „kaum vermeidlich sei"[20]. Auch Johannes Fried hob 2002 hervor, dass es nicht gelungen sei, „die Mediävistik angemessen an den Schulen und in universitären Examensordnungen zu halten, dort also, wo Humanismus und schöpferischer Weitblick grundgelegt werden müssen"[21]. Die Situation des Faches an Schule, Hochschule und Universität konvergiert also nicht mit dem Boom, den die Epoche in der öffentlichen Wahrnehmung allenthalben erfährt.

3. Das Mittelalter zwischen Imagination, Konstruktion und Rezeption

Vor diesem Hintergrund wird einsichtig, warum es weniger historische Realitäten als vielmehr moderne Vorstellungen, Imaginationen und Wünsche (vor allem des 19. und frühen 20. Jahrhunderts) sind, die wir verhandeln, wenn wir heute über „das" Mittelalter sprechen. Denn die Epoche ist nach Valentin Groebner „buchstäblich durch Wünsche erschaffen worden"[22]. Alle moderne Befassung mit dem Mittelalter bewegt sich daher zwangsläufig zwischen Wunsch und Wirklichkeit. Zwar wird keine Historikerin und kein Historiker ernsthaft bestreiten wollen, dass es die vergangene Realität des Mittelalters, auch wenn einzelne Stimmen das Gegenteil behaupten[23], tatsächlich einmal gab. Dokumente, Urkunden, Handschriften und Sachüberreste legen davon unübersehbar Zeugnis ab. Dennoch bleibt

---

20 Bodo VON BORRIES, Das Mittelalter im Geschichtsbewusstsein von Jugendlichen. Empirische Befunde, in: Geschichte des Mittelalters für unsere Zeit (Anm. 12) S. 279–291, S. 290f. Siehe auch Karl Heinz BOHRER, Erinnerungslosigkeit. Ein Defizit der gesellschaftskritischen Intelligenz, in: Frankfurter Rundschau vom 16. Juni 2001, Nr. 137, S. 20f. und Bea LUNDT, Das ferne Mittelalter in der Geschichtskultur, in: Geschichtskultur. Die Anwesenheit von Vergangenheit in der Gegenwart, hg. von Vadim OSWALT und Hans-Jürgen PANDEL, Schwalbach/Ts. 2009, S. 225–236, S. 226f.

21 FRIED, Die Aktualität des Mittelalters (Anm. 17) S. 19.

22 GROEBNER (Anm. 2) S. 11.

23 Vgl. Heribert ILLIG, Das erfundene Mittelalter. Die größte Zeitfälschung der Geschichte, 7. Aufl., Düsseldorf 1999. Hierzu etwa Rudolf SCHIEFFER, Ein Mittelalter ohne Karl den Großen, oder: Die Antworten sind jetzt einfach, in: Geschichte in Wissenschaft und Unterricht 48 (1997) S. 611–617; Amalie FÖSSEL, Karl der Fiktive, genannt Karl der Große. Zur Diskussion um die Eliminierung der Jahre 614 bis 911 aus der Geschichte, in: Das Mittelalter 4 (1999) 2, S. 65–74; Diethard SAWICKI, Lügenkaiser Karl der Große? Ein kritischer Blick auf Heribert Illigs These vom erfundenen Mittelalter, in: Geschichtslügen. Vom Lügen und Fälschen im Umgang mit der Vergangenheit, hg. von Tillmann BENDIKOWSKI u.a., Münster 2001, S. 75–104 und Ralf MOLKENTHIN, Phantomzeit und Mediävistik, oder: Zwölf Jahre „Mittelalterdebatte" – und was davon zu halten ist, in: Zeitschrift für Geschichtswissenschaft 55 (2007) S. 589–604.

der historische Wirklichkeitsbegriff, der nicht selten emphatisch verwendet wird, erkenntnistheoretisch problematisch[24].

Denn das in der (mittelalterlichen) Vergangenheit einmal Geschehene kann nicht wiederholt, nicht kopiert, nicht nacherlebt, sondern nur vergegenwärtigt werden[25]. Das historische Mittelalter ist nicht „unser" Mittelalter, sondern zunächst einmal eine ferne und fremde Zeit, der wir uns nicht unvermittelt nähern können. Sie widersetzt sich der eilfertigen Vereinnahmung[26]. Valentin Groebner macht es deshalb geradezu zum Kriterium des spezifisch Mittelalterlichen, dass wir Texte, die tatsächlich aus dieser Zeit stammen (und keine Fälschungen sind), zunächst einmal nicht mehr verstehen, bieten sie doch „keine Ansatzpunkte für die Empfindungen ihrer modernen Betrachter"[27].

Geschichte bietet die Vergangenheit nie, wie sie einmal war. Das heißt zwangsläufig aber auch, dass jede Zeit ihr eigenes Bild vom Mittelalter entwirft bzw. entwerfen muss. Zugleich weiß die Geschichtswissenschaft, dass sie die historische Wirklichkeit nicht vollständig erfassen kann, sondern ihr nur ansatzweise näher kommt. Wir müssen – epistemologisch betrachtet – also unterscheiden zwischen einem Mittelalter (als historische Epoche), das faktisch vergangen ist, nie mehr wiederkehrt und mit dem wir im Sinne der *res gestae* auch nichts zu tun haben und nichts zu tun haben können, und einem Mittelalter (als Vorstellungskonstrukt), das wir imaginativ im Sinne der *historia rerum gestarum* immer wieder neu im Hinblick auf das, was von ihm aus der Vergangenheit an Artefakten überkommen und erhalten ist, in unserer Gegenwart entwerfen und konstruieren.

Wenn wir also im Titel des vorliegenden Buches vom Mittelalter „zwischen Vorstellung und Wirklichkeit" sprechen, so ist damit zunächst ein grundsätzliches epistemologisches Problem angesprochen, das die gesamte Geschichtswissenschaft betrifft. Es lässt sich dahingehend formulieren, dass sich alle historische Erkenntnis

---

24 Vgl. GOERTZ (Anm. 9) S. 24 und Otto Gerhard OEXLE, „Das Mittelalter" – Bilder gedeuteter Geschichte, in: János M. BAK – Jörg JARNUT – Pierre MONNET – Bernd SCHNEIDMÜLLER (Hg.), Gebrauch und Missbrauch des Mittelalters, 19.–21. Jahrhundert. Uses and Abuses of the Middle Ages: 19th–21st Century. Usages et Mésusages du Moyen Âge du XIXe au XXIe siècle. Unter Mitarbeit von Nicola KARTHAUS und Katharina LICHTENBERGER (MittelalterStudien 17), München 2009, S. 21–43, S. 23–26. Es stellt also keine wirkliche Lösung des Problems dar, wenn man sagt, die Mediävistik hat es mit „historischen Wirklichkeiten", die mittelalterliche Populärkultur dagegen nur mit wirklichkeitsfremden Imaginationen, Vorstellungen und Mythen zu tun.

25 Vgl. GOERTZ (Anm. 9) S. 18. Siehe auch John Lewis GADDIS, The Landscape of History. How Historians map the Past, Oxford 2002, S. 3.

26 Daher wird in der modernen Mediävistik auch eher die Alteritäts- als die Kontinuitätserfahrung betont. Vgl. GOETZ, Moderne Mediävistik (Anm. 5) S. 28–30.

27 Valentin GROEBNER, Geht's ein bisschen echter?, in: Frankfurter Allgemeine Sonntagszeitung vom 19.09.2010, Nr. 37, S. 63. Siehe auch DERS., Das Mittelalter hört nicht auf (Anm. 2) S. 23 und 70f.

zwangsläufig aus Fakten und Fiktionen zusammensetzt[28]. Wir haben es, wenn wir uns mit Geschichte befassen, also nur mit mehr oder weniger gut begründeten Vorstellungsbildern im Sinne „phantasiegeleitete[r] Konstruktionen"[29] zu tun. Vergangenheit ist nie ab-solute (von uns losgelöste) Vergangenheit „an sich", sondern immer relationale Vergangenheit „für uns", die wir im fragenden Ausgang von der Gegenwart im Rekurs auf Quellen und Überreste retrospektiv konstruieren[30]. Geschichte entwirft immer nur *ein* Bild von der Vergangenheit. Das heißt aber auch, dass es ein definitives Mittelalterbild (weder in noch außerhalb der Wissenschaft) nicht gibt bzw. nicht geben kann.

Die Frage, die sich aus der Sicht der Mediävistik und der Mittelalter-Didaktik stellt, lautet: Wie gehen wir im Bereich historischer Bildung mit einer Epoche um, die auf der einen Seite (nämlich im Bildungsbereich) marginalisiert und auf der anderen Seite (nämlich in der Geschichtskultur) popularisiert, also je nach Standpunkt ganz unterschiedlich wahrgenommen und bewertet wird. Die Rede vom Mittelalter zwischen „Vorstellung und Wirklichkeit" zielt also nicht zuletzt auch auf die Diskrepanz, die sich zwischen der öffentlichen Wahrnehmung und der wissenschaftlichen Deutung des Mittelalters zunehmend auftut. Die „Hinwendung zum Mittelalter" ist jedenfalls nicht einfach mit dem „Interesse am Mittelalter" gleichzusetzen[31].

Die Epochenimagination „Mittelalter" ist vielmehr ein Paradebeispiel dafür, dass der massive öffentliche Zugriff auf Geschichte zugleich mit einem Funktionswandel dessen einhergeht, was wir unter Geschichte und Historie verstehen. Sobald Geschichte in der Öffentlichkeit „verarbeitet" wird, setzt ein Transformationsprozess ein, dessen Gesetzlichkeiten (vor allem im Bereich der Medialisierung) noch kaum zureichend untersucht sind[32]. Geht es der akademischen Geschichtswissenschaft vornehmlich um die angemessene Rekonstruktion der Vergangenheit,

---

28 Beispielhaft in diesem Zusammenhang ist die so genannte Althoff-Fried-Kontroverse, die Mitte der 90er Jahre des 20. Jahrhunderts zu einer heftigen Debatte unter deutschen Mediävisten führte. Es ging nicht zuletzt um die Frage, welche Rolle Phantasie und Spekulation im historischen Erkenntnisprozess spielen dürfen. Vgl. Gerd ALTHOFF, Von Fakten zu Motiven. Johannes Frieds Beschreibung der Ursprünge Deutschlands, in: Historische Zeitschrift 260 (1995) S. 107–117; Johannes FRIED, Über das Schreiben von Geschichtswerken und Rezensionen. Eine Erwiderung, in: Historische Zeitschrift 260 (1995) S. 119–130. Siehe auch Johannes FRIED, Wissenschaft und Phantasie. Das Beispiel der Geschichte, in: Historische Zeitschrift 263 (1996) S. 291–316, S. 306 und 315 sowie Otto Gerhard OEXLE, Von Fakten und Fiktionen. Zu einigen Grundsatzfragen der historischen Erkenntnis, in: Von Fakten und Fiktionen. Mittelalterliche Geschichtsdarstellungen und ihre kritische Aufarbeitung, hg. von Johannes LAUDAGE, Köln – Weimar – Wien 2003, S. 1–42.
29 FRIED, Wissenschaft und Phantasie (Anm. 28) S. 309.
30 Vgl. OEXLE, Von Fakten und Fiktionen (Anm. 28) S. 18 und 40.
31 GOETZ, Moderne Mediävistik (Anm. 5) S. 56.
32 Vgl. Jerome DE GROOT, Consuming History. Historians and heritage in contemporary popular culture, London 2009, S. 1–7.

so der populären Geschichtskultur um deren Vergegenwärtigung bzw. Verlebendigung. Geschichte soll als Erfahrungs-, Erlebnis- und Handlungsraum inszeniert werden. Das Szenemagazin „Karfunkel" versteht sich z.B. als „Zeitschrift für erlebbare Geschichte", obwohl Geschichte – erkenntnistheoretisch betrachtet – eigentlich nicht „erlebt" oder „nachvollzogen" werden kann[33]. Der öffentliche Gebrauch von Geschichte folgt mithin anderen Gesetzen „als denjenigen, die sich die Gemeinde der Historiker von den Zielen ihrer Arbeit selbst macht"[34]. Damit entsteht, wenn man es positiv formulieren will, ein produktiver Zielkonflikt. Beide Male geht es um Geschichte, aber die Befassung mit ihr geschieht auf je unterschiedliche Weise.

Jemand, der reflektiertes historisches Lernen initiieren will, wird methodisch anders vorgehen müssen als jemand, der Geschichte präsentieren, erleben, nachempfinden, spielen und inszenieren will. Ich würde deshalb, um jeden fruchtlosen Antagonismus zwischen einer wissenschaftlichen und einer un- oder außerwissenschaftlichen Befassung mit Geschichte sogleich im Ansatz zu ersticken, weniger von einer „Kluft zwischen dem einen und dem anderen Gebrauch des Historischen"[35] als vielmehr von unterschiedlichen „Zugängen" zur Geschichte sprechen, die zunächst einmal gleichberechtigt nebeneinander stehen. Wissenschaft und Geschichtskultur wären damit, wie das Bea Lundt 2009 formuliert hat, „zwei Möglichkeiten des Umgangs mit Historie"[36], die sich nicht ausschließen, sondern wechselseitig ergänzen. Das Mitmachen auf einem Mittelaltermarkt oder Mittelalterfest muss nicht a priori jeder Befassung mit Historie Hohn sprechen[37]. Die Akteure zeigen mitunter großes Engagement und arbeiten sich in Details der dargestellten Geschichte professionell ein. In diesem Zusammenhang werden nicht selten auch Erkenntnisse von Archäologen und Historikern bemüht und in die performative Geschichtsaneignung integriert. Authentizität und

---

33 Diesem handlungsorientierten Ansatz, der ein authentisches Nacherleben der historischen Situation postuliert, liegt, worauf Tim NEU, Vom Nachstellen zum Nacherleben? Vormoderne Ritualität im Geschichtsunterricht, in: Echte Geschichte. Authentizitätsfiktionen in populären Geschichtskulturen, hg. von Eva Ulrike PIRKER u.a., Bielefeld 2010, S. 61–73, S. 65–70 hingewiesen hat, eine didaktische Vorgehensweise zugrunde, „die man einen ‚methodischen Kurzschluss' nennen könnte" (S. 65).

34 GROEBNER (Anm. 2) S. 22.

35 Ebd. S. 22.

36 LUNDT (Anm. 20) S. 235.

37 Vgl. Erwin HOFFMANN, Mittelalterfeste in der Gegenwart. Die Vermarktung des Mittelalters im Spannungsfeld zwischen Authentizität und Inszenierung, Stuttgart 2005; Barbara KRUG-RICHTER, Abenteuer Mittelalter? Zur populären Mittelalter-Rezeption in der Gegenwart, in: Österreichische Zeitschrift für Volkskunde 112 (2009) S. 53–75 und DE GROOT (Anm. 32) S. 119–123. Zur Authentizität „als Schlüsselbegriff der Aus- und Abgrenzung und damit auch der Identitätsfindung" in der einschlägigen Markt-Szene vgl. KRUG-RICHTER, ebd., S. 69 Anm. 38 und Eva Ulrike PIRKER – Mark RÜDIGER, Authentizitätsfiktionen in populären Geschichtskulturen: Annäherungen, in: Echte Geschichte (Anm. 33) S. 11–30, S. 14–21.

„Echtheit" spielen in der Marktszene, auch wenn es sich letztlich um „Authentizitätsfiktionen" handelt[38], eine wichtige Rolle. Außerdem gibt es in der einschlägigen Mittelalter-Szene selbst Tendenzen, im Hinblick auf die angestrebte Mittelalter-Performanz (z.B. „Marktsprech", Kleidung, Ausrüstung, Sachkultur usw.) gewisse Qualitätsstandards zu entwickeln und einzuhalten[39]. Das gilt vor allem für den Bereich des Geschichtstheaters, wo es um „dramatische Präsentationen historischer Lebenswelten" geht[40]. Es kommt in beiden Bereichen letztlich auf die Qualität dessen an, was als Geschichte aufbereitet und präsentiert wird.

4.   Mittelalter-Boom, Mediävistik und populäre Geschichtskultur

Die wissenschaftlichen und außerwissenschaftlichen Geschichtsbilder und Geschichtsinszenierungen stehen in der Geschichtskultur der Gegenwart vielfach noch unvermittelt nebeneinander[41]. Das hat nicht zuletzt damit zu tun, dass die Fachwissenschaft nur sehr zögerlich auf die sukzessive Vereinnahmung ihres Gegenstandes durch die Populärkultur reagiert hat. So wurde der Mittelalter-Boom von mediävistischer Seite im Sinne einer Aktualisierung des Faches zwar durchaus begrüßt, aber die Fachleute hatten zu der anhebenden Mittelalter-Renaissance doch wenig oder gar nichts beigetragen[42]. Das hatte nicht zuletzt auch mit akademischen Vorbehalten gegenüber einer historischen Event-Kultur zu tun, die seit den 70er und 80er Jahren des 20. Jahrhunderts in der Öffentlichkeit immer mehr Raum

---

38 Vgl. PIRKER – RÜDIGER (Anm. 37) S. 11–30 und NEU (Anm. 33) S. 65–70. Siehe auch Rainer WIRTZ, Das Authentische und das Historische, in: Alles authentisch? Popularisierung der Geschichte im Fernsehen, hg. von Thomas FISCHER und Rainer WIRTZ, Konstanz 2008, S. 187–203.

39 Vgl. Johannes F. FAGET, „Mittelalterszene" – was ist das? Einblicke, Seitenblicke, Überblicke. Vortrag gehalten am 03.07.2010 im Zeughaus von Vechta im Rahmen der Tagung „Mediävalismus im Spannungsfeld von Wissenschaft, Museum und populärer Geschichtskultur" (URL: www.fogelvrei.de, Zugriff am 08.11.2010). Siehe auch Wolfgang HOCHBRUCK, Zwischen Ritterspiel und Museumstheater. Performative Aneignung von Geschichte, in: History sells! Angewandte Geschichte als Wissenschaft und Markt, hg. von Wolfgang HARDTWIG und Alexander SCHUG, Stuttgart 2009, S. 163–173, S. 166–170.

40 Vgl. Wolfgang HOCHBRUCK, Geschichtstheater. Dramatische Präsentationen historischer Lebenswelten (Schriftenreihe der Geschichtstheatergesellschaft 2), 2. Aufl., Remseck a.N. 2006. Siehe auch URL: http://chronico.de/erleben/wissenschaft/0000475 (Zugriff am 01.12.2010).

41 Insofern ist es tatsächlich wichtig, schon in der Schule so etwas wie „geschichtskulturelle Kompetenz" auszubilden, die uns lehrt, kritisch mit geschichtskulturellen Angeboten der zeitgenössischen Gegenwart außerhalb und nach der Schule umzugehen und sie entsprechend zu beurteilen. Vgl. Hans-Jürgen PANDEL, Geschichtsunterricht nach PISA. Kompetenzen, Bildungsstandards und Kerncurricula, Schwalbach/Ts. 2005, S. 40–43.

42 Vgl. VOLTMER (Anm. 1) S. 193. Siehe auch Max KERNER, Das Mittelalter als „Kindheit Europas". Zu den Geschichtsromanen Umberto Ecos, in: Mittelalter und Moderne (Anm. 10) S. 289–304, S. 295 und GOETZ, Moderne Mediävistik (Anm. 5) S. 59.

gewann[43]. Als beispielsweise Herwig Wolfram 1972 auf dem Regensburger Historikertag von der Inszenierung eines modernen mittelalterlichen Schauturniers an einer amerikanischen Universität berichtete, reagierten die Teilnehmer der Sektion noch „überwiegend irritiert". Kaspar Elm hielt „solche Spektakel" eines Wissenschaftlers „für unwürdig"[44].

Das Feld der historischen Event-Kultur, mit deren Anfängen die Mediävistik nach Peter Johanek 1972 in Regensburg erstmals konfrontiert wurde, hat sich mittlerweile stark weiterentwickelt und ausdifferenziert[45]. Die traditionellen Grenzen zwischen wissenschaftlichen und populären Formen der Geschichtsbefassung sind nicht nur „durchlässiger geworden"; das Verhältnis zwischen ihnen wird seit einiger Zeit auch „neu definiert"[46]. Dass die populären Aneignungs- und Vermittlungsformen der Geschichte in den letzten Jahren vermehrt zum Gegenstand wissenschaftlichen Nachfragens geworden sind[47], verdanken sie nicht zuletzt dem neuen Forschungsfeld „Geschichtskultur", das sowohl in der Geschichtswissenschaft als auch in der Geschichtsdidaktik für Phänomene öffentlicher Präsenz von Geschichte (und deren Manifestationen) mittlerweile vielfach Verwendung findet[48].

Das Forschungskonzept spiegelt nicht nur den veränderten Umgang mit der Vergangenheit, wie er sich in den letzten Jahrzehnten vollzogen hat. Sein Vorzug besteht auch darin, dass es alle wissenschaftlichen *und* außerwissenschaftlichen Formen des Umgangs mit Geschichte (unter Einschluss aller Medien) unterschiedslos unter sich befasst. Im Diskurs um die öffentliche Präsenz von Geschichte und Erinnerung in der zeitgenössischen Gegenwart kommt ihm insofern eine wichtige Brückenfunktion zu[49]. Wolfgang Hardtwig hat „Geschichtskultur" 1990 als „die Gesamtheit der Formen, in denen Geschichtswissen in einer Gesellschaft präsent ist", definiert[50]. Die neuere Geschichtsdidaktik dagegen hat

---

43   Zur Kritik hieran BOHRER (Anm. 20) S. 20, der betont, dass der Boom mit „historischer Fernerinnerung", die das Mittelalter einschließt, wenig zu tun habe.

44   JOHANEK (Anm. 4) S. 141.

45   Vgl. Julian BLOMANN, Geschichte verkaufen. Eventkultur als Arbeitsfeld, Saarbrücken 2007 und Gerhard SCHULZE, Kulissen des Glücks. Streifzüge durch die Eventkultur, Frankfurt a.M. – New York 1999.

46   Vadim OSWALT – Hans-Jürgen PANDEL, Einführung, in: Geschichtskultur. Die Anwesenheit von Vergangenheit in der Gegenwart (Anm. 20) S. 7–13, S. 9.

47   Vgl. History sells (Anm. 39) und DE GROOT (Anm. 32).

48   Während die Geschichtsdidaktik eher von „Geschichtskultur" spricht, verwendet die Fachwissenschaft auch den Begriff „Erinnerungskultur". Grundsätzlich Jörn RÜSEN, Historische Orientierung. Über die Arbeit des Geschichtsbewusstseins, sich in der Zeit zurechtzufinden, Köln – Weimar – Wien 1994, S. 209–258, der Geschichtskultur „als praktisch wirksame Artikulation von Geschichtsbewusstsein im Leben einer Gesellschaft" (S. 213) definiert und eine ästhetische, politische und kognitive Dimension unterscheidet (S. 219–225).

49   Die historische Populärkultur wird nach diesem Ansatz jedenfalls nicht sofort aus der „seriösen" Geschichtsvermittlung ausgegrenzt und aussortiert, sondern als eine besondere Form des Wissens von der Vergangenheit anerkannt.

50   Wolfgang HARDTWIG, Geschichtskultur und Wissenschaft, München 1990, S. 8.

den Begriff aus programmatischen Gründen etwas weiter gefasst; sie versteht unter Geschichtskultur das „Geschichtsbewusstsein in der Gesellschaft", „wie es uns beispielsweise in Denkmälern, in historischen Festen und Jubiläen oder in Museen entgegentritt"[51]. Mit anderen Worten: Es handelt sich bei der Kategorie um eine „Sammelbezeichnung für höchst unterschiedliche, sich ergänzende oder überlagernde, jedenfalls direkt oder indirekt aufeinander bezogene Formen der Präsentation von Vergangenheit in einer Gegenwart"[52]. Populäre Aneignungs- und Distributionsformen von Geschichte werden unter dieser Perspektive jedenfalls als selbstverständlicher Bestandteil des allgemeinen Umgangs mit Geschichte begriffen.

Was folgt daraus? In welchem Verhältnis steht die populäre zur akademischen Wissenskultur vom Mittelalter? Die wissenschaftlichen Vorstellungen vom Mittelalter mögen zwar, was in keiner Weise in Frage gestellt werden soll, der vergangenen Realität insgesamt sehr viel näher kommen, als dies für vor- und außerwissenschaftliche Vorstellungen gilt. Ihre Aussagen und Urteile, da durch „referentielle, quellen- und forschungsbezogene Spekulation"[53] zustande gekommen, mögen triftiger, plausibler, begründeter und nachvollziehbarer sein. Das ändert aber nichts an der Tatsache, dass auch die wissenschaftlichen Vorstellungen vom Mittelalter letztlich (nur) „Geschichtsbilder" sind, die nicht ein für alle Mal feststehen, sondern sich wandeln, also ebenfalls keine „absolute", sondern nur relative Wahrheit für sich beanspruchen können. Das Mittelalter eines Georg von Below (1858–1927) ist nicht mehr das Mittelalter Gerd Althoffs, Michael Borgoltes oder Johannes Frieds[54]. Hinzu kommt, dass die vor- und außerwissenschaftlichen Vorstellungen vom Mittelalter, da sie sich in der Regel auf einem hart umkämpften Markt („Geschichtsmarkt") behaupten müssen, nicht selten wirksamer sind und das öffentliche Geschichtsbewusstsein nachhaltiger prägen und stärker beeinflussen, als dies im Allgemeinen für die wissenschaftlichen Vorstellungen gilt[55]. Nur ganz wenige deutsche Mediävisten wie etwa Arno Borst

---

51 Bernd SCHÖNEMANN, Geschichtsdidaktik, Geschichtskultur, Geschichtswissenschaft, in: Geschichts-Didaktik. Praxishandbuch für die Sekundarstufe I und II, hg. von Hilke GÜNTHER-ARNDT, Berlin 2003, S. 11–22, S. 17.

52 HARDTWIG (Anm. 50) S. 8f.

53 FRIED, Über das Schreiben von Geschichtswerken (Anm. 28) S. 120.

54 Zu Georg von Below vgl. Otto Gerhard OEXLE, Ein politischer Historiker: Georg von Below (1858–1927), in: Deutsche Geschichtswissenschaft um 1900, hg. von Notker HAMMERSTEIN, Stuttgart 1988, S. 283–312 und Hans CYMOREK, Georg von Below und die deutsche Geschichtswissenschaft um 1900, Stuttgart 1998.

55 Dass dem so ist, hat die moderne Geschichtsdidaktik bereits in zahlreichen empirischen Erhebungen zur Kenntnis genommen. Die Vorstellungsforschung im Sinne des „conceptual change" spielt im Hinblick auf schulischen Geschichtsunterricht mittlerweile in der Geschichtsdidaktik eine zentrale Rolle. Sie bedürfte allerdings, um nicht „schwerelos" zu werden, der stärkeren Rückbindung an die Fachwissenschaft. Wichtige Erkenntnisse werden von der Oldenburger Dissertation Friederike Stöckles zu erwarten sein. Vgl. Hilke GÜNTHER-

haben es tatsächlich geschafft, von der breiteren Öffentlichkeit gelesen und zur Kenntnis genommen zu werden[56].

Ken Folletts Roman „Säulen der Erde" hat dagegen bereits in seiner englischen Originalversion von 1989 ein Millionenpublikum erreicht und ist in einer ZDF-Umfrage sogar zum drittliebsten Buch der Deutschen gewählt worden[57]. Den Sat1-Film „Die Wanderhure", der im Spätmittelalter der Konzilszeit spielt und auf eine entsprechende Romanvorlage zurückgeht[58], haben am 5. Oktober 2010 nahezu 10 Millionen Fernsehzuschauer gesehen[59]. Das Mittelalter entwickelt sich im Fernsehen überhaupt zunehmend zum „Zeitalter für hohe Quoten"[60]. Die zweite Staffel der Geschichtsdoku „Die Deutschen" wurde im ZDF nach dem Start 2008 Ende des Jahres 2010 beispielsweise neu aufgelegt, wobei jetzt – anders als noch 2008 – Karl der Große zur „deutschen" Geschichte zählt[61]. Das ist geschichtskulturell insofern aufschlussreich, als die Reihe 2008 noch mit Otto dem Großen („Otto und das Reich") begann, worauf „Heinrich und der Papst" sowie „Barbarossa und der

---

ARNDT, Conceptual Change-Forschung: Eine Aufgabe für die Geschichtsdidaktik?, in: Geschichtsdidaktik empirisch. Untersuchungen zum historischen Denken und Lernen, hg. von Hilke GÜNTHER-ARNDT und Michael SAUER, Berlin 2006, S. 251–277 und Manfred SEIDEN-FUß – Thomas Martin BUCK – Sven PFLEFKA – Friederike STÖCKLE, Die Aktualität des Mittelalters, in: Zeitschrift für Geschichtsdidaktik 2008, S. 53–60.

56 Vgl. Rudolf SCHIEFFER, Nachruf Arno Borst, in: Deutsches Archiv für Erforschung des Mittelalters 64 (2008) S. 135–137, S. 137 und Arno Borst (1925–2007) (Vorträge und Forschungen 53), hg. von Rudolf SCHIEFFER und Gabriela SIGNORI, Ostfildern 2009. Siehe auch Horst FUHRMANN, Einladung ins Mittelalter, 4. Aufl., München 2009, S. 271, der hier auf Arno Borst, Edith Ennen und Werner Rösener verweist.

57 Vgl. Ursula KUNDERT, Ken Follett „Die Säulen der Erde", in: Die Lieblingsbücher der Deutschen, hg. von Christoph JÜRGENSEN, Kiel 2006, S. 317–340, S. 317. Der Roman wurde Ende des Jahres 2010 in vier Teilen auf Sat 1 im Fernsehen gezeigt und liegt mittlerweile als DVD vor.

58 Iny LORENTZ, Die Wanderhure. Roman, München 2005. Hinter dem Namen Iny Lorentz verbirgt sich ein Autorenpaar, dessen erster historischer Roman den Titel „Die Kastratin" führte. Mit „Die Wanderhure" gelang ihnen der Durchbruch. Der Roman erreichte ein Millionenpublikum. Siehe URL: http://www.iny-lorentz.de (Zugriff am 18.11.2010).

59 Christopher KEIL, Da hat es Bumm gemacht. Sat 1, „Die Wanderhure" und 9,75 Millionen Zuschauer, in: Süddeutsche Zeitung vom 07.10.2010, Nr. 232, S. 15. Siehe auch Markus VER-BEET, Historienhype. Renaissance der Wanderhuren, in: Spiegel-Online. URL: http://www.spiegel.de/unispiegel/studium/0,1518,727443,00.html (Zugriff am 11.11.2010).

60 Christopher KEIL, Das Zeitalter für hohe Quoten. „Die Säulen der Erde": Vier lange Nächte beim neuen Mittelalter-Sender Sat 1, in: Süddeutsche Zeitung vom 15. November 2010, Nr. 264, S. 15. Nach LANGEWIESCHE (Anm. 11) S. 11 ist das Fernsehen zum „Geschichtshauptlehrer der Deutschen" geworden. Siehe auch Simona SLANIČKA – Mischa MEIER, Einleitung, in: DIES. (Hg.), Antike und Mittelalter im Film. Konstruktion – Dokumentation – Projektion, Köln 2007, S. 7–16, S. 7.

61 In der Fernsehsendung selbst wird allerdings deutlich darauf hingewiesen, dass dem nicht so ist, das Karolingerreich also (noch) nichts mit der „deutschen" Geschichte zu tun hat. Als Historiker, die das Filmgeschehen kommentieren, treten im Rahmen der Sendung Stefan Weinfurter, Bernd Schneidmüller und Matthias Becher auf.

Löwe" folgten. Das sind deutliche Hinweise darauf, dass nicht mehr nur Geschichtswerke akademischer Provenienz „grundsätzlich das Primäre" sind, „von dem aus Geschichtsbilder weiter diffundiert werden"[62]. Überspitzt formuliert könnte man sogar sagen: nicht mehr die Geschichtswissenschaft, sondern das deutsche Fernsehen entscheidet, wann die „deutsche" Geschichte beginnt. Der Geschichts- und Erinnerungsboom unserer Gegenwart beeinflusst aber nicht nur die Vorstellungen und Geschichtsbilder der Öffentlichkeit, er wirkt auch auf die engere Fachwissenschaft und ihr Selbstverständnis zurück[63]. Ganz konkret konnte man dies etwa 2010 an der Ausstellung „Mythos Burg" des Germanischen Nationalmuseums Nürnberg beobachten, die die Dekonstruktion eines vor allem im 19. Jahrhundert geprägten und bis heute virulenten Mittelalterklischees für jeden sichtbar im Titel trug[64].

Nimmt die moderne Mediävistik ihre Aufgabe, den Zusammenhang zwischen Vergangenheit und Gegenwart immer wieder neu herauszuarbeiten[65], tatsächlich ernst, dann hat sie gar keine andere Möglichkeit, als sich dem Mittelalter-Boom (neben vielen anderen Aufgaben, die sie gewiss hat) zu stellen, zumal er gesellschaftliche Orientierungsbedürfnisse befriedigt. Man mag ihn goutieren oder nicht, er ist geschichtskulturelle Realität. Außerdem ist die Mittelalterfaszination der Gegenwart ein selbstverständlicher Teil jener öffentlichen Geschichts- und Erinnerungskultur, der auch die institutionelle Vermittlung von Geschichte an Schule, Hochschule und Universität angehört. Man wird die populären Aneignungsformen der Geschichte also nicht einfach separieren, übergehen oder als öffentlichen „Klamauk"[66] abtun können, ohne dass dies nicht auch entsprechende Aus- und Rückwirkungen auf die Fachwissenschaft hätte. Man sollte in diesem Zusammenhang nicht vergessen, dass die (auch und gerade von Mediävisten) viel beschworene „Aktualität des Mittelalters" nicht zuletzt seiner Popularisierung geschuldet ist. Wird die populäre Wissenskultur vom Mittelalter trotzdem weiterhin ignoriert, begibt sich die Mediävistik leichtfertig der Möglichkeit, den Unterschied zwischen wissenschaftlichen und außerwissenschaftlichen Vorstellungen vom Mittelalter im

---

62 OSWALT – PANDEL (Anm. 46) S. 10.

63 Vgl. Wolfgang HARDTWIG – Alexander SCHUG, Einleitung, in: History sells (Anm. 39) S. 9–17, S. 11: „Geschichte ist eben Teil des Infotainment geworden".

64 „Mythos Burg". Germanisches Nationalmuseum, Nürnberg 8. Juli – 7. November 2010. URL: www.mythosburg.de (Zugriff am 17.11.2010). „Burg und Herrschaft". Deutsches Historisches Museum, Berlin 25. Juni – 24. Oktober 2010. Siehe zur Ausstellung auch den wissenschaftlichen Begleitband „Die Burg" zu den Ausstellungen „Burg und Herrschaft" und „Mythos Burg" von G. Ulrich GROSSMANN und Hans OTTOMEYER (Dresden und Nürnberg 2010) sowie die flankierende Ausgabe von „Damals" (42. Jahrgang, Heft 7, 2010) mit einem Editorial von Bernd Schneidmüller.

65 Vgl. GOETZ, Moderne Mediävistik (Anm. 5) S. 24.

66 GROEBNER (Anm. 2) S. 141.

wechselseitigen Diskurs angemessen deutlich machen zu können[67]. Dass das nicht unwichtig ist, zeigen die zahlreichen Fehlvorstellungen im Sinne von Klischees, die mit der Mittelalter-Begeisterung unserer Zeit in den unterschiedlichsten Medien einhergehen[68]. Markus Verbeet hat den Zusammenhang auf „Spiegel-Online" einmal folgendermaßen beschrieben: Für viele Menschen sei das Mittelalter ein Zeitalter, das sie von Märkten und Schaukämpfen, aus Kinofilmen und Büchern zu kennen glauben. Das tatsächliche Wissen über die Zeit zwischen 500 und 1500 sei dagegen erschreckend schwach[69].

Die populäre Geschichtskultur braucht deshalb, sofern sie mehr als nur Event, Entertainment und Unterhaltung sein will, ganz notwendig ein Korrektiv, und zwar im Sinne einer Reflexionsinstanz. Das heißt nicht, dass die Mediävistik durch „harte" Kenntnisse (Differenzierung, Desillusionierung, Dekonstruktion, Entmythologisierung, Entzauberung) ausschließlich zum „Spielverderber" werden soll. Geschichtskultur, die ja nicht nur historische Orientierungsbedürfnisse befriedigt[70], kann in ihrer Wirkung grundsätzlich nicht durch bloße (faktische) Richtigstellung entmächtigt werden. Dekonstruktionen schaffen, wie das Max Kerner und Klaus Herbers formuliert haben, Mythen nicht aus der Welt[71]. Ein moderner Mittelalterroman wie etwa „Die Päpstin" (1996, verfilmt 2009) von Donna Woolfolk Cross will nicht in erster Linie historisch belehren, sondern unterhalten. Er „benutzt" das Mittelalter häufig nur als „Kulisse" zur Verarbeitung moderner Themen und Fragestellungen. Im Falle der „Päpstin" wird etwa eine „feministische Geschichtsutopie"

67   Vgl. etwa Max KERNER – Klaus HERBERS, Die Päpstin Johanna. Biographie einer Legende, Köln – Weimar – Wien 2010.

68   Vgl. Karin SCHNEIDER-FERBER, Alles Mythos! 20 populäre Irrtümer über das Mittelalter, Stuttgart 2009. Siehe auch Ulrich MÜLLER – Werner WUNDERLICH (Hg.), Mittelalter-Mythen, Bde. 1–5, St. Gallen – Konstanz 1996–2008 und Andreas SOMMER, Geschichtsbilder und Spielfilme. Eine qualitative Studie zur Kohärenz zwischen Geschichtsbild und historischem Spielfilm bei Geschichtsstudierenden, Berlin 2010, S. 48–51.

69   VERBEET, Historienhype (Anm. 59). Siehe zu den Klischees und Vorurteilen hinsichtlich des Mittelalters auch FUHRMANN (Anm. 56) S. 263 und GOETZ, Moderne Mediävistik (Anm. 5) S. 48 und 60.

70   Vgl. Barbara KORTE – Sylvia PALETSCHEK, Geschichte in populären Medien und Genres: Vom historischen Roman zum Computerspiel, in: History goes Pop. Zur Repräsentation von Geschichte in populären Medien und Genres, Bielefeld 2009, S. 9–60, S. 10, die betonen, dass die Beschäftigung mit Geschichte in populären Vermittlungsformen das Bedürfnis nach Unterhaltung und neuem Wissen, nach ästhetischen und emotionalen Erfahrungen und „einer risikofreien Begegnung mit fremden Lebenswelten" befriedigt.

71   Vgl. KERNER – HERBERS (Anm. 67) S. 140. Siehe zum Verhältnis von Historie und Mythos auch Michael BORGOLTE, Historie und Mythos, in: Krönungen. Könige in Aachen – Geschichte und Mythos. Katalog der Ausstellung, hg. von Mario KRAMP, Bd. 2, Mainz 2000, S. 839–846, S. 840 und 843f.

entworfen[72], die sich leicht aus der Zeit der Entstehung des Romans erklären lässt, aber wenig mit dem mittelalterlichen Stoff selbst zu tun hat. Die Korrektivfunktion der Geschichtswissenschaft ist im Bereich der Geschichtskultur begrenzt[73]. Häufig geht es, wie dies Daniel Fulda im Hinblick auf literarische Verarbeitungen von Geschichte formuliert hat, „weniger um Verständnis für das Leben anderer [...] als um das emotionale Durcharbeiten eigener Konfliktlagen im Spiegel von Stoffen, auf deren Historizität es gar nicht ankommt"[74].

Daher kann es im Bereich historischen Lernens nicht primär darum gehen, die Fehler und Versäumnisse populärkultureller Geschichtsinszenierungen und Geschichtsdarstellungen aufzuzeigen. Das ist zwar nicht unwichtig, aber nicht die Hauptsache. Es gilt vielmehr, einen reflektierten Umgang mit zu Gegenwartszwecken aufbereiteter und inszenierter Vergangenheit zu schulen. Der Fokus liegt dann nicht mehr auf den „Fakten", sondern auf dem (teilweise virtuosen) Umgang mit den „Fakten". So könnte man sich z.B. fragen: Warum werden zu einem bestimmten Zeitpunkt in einem Buch, in einem Film, in einem Printmedium, in einem Themenpark, in einem PC-Spiel genau diese und keine anderen Mittelalterbilder generiert? Was hat die jeweilige Mittelalterinszenierung mit der Gegenwart und was mit der Vergangenheit zu tun? Was sagt unser „Mittelaltergebrauch" über uns selbst und unsere Bedürfnisse aus? Wozu brauchen wir das Mittelalter? Wie wollen wir die Epoche jeweils sehen und warum? Was rücken wir ins Licht und was blenden wir aus? Welche Funktion hat die Beschäftigung mit der Epoche in unserer Gegenwart? Welche Stereotypen und Klischees werden aufgegriffen (und welche nicht) und wie werden sie im Hinblick auf das Publikum bedient? Mit welchen „Codes" wird gearbeitet? Welche Vorstellungen und Bilder sind für die Epoche im kollektiven Gedächtnis reserviert und welche nicht? Darf man dem Mittelalter, geschichtskulturell gesehen, „alles antun" oder gibt es eventuell auch hier Tabus, wie sie etwa für die Darstellung der nationalsozialistischen Epoche nach wie vor gelten? Ganz konkret heißt dies etwa: Wie stellt man sich einen Schauspieler vor, der Karl den Großen, Widukind, Otto den Großen, Heinrich IV. oder Gregor VII. „spielen" soll? Welche „Bilder" hat man „im Kopf" und konvergieren diese Bilder mit den geschichtskulturellen Angeboten der Gegenwart?

---

72 Vgl. KERNER – HERBERS (Anm. 67) S. 14, 136–144. Zu Ridley Scotts „Kingdom of Heaven" vgl. Simona SLANIČKA, „Kingdom of Heaven" – Der Kreuzzug Ridley Scotts gegen den Irakkrieg, in: Antike und Mittelalter im Film (Anm. 60) S. 385–397.

73 Hans-Jürgen PANDEL, Geschichtskultur als Aufgabe der Geschichtsdidaktik: Viel zu wissen ist zu wenig, in: Geschichtskultur. Die Anwesenheit von Vergangenheit in der Gegenwart (Anm. 20) S. 19–33, S. 28. SLANIČKA – MEIER (Anm. 60) S. 12 und 15 betonen, dass geschichtskulturelle Angebote „Leerstellen" füllen, „die durch wissenschaftliche Untersuchungen nicht zu schließen sind und niemals zu schließen sein werden" (S. 12).

74 Daniel FULDA, Literarische Thematisierungen von Geschichte, in: Geschichte und Öffentlichkeit (Anm. 11) S. 209–218, S. 213.

5.   Moderne Mediävistik als „Dialog zwischen Mittelalter und Gegenwart"

Diese Fragen zeigen, dass es tatsächlich an der Zeit ist, einen „Dialog" einzuleiten, und zwar, wie das Hans-Werner Goetz bereits 1999 formuliert hat, einen Dialog „zwischen dem Mittelalter und der Gegenwart". Die Mediävistik muss sich „an der Gegenwart ausrichten, damit sie nicht antiquarisch wirkt; sie muss sich zugleich aber am Mittelalter ausrichten, damit moderne Fehldeutungen und Verklärungen erkannt und verhindert werden, und sie muss die Bezüge zwischen Gegenwart und Vergangenheit eingehend reflektieren"[75]. Was im Bereich der Rezeptionsgeschichte des Mittelalters bereits ganz selbstverständlich geworden ist, nämlich nach der modernen Nachwirkung und Adaption des Mittelalters (im Sinne einer Funktionalisierung) in der zeitgenössischen Gegenwart zu fragen[76], sollte künftig auch für den Bereich der populären Mittelalterkultur gelten. Diese sagt – als Teil der modernen Mittelalterrezeption – einerseits etwas über die Bedürfnisse der Gegenwart aus, die das Mittelalter aufgreift. Andererseits aber erscheint auch der rezipierte historische Sachverhalt in neuem Licht: „Die kritische Analyse des Verhältnisses von Vor- und Abbild zueinander schärft", wie dies Volker Mertens und Carmen Stange in einer Berliner Ringvorlesung zum Thema „Bilder vom Mittelalter" 2007 formuliert haben, „den Blick für beide Positionen, die des Rezipierenden und die des Rezipierten"[77].

Da wir es, sofern wir Geschichte nicht „substanziell", sondern als Vorstellungskonstrukt begreifen, ohnehin nur mit mehr oder weniger triftigen „Geschichtsbildern" und Imaginationen zu tun haben, wäre es falsch anzunehmen, der moderne Umgang mit dem Mittelalter würde das Bild, das wir vom Mittelalter haben, nur „verfälschen". Richtig ist, dass er es nur in anderem Licht zeigt. Damit soll selbstverständlich keiner Wissenschaft vom Mittelalter das Wort geredet werden, die sich auf die Vermittlung des Mittelalters anhand der Rezeptionsgeschichte oder der Populärkultur beschränkt. Denn die Korrektur unangemessener

---

75   Goetz, Moderne Mediävistik (Anm. 5) S. 33f.

76   Vgl. Gerd Althoff, Sinnstiftung und Instrumentalisierung. Zugriffe auf das Mittelalter. Eine Einleitung, in: Die Deutschen und ihr Mittelalter (Anm. 13) S. 1–6 und Bak – Jarnut – Monnet – Schneidmüller (Hg.), Gebrauch und Missbrauch des Mittelalters, 19.–21. Jahrhundert (Anm. 24). Siehe in diesem Zusammenhang auch die Bände Mittelalter-Rezeption I–III, die Jürgen Kühnel von 1979–1988 herausgebracht hat; Peter Wapnewski (Hg.), Mittelalter-Rezeption. Ein Symposion, Stuttgart 1986; Hans-Jürgen Bachorski – Ingrid Kasten, Zwischen Politik, Philologie und Pop: Mittelalter-Rezeption, in: Mitteilungen des Deutschen Germanistenverbandes 45 (1998) S. 5–9 und Rüdiger Krohn, Aufbrüche in die Vergangenheit zur Gewinnung der Zukunft. Wellen und Wandlungen der Mittelalter-Rezeption, ebd. S. 134–158.

77   Bilder vom Mittelalter. Eine Berliner Ringvorlesung, hg. von Volker Mertens und Carmen Stange, Göttingen 2007, S. 7. Goetz, Moderne Mediävistik (Anm. 5) S. 23 spricht diesbezüglich vom „Unterschied zwischen realer und rezipierter Geschichte".

Mittelalterbilder bedarf selbstverständlich eines Maßstabs, den die Rezeptionsge-schichte allein nicht liefern kann. Diese auf die Nachwirkung eingeschränkte Perspektive würde auch dem Fach, seinen Methoden und seinen Inhalten in keiner Weise gerecht. Aber bei den Mittelalterinszenierungen der Gegenwart handelt sich doch um Formen bzw. um Manifestationen des modernen Umgangs mit dem Mittelalter, die Teil des zeitgenössischen öffentlichen Geschichtsbewusstseins und damit Teil unserer Gegenwart sind. Die Gegenwart ist aber das einzige „Licht", in dem sich uns das Mittelalter überhaupt „zeigen" kann[78]. Insofern müssen die populären Aneignungsformen des Mittelalters (seien es Mittelaltermärkte, Tur-niere, Rollenspiele, Filme, Histotainment-Parks, Living-History-Veranstaltungen usw.), da sie das Mittelalter in unserer Gegenwart repräsentieren, ernst genommen und zum Gegenstand wissenschaftlicher Betrachtung gemacht werden[79]. Denn eine Mediävistik, die sich allein der Erforschung abgelegener Jahrhunderte widmete, „ohne über den mediävistischen Tellerrand hinaus auf unsere Gegenwart zu schauen", wäre, so das Urteil von Johannes Fried, „nutzlos"[80].

Die Rezeptionsgeschichte im weiten Sinne (unter Einschluss der populären Aneignungs- und Distributionsformen von Geschichte) kann also durchaus *ein* An-satzpunkt für die Frage nach dem historischen Mittelalter *hinter* dem Mittelalterbild sein. Wer sich heute über Kaiser Friedrich II. (1194–1250) historisch informieren will, wird kaum Ernst H. Kantorowicz lesen[81]. Wer aber wissen will, wie der Staufer bis in die Gegenwart nachgewirkt hat und rezipiert wurde und warum der Verfasser „in unkaiserlicher Zeit" an Deutschlands „Kaiser und Helden" („Seinen Kaisern und Helden") erinnert, wird an dem Bild, das Kantorowicz 1927 von Friedrich entworfen hat, nicht vorbeikommen, sondern es zum Anlass nehmen, nach der historischen Gestalt hinter der zeitabhängigen Imagination zu fragen[82].

---

78 Vgl. GROEBNER (Anm. 2) S. 12 und 167 und OEXLE, Von Fakten und Fiktionen (Anm. 28) S. 18 und 20. Siehe auch Cornelius HOLTORF, The Presence of Pastness: Themed Environments and Beyond, in: Staging the Past. Themed Environments in Transcultural Perspectives, hg. von Judith SCHLEHE, Michiko UIKE-BORMANN, Carolyn OESTERLE und Wolfgang HOCH-BRUCK, Bielefeld 2010, S. 23–40, S. 23.

79 Dieser Aspekt ist vor allem für die Geschichtsvermittlung an der Schule wichtig, die aus di-daktischen Gründen viel stärker die individuelle Bedeutung dessen, was historisch gelernt wird, betonen muss. Gegenwarts- und Lebensweltbezug sind deshalb wichtige Prinzipien des modernen Geschichtsunterrichts, die den Lernenden klar machen, dass das, was sie lernen, etwas mit ihnen zu tun hat.

80 FRIED, Mediävistik in heutiger Zeit (Anm. 17) S. 29.

81 Ernst KANTOROWICZ, Kaiser Friedrich der Zweite, 3. Aufl., Stuttgart 1992.

82 Vgl. Horst FUHRMANN, Ernst H. Kantorowicz: der gedeutete Geschichtsdeuter, in: DERS., Überall ist Mittelalter. Von der Gegenwart einer vergangenen Zeit, München 1996, S. 252–270; Otto Gerhard OEXLE, Das Mittelalter als Waffe. Ernst H. Kantorowicz' „Kaiser Friedrich der Zweite" in den politischen Kontroversen der Weimarer Republik, in: DERS., Geschichtswissenschaft im Zeichen des Historismus. Studien zu Problemgeschichten der Moderne, Göttingen 1996, S. 163–215 und Marcus THOMSEN, „Ein feuriger Herr des Anfangs …". Kaiser Friedrich II. in der Auffassung der Nachwelt, Ostfildern 2005.

Wer etwas über das Konstanzer Konzil (1414–1418) erfahren will, kann zwar von der Denkmalsstatue „Imperia" des Künstlers Peter Lenk ausgehen, die 1993 im Konstanzer Hafen aufgestellt wurde[83], aber er wird schnell feststellen, dass sich das Konzil nicht auf Kaiser, Papst und Hurenthematik reduzieren lässt, jedenfalls nicht in der Form, wie sie Lenk öffentlichkeitswirksam dargestellt hat. Vergangenheit war immer mehr als das, was die Geschichte über sie erzählt.

Hinzu kommt noch ein anderer wichtiger Aspekt, der nicht übersehen werden darf. Der Geschichts- und Erinnerungsboom der Gegenwart, unter den sich auch der seit einigen Jahrzehnten anhaltende Mittelalter-Boom subsumieren lässt, ist nicht zuletzt auch Ausdruck einer tiefgründigen Sinn- und Orientierungskrise der modernen Gesellschaft, auf die die Geschichtswissenschaft eine Antwort geben muss, will sie ihrer Verantwortung gegenüber der Öffentlichkeit gerecht werden. So wissenschaftsnah oder wissenschaftsfern der Boom im Einzelnen auch immer sein mag, er muss doch „als integraler Bestandteil und als Antwort auf den beschleunigten Gesellschaftswandel in der sogenannten »Zweiten Moderne« verstanden werden"[84]. Geschichte befriedigt offenbar ein gesellschaftliches Bedürfnis nach Kontinuität, Identität und Orientierung. Vielleicht sollten wir die Mittelalterfiktionen der Gegenwart danach befragen, ob sie „für nicht verstandene Entwicklungen der Zeit" ein Sinnangebot bereit halten[85]. Hinter der populären Mittelalter-Rezeption der Gegenwart verbirgt sich also nicht nur ein historisches, sondern auch ein gesellschaftliches Problem. Schon von daher müssen „historische Lebenswelten in populären Wissenskulturen der Gegenwart"[86], wie sie in Freiburg im Rahmen eines DFG-Projektes von Barbara Korte und Sylvia Paletschek modellhaft untersucht und erschlossen werden (und wozu auch der Mittelalter-Boom gehört), zum selbstverständlichen Gegenstand fachwissenschaftlichen *und* fachdidaktischen Fragens werden.

Das Mittelalter als Projektionsfläche der Moderne bietet sich in diesem Zusammenhang als Forschungsgegenstand geradezu an. Denn das Mittelalter ist, terminologisch betrachtet, per definitionem „modern". Das heißt, die Möglichkeit, sich nicht mit dem Mittelalter auseinanderzusetzen, gibt es eigentlich gar nicht. Der moderne europäische Mensch beschäftigt sich gewissermaßen zwangsläufig mit dem Mittelalter, weil es sein „Produkt", seine „Entdeckung", seine „Erfindung" ist. Er hat das Mittelalter „erfunden", um sich selbst zu verstehen. In allen Reflexionen über die Moderne ist deshalb das Mittelalter als notwendiger Komplementärbegriff anwesend. Eine Einstellung, die ein „richtiges" und ein „falsches" Mittelalter

---

83   Vgl. Helmut WEIDHASE, Imperia. Konstanzer Hafenfigur, 3., unveränd. Aufl., Konstanz 2007.

84   KORTE – PALETSCHEK, Geschichte in populären Medien und Genres (Anm. 70) S. 10.

85   Vgl. KERNER – HERBERS (Anm. 67) S. 137.

86   Siehe die gleichnamige DFG-Forschergruppe 875 an der Albert-Ludwigs-Universität Freiburg, geleitet von Barbara Korte und Sylvia Paletschek. URL: http://portal.uni-freiburg.de/historische-lebenswelten (Zugriff am 18.11.2010).

unterscheidet[87], ist daher aus akademischer Sicht zwar durchaus nachvollziehbar und legitim, wird dem gesellschaftlichen Problem, das sich hinter der modernen Mittelalter-Faszination verbirgt, aber nicht in jeder Weise gerecht. Denn geschichtskulturelle Interpretationen und Manifestationen kennen, worauf Hans-Jürgen Pandel hingewiesen hat, kein „richtig" und „falsch"[88]. Es macht insofern auch wenig Sinn, sie diesbezüglich zu kritisieren. Denn was „das" Mittelalter ist oder nicht ist, wird nicht (mehr) normativ (durch die Wissenschaft) festgelegt, sondern im gesellschaftlichen Diskurs über das Mittelalter zwischen verschiedenen Akteuren jeweils neu ausgehandelt[89]. Dieser Aushandlungsprozess „ist längst nicht mehr nur Teil der Wissenschaften, sondern findet […] zwischen Wissenschaft und Öffentlichkeit statt"[90]. Wird Wissensproduktion zudem als „kulturelle Praxis" verstanden, so geht es auch darum, „neben den Wissensinhalten die verschiedenen Akteure und Praktiken zu verstehen"[91], die das Mittelalter in unserer Gegenwart jeweils neu generieren. Das moderne Mittelalterbild ist also keine fixe Größe, sondern „entsteht" in der gegenwärtigen (wissenschaftlichen und außerwissenschaftlichen) Reflexion über die Epoche und nicht in der emphatischen Beschwörung einer vermeintlich objektivierbaren oder substanziellen Größe „Mittelalter", deren adäquate Rekonstruktion epistemologisch ohnehin unmöglich ist.

6. Die Aktualität des Mittelalters in der Populärkultur

Der akademischen und öffentlichen Geringschätzung der Mediävistik wird man, worauf Hans-Werner Goetz zu Recht hingewiesen hat, mithin nur begegnen können, wenn die Mediävisten ihrerseits dazu beitragen, „dass ihr Fach aktuell bleibt und von der Öffentlichkeit als aktuell wahrgenommen wird"[92]. Dazu muss aber die populäre Befassung mit dem Mittelalter Gegenstand wissenschaftlichen Fragens werden. Eine Reaktion, wie sie sich auf dem Regensburger Historikertag 1972 ereignet hat, ist heute jedenfalls nicht mehr vorstellbar. Die zeitgenössische Mediävistik will im Gegenteil dezidiert „modern" sein[93]. Dieser Wunsch geht bereits aus dem Titel der von Hans-Werner Goetz 1999 publizierten Monographie hervor. Die traditionellen Wissensbestände und Deutungsgrundlagen werden des-

---

87 GROEBNER (Anm. 2) S. 22.
88 Vgl. PANDEL, Geschichtskultur als Aufgabe der Geschichtsdidaktik (Anm. 73) S. 30. Siehe auch BORGOLTE (Anm. 71) S. 840.
89 Denn es kann, wie wir eingangs betont haben, nie um das vergangene Mittelalter gehen, da diese Epoche unwiederholbar vorbei und verloren ist.
90 Michaela FENSKE, Abenteuer Geschichte. Zeitreisen in der Spätmoderne, in: History sells (Anm. 39) S. 79–90, S. 85.
91 Ebd. S. 85.
92 GOETZ, Dossier (Anm. 18) S. 179.
93 Vgl. GOETZ, Moderne Mediävistik (Anm. 5) S. 5–35.

halb, worauf Bea Lundt 2009 hinwies, „zur Zeit völlig neu sortiert"[94]. Die Mediävistik greift aktuelle Fragen und Probleme auf, arbeitet an Mittelalter-Ausstellungen mit[95], macht ihre Forschungsergebnisse einer breiteren Öffentlichkeit in lesbaren Darstellungen zugänglich, formuliert „Einladungen" ins Mittelalter[96], befasst sich mit dessen „Lebensformen"[97], schreibt weit verbreitete Einführungsliteratur[98], geht dabei auch auf „Aspekte der Popularisierung" ein[99], untersucht europäische Geschichte des Mittelalters im Vergleich[100], öffnet sich nicht zuletzt auch dem Phänomen der Globalisierung[101].

Bei der Eröffnung des Mittelalter-Zentrums der Albert-Ludwigs-Universität Freiburg im Jahr 2006 wurde denn auch ausdrücklich betont, dass der Mediävistik angesichts der „unglaublichen Mittelalterfaszination" gar nicht anderes übrig bleibe, als ihren „Elfenbeinturm" zu verlassen[102]. „Die armen Ritter der Mediävistik haben heute", wie das Valentin Groebner leicht (selbst)ironisch in einem Artikel der „Frankfurter Allgemeinen Sonntagszeitung" vom 19. September 2010 formuliert hatte, „gar keine andere Wahl, als sich mit den künstlichen historischen Wel-

---

94 LUNDT (Anm. 20) S. 233. Siehe auch Mittelalter im Labor. Die Mediävistik testet Wege zu einer transkulturellen Europawissenschaft, hg. von Michael BORGOLTE, Berlin 2008 sowie Hybride Kulturen im mittelalterlichen Europa. Vorträge und Workshops einer internationalen Frühlingsschule / Hybrid cultures in medieval Europe. Papers and workshops of an International Spring School, hg. von Michael BORGOLTE, Berlin 2010.

95 Beispielsweise die Ausstellung „Die Staufer und Italien" in den Reiss-Engelhorn-Museen in Mannheim vom 19.09.2010 bis 20.02.2011. Ausstellung der Länder Baden-Württemberg, Rheinland-Pfalz und Hessen (z.B. Michael Matheus und Stefan Weinfurter).

96 Vgl. FUHRMANN (Anm. 56).

97 Den „Klassiker" schrieb mit den „Lebensformen im Mittelalter" (1973) Arno Borst. Siehe auch Hans-Werner GOETZ, Leben im Mittelalter. Vom 7. bis zum 13. Jahrhundert, 7. Aufl., München 2002.

98 Vgl. Hans-Werner GOETZ, Proseminar Geschichte: Mittelalter, 3., überarb. Aufl., Stuttgart 2006; Martina HARTMANN, Mittelalterliche Geschichte studieren, 2. Aufl., Konstanz 2007 und Claudia MÄRTL, Die 101 wichtigsten Fragen – Mittelalter, 3. Aufl., München 2009.

99 Vgl. Heinz-Dieter HEIMANN, Einführung in die Geschichte des Mittelalters, 2. Aufl., Stuttgart 2006, S. 263–269 und Judith M. BENNETT – C. Warren HOLLISTER, Medieval Europe. A Short History, 10. Aufl., New York 2006, S. XIV, 39, 93, 129 u.ö.

100 Vgl. die von Michael Borgolte herausgegebene Reihe „Europa im Mittelalter. Abhandlungen und Beiträge zur historischen Komparatistik".

101 Vgl. Thomas ERTL, Seide, Pfeffer und Kanonen. Globalisierung im Mittelalter, Darmstadt 2008 und Bernd SCHNEIDMÜLLER, Gebrauch und Missbrauch des Mittelalters als Herausforderung, in: BAK – JARNUT – MONNET – SCHNEIDMÜLLER (Hg.), Gebrauch und Missbrauch des Mittelalters, 19.–21. Jahrhundert (Anm. 24) S. 337–343, S. 343.

102 Peter WIECZOREK, Das Mittelalter frisch vernetzt. Die Universität eröffnet das neue Mittelalterzentrum, in: Freiburger Uni-Magazin 5 (2006) S. 11. Siehe auch Hans-Jochen SCHIEWER in der Badischen Zeitung vom 15.06.2007, S. 6, der betont, dass er sich über den Mittelalter-Boom nicht ärgere, „im Gegenteil, ich freue mich über jeden, der sich für das Mittelalter interessiert. Und wenn sich diese Epoche über die unterschiedlichen Vermarktungsformen in unserem kulturellen Bewusstsein etabliert, dann kann das nur positiv sein".

ten der Unterhaltungsindustrie und des Tourismus zu befassen. Und zwar einfach deswegen, weil sie da sind"[103]. Dass die Auseinandersetzung mit dem Mittelalter in der Populärkultur von Seiten der Mediävistik unumgänglich ist, hat nicht zuletzt auch damit zu tun, dass das „Verhältnis von geschichtswissenschaftlicher Forschung und Manifestationen der Geschichtskultur" schon seit langem nicht mehr nur einseitig als „Einbahnstraße" zu denken ist[104]. Längst gibt es – auch im Bereich der Mediävistik – „umgekehrte Einflussnahmen"[105], die etwa dazu führen, dass die Mediävistik auf populärwissenschaftliche Thesen, wie sie etwa von Heribert Illig formuliert wurden, reagieren muss[106]. Auch das Buch von Max Kerner und Klaus Herbers über „Die Päpstin Johanna", das 2010 erschien, ist nicht zuletzt durch die massenmediale Aufbereitung des Themas in Roman und Film veranlasst worden. Das sind nur zwei von vielen Beispielen einer wechselseitigen Beeinflussung, die man hier nennen könnte.

Das beste Beispiel ist freilich der Hype, den Umberto Ecos „Rosenroman" (Il nome della rosa) in den 1980er Jahren nicht nur in der literarischen Öffentlichkeit, sondern auch in der engeren Fachwissenschaft (Vorträge, Seminare, Symposien, Colloquien usw.) ausgelöst hat[107]. Sogar im „Deutschen Archiv für Erforschung des Mittelalters" wurde den Mediävisten die Lektüre von Ecos Buch anempfohlen[108]. Der in alle Weltsprachen übersetzte „Kloster-Krimi"[109] hat den Mittelalter-Boom zwar nicht wirklich ausgelöst[110], aber doch an einer schillernden Person und vor allem an einem genialen Werk festgemacht. Als ich in den 1980er Jahren an der Albert-Ludwigs-Universität Freiburg eine Einführungsvorlesung in die germanistische Mediävistik besuchte, wurde mir jedenfalls nicht eine fachwissenschaftliche Monographie, sondern hauptsächlich Ecos Buch ans Herz gelegt[111]. Eco ist in unserem Zusammenhang vor allem deshalb aufschlussreich, weil er als anerkannter Sprachwissenschaftler ein spannendes belletristisches Werk über das Mittelalter verfasst hat, das weltweit ein Millionenpublikum erreichte und für das

---

103 GROEBNER, Geht's ein bisschen echter? (Anm. 27) S. 64.
104 OSWALT – PANDEL (Anm. 46) S. 9.
105 Ebd. S. 9.
106 Vgl. LUNDT (Anm. 20) S. 227–230.
107 Vgl. VOLTMER (Anm. 1) S. 187, FUHRMANN (Anm. 56) S. 273–275 und HEIMANN (Anm. 99) S. 16. Siehe auch Max KERNER (Hg.), „… eine finstere und fast unglaubliche Geschichte". Mediävistische Notizen zu Umberto Ecos Mönchsroman „Der Name der Rose", Darmstadt 1987.
108 Vgl. Horst FUHRMANN, in: Deutsches Archiv für Erforschung des Mittelalters 39 (1983) S. 718f.: „Dennoch: auch der ernsthafte Mittelalterforscher sei auf dieses Lesevergnügen hingewiesen – daher eine Anzeige, selbst im DA, dem man ob dieses Hinweises die Seriosität hoffentlich nicht absprechen wird." (S. 719).
109 VOLTMER (Anm. 1) S. 186.
110 Vgl. GOETZ, Moderne Mediävistik (Anm. 5) S. 58 und KRUG-RICHTER (Anm. 37) S. 67.
111 So der Ratschlag von Konrad Kunze, Altgermanist am Deutschen Seminar der Albert-Ludwigs-Universität Freiburg.

Mittelalter begeisterte[112]. Seinem wissenschaftlichen Renommee haben der Erfolg und die unerwartet große Resonanz in der Öffentlichkeit gleichwohl nicht geschadet. Andernfalls hätte er den großen internationalen Kongress, den die „Monumenta Germaniae Historica" vom 16.–19. September 1986 über „Fälschungen im Mittelalter" in München ausrichtete, wohl kaum mit einem Festvortrag zum Thema „La falsificazione ieri e oggi" eröffnen dürfen[113]. Jürgen Petersohn ist 1986 in einem Aufsatz sogar so weit gegangen, ernsthaft über die Konsequenzen von Ecos Erfolg, der ja bewusst ein „postmodernes Mittelalterbild" entworfen hat[114], für die mediävistische Fachwissenschaft nachzudenken[115]. Vielleicht, so fragte Horst Fuhrmann, beantworte die Historikerzunft Fragen, „die vom historisch interessierten Publikum gar nicht gestellt werden"[116].

Dass die moderne Mediävistik tatsächlich im 21. Jahrhundert angekommen ist[117], zeigt sich nicht zuletzt auch daran, dass renommierte Fachvertreterinnen und Fachvertreter durchaus bereit sind, über ihr Fach selbstkritisch nachzudenken und die Herausforderungen der Gegenwart anzunehmen[118]. Hinzu kommt eine Tendenz, die vor einigen Jahren noch ganz unvorstellbar gewesen wäre, nämlich dass Mediävisten ihre Sicht auf die mittelalterliche Geschichte zunehmend auch in populären und öffentlichkeitswirksamen Printmedien freigeben. Wenn Horst Fuhrmann im ältesten deutschen Geschichtsmagazin „Damals" (gegründet 1969) in den frühen 1980er Jahren über „Lebensform und Leitideen" im Mittelalter, über Karl den Großen und über „Aufstieg und Fall des Rittertums" publizierte[119], so war dies noch durchaus etwas Besonderes und keineswegs selbstverständlich. Heute jedoch schließen sich Mediävisten nicht nur zu interdisziplinären Forschungs-

---

112 Wie der Verfasser selbst erklärte, sollte das von ihm dargestellte Mittelalter als „Modell" für die eigene Zeit gelten. Eco zeichnet also kein mittelalterliches, sondern ein modernes Mittelalterbild. Vgl. FUHRMANN (Anm. 56) S. 275.

113 Fälschungen im Mittelalter. Internationaler Kongress der Monumenta Germaniae Historica, München, 16.–19. September 1986, Bde. 1–6 (MGH Schriften 33), Hannover 1988–1990. Im Druck lautet der Titel von Ecos Vortrag „Tipologia della falsificazione". Vgl. Fälschungen im Mittelalter, Bd. 1: Kongressdaten und Festvorträge. Literatur und Fälschung, Hannover 1988, S. 69–82.

114 Jürgen PETERSOHN, Ecos Echo – ein „Anstoß" für Mittelalterhistoriker?, in: Geschichte in Wissenschaft und Unterricht 37 (1986) S. 761–766, S. 765.

115 Vgl. ebd. S. 763f.

116 Zitiert bei HEIMANN (Anm. 99) S. 16.

117 Mediävistik im 21. Jahrhundert. Stand und Perspektiven der internationalen und interdisziplinären Mittelalterforschung, hg. von Hans-Werner GOETZ (MittelalterStudien 1), München 2003.

118 Vgl. GROEBNER (Anm. 2) S. 10f. und 141f. Siehe auch Thomas ERTL, Neue Synthesen zur Rettung des Mittelalters, in: Zeitschrift für historische Forschung 36 (2009) S. 629–649, bes. S. 639f.

119 Damals. Das Magazin für Geschichte und Kultur (gegründet von Hans Rempel) 1982/12, 1983/12, 1984/1. Es handelte sich ursprünglich um Rundfunkbeiträge. Vgl. FUHRMANN (Anm. 56) S. 299.

verbünden und „Mittelalterzentren" zusammen[120], sie geben auch einschlägige Szenezeitschriften (etwa „Pax et gaudium"[121]) mit heraus und wirken selbstverständlich an öffentlichkeitswirksam aufbereiteten einschlägigen Geschichtsreihen in populären Printmedien wie „DIE ZEIT"[122] und „DER SPIEGEL"[123] mit. Auch im Fernsehen ist die Mediävistik zunehmend präsent. Namhafte Fachvertreter übernehmen in entsprechenden Dokumentationsreihen (z.B. die ZDF-Geschichtsdoku „Die Deutschen I und II", 2008/2010) die Rolle der historischen Kommentatoren, die das komplexe mittelalterliche Geschehen dem Publikum in verständlicher und angemessener Sprache zusätzlich erläutern[124].

Die Mediävistik hat offenbar erkannt, wie wichtig die Präsenz des Faches in der Öffentlichkeit ist. Das hat gewiss auch mit der Erfahrung des Bedeutungsverlusts zu tun, den das Fach nicht nur in der Öffentlichkeit, sondern auch im Kanon der historischen Disziplinen seit dem Zweiten Weltkrieg hat hinnehmen müssen[125]. Die Mediävistik weiß, dass sie – wie jede andere Wissenschaft – der steten Aktualisierung und Erneuerung bedarf. Die hierfür nötigen Impulse kommen aber nicht nur von innen (aus der Wissenschaft), sondern auch zunehmend von außen (aus der Geschichtskultur). Nichts würde der Mittelalterwissenschaft deshalb mehr schaden,

---

120 WIECZOREK (Anm. 102) S. 11.

121 Ulrich Nonn war ab Heft 17 („Fron und Freiheit") bis zum Herbst 2008, als das Magazin eingestellt wurde, wissenschaftlicher Beirat. In den Jahren 1999 bis 2008 waren 35 Einzelhefte erschienen (URL: http://www.spassangeschichte.de, Zugriff am 09.12.2010). Vgl. Ulrich NONN, Allgemeinverständlich und doch wissenschaftlich? Zum Problem populärwissenschaftlicher Darstellung des Mittelalters. Vortrag gehalten am 03.07.2010 im Zeughaus von Vechta im Rahmen der Tagung „Mediävalismus im Spannungsfeld von Wissenschaft, Museum und populärer Geschichtskultur" und KRUG-RICHTER (Anm. 37) S. 62 Anm. 14.

122 Zeit Geschichte. Epochen. Menschen. Ideen 1 (2010): Mittelalter – Neuentdeckung einer faszinierenden Welt (z.B. Johannes Fried und Bernd Schneidmüller).

123 Der Spiegel. Geschichte 4 (2010): Die Welt der Staufer. Von Barbarossa bis Friedrich II.: Kaisermacht im Mittelalter (z.B. Stefan Weinfurter).

124 Der erste Teil der zehnteiligen ZDF-Geschichtsdoku „Die Deutschen II" (2010) „Karl der Große und die Sachsen" wird z.B. von den Mediävisten Stefan Weinfurter, Bernd Schneidmüller und Matthias Becher kommentiert, der erste Teil der zehnteiligen ZDF-Geschichtsdoku „Die Deutschen I" (2008) „Otto und das Reich" von Stefan Weinfurter und Gerd Althoff, der zweite Teil „Heinrich und der Papst" ebenfalls von Stefan Weinfurter und Gerd Althoff. Zur Präsenz von Historikern in den Medien vgl. Jan ECKEL – Thomas ETZEMÜLLER, Vom Schreiben der Geschichte der Geschichtsschreibung. Einleitende Bemerkungen, in: DIES. (Hg.), Neue Zugänge zur Geschichte der Geschichtswissenschaft, Göttingen 2007, S. 7–26, S. 18 mit Anm. 41.

125 Vgl. Gerd ALTHOFF, Das Mittelalterbild der Deutschen vor und nach 1945. Eine Skizze, in: Reich, Regionen und Europa in Mittelalter und Neuzeit. Festschrift für Peter MORAW, hg. von Paul-Joachim HEINIG u.a., Berlin 2000, S. 731–749. Siehe auch Klaus SCHREINER, Wissenschaft von der Geschichte des Mittelalters nach 1945. Kontinuitäten und Diskontinuitäten der Mittelalterforschung im geteilten Deutschland, in: Deutsche Geschichtswissenschaft nach dem Zweiten Weltkrieg (1945–1965), hg. von Ernst SCHULIN, München 1989, S. 87–146 und GOETZ, Moderne Mediävistik (Anm. 5) S. 80–84.

als wenn sie auf drängende gesellschaftliche Fragen (und der Geschichts- und Erinnerungsboom ist ein nicht unwesentliches Element unserer modernen Wissens- und Erlebnisgesellschaft) keine zureichenden Antworten böte. Insofern stellt die Auseinandersetzung mit der Populärkultur des Mittelalters, so schwierig und anspruchsvoll sie im Einzelnen auch sein mag[126], für die Mediävistik nicht nur eine Gefahr, sondern auch eine große Chance dar: sie kann, wenn dies gewünscht wird, ihre fachspezifische Kompetenz im öffentlichen Diskurs angemessen einbringen und zugleich kenntlich machen, was das Mittelalter ist und nicht ist.

Dass die Populärkultur das Mittelalter „benutzt", ist in diesem Zusammenhang kein Argument gegen sie. Denn die „Benutzung des Mittelalters" gehört, wie das Bernd Schneidmüller auf einem Kongress über „Gebrauch und Missbrauch des Mittelalters" formuliert hat, gewissermaßen „zum Mittelalter hinzu"[127]. Die „Benutzung" ist gewissermaßen die conditio sine qua non, dass mittelalterliche Vergangenheit überhaupt auf uns trifft[128]. Das gilt im übrigen auch für die Wissenschaft. Auch sie „benutzt" (auf ihre Weise) das Mittelalter. Davon legt die Geschichte der modernen Mediävistik Zeugnis ab. Denn das Mittelalter ist seit seiner „Erfindung" nie nur erforscht und konserviert, sondern laufend neu übersetzt, benutzt und adaptiert worden[129]. Das macht ja gerade die Dignität der Epoche als Forschungsgegenstand aus. Es kann also nicht darum gehen, die „Benutzung" zu vermeiden (denn dann würde historische Erkenntnis überhaupt unmöglich werden), sondern sie zu reflektieren und ins Bewusstsein zu heben. Es ist ja nicht zuletzt die moderne Rezeption und Adaption, also die „Benutzung", die die Epoche bis heute im Bewusstsein der Nachwelt „aktuell" und „lebendig" hält.

Wie fruchtbar der Austausch unterschiedlicher Perspektiven diesbezüglich sein kann, hat nicht nur die Tagung in Freiburg im Jahr 2009, sondern auch eine Tagung im Zeughaus Vechta im Jahr 2010 gezeigt, an der – ähnlich wie in Freiburg – Mediävisten, Geschichtsdidaktiker, Archäologen, Museumsmitarbeiter, aber auch Mitglieder der Mittelalter-Szene teilnahmen[130]. Das Museum im Zeughaus Vech-

---

126 Auch hier wird keine Patentlösung im Umgang mit der Populärkultur des Mittelalters geboten. Aber es wird doch an Einzelbeispielen gezeigt, dass der Geschichtsunterricht an dem Phänomen nicht vorbeigehen kann, wenn auch klar ist, dass es im Umgang mit geschichtskulturellen Manifestationen nicht ausreicht, nur Verfälschungen nachzuweisen.

127 SCHNEIDMÜLLER (Anm. 101) S. 341.

128 Ebd. S. 341.

129 Vgl. ECO, Über Gott und die Welt (Anm. 10) S. 33 und DERS., Zehn Arten, vom Mittelalter zu träumen, in: DERS., Über Spiegel und andere Phänomene. Aus dem Italienischen von Burkhart KROEBER, München – Wien 1988, S. 111–126, S. 117. Siehe auch Anne Christine NAGEL, Im Schatten des Dritten Reichs. Mittelalterforschung in der Bundesrepublik Deutschland 1945–1970, Göttingen 2005.

130 Die Tagung in Vechta wurde von Hiram Kümper, Lukas Aufgebauer und Axel Fahl-Dreger am 3. und 4. Juli 2010 im historischen Zeughaus in Vechta (zusammen mit der Universität Vechta) durchgeführt. Sie stand unter dem Leitthema „Mediävalismus im Spannungsfeld von Wissenschaft, Museum und populärer Geschichtskultur". Siehe auch Maik NOLTE, Mittel-

ta[131] – und das macht den Ort auch geschichtskulturell interessant – beherbergt außerdem das „erste Zentrum für experimentelles Mittelalter" in Deutschland. Was das konkret bedeutet, verrät die Homepage: Mittelalterliches Leben soll in verschiedenen Veranstaltungen auf ganz unterschiedliche Art und Weise präsentiert, inszeniert und nacherlebt werden. Eine Hauptattraktion ist – neben vielem anderen – ein Weserlastkahn aus karolingischer Zeit, der von Fachleuten detailgenau nachgebaut und auch unter Echtbedingungen erprobt wurde[132]. Ein weiteres aktuelles Beispiel für die Rückwirkung geschichtskultureller Bedürfnisse auf die Wissenschaft vom Mittelalter ist die Vorbereitung des Konzilsjubiläums 2014–2018 in Konstanz[133], wo vergangene Geschichte ebenfalls nicht nur retrospektiv betrachtet und analysiert, sondern auch „erlebt" und zum Nutzen der Gegenwart „angewandt" und „nachvollzogen" werden soll[134]. Das Jahr 2016 steht deshalb unter dem Signum „Imperia. Lebendiges Mittelalter". Als letztes Beispiel seien an dieser Stelle einige performative Mittelalterinszenierungen wie etwa Guédelon in Burgund (in der Nähe von Saint-Sauveur-en-Puisaye) genannt, wo eine Burg mit den Handwerkstechniken des 13. Jahrhunderts nachgebaut wird und großes touristisches Interesse hervorruft[135]. Ein ähnlicher Versuch wird in den nächsten zehn Jahren in Vechta mit dem „Castrum Vechtense" unternommen, wobei dieser Burgennachbau auf das 11. Jahrhundert zurückgeht[136]. In Meßkirch (Landkreis Sigmaringen) will man sogar ein ganzes Kloster nach den Plänen des St. Galler Plans nachbauen[137]. In allen genannten Fällen soll mittelalterliche Geschichte nicht nur theoretisch und kognitiv erschlossen, sondern auch zum nachvollziehbaren emotionalen „Erlebnis" für die Öffentlichkeit werden. Es scheint ein menschliches Grundbedürfnis zu sein, Geschichte, die per se unanschaulich ist, sekundär zu veranschaulichen bzw. zu verlebendigen, um das, was war und deshalb nicht mehr Teil der Gegenwart sein

---

altermärkte und Mittelalterforschung. URL: http://www.geschichte-mitmachen.de/?p=311 (Zugriff am 12.11.2010). Aus der Mittelalter-Szene nahm in Vechta Johannes F. Faget, in Freiburg Michael E. Wolf teil.

131 Das Museum wird geleitet von Axel Fahl-Dreger.

132 Hans-Walter KEWELOH, Möglichkeiten der Kooperation: Ein mittelalterliches Boot entsteht. Vortrag gehalten am 03.07.2010 im Zeughaus von Vechta im Rahmen der Tagung „Mediävalismus im Spannungsfeld von Wissenschaft, Museum und populärer Geschichtskultur".

133 Vgl. Ruth BADER, 2014–2018: Europa zu Gast am Bodensee. 600 Jahre Konstanzer Konzil – Ein Jubiläum nicht nur für Konstanz. Vortrag gehalten an der Albert-Ludwigs-Universität Freiburg am 09.11.2010 auf Einladung von Sylvia Paletschek und Birgit Studt.

134 URL: http://www.konstanzer-konzil.de (Zugriff am 10.11.2010).

135 URL: http://www.guedelon.fr/de/ (Zugriff am 18.11.2010).

136 URL: http://www.mittelalter-zentrum.eu/ (Zugriff am 18.11.2010).

137 Kloster für den Tourismus. Verein will in Meßkirch 1200 Jahre alte Baupläne realisieren, die auf der Reichenau entstanden sind. Vgl. Badische Zeitung vom 12.11.2010. URL: http://www.badische-zeitung.de/suedwest-1/kloster-fuer-den-tourismus--37644806.html (Zugriff am 01.12.2010).

kann, besser verstehen und nachvollziehen zu können: „It is about the human desire to transform imagined images of the intangible past into a tangible present [...]"[138].

Die Berührungsängste zwischen der akademischen Mediävistik und der mittelalterlichen Populärkultur sind zwar nach wie vor nicht zu leugnen[139], werden aber, so darf man zusammenfassend sagen, zunehmend abgebaut. Das hat nicht zuletzt auch damit zu tun, dass beide Wissenskulturen, die sich längst wechselseitig beeinflussen, voneinander lernen und profitieren können. Das zeigen auch die genannten Tagungen. Beide Zugänge speisen sich ja letztlich aus demselben historischen „Stoff", dem Mittelalter, dessen näherungsweise Erfassung das Ziel beider Aneignungs- und Vermittlungsformen ist. Die Populärkultur des Mittelalters bietet der akademischen Mediävistik insofern die Chance, sich stets aufs Neue zu aktualisieren und am Puls der Zeit zu bleiben. Die akademische Mediävistik dagegen bietet der Populärkultur die Chance, ihren Blick auf ein Phänomen zu schärfen, das sich der modernen Vereinnahmung durch seine grundsätzliche Alterität nur allzu leicht entzieht. Ein Beispiel dafür, wie weit der Dialog bereits fortgeschritten ist, ist etwa die von Terry Jones für die BBC 2004 erstellte Fernsehdokumentation „Medieval Lives", die in halbstündigen Sendungen über unterschiedliche soziale Gruppen der mittelalterlichen Gesellschaft (peasant, minstrel, outlaw, monk, philosopher, knight, damsel, king) trotz des populären und öffentlichkeitswirksamen Formates durchaus kritisch informierte: „But we would like to readjust the spectacles through which we view the medieval world"[140].

Die Kluft zwischen beiden Bereichen muss in jedem Fall (zum Vorteil beider Vermittlungs- und Distributionsformen) abgebaut und, wie das Bea Lundt zu Recht gefordert hat, „durch eine neue offene gegenseitige Wahrnehmung ersetzt werden"[141]. Das heißt aber nicht, dass man aus mediävistischer Sicht nicht auch zugleich die eigenen fachlichen wie methodischen Maßstäbe, was die wissenschaftliche Erfassung der mittelalterlichen Vergangenheit anbelangt, im gesellschaftlichen Umgang mit Geschichte angemessen zur Geltung bringen sollte. Die

---

138 Gordon L. JONES, „Little Families": The Social Fabric of Civil War Reenacting, in: Staging the Past (Anm. 78) S. 219–234, S. 219 und HOLTORF (Anm. 78) S. 25. Siehe auch David LOWENTHAL, The Past is a Foreign Country, Cambridge 1985, S. 238–243.

139 Vgl. GROEBNER (Anm. 2) S. 21f. und 141f. und KRUG-RICHTER (Anm. 37) S. 62. KUGLER (Anm. 18) S. 130 schrieb 1998: „Der wilde Mittelalterboom und die zivilisierte Mittelalterflaute stehen einander gegenüber wie zwei fremde Kulturen, getrennt durch sorgsam gepflegte Vorurteilsmuster". Siehe auch Fabio CRIVELLARI, Das Unbehagen der Geschichtswissenschaft vor der Popularisierung, in: Alles authentisch (Anm. 38) S. 161–185.

140 Vgl. Terry JONES, Medieval Lives (BBC Books), London 2005, S. 6. URL: http://en.wikipedia.org/wiki/Terry_Jones%27_Medieval_Lives (Zugriff am 18.11.2010); Ders., The Middle Ages of reason. URL: http://www.guardian.co.uk/education/2004/feb/08/highereducation.news (Zugriff am 03.01.2011): „A lot of what we assume to be medieval ignorance is, in fact, our own ignorance about the medieval world".

141 LUNDT (Anm. 20) S. 236. Siehe auch ERTL, Neue Synthesen (Anm. 118) S. 640, der betont, dass die Übergänge zwischen beiden Bereichen „fließend" seien.

Mediävistik hat im Umgang mit der Populärkultur daher eine durchaus kritische Funktion. Sie muss beispielsweise darauf hinweisen, dass das historische Mittelalter nicht nur das war, was uns heute an ihm interessiert, sondern auch das zum Mittelalter gehört, was nicht im Fokus der Öffentlichkeit steht, aber für die Epoche gleichwohl bedeutend und typisch war[142]. Das Mittelalter ist nicht nur die „Epoche der Hexen, Ritter und Burgen". Diese Perspektive hat, wie das Thomas Nipperdey formulierte, etwas mit „historischer Gerechtigkeit" zu tun[143]. Das gilt für alle Phänomene, die sich dem modernen Menschen in ihrer Bedeutung nicht sofort erschließen und die die moderne Mediävistik deshalb unter der Kategorie „Alterität" verbucht. Die Fachwissenschaft zeigt damit, dass das historische Mittelalter eben nicht in jeder Hinsicht mit unserem modernen Leben vergleichbar und „kompatibel", sondern auch „anders" ist. Die grundsätzliche Fremdheit vergangener Kulturen und Lebenswelten wird nicht dadurch aufgehoben, dass man vorschnell Vergleiche zieht. Es gibt – trotz aller Aktualität und Modernität des Mittelalters – Grenzen des Verstehens, die nur durch „historische Arbeit" an den Relikten und Hinterlassenschaften der Epoche überwunden werden können.

7.   Das Mittelalter als moderne Anderswelt

Schließlich ist aber auch anzuerkennen, dass die moderne „Sehnsucht nach dem Mittelalter", wie sie sich in der Populärkultur (unter Einschluss der mittelalterlichen Musik-Szene und der entsprechenden Jugendkulturen) seit Jahrzehnten auf unterschiedliche Weise artikuliert, wohl nicht nur historisch erschlossen und aufgearbeitet werden kann[144]. Unabhängig von der Tatsache, dass sich der Mittelalter-Boom seit den 1980er Jahren nicht unwesentlich verändert, modifiziert und bis hin zu einem weitgehend unhistorischen Fantasy- und Esoterik-Boom ausdifferenziert hat[145], ist das Phänomen insgesamt doch zu komplex, um allein von Historikern, Mediävisten und Geschichtsdidaktikern angemessen analysiert und

---

142 Vgl. GOETZ, Moderne Mediävistik (Anm. 5) S. 27.

143 Thomas NIPPERDEY, Wozu noch Geschichte? (1975), in: Wolfgang HARDTWIG (Hg.), Über das Studium der Geschichte, München 1990, S. 366–388, hier S. 379.

144 Das ist vielleicht auch ein Grund dafür, dass das populäre Mittelalter boomt, während das akademische darbt. Es ist offenbar nicht das historische bzw. das akademische Mittelalter, das die Sinn- und Orientierungsbedürfnisse der modernen Menschen in der Erlebnisgesellschaft befriedigt. Geschichte will nicht mehr nur theoretisch erschlossen und analysiert, sondern sinnlich erfahren und erlebt werden.

145 Vgl. KRUG-RICHTER (Anm. 37) S. 67, die darauf hinweist, dass heute andere Erklärungen für den nach wie vor anhaltenden Mittelalter-Boom zu suchen sind, der in den 1970er und 1980er Jahren begann. Zur Fantasy-Tendenz von Mittelalterfilmen SLANIČKA – MEIER (Anm. 60) S. 9f.

beurteilt werden zu können. Denn die Sehnsucht nach dem Mittelalter[146], die man im Anschluss an anglo-amerikanische Begrifflichkeit auch als „Mediävalismus" (medievalism) bezeichnen kann[147], hat nicht zuletzt auch mit dem intensiven Wunsch nach einem anderen Leben jenseits der Moderne zu tun[148]. Das „Mittelalter", das in diesem Kontext aufgerufen wird, ist denn auch nicht (mehr) nur historisches Zeitalter im Sinne einer chronologisch verortbaren Epoche, die man wissenschaftlich erforschen und rekonstruieren kann, sondern „Mythos"[149], „Lebensform"[150], „Gefühl"[151] oder „Traumfabrik"[152].

Wenn man, worauf Valentin Groebner zu Recht hingewiesen hat, annehmen muss, dass die „Wissenschaft vom Mittelalter" dort ihre größten Wirkungen erzielt, „wo es gar nicht um die Rekonstruktion der Vergangenheit geht"[153], also keine historischen Absichten im engeren Sinne mehr verfolgt werden, so liegt die Frage nahe, ob die Mittelalterbeschwörungen der Gegenwart überhaupt noch etwas mit Geschichte zu tun haben. Barbara Krug-Richter vom Seminar für Volkskunde und Europäische Ethnologie in Münster ist deshalb der Meinung, dass der aktuelle Mittelaltertrend sich „nicht primär aus dem Bedürfnis nach Bildung" speise, „son-

---

146 Vgl. Bernd SCHNEIDMÜLLER, Sehnsucht nach Karl dem Großen. Vom Nutzen eines toten Kaisers für die Nachgeborenen, in: Geschichte in Wissenschaft und Unterricht 51 (2000) S. 284–301.

147 Der Begriff „medievalism" wurde von Leslie J. Workman geprägt, der auch eine entsprechende Zeitschrift („Studies in medievalism", seit 1976) herausgab (http://www.medievalism.net). Unter „medievalism" verstand Workman „the continuing process of creating the Middle Ages". Siehe auch OEXLE, Die Moderne und ihr Mittelalter (Anm. 10) S. 329–358; Kathleen BIDDICK, The Shock of Medievalism, Durham – London 1998, S. 1–16; Michael ALEXANDER, Medievalism. The Middle Ages in Modern England, New Haven – London 2007, S. xiv und xxviii sowie Kathleen VERDUIN, The Founding and the Founder: Medievalism and the Legacy of Leslie J. Workman, in: Defining Medievalism(s) I, hg. von Karl FUGELSO (Studies in Medievalism 17), Cambridge 2009, S. 1–27.

148 Vgl. GOETZ, Moderne Mediävistik (Anm. 5) S. 58. Siehe auch Veronika ORTENBERG WEST-HARLING, Medievalism as Fun and Games, in: Defining Medievalism(s) II, hg. von Karl FUGELSO (Studies in Medievalism 18), Cambridge 2009, S. 1–16, S. 2, 8 und 12: „In one respect, medievalism has not changed in its main function since the sixteenth century: it remains one of the key forms of escapism from modern life […]" (S. 12).

149 BORGOLTE (Anm. 71) S. 840 hat darauf hingewiesen, dass es ein aussichtsloses Unterfangen ist, Mythen abschaffen zu wollen. Das gilt in besonderer Weise für die populäre Inszenierung des Mittelalters. Wir haben vielmehr von einer „Koexistenz von Historie und Mythos" auszugehen: „man muss anerkennen, das beide jeweils besondere Formen des Wissens von der Vergangenheit repräsentieren".

150 FUHRMANN (Anm. 56) S. 263: „Das Mittelalter ist eben kein Zeitalter, sondern eine Lebensform".

151 GROEBNER, Geht's ein bisschen echter? (Anm. 27) S. 63.

152 Hedwig RÖCKELEIN, Mittelalter-Projektionen, in: Simona SLANIČKA – Mischa MEIER (Hg.), Antike und Mittelalter im Film (Anm. 60) S. 41–62, S. 62.

153 Vgl. GROEBNER (Anm. 2) S. 23.

dern vielmehr nach einer Erweiterung des sinnlichen Erfahrungshorizontes"[154]. In der modernen Erlebnisgesellschaft[155] und der damit einhergehenden Event-Kultur ist die Beschäftigung mit Geschichte auch eine besondere Form der Freizeitgestaltung geworden (etwa im Bereich des Tourismus)[156]. Der Bielefelder Literarhistoriker Karl Heinz Bohrer hat deshalb nicht ohne Grund den Verlust der „Fernerinnerung" beklagt[157]. Die ältere Geschichte, so seine in der Frankfurter Rundschau vom 16. Juni 2001 aufgestellte These, sei aus dem öffentlichen Bewusstsein nahezu vollständig verschwunden. Es dominiere die „Naherinnerung" an die NS-Zeit und die Nachkriegsgeschichte[158]. Der Mittelalter-Boom, wie er sich etwa in Ausstellungen (beispielsweise über die Staufer in Stuttgart 1977) manifestiere, kann für Bohrer denn auch nicht für die von ihm eingeforderte „Fernerinnerung" in Anspruch genommen werden. Eher zeige sich hier „das eigentümliche Phänomen einer unendlichen Gegenwart, die sowohl Vergangenheit als auch Zukunft auf das ewige Jetzt kulturellen Konsums schrumpfen lässt"[159].

Bestätigt wird der von Bohrer konstatierte Verlust der „Fernerinnerung" durch den Umstand, dass der moderne Mensch das Mittelalter in der Regel weniger als distinkte historische Epoche mit klaren zeitlichen und thematischen Grenzen denn als vagen prämodernen Identifikations- und Imaginationsraum wahrnimmt. Die Epochenimagination wird denn auch bevorzugt dann aufgerufen, wenn es darum geht, aus der eigenen funktionalen Welt heraus- und in eine andere fremde Welt einzutreten[160]. Wir haben es deshalb häufig mit einer, wie das David Lowenthal nennt, „schablonenhaften Vergangenheit" zu tun, wenn vom Mittelalter die Rede ist. Mittelalter, Renaissance und jüngere Geschichte werden in der öffentlichen Wahrnehmung nicht selten zu einem undifferenzierten (vormodernen) „Früher" vermischt und dem (modernen) „Heute" entgegengesetzt[161]. Ins Mittelalter wird quasi alles verlegt, was nicht modern oder doch zumindest fremd anmutet. Die

---

154 KRUG-RICHTER (Anm. 37) S. 64. Siehe auch SCHULZE, Kulissen (Anm. 45) S. 82.

155 Vgl. Gerhard SCHULZE, Die Erlebnisgesellschaft. Kultursoziologie der Gegenwart, 2., aktualisierte Aufl., Frankfurt a.M. – New York 2005.

156 Vgl. Clemens RICHTER, Mittelalter leben – heute, Hamburg – Bielefeld 2006.

157 Vgl. BOHRER (Anm. 20) S. 20f.

158 In eine ganz ähnliche Richtung geht eine Vermutung, die FUHRMANN (Anm. 56) S. 265 geäußert hat: „Die schweren Verbrechen des Nationalsozialismus okkupieren das historische Interesse [...]".

159 BOHRER (Anm. 20) S. 20. Bohrer spricht auch von einer neuen Art „des durchaus legitimen Voyeurismus", „in dem sich eine von Abstraktionen ermüdete Konsumentenschaft ausruht" (S. 20).

160 Vgl. FUHRMANN (Anm. 56) S. 278.

161 David LOWENTHAL, „History" und „heritage". Widerstreitende und konvergente Formen der Vergangenheitsbetrachtung, in: Geschichtskultur in der Zweiten Moderne. Herausgegeben für das Deutsche Historische Museum von Rosmarie BEIER, Frankfurt a.M. – New York 2000, S. 71–94, S. 79. Siehe auch DERS. (Anm. 138) S. 350; HOLTORF (Anm. 78) S. 37 und Joseph H. LYNCH, The Medieval Church: A brief History, London – New York 1992, S. 151.

Epoche ist geradezu zu einem Topos für unhaltbare Zustände in der Moderne geworden.

Ernst Voltmer sieht im Mittelalter deshalb einen modernen „Fluchtpunkt in der Vergangenheit"[162], der dem modernen Menschen weniger zur historischen Belehrung denn zur Selbsterfahrung und Selbstverortung diene. Das Mittelalter wird gewissermaßen als erlebbares Ereignis inszeniert. Das so verstandene Mittelalter wäre dann per se kein historisch verifizierbarer Zeitraum mehr, sondern ein gesellschaftlich konstruierter Identifikations- und Imaginationsraum, in den sich der moderne Mensch immer dann begibt, wenn ihm die moderne Gegenwart zu komplex, zu unübersichtlich und zu unüberschaubar geworden ist. Geschichte hätte hier angesichts der Zumutungen der Moderne eine Entlastungsfunktion. Das Mittelalter fungiert in unserem „nachmetaphysischen Zeitalter"[163] gewissermaßen als „neue Heimat", das eine alternative Identität bietet[164]. Odo Marquard spricht in diesem Zusammenhang von der „Kunst der Wiedervertrautmachung fremd werdender Herkunftswelten", die zur Kompensation von Modernisierungsschäden dient[165]. Da Modernisierung desorientierend wirke, werde sie durch die „Ermunterung von Traditionen, mit denen man sich identifizieren kann"[166], kompensiert. Das würde auch erklären, warum die Epoche trotz der Tatsache, dass sich im Bereich der primären Bildung (in der Schule, Hochschule und Universität) niemand mehr so recht für das Mittelalter interessiert[167], in unserer modernen Gegenwart gleichwohl so omnipräsent ist: „Überall ist Mittelalter"[168], wie Horst Fuhrmann formuliert hat. Das Mittelalter dient offenbar als „Chiffre für sehr unterschiedliche Dinge"[169].

Dass die Mittelalter-Evokation der Gegenwart tatsächlich nicht selten als Projektions-, Rückzugs- und Entlastungsraum[170] für den modernen Menschen dient, geht auch daraus hervor, dass – trotz der unabweisbaren Sehnsucht nach dem Mittelalter – offenbar niemand im Mittelalter leben will. Der Reiz der Zeit- und Geschichtsreise, die u.a. ja auch zurück ins Mittelalter führt[171], besteht vor allem

---

162 VOLTMER (Anm. 1) S. 193.

163 SCHULZE, Kulissen (Anm. 45) S. 9.

164 Vgl. GROEBNER (Anm. 2) S. 6f. und KRUG-RICHTER (Anm. 37) S. 69.

165 Odo MARQUARD, Über die Unvermeidlichkeit der Geisteswissenschaften, in: DERS., Apologie des Zufälligen. Philosophische Studien, Stuttgart 1987, S. 98–116, S. 105.

166 Ebd. S. 106.

167 Siehe in diesem Zusammenhang GOETZ, Dossier (Anm. 18).

168 FUHRMANN, Überall ist Mittelalter (Anm. 82).

169 GROEBNER (Anm. 2) S. 78. Siehe auch ECO, Zehn Arten, vom Mittelalter zu träumen (Anm. 129) S. 117f. und Thomas SCHARFF, Wann wird es richtig mittelalterlich? Zur Rekonstruktion des Mittelalters im Film, in: Antike und Mittelalter im Film (Anm. 60) S. 63–83, S. 73–81.

170 Vgl. die Beiträge von Sven Kommer und Wolfgang Hochbruck in diesem Band. Siehe auch RÖCKELEIN (Anm. 152) S. 53–56.

171 Vgl. etwa URL: http://www.arte.tv/de/Abenteuer-Mittelalter/Die-Zeitreisenden/1035648.html (Zugriff am 09.12.2010). Hierzu KRUG-RICHTER (Anm. 37) S. 58, 63 und 66: „Die mit Ab-

darin, dass man diese Reise gar nicht erst antritt, sondern nur so tut, als ob man sie anträte: „Zeitreisen", so schreibt Michaela Fenske in dem von Wolfgang Hardtwig und Alexander Schug herausgegebenen Sammelband zur „angewandten Geschichte", „sind ein kulturelles Konstrukt der Jetztzeit, das primär heutige Bedürfnisse und Notwendigkeiten dokumentiert"[172]. In Ereignissen, „deren Hauptsinn darin besteht, Erlebniswünsche zu bedienen", betont Gerhard Schulze, „begegnen die Menschen vor allem immer wieder sich selbst. Sie bestätigen sich durch das Gewählte so, wie sie sind oder zu sein glauben"[173]. Mittelalterzeitreisen führen also nicht wirklich zurück in die Vergangenheit, auch wenn etwa der Schriftsteller Dieter Kühn in seinem 1991 erstmals erschienenen Wolfram-Buch suggerierte, dass er 780 „Jahreskilometer" oder „Kilometerjahre" zurück in die mittelalterliche Welt Wolframs von Eschenbach „gereist" wäre[174]. In diesem „Als ob" liegt gerade die ironische Distanz, die unser modernes Verhältnis zur vergangenen Geschichte, aber auch zum Mittelalter, kennzeichnet[175]. Wir sind zwar fasziniert von einer Epoche, „sehnen" uns nach ihr, aber nicht, weil wir in ihr leben, sie verstehen oder sie gar wieder heraufbeschwören wollen, sondern um uns von der eigenen alltäglichen Gegenwart zu distanzieren bzw. sie erträglich zu machen.

Die moderne „Residualkategorie" Mittelalter steht in diesem Sinne pauschal für eine vormoderne Tradition, „die *nicht* war, was moderne Gesellschaften auszeichnete"[176]. Die Epoche wird deshalb häufig als rückwärts gewandte Utopie inszeniert, die ihre Legitimation weniger aus der Vergangenheit denn aus der Gegenwart zieht. Es geht bei der modernen Inszenierung des Mittelalters mithin nicht um eine Rückkehr in die Vergangenheit, sondern um die Eröffnung neuer Erfahrungs-, Handlungs- und Erlebnisräume in der Gegenwart. Das Mittelalter dient zur projektiven Inszenierung einer „Gegenwelt", die uns hilft, mit den Zumutungen der modernen Gesellschaft besser zu recht zu kommen bzw. sie auszuhalten. Die Sehnsucht nach dem Mittelalter ist mithin nicht identisch mit dem „Wunsch, in dieser Vergangenheit zu leben"[177]. Kein moderner Mittelalter-Enthusiast will das. Auch

---

stand beliebteste historische Epoche für Zeitreisen ist schon seit Jahren das Mittelalter, jene ferne Zeit, die offensichtlich jede Menge Projektionsfolien für Phantasien bietet" (S. 66).

172 FENSKE (Anm. 90) S. 86.

173 SCHULZE, Kulissen (Anm. 45) S. 91.

174 Vgl. Dieter KÜHN, Der Parzival des Wolfram von Eschenbach, 2. Aufl., Frankfurt a.M. 2000, S. 7–36, S. 36: „Ich weiß nach vier langen Tagen Wald und Wildnis nicht mehr genau, in welchem Jahr ich mich befinde, werde wieder danach fragen müssen – ich hoffe, dass ich etwa siebenhundertachtzig Jahreskilometer oder Kilometerjahre gereist bin, dann wäre ich jetzt zwischen 1200 und 1210 angekommen".

175 Vgl. Umberto ECO, Nachschrift zum „Namen der Rose". Aus dem Italienischen von Burkhart KROEBER, 5. Aufl, München – Wien 1984, S. 78.

176 Nina DEGELE – Christian DRIES, Modernisierungstheorie. Eine Einführung, Paderborn 2005, S. 19.

177 GROEBNER (Anm. 2) S. 12. Zum Mittelalter als „Gegenwelt" auch SCHARFF (Anm. 169) S. 81–83.

Mediävisten teilen diesen Wunsch nicht. Johannes Fried hat die Frage, ob er im Mittelalter hätte leben wollen, im Zeit-Interview des Jahres 2010 z.B. entschieden verneint: „Um Himmels willen! Der entsetzliche Schmutz, der Gestank, man müsste sein gesamtes Sinnessystem zurückentwickeln, um das auszuhalten"[178]. Auch der „Freizeitritter" Michael Maucher ist froh, wenn er sich „nach einem Wochenende in der Vergangenheit frisch geduscht ins saubere Bett" legen kann[179]. Dasselbe dürfte für die zahlreichen Reenactors, Living Historians und LARPs gelten, die nach der wochenendlichen „Zeitreise" ins Mittelalter am Montag wieder ohne Rüstung und Schwert in ihr modernes Großraumbüro zurückkehren. Sogar die moderne Comicfigur Donald Duck ist, nachdem sie als Besucher eines Mittelaltermarktes (auf der Suche nach größtmöglicher Authentizität) nicht ganz freiwillig ein äußerst gefahrvolles Zeitreiseabenteuer ins „reale" Mittelalter hinter sich gebracht hat, wieder froh, in die sehr viel bequemere und ungefährlichere Jetztzeit zurückkehren zu dürfen. Der Comic ist geradezu eine Parabel auf den Umgang des modernen Menschen mit dem Mittelalter. Am Ende steht dann auch das Bekenntnis: „Kinder, ihr wisst gar nicht, wie sehr ich unsere moderne Welt liebe!"[180].

Eine Herstellung von Identität zwischen der performativen „Erlebnisweltlichkeit" der Vergangenheit einerseits und der alltäglichen „Lebensweltlichkeit" der Gegenwart andererseits ist, wie das Wolfgang Hochbruck formuliert hat, bei Geschichtsinszenierungen der beschriebenen Art prinzipiell nicht vorgesehen[181]. Die Begegnung mit der fremden Lebenswelt des Mittelalters soll „risikofrei" sein[182] und eine Rückkehr in die Jetztzeit jederzeit gestatten. Der mittelalterliche Zeitreisende Maik Elliger („Burgvogt") verkauft Einfamilienhäuser, „wenn er mal nichts ins Mittelalter reist"[183]. Man will Geschichte zwar durchaus „erleben", erleiden will man sie aber nicht. Es geht nur um die *temporäre* Begegnung mit der Alterität des Anderzeitigen. In diesem Sinne hat die moderne Mittelalterimagination die Aufgabe, sich temporär von der ebenso hektischen wie komplexen modernen Gegenwart „erholen" bzw. „dispensieren" zu können. Dieser als Mittelalter apostrophierten „Anderswelt" (second world) ist deshalb, weil es sich implizit um eine höchst veritable Zeit- und Gegenwartskritik handelt, auch nicht mehr nur

---

178 Zeit Geschichte. Epochen. Menschen. Ideen 1 (2010): Mittelalter – Neuentdeckung einer faszinierenden Welt, S. 19.

179 Vgl. etwa den Arte-Schwerpunkt „Mittelalter" vom 02.–15.02.2009 mit Filmen, Dokumentationen und Themenabenden und den entsprechenden Artikel im Arte-Magazin 2 (2009) S. 24–27 von Henning Werle mit dem Titel „Flucht ins Mittelalter", wo sich der „Freizeitritter" Michael Maucher folgendermaßen äußert: „Doch im Mittelalter leben? „Niemals!", sagt er. Er sei froh, dass er sich nach einem Wochenende in der Vergangenheit frisch geduscht ins saubere Bett legen könne".

180 Disney Enterprises 2007. Lustiges Taschenbuch Nr. 361: Unter Rittern!, S. 5–39, S. 39.

181 HOCHBRUCK (Anm. 39) S. 166.

182 Vgl. KORTE – PALETSCHEK, Geschichte in populären Medien und Genres (Anm. 70) S. 10.

183 URL: http://www.arte.tv/de/Abenteuer-Mittelalter/Die-Zeitreisenden/1035648.html. Hier die Aussage des „Burgvogtes" Maik Elliger (Zugriff am 09.12.2010).

historisch oder mediävistisch, sondern nur noch philosophisch, psychologisch oder soziologisch beizukommen. Denn die moderne Flucht ins Mittelalter, das als stress- und zeitloser Raum imaginiert wird, hat in diesem Zusammenhang quasi thera- peutische Funktion. Es geht um das „sinnliche Geschichtserlebnis, das physische und psychische Eintauchen in die Vergangenheit"[184]. Mit anderen Worten: Die ver- gangene Epoche wird als „Reparaturwerkstatt der Moderne" (die nicht mehr als Gewinn-, sondern als Verlustgeschichte erfahren wird) vorgestellt. Mittelalterliche Geschichte wird nicht mehr vergegenwärtigt, sondern als Remedium verabreicht, das zur Bewältigung der modernen Gegenwart dient, der man aber grundsätzlich teilhaftig bleiben will[185]. Der „Umgang mit Geschichte […] hat dabei seinen Sinn immer weniger in der Auseinandersetzung mit Inhalten und immer mehr im Gefühl der Ankunft bei etwas wohl Bekanntem"[186].

Unnötig zu betonen, dass der weithin unbekannten mittelalterlichen Vergangen- heit[187] dabei Qualitäten zugeschrieben werden, die sie zwar nie besaß, die der Gegenwart aber zu fehlen scheinen. Es geht beim Mittelaltergebrauch der Gegen- wart also nicht zuletzt auch um die Kompensation von Modernisierungsver- lusten[188]. Das Mittelalter bedient in diesem Zusammenhang den modernen Traum einer zwar fremden, aber doch einfachen, klaren, ursprünglichen, überschaubaren und verständlichen Welt in der Hightech-Gesellschaft. Es geht um die „kleinen Fluchten in ein vermeintlich authentischeres, naturnäheres und geordneteres Leben", das die moderne Gegenwart „mit ihren permanenten Positionswechseln" so nicht mehr bieten kann[189]. „Wo die Welt – wandlungsbeschleunigt – ständig komplexer wird", so schreibt Odo Marquard, „bedarf es zunehmend der […] Kom- plexitätsreduktionen […]"[190]. Das Mittelalter wird deshalb als eine Vergangenheit imaginiert, die zwar weniger komplex ist als die Gegenwart, aber doch alle Vorteile derselben bietet. Dass dieses Mittelalterbild anachronistisch ist und mit der histori-

---

184 KRUG-RICHTER (Anm. 37) S. 71. Siehe auch Christine PFAU, Ein „Zeitsprung" in die „Dra- chenschmiede". Mittelalter-Läden in Berlin, in: Mitteilungen des Deutschen Germa- nistenverbandes 45 (1998) S. 119–128, S. 123: „Aber vor allem und ganz zentral scheint der emotionale Zugang zu sein, der Ideen und Phantasien Raum gibt, ihnen eine Form verleiht, sie habituell umsetzt".

185 Vgl. Norbert BOLZ, Das Happy End der Geschichte, in: Geschichtskultur in der Zweiten Moderne (Anm. 161) S. 53–69, S. 65.

186 SCHULZE, Kulissen (Anm. 45) S. 96.

187 Deshalb schließen sich Mittelalterunkenntnis und Mittelaltersehnsucht in der Moderne nicht kategorisch aus, sondern befördern einander. Denn je mehr ich weiß, umso differenzierter sehe ich die Epoche, umso mehr verbieten sich vorschnelle Vergleiche und Aktualisierungen. Je weniger ich weiß, umso mehr lasse ich mich von Stereotypen und Klischeevorstellungen leiten.

188 Vgl. MARQUARD (Anm. 165) S. 105f.

189 KRUG-RICHTER (Anm. 37) S. 72.

190 Odo MARQUARD, Zeitalter der Weltfremdheit? Beitrag zur Analyse der Gegenwart, in: Apo- logie des Zufälligen (Anm. 165) S. 76–97, S. 85.

schen Wirklichkeit wenig zu tun hat, spielt in diesem Zusammenhang keine Rolle. Denn seine Funktion besteht nur darin, ein Gegenbild bzw. ein Gegenentwurf zur Moderne[191] *in der Moderne* zu sein. Die eskapistische Funktion dieses Mittelalterbildes zeigt sich etwa in dem Modell eines alternativen Lebensentwurfes, der bewusst Entschleunigung in der Beschleunigung bietet[192]. Die vierwöchige Einkehr eines modernen Spitzenmanagers in die Stille eines mittelalterlichen Klosters fungiert dann z.B. als „Entschleunigungsoase", und zwar „im Sinne individueller und kollektiver Moratorien oder Erholungsphasen […], die letztlich dem Zweck weiterer Geschwindigkeitssteigerung […] dienen"[193]. Im Anschluss an die Theorie des Soziologen Hartmut Rosa könnte es sich bei der manifesten Mittelaltersehnsucht unserer Zeit insofern auch um eine spätmoderne „Entschleunigungsoase" oder „Entschleunigungsinsel" inmitten akzelerierender Modernisierungsprozesse handeln, die durch ein wie auch immer evoziertes Mittelaltersyndrom zwar nicht grundsätzlich aufzuhalten, aber doch zu mindern oder zumindest erträglich zu machen sind[194]. Je moderner die moderne Welt wird, desto unvermeidlicher wird das Mittelalter.

---

191 Vgl. Boockmann (Anm. 5) S. 70 und Schneidmüller (Anm. 101) S. 337. Siehe auch Pfau (Anm. 184) S. 121.

192 Vgl. Hartmut Rosa, Beschleunigung. Die Veränderung der Zeitstrukturen in der Moderne, Frankfurt a.M. 2005, S. 14, 143, 149, 191, 253 und 464.

193 Rosa (Anm. 192) S. 464.

194 Vgl. Kugler (Anm. 18) S. 129: „Am Ende des 20. Jahrhunderts scheint in vielen Menschen die Sehnsucht nach der Welt vor tausend Jahren zuzunehmen. Sie suchen eine Verschnaufpause im Globalisierungsgalopp, ein paar Atemzüge Einfachleben zwischen Eurofusion und Telebanking".

Mittelalter und Mittelalterwissenschaft

Thomas Martin Buck

Zwischen Primär- und Sekundärmittelalter

Annäherungen an eine ebenso nahe wie ferne Epoche

1.   Einleitung

Der Potsdamer Zeithistoriker Martin Sabrow hat 2008 in einem Artikel der „Süddeutschen Zeitung" auf eine Dimension der Geschichte aufmerksam gemacht, die die Geschichtsdidaktik schon seit geraumer Zeit beschäftigt: die Öffentlichkeit von Geschichte[1]. Hintergrund war die Ausbringung eines neuen Master-Studiengangs „Public History" am Friedrich-Meinecke-Institut der Freien Universität Berlin für das Wintersemester 2008/2009, der sich dezidiert auf den Umgang mit Geschichte in der Öffentlichkeit richtet. Der Studiengang, der an amerikanischen Universitäten durchaus akzeptiert und etabliert ist[2], führte in Berlin zu einer Kontroverse. Sabrow sah sich daher gezwungen, den neuen Studiengang, kaum war er eingerichtet, gegen interne fachliche Kritik zu rechtfertigen.

---

1   Martin SABROW, Historiker und Öffentlichkeit. Ein Plädoyer für einen neuen Zugang zu den Geschichtswissenschaften, in: Süddeutsche Zeitung Nr. 245 vom 21.10.2008.

2   Vgl. die internationale Konferenz in Berlin mit dem Titel „Public History in Germany and the United States. Fields, developments and debates in praxis and theory", ausgerichtet vom Deutschen Historischen Institut und der Freien Universität Berlin in Kooperation mit dem Public History Master Program an der Freien Universität (25.–27.06.2009), URL: http://hsozkult.geschichte.hu-berlin.de/termine/id=10479 (Zugriff am 12.02.2010) sowie den Vortrag von Irmgard Zündorf (Zentrum für Zeithistorische Forschung, Potsdam) „Public History in Berlin – Eine deutsche Übersetzung amerikanischer Ideen?" am 12.02.2010 an der Albert-Ludwigs-Universität Freiburg im Rahmen eines Symposiums der DFG-Forschergruppe 875 „Historische Lebenswelten in populären Wissenskulturen der Gegenwart". Siehe auch Simone RAUTHE, Geschichtsdidaktik – ein Auslaufmodell? Neue Impulse der amerikanischen Public History, in: Zeithistorische Forschungen/Studies in Contemporary History, Online-Ausgabe 2 (2005) H. 2, URL: http://www.zeithistorische-forschungen.de/16126041-Rauthe-2-2005, hier Abschnitt 2; DIES., Public History in den USA, in: Wolfgang HARDTWIG – Alexander SCHUG (Hg.), History sells! Angewandte Geschichte als Wissenschaft und Markt, Stuttgart 2009, S. 372–380; DIES., Sammelrezension Public History, URL: http://hsozkult.geschichte.hu-berlin.de/rezensionen/2010-3-178 (Zugriff am 29.09.2010); Barbara KORTE – Sylvia PALETSCHEK, Geschichte in populären Medien und Genres: Vom historischen Roman zum Computerspiel, in: DIES., (Hg.), History goes Pop. Zur Repräsentation von Geschichte in populären Medien und Genres, Bielefeld 2009, S. 11f. sowie Paul ASHTON – Hilda KEAN, Introduction, in: DIES. (Hg.), People and their Pasts. Public History Today, New York 2009, S. 1–20, S. 9.

Der nahe liegende Vorwurf lautete, hier würden „kurzsichtige Brotgelehrte" ausgebildet, „die viel über die Präsentation von Quellen wissen und wenig über ihre Echtheit". Sabrow wies den Vorwurf selbstverständlich zurück. Sein Einwand lautete: So könne nur jemand argumentieren, der es sich im „Elfenbeinturm der Geschichtswissenschaft" wohnlich eingerichtet habe. Wer aber gezwungen sei, aus ihm herauszutreten, könne nicht umhin, anzuerkennen, dass sich die öffentliche „Nachfrage nach Geschichte" in den letzten Jahrzehnten grundlegend geändert habe[3].

Sabrow plädierte deshalb energisch für einen „neuen Zugang zu den Geschichtswissenschaften". Der veränderte öffentliche Umgang mit Geschichte mache es im Bereich der historischen Bildung nicht nur nötig, an den Hochschulen neue Ausbildungsinstrumente zu schaffen, sondern lasse es auch geboten erscheinen, den „Wandel der Geschichtskultur", wie er sich in den letzten Jahrzehnten vollzogen habe, systematisch zu reflektieren[4].

2. Geschichtskultur versus Geschichtswissenschaft bzw. Geschichtsforschung

Der Sachverhalt und der damit zusammenhängende fachliche Diskurs müssen hier nicht weiter interessieren. Das hat seinen Grund darin, dass die Geschichtsdidaktik, was die Erforschung geschichtskultureller Phänomene anbelangt, in mancher Hinsicht weiter ist als die historische Fachwissenschaft. In der Geschichtsdidaktik ist die Brisanz des Themas nämlich längst erkannt[5]. Der Begriff „Geschichtskultur" hat sich in den vergangenen zwei Jahrzehnten – neben dem Begriff des „Geschichtsbewusstseins" – sogar zu einem zentralen Begriff der Geschichtsdidaktik entwickelt. Ich erinnere in diesem Zusammenhang nur an die Tagung, die die „Konferenz für Geschichtsdidaktik" vor zehn Jahren dem Thema „Geschichtskultur" im Kloster Seeon in Bayern gewidmet hat[6]. Bernd Schönemann hat die Ge-

---

3   Zur zeitlichen Phasierung dieses Prozesses, der in den späten 70er Jahren des 20. Jahrhunderts anhob, vgl. Bernd SCHÖNEMANN, Geschichtskultur als Forschungskonzept der Geschichtsdidaktik, in: Zeitschrift für Geschichtsdidaktik 2002, S. 78–86, hier S. 78.

4   Vgl. auch Geschichtskultur in der Zweiten Moderne. Herausgegeben für das Deutsche Historische Museum von Rosmarie BEIER, Frankfurt a.M. – New York 2000.

5   Vgl. Geschichte in der Öffentlichkeit. Tagung der Konferenz für Geschichtsdidaktik vom 5.–8. Oktober 1977 in Osnabrück, hg. von Wilhelm VAN KAMPEN und Hans Georg KIRCHHOFF, Stuttgart 1979. Einen neuen Sammelband zum Thema „Geschichte und Öffentlichkeit" haben 2009 Sabine Horn und Michael Sauer vorgelegt.

6   Vgl. Bernd MÜTTER – Bernd SCHÖNEMANN – Uwe UFFELMANN (Hg.), Geschichtskultur. Theorie – Empirie – Pragmatik, Weinheim 2000. Siehe auch Jörn RÜSEN, Was ist Geschichtskultur?, in: Klaus FÜSSMANN – Heinrich Theodor GRÜTTER – Jörn RÜSEN (Hg.), Historische Faszination. Geschichtskultur heute, Köln – Weimar – Wien 1994, S. 5–26; Heinrich Theodor

schichtsdidaktik 2003 in Anlehnung an Karl-Ernst Jeismann sogar als „Wissenschaft vom Geschichtsbewusstsein in der Gesellschaft" definiert[7].

Ungeachtet dessen ist die eingangs genannte Kontroverse aber doch insofern interessant, als sie zeigt, wie die historische Fachwissenschaft mit geschichtskulturellen Phänomenen, deren Präsenz und Virulenz eigentlich niemand mehr ernsthaft leugnen kann, nach wie vor umgeht. Die lebensweltliche Verarbeitung von Geschichte in Medien und Institutionen der Gegenwart wird von der engeren Fachwissenschaft bis heute weitgehend ausgeblendet[8]. Man tut so, als wäre der öffentliche Gebrauch von Geschichte nicht längst fester Bestandteil unserer modernen Lebenswelt[9]. Das Gegenteil ist aber der Fall. Denn es sei, so Martin Sabrow in dem genannten Zeitungsartikel, unübersehbar, dass wir in einer Zeit leben, in der die

---

GRÜTTER, Warum fasziniert die Vergangenheit? Perspektiven einer neuen Geschichtskultur, in: ebd., S. 45–57; DERS., Aspekte der Geschichtskultur, in: Handbuch der Geschichtsdidaktik, hg. von Klaus BERGMANN u.a., 5., überarb. Aufl., Seelze-Velber 1997, S. 601–611; Rolf SCHÖRKEN, Begegnungen mit Geschichte. Vom außerwissenschaftlichen Umgang mit der Historie in Literatur und Medien, Stuttgart 1995; Dietmar VON REEKEN, Mittelaltermarkt und Wehrmachtsausstellung. Über die Bedeutung der Geschichtskultur für die Schule, in: Göttinger Fachdidaktische Beiträge, Heft 5 (2002) S. 19–33; DERS., Geschichtskultur im Geschichtsunterricht. Begründungen und Perspektiven, in: Geschichte in Wissenschaft und Unterricht 55 (2004) S. 233–240; Joachim ROHLFES, Geschichte und ihre Didaktik, 3., erw. Aufl., Göttingen 2005, S. 391f.; Bernd SCHÖNEMANN, Geschichtsdidaktik in erweiterten Perspektiven. Versuch einer Bilanz nach drei Jahrzehnten, in: Saskia HANDRO – Wolfgang JACOBMEYER (Hg.), Geschichtsdidaktik. Identität – Bildungsgeschichte – Politik. Karl-Ernst JEISMANN zum 50jährigen Doktorjubiläum (ZfL-Texte 18), Münster 2007, S. 9–30, hier S. 26–29 sowie Vadim OSWALT – Hans-Jürgen PANDEL (Hg.), Geschichtskultur. Die Anwesenheit von Vergangenheit in der Gegenwart, Schwalbach/Ts. 2009.

7   Bernd SCHÖNEMANN, Geschichtsdidaktik, Geschichtskultur, Geschichtswissenschaft, in: Hilke GÜNTHER-ARNDT (Hg.), Geschichts-Didaktik. Praxishandbuch für die Sekundarstufe I und II, Berlin 2003, S. 11–22. Zur Kritik an diesem weit gefassten Konzept vgl. Martin SABROW, Nach dem Pyrrhussieg. Bemerkungen zur Zeitgeschichte der Geschichtsdidaktik, in: Zeithistorische Forschungen/Studies in Contemporary History, Online-Ausgabe 2 (2005) H. 2, URL: http://www.zeithistorische-forschungen.de/16126041-Sabrow-2-2005, hier Abschnitt 2.

8   Siehe aber den von Barbara Korte – Sylvia Paletschek herausgegebenen Band „History goes Pop" und den von Wolfgang Hardtwig und Alexander Schug herausgegebenen Band „History sells!", die beide 2009 erschienen sind.

9   Aber Dieter LANGEWIESCHE, Geschichtsschreibung und Geschichtsmarkt in Deutschland, in: DERS., Zeitwende. Geschichtsdenken heute, hg. von Nikolaus BUSCHMANN und Ute PLANERT, Göttingen 2008, S. 9–17, der S. 9 betont, dass die Geschichtswissenschaft nie ein Monopol, Geschichte darzustellen und zu deuten, besessen habe, „und die universitäre erst recht nicht". Siehe auch Christoph CONRAD – Martina KESSEL, Geschichte ohne Zentrum, in: Geschichte schreiben in der Postmoderne. Beiträge zur aktuellen Diskussion, hg. von Christoph CONRAD und Martina KESSEL, Stuttgart 1994, S. 9–36, hier S. 24 und Martin NISSEN, Populäre Geschichtsschreibung. Historiker, Verleger und die deutsche Öffentlichkeit (1848–1900), Köln u.a. 2009.

„Pathosformel des Fortschritts" durch die „Pathosformel des Gedächtnisses" ersetzt wurde[10].

Vergangenheit und Geschichte spielen in modernen Gesellschaften eine nachweislich wichtige Rolle. Man könnte geradezu meinen, es gehe nicht (mehr) vorwärts in die Zukunft, sondern zurück in die Vergangenheit. Das hat nicht zuletzt damit zu tun, dass moderne Gesellschaften, „die einer hohen Veränderungsdynamik unterliegen, einen wachsenden Bedarf an »Erinnerung« an den Tag legen"[11]. Die „Geschichte" oder das, was man jeweils unter „Geschichte" versteht, ist offenbar das, was noch Halt gewährt, wo es kein Halten mehr gibt. Geschichte als „Legitimationswissenschaft" hat eine wichtige identitätsstiftende Funktion[12].

Wir können also nicht umhin anzuerkennen, dass es in unserer Gegenwart ein Stück Vergangenheit gibt, mit dem wir zwar ständig umgehen, das aber nicht mehr ausschließlich von Schulen, Hochschulen und Universitäten „verwaltet" wird. Es zeichnet sich vielmehr eine „Ausdifferenzierung einer öffentlichen Geschichtskultur" ab, die immer weniger auf die traditionellen Institutionen der Vermittlung historischer Erkenntnisse eingeschränkt werden kann[13].

Man könnte, um einen Begriff aus der Migrations- und Integrationsforschung zu bemühen, geradezu von historischen „Parallelgesellschaften" oder „Parallelwelten" sprechen, die sich im Bereich der öffentlichen Vergangenheitspräsentation und Vergangenheitsbearbeitung herausgebildet und etabliert haben. Der Begriff „historisch" ist dabei allerdings mit Vorsicht zu verwenden, weil es in diesen „Parallelgesellschaften" nicht primär und ausschließlich um historische Erkenntnis im Sinne einer Förderung und Entwicklung von Geschichtsbewusstsein geht. Der Umgang mit Geschichte hat hier vielmehr ausgesprochen utilitaristischen Charakter. Geschichte und Vergangenheit werden dem öffentlichen „Gebrauch" zugeführt[14].

---

10 SABROW (Anm. 1).

11 Christoph CORNELISSEN, Das Studium der Geschichtswissenschaften, in: DERS. (Hg.), Geschichtswissenschaften. Eine Einführung, 3. Aufl., Frankfurt a.M. 2004, S. 9–25, hier S. 19. Siehe auch Christoph STÖLZL, Vorwort, in: Geschichtskultur in der Zweiten Moderne (Anm. 4) S. 9f.; Rosmarie BEIER, Geschichtskultur in der Zweiten Moderne. Eine Einführung, ebd. S. 11–25; KORTE – PALETSCHEK (Anm. 2) S. 10 und Odo MARQUARD, Zukunft braucht Herkunft. Philosophische Betrachtungen über Modernität und Menschlichkeit, in: DERS., Zukunft braucht Herkunft. Philosophische Essays, Stuttgart 2003, S. 234–246, S. 239f.

12 Vgl. Wolfgang REINHARD, Geschichte als Delegitimation, URL: http://www.freidok.uni-freiburg.de/volltexte/1694, S. 28. Publiziert in Jahrbuch des historischen Kollegs (2002) S. 27–37, S. 28.

13 CORNELISSEN (Anm. 11) S. 18.

14 Guy P. MARCHAL, Schweizer Gebrauchsgeschichte. Geschichtsbilder, Mythenbildung und nationale Identität, Basel 2006, S. 13–17 spricht in diesem Zusammenhang von „Gebrauchsgeschichte". Siehe auch David LOWENTHAL, „History" und „heritage". Widerstreitende und konvergente Formen der Vergangenheitsbetrachtung, in: Geschichtskultur in der Zweiten Moderne (Anm. 4) S. 71–94, hier S. 71–73; Roy ROSENZWEIG – David THELEN, The Presence of the Past. Popular uses of History in American Life, New York 1998; Bernard Eric JENSEN,

Wir halten daher fest, was längst bekannt ist: Der Umgang mit Geschichte und Vergangenheit spielt sich nicht mehr nur in geschlossenen Räumen und Institutionen ab, sondern ist „Teil einer umfassenderen Geschichtskultur, die bestimmte Erinnerungsinteressen favorisiert, andere Formen der Vergangenheitsbezüge dagegen delegitimiert"[15]. Auf den Wandel bzw. die Ausdifferenzierung der Geschichtskultur muss unser Fach, will es seiner gesellschafts- und bildungspolitischen Verantwortung nachkommen, selbstverständlich reagieren. Eine Reaktion ist vor allem deshalb nötig, weil der öffentliche Gebrauch von Geschichte, worauf der Luzerner Historiker Valentin Groebner hingewiesen hat, nachweislich „anderen Gesetzen folgt als denjenigen, die sich die Gemeinde der Historiker von den Zielen ihrer Arbeit selbst macht"[16].

3. Das Mittelalter als Projektionsfläche der Moderne

Ein besonders eklatantes Beispiel öffentlichen Geschichtsgebrauchs stellt bekanntlich die Epoche des Mittelalters dar. Das Mittelalter ist seit langem en vogue. Es gibt geradezu einen Mittelalter-Boom. Die Epoche eignet sich jedenfalls für moderne Adaptionen aller Art. Dabei erzielt die neue Wissenschaft vom Mittelalter gerade dort ihre größten Wirkungen, „wo es gar nicht um die Rekonstruktion der Vergangenheit geht"[17].

Das ist selbstverständlich eine Herausforderung, auf die das Fach reagieren muss. Ich nenne, um kurz in den Sachverhalt einzuführen, aus der Fülle dessen, was hier genannt werden könnte, nur drei aktuelle Beispiele für moderne Präsentations- und Inszenierungsformen mittelalterlicher Vergangenheit, die sich mühelos vermehren ließen: ein „Sachbuch", einen Kinofilm und ein Computerspiel.

Ich beginne mit dem ersten Beispiel: einem „Sachbuch" des Fernsehmoderators Jörg Pilawa, das im November 2008 erschien. Es führt den Titel „Pilawas Mittelalter. Eine vergnügliche Zeitreise durch die Jahrhunderte"[18]. Wer hier überrascht oder gar indigniert ist, weil er Pilawa nur aus dem Fernsehen kennt und nicht

---

Usable Pasts: Comparing Approaches to Popular and Public History, in: People and their Pasts (Anm. 2) S. 42–56 und Jerome DE GROOT, Consuming History. Historians and heritage in contemporary popular culture, London – New York 2009, S. 1–13.

15 Marcus SANDL, Geschichte und Postmoderne, in: Joachim EIBACH – Günther LOTTES (Hg.), Kompass der Geschichtswissenschaft, 2. Aufl., Göttingen 2006, S. 329–341, hier S. 340.

16 Valentin GROEBNER, Das Mittelalter hört nicht auf. Über historisches Erzählen, München 2008, S. 22 und 126.

17 Ebd. S. 23. Siehe auch LOWENTHAL (Anm. 14) S. 72, der betont, dass die Methoden, mit denen „heritage" im Gegensatz zur „history" arbeite, denen des Historikers „diametral entgegengesetzt" seien.

18 Pilawas Mittelalter. Eine vergnügliche Zeitreise durch die Jahrhunderte, Köln 2008. Das Buch liegt mittlerweile auch als Taschenbuch vor.

wusste, dass der Moderator auch Bücher schreibt, muss wissen, dass Pilawa schon einmal ein Buch mit historischem Inhalt vorgelegt hat. Es hieß „Pilawas Zeitreise" und bot „Rätselhaftes" und „Überraschendes" aus „unserer" Geschichte[19].

Doch nicht um das erste, sondern um das zweite historische „Sachbuch" von Pilawa soll es hier gehen. Um etwaigen Missverständnissen vorzubeugen, möchte ich auch gleich betonen, dass ich auf „Pilawas Mittelalter" nicht deshalb eingehe, weil ich es einer historischen Kritik unterziehen möchte. Das wäre überheblich und arrogant, zumal es vermutlich sehr viel mehr Leserinnen und Leser erreicht als manches mediävistische Sachbuch, das – anders als „Pilawas Mittelalter" – in Bibliotheken verstaubt. Mir geht es nicht um die Kritik des Inhalts, sondern um die Tendenz, die sich im Hinblick auf das, was ich oben über den „Wandel der Geschichtskultur" angedeutet habe, in diesem Buch manifestiert.

Was an beiden Titeln – „Pilawas Zeitreise" und „Pilawas Mittelalter" – sogleich auffällt, ist nicht, dass ein offenbar beliebter und bekannter Fernsehmoderator, der zwar Geschichte studiert, aber nie einen einschlägigen Studienabschluss erlangt hat, über Geschichte schreibt, aus seiner medialen Omnipräsenz also offenbar historische Kompetenz ableitet[20], sondern *wie* er dies tut.

Die Art und Weise, *wie* hier Geschichte präsentiert und verarbeitet wird, sagt nämlich viel über den öffentlichen Umgang mit Vergangenheit in modernen Gesellschaften aus[21]. Wer die Titel von Pilawas historischen Sachbüchern ernst nimmt, muss nämlich zu dem Schluss kommen, dass jeder das Recht auf seine „eigene" Geschichte, auf sein „eigenes" Mittelalter, seine „eigene" Antike, seine „eigene" frühe Neuzeit hat, wenn er nur berühmt genug ist, um das Buch an die Frau oder an den Mann zu bringen[22].

Der Titel „Pilawas Mittelalter", den, wie ich durchaus konzediere, vermutlich nicht der Autor, sondern der Verlag aus verlegerischen bzw. marketingtechnischen Gründen gewählt hat, hat in diesem Zusammenhang Symptomfunktion. In ihm manifestiert sich nicht nur eine Dissoziation des Epochenbegriffs, die seiner vollständigen Dekonstruktion gleichkommt; der Titel dokumentiert auch einen Umgang mit Vergangenheit, wie er für die moderne Geschichts- und Eventkultur typisch ist.

---

19 Pilawas Zeitreise. Rätselhaftes und Überraschendes aus unserer Geschichte, Köln 2007.

20 Zu den Gründen, die Pilawa veranlasst haben, das Buch zu schreiben, äußert er sich im Vorwort des Buches, vgl. Pilawas Mittelalter (Anm. 18) S. 7–10.

21 Zur „neudeutschen Eventkultur" vgl. Stefan REBENICH, Die Erfindung der Deutschen. 2000 Jahre Varusschlacht: Wie die Eventkultur erfolgreich gelehrtes Wissen popularisiert, in: Die Zeit vom 31.12.2008, Nr. 2, S. 48 und grundsätzlich Gerhard SCHULZE, Kulissen des Glücks. Streifzüge durch die Eventkultur, Frankfurt a.M. – New York 1999, S. 79–103.

22 Hierzu LOWENTHAL (Anm. 14) S. 73: „Historik ist für alle da, „heritage" nur für uns. Die Geschichtswissenschaft ist nicht vollkommen transparent [...]. Doch der Großteil der Historiker missbilligt Geheimhaltung. Im Gegensatz dazu richtet die „heritage" ihre Botschaften an eine ausgewählte Gruppe, deren Privateigentum sie ist".

Vergangenheit wird nicht als Alterität, sondern als Reproduktion von Identität verstanden. Das Fremde wird zum Derivat des Eigenen: „Alles heterogen Vergangene wird homogene Gegenwart"[23]. Es geht nicht um die Vergangenheit, sondern um „mein", „dein", „unser" Mittelalter. Das Mittelalter wird nicht nur fragmentiert, sondern geradezu privatisiert. Die Referenzgröße ist nicht die „objektive" vergangene Wirklichkeit, die mühsam aus Quellen und Überresten rekonstruiert werden muss, sondern das eigene moderne Ego, das – jeder methodischen Rationalität abhold – sein „eigenes" Mittelalter konstruiert und dabei gar nicht merkt, dass die eigene moderne Lebenswelt vorbehaltlos in die Vergangenheit projiziert und damit dupliziert wird.

Es geht denn auch nicht um „das" Mittelalter, von dem wir an Schulen und Hochschulen vielleicht einmal gehört und gelesen haben, sondern um „Pilawas" Mittelalter. Es verwundert insofern kaum, dass die „Zeitreise", die Pilawa in seinem Buch zusammen mit seinen Lesern unternimmt, „vergnüglich" ist. Denn die Reise wird gar nicht erst angetreten, und zwar nicht, weil das epistemologisch unmöglich ist, sondern weil es Pilawa und den modernen Vergangenheitsstrategen gar nicht primär um Vergangenheit geht.

Der moderne Mensch bleibt, provokant formuliert, wenn er sich mit Geschichte beschäftigt, am liebsten bei sich[24]. Er will nur wissen, was er ohnehin schon weiß. Eine Relativierung bzw. Verflüssigung von Gegenwart, wie sie für jedes historische Lernen konstitutiv ist, weil sie allererst Fremdverstehen und Perspektivenübernahme initiiert, ist gar nicht beabsichtigt. Denn die „Vergangenheit", auf die ich mich in diesen Büchern einlasse, ist keine irritierende, keine fremde, sondern „meine" eigene Vergangenheit. Sie ist insofern „verfügbar", als sie jede Zeitdifferenz nivelliert.

Vergangenheit wird denn auch possessiv und alteritätsfrei verstanden. Sie wird nicht als Vergangenheit, sondern als eine in die Vergangenheit projizierte Gegen-

---

23 Karl Heinz BOHRER, Erinnerungslosigkeit. Ein Defizit der gesellschaftskritischen Intelligenz, in: Frankfurter Rundschau vom 16.06.2001, Nr. 137, S. 21. Vgl. auch Bernhard WALDENFELS, Das Fremde denken, in: Zeithistorische Forschungen/Studies in Contemporary History, Online-Ausgabe 4 (2007) H. 3, URL: http://www.zeithistorische-forschungen.de/16126041-Waldenfels-3-2007, hier Abschnitt 2. Siehe auch Daniel FULDA, Literarische Thematisierungen von Geschichte, in: Sabine HORN – Michael SAUER (Hg.), Geschichte und Öffentlichkeit. Orte – Medien – Institutionen, Göttingen 2009, S. 209–218, S. 213 und Adolf MUSCHG, Mein Mittelalter: Im Gespräch mit Volker Mertens am 1. November 2004, in: Bilder vom Mittelalter. Eine Berliner Ringvorlesung, hg. von Volker MERTENS und Carmen STANGE, Göttingen 2007, S. 253–276.

24 Vgl. etwa den Arte-Schwerpunkt „Mittelalter" vom 02.–15.02.2009 mit Filmen, Dokumentationen und Themenabenden und den entsprechenden Artikel im Arte-Magazin 2 (2009) S. 24–27 von Henning WERLE mit dem Titel „Flucht ins Mittelalter", wo sich der „Freizeitritter" Michael Maucher folgendermaßen äußert: „Doch im Mittelalter leben? „Niemals!", sagt er. Er sei froh, dass er sich nach einem Wochenende in der Vergangenheit frisch geduscht ins saubere Bett legen könne".

wart wahrgenommen[25]. In modernen demokratischen Gesellschaften, so könnte man das Gesagte resümieren, hat offenbar jeder das Recht im Namen der Vergangenheit von sich selber zu sprechen[26].

Ich komme zum zweiten Beispiel: einem Film von Til Schweiger, der im Dezember des Jahres 2008 in die Kinos gekommen ist. Er führt den etwas seltsamen Titel „1½ Ritter – Auf der Suche nach der hinreißenden Herzelinde"[27]. Schweiger, der mit „Keinohrhasen" 2007 einen Filmhit gelandet hat, verlegte sich damit aufs Mittelaltergenre.

Ich will nicht so ausführlich wie beim ersten Beispiel auf diesen Film eingehen. Aber auch er ist typisch für den alteritätsfreien Dialog mit der Vergangenheit. Es ist klar, dass es sich um eine Mittelalter-Persiflage handelt, die mit dem Mittelalter nichts, aber sehr viel mit modernen Mittelalterklischees und Mittelalterstereotypen zu tun hat.

In einer Rezension der Süddeutschen Zeitung wird der Film denn auch als „paranoid und peinlich" charakterisiert[28]. Es handele sich um eine „Möchtegern-Ritterfilm-Parodie" – gefertigt nach Schweigers Bekenntnis: „Flache Sachen funktionieren immer. Kopf gegen Eisengitter – das ist ein garantierter Lacher"[29].

Die Frage, die man sich bei einer solchen „flachen" Filmproduktion allerdings stellt, lautet: Warum muss gerade das Mittelalter als Folie für diesen Unterhaltungsfilm herhalten? Hätte es nicht auch ein anderes historisches Sujet getan? Oder ist das Mittelalter als Epoche schon so heruntergekommen, dass man ihm gewissermaßen alles antun darf? Der Rezensent sagt „nein". Es gehe tatsächlich um das Mittelalter. Eine „Idee" habe der Film nämlich: „Im Mittelalter ist es genau so doof wie in der Jetztzeit"[30].

---

25 Vgl. CONRAD – KESSEL (Anm. 9) S. 9: „Die wachsende ästhetische, mediale, politische und kommerzielle Selbstbedienung im Supermarkt des Vergangenen verbraucht Geschichte gewissermaßen. Im Spiel der Zitate und Inszenierungen wird sie in die Gegenwart aufgesogen".

26 Vgl. GROEBNER (Anm. 16) S. 32 mit dem Untertitel „Im Namen der Vergangenheit von sich selber sprechen".

27 Er hat damit zu tun, dass Erdal, der Begleiter von Ritter Lanze(lot) (= Til Schweiger), zwar mit auf „aventiure" ausreitet, aber kein „richtiger" Ritter, sondern ein betrügerischer „Immobilienmakler" (Burgen) ist und deshalb offenbar nur zur Hälfte zählt. Der Film lebt überhaupt aus einer Motivik, die sich aus unterschiedlichen Quellen (Parzival, Nibelungen, Schwarzer Ritter, Winnetou, Robin Hood usw.) speist.

28 Rainer GANSERA, Willst du meine Lanze schmirgeln? Paranoid und peinlich: Til Schweiger und sein Film „1½ Ritter – Auf der Suche nach der hinreißenden Herzelinde", in: Süddeutsche Zeitung Nr. 296 vom 20./21.12.2008, S. 17. Zu diesem Film Nicola EISELE, Kleiner Hobbit und großer Artus: Populäre mittelalterliche Mythen und ihr Potenzial für die Förderung historischen Denkens, in: KORTE – PALETSCHEK (Anm. 2) S. 83–102, hier S. 97f. und S. 100 sowie den Beitrag von Christian Kuchler in diesem Band.

29 GANSERA (Anm. 28).

30 GANSERA (Anm. 28).

Bevor ich auf diesen Satz eingehe, möchte ich folgendes betonen: Ich weiß natürlich, dass Filme dieser Art keinen akademischen Wahrheitsanspruch erheben und zum Unterhaltungsgenre zählen. Gleichwohl transportieren diese Filme, die man zu Recht als „Sekundärmittelalter" bezeichnet hat[31], selbstverständlich subtile historische Botschaften, die ob der großen Zuschauerzahlen in die Breite wirken und Bewusstsein beeinflussen.

Deshalb meine Stellungnahme zu dem Resümee des Rezensenten: So „doof" dieser Satz über diesen Film ist, es ist nicht die „Doofheit" des Mittelalters, die sich darin spiegelt. Man muss nicht an Otto Gerhard Oexles Feststellung erinnern, dass die modernen Mittelalterbilder „nicht Aussagen über das Mittelalter, sondern Aussagen über die Moderne" sind[32], um zu wissen, dass dieser Satz auf uns, die wir uns als moderne Menschen verstehen, zurückfällt: „Wer über das Mittelalter redet, redet über die eigene Gegenwart [...]"[33].

Wenn wir das Mittelalter für „dumm", „beschränkt", „borniert" und „einfältig" halten[34], so handelt es sich dabei nicht um Erfahrung von Alterität, sondern um Reproduktion von Identität. Es sind moderne Rückprojektionen in eine Vergangenheit, von der wir, wenn wir ehrlich sind, gar nichts wissen wollen. Sie sagen denn auch mehr über uns als über das Mittelalter aus. Dem Mittelalter als historischer Epoche kommen wir mit solchen Klischees jedenfalls nicht bei[35].

Ich komme zum dritten und letzten Beispiel: dem Computerspiel „Assassin's creed" (Credo des Assassinen), das eine französisch-kanadische Entwicklerfirma Ende 2007/Anfang 2008 auf den Markt brachte[36]. Valentin Groebner hat mich auf das Spiel in einem Vortrag, den er in Freiburg gehalten hat, aufmerksam gemacht[37].

---

31 GROEBNER (Anm. 16) S. 21, der allerdings auf „Star Wars" und „Lord of the Rings" verweist, den Begriff „Sekundärmittelalter" also offenbar eher auf filmische Neuinszenierungen des Mittelalters bezieht.

32 Otto Gerhard OEXLE, Das entzweite Mittelalter, in: Gerd ALTHOFF (Hg.), Die Deutschen und ihr Mittelalter. Themen und Funktionen moderner Geschichtsbilder vom Mittelalter, Darmstadt 1992, S. 7–28, hier S. 12.

33 Valentin GROEBNER, Willkommen in der Zeitmaschine, in: Literaturen. Das Journal für Bücher und Themen 11 (2008) S. 16–20, hier S. 16.

34 Vgl. die Besprechung von Johannes Frieds neuestem Mittelalterbuch durch Kurt FLASCH, Das Licht der Vernunft brennt schon länger. Ein neues Standardwerk: Wenn der Frankfurter Historiker Johannes Fried vom Mittelalter erzählt, gleicht dies der Ehrenrettung einer Epoche, in: Literaturen (Anm. 33) S. 12–15, hier S. 12 und 15.

35 Als Beispiel hierfür sei der Artikel „Mythos Mittelalter" in „Der Spiegel" Nr. 44 vom 31.10.2005, S. 168–182 von Matthias SCHULZ genannt, hier S. 170: „Ohne Unterwäsche, dafür mit Mundgeruch (Zahnbürsten gab es nicht): So muss man sich den Adel des 11. Jahrhunderts vorstellen". Populäre Irrtümer über das Mittelalter stellt zusammen Karin SCHNEIDER-FERBER, Alles Mythos! 20 populäre Irrtümer über das Mittelalter, Stuttgart 2009.

36 Das Computerspiel wurde von Ubisoft Montreal entwickelt und von Ubisoft veröffentlicht. Produzentin des Spiels ist Jade Raymond, Creative Director Patrice Désilets. Die Playstation-3- und Xbox-360-Versionen sowie eine Fassung für das Handy erschienen am 15.11.2007, die PC-Version ist seit 10.04.2008 erhältlich. Bis zum 14.12.2007 wurden weltweit 2,5 Millionen

Die Handlung, „inspiriert von historischen Ereignissen und Charakteren", wie es im „Intro" heißt[38], spielt zwar in der Zeit des dritten Kreuzzuges (1189–1192), beginnt aber in der näheren Zukunft. Die Hauptfigur Desmond Miles alias Altaïr – von Beruf Barkeeper, in „Wirklichkeit" aber ein Assassine – wird von einer modernen Templerorganisation („Abstergo Industries") entführt und mit Hilfe einer Gedächtnis- bzw. Zeitmaschine („Animus") in die hochmittelalterliche Vergangenheit zurückversetzt bzw. mit den Erinnerungen seiner Vorfahren konfrontiert und sukzessive „synchronisiert". Der „Animus" (= Zeitmaschine) fungiert als „Projektor", der es gestattet, genetische Erinnerungen der Vorfahren in 3D zu erzeugen und zu decodieren. Denn der Mensch verfüge, wie der jugendlichen Hauptfigur in der einführenden Rahmenhandlung von einem „Professor" auseinandergesetzt wird, nicht nur über individuelle, sondern auch über „genetische" Erinnerungen, die in seiner DNS physisch gespeichert und deshalb mit Hilfe des „Animus" abrufbar seien.

Da sich das Unterbewusstsein der Hauptfigur zunächst noch gegen die „Zielerinnerung" wehrt, Miles also noch nicht mit dem Assassinen Altaïr „synchronisiert" werden kann, durchlaufen die Hauptfigur und mit ihm die Spieler ein „Einführungsprogramm" („Tutorial"). Spieler und Spielerin werden damit zeitlich ins Hochmittelalter des ausgehenden 12. Jahrhunderts zurückversetzt. Richard Löwenherz hat gerade die Hafenstadt Akkon zurückerobert. Das nächste Ziel der Kreuzfahrer ist es, Jerusalem, das noch von Saladin beherrscht wird, zu erobern und einzunehmen.

Exemplare der Konsolen-Version verkauft. Diese Informationen finden sich im Netz, URL: http://de.wikipedia.org/wiki/Assassin%E2%80%99s_Creed (Zugriff 03.02.2010). Seit dem 19.11.2009 gibt es „Assassin's creed II", dessen Handlung allerdings im Zeitalter der italienischen Renaissance spielt. Zu Geschichte in Computerspielen siehe auch Angela SCHWARZ, „Wollen Sie wirklich nicht weiter versuchen, diese Welt zu dominieren". Geschichte in Computerspielen, in: KORTE – PALETSCHEK (Anm. 2) S. 313–340 und Veronika ORTENBERG WEST-HARLING, Medievalism as Fun and Games, in: Defining Medievalism(s) II, hg. von Karl FUGELSO (Studies in Medievalism 18), Cambridge 2009, S. 1–16, S. 9–12.

37   Der Vortrag fand an der Albert-Ludwigs-Universität Freiburg am 04.12.2008 statt. Vgl. auch GROEBNER (Anm. 33) S. 18–20, wo die Hauptgedanken des Vortrags bereits publiziert sind, denen ich hier folge.

38   Dort wird auch der multikulturelle bzw. multireligiöse Ansatz aus gutem Grund ausdrücklich betont. Es heißt dort zum Spiel: „Inspiriert von historischen Ereignissen & Charakteren. Dieses fiktive Werk wurde von einem multikulturellen Team Angehöriger verschiedener Religionen und Glaubensrichtungen erschaffen, entwickelt und produziert".

Die Bruderschaft der Assassinen[39] schlägt sich in dem religiösen Konflikt weder auf die eine noch auf die andere Seite, sondern verfolgt die Absicht, die Anfeindungen zwischen den verschiedenen Gruppen durch organisierte Gewalttaten an politischen und religiösen Gegnern aufzuhalten. Die Hauptgegner der Assassinen sind dabei die Tempelritter. Der Versuch, deren Führer Robert de Sablé auszuschalten und den Templerschatz wiederzuerlangen, scheitert allerdings. Altaïr, der für das Scheitern verantwortlich ist, wird von Al Mualim, dem Anführer der Assassinen, zum „Novizen" degradiert und muss sich daher durch besondere Taten rehabilitieren. Es müssen namentlich genannte Personen, christliche wie muslimische, umgebracht werden, um einen Schatz („Edensplitter") zu erlangen.

Was Pilawa im Titel seines ersten historischen Sachbuches suggerierte, wird hier im Spiel also tatsächlich unternommen: eine virtuelle „Zeitreise" zurück in die hochmittelalterliche Vergangenheit. Die Reise ist allerdings nicht mehr so „vergnüglich" wie bei Pilawa. Auch entbehrt das hier evozierte Mittelalter jeglicher Komik und Harmlosigkeit, das uns noch in Schweigers seichtem Ritterfilm begegnet war. Denn die Assassinen, um die es in dem Spiel geht, gelten, wie es in der Internetbeschreibung heißt „als erste, straff organisierte Terrorgruppe der Weltgeschichte"[40]. Hier werden Assoziationen wachgerufen, die religiöse Gewalt des Mittelalters mit modernen Formen des Terrors parallelisieren[41].

Der Plot des Spiels besteht darin, dass die Vergangenheit zwar in der Gegenwart präsent ist, aber nicht, wie man dies als Historikerin oder als Historiker erwarten würde, über Quellen und Überreste, die in der Gegenwart noch erhalten sind und daher Rückschlüsse auf die Vergangenheit zulassen, sondern über die DNS der Hauptfigur, die quasi als genetisches Archiv fungiert.

Die Erinnerungen der hochmittelalterlichen Vorfahren sind im Erbgut Altaïrs, dessen Rolle der Spieler übernimmt, gespeichert. Sie müssen nur decodiert und gelesen werden. Sinn und Zweck der Zeitreise zurück in die mittelalterliche Vergangenheit ist es, die Aufgaben der geheimen Bruderschaft der Assassinen noch einmal zu erfüllen bzw. zu korrigieren. Die ferne Epoche, die man in der Zeit- bzw. Gedächtnismaschine bereist, steckt also gewissermaßen in einem selbst. Die eigene Gegenwart wird mit in die Vergangenheit genommen. Geschichte, wie sie hier prä-

---

39 Vgl. zu den Assassinen Malcolm C. Lyons – Werner Meyer, Art. Assassinen, in: Lexikon des Mittelalters, Bd. 1, Stuttgart – Weimar 1999, Sp. 1118f. Siehe auch Bernard Lewis, Die Assassinen. Zur Tradition des religiösen Mordes im radikalen Islam. Aus dem Englischen von Kurt Jürgen Hoch, Frankfurt a.M. 1989; James Wasserman, The Templars and the Assassins. The militia of Heaven, Rochester 2001 und Thomas Keightley, Secret societies of the Middle Ages. The assassins, the templars and the secret tribunals of Westphalia, Boston 2005.

40 URL: http://assassinscreed.de/content/view/55/47 (Zugriff am 04.02.2009).

41 Die Assassinen handeln u.a. nach dem Grundsatz: „Nichts ist wahr. Alles ist erlaubt". Außerdem soll kein Unschuldiger getötet und die Bruderschaft nicht in Gefahr gebracht werden.

sentiert wird, ist kein irreversibler zeitlicher Prozess mehr, sondern wiederholt sich gewissermaßen und kann nachträglich korrigiert und beeinflusst werden.

Das Mittelalter, das das PC-Spiel auf den Bildschirm bannt, ist denn auch kein mythisch-fiktionales Mittelalter, wie dies etwa in dem PC-Spiel „World of War-craft" der Fall ist, sondern chronologisch und geografisch relativ exakt verortet. Es geht zurück ins Jahr 1191. Die Handlung spielt u.a. in Akkon, Damaskus und Jerusalem. Die Stadtgrundrisse sind historisch so korrekt wie möglich rekonstruiert. Das gilt auch für die Architektur, die Kleidung, die Stoffe und die Waffen[42]. Das utopische Mittelalter, das hier generiert wird, verschafft dem Spieler überdies einen mit übermenschlichen Kräften ausgestatteten Körper, mit dem er Wände hinauf-klettern, Todessprünge aus großer Höhe vollführen und über Häuserschluchten springen kann. Wir haben es bei Altaïr also gewissermaßen mit einem mittelalterli-chen „Superman" zu tun, der zwar nicht für die „Guten" und gegen die „Bösen", wie sich am Ende zeigt, kämpft, sich aber gleichwohl bewährt.

Das Mittelalter, das hier begegnet, ist, worauf Groebner in einer eingehenden Besprechung des Spiels in der Zeitschrift „Literaturen" hinwies[43], nicht eindeutig religiös oder national definiert. Es sollte, wie Patrice Désilets, der Creative Director des Spiels, in einem Interview ausdrücklich betonte, „kein Spiel über den Konflikt zwischen den Religionen" sein[44]. Die Personen, die auftauchen, sind daher nicht eindeutig als Christen oder Muslime gekennzeichnet. Im Zentrum stehen die As-sassinen und deren Feinde. Der „aggressive Orientalismus, der die populären Bilder von den mittelalterlichen Kreuzzügen in Europa und Amerika so tief prägt", ist deshalb, wie Groebner betont, wohl bewusst nivelliert und beseitigt worden[45]. Das liege indes nicht an einer toleranten Einstellung, die hier vermittelt werden soll, handelt es sich doch nicht zuletzt um ein „Tötungsspiel", sondern an der Tatsache, dass das Spiel nicht nur in Europa und den USA, sondern auch in der Türkei, in Pakistan oder Saudi-Arabien vermarktet werden solle. Die „historische Gerechtig-keit" des Spiels besteht mithin darin, die Morde, die Altaïr ausführen muss, „gleichmäßig auf die beiden Fraktionen"[46] zu verteilen.

---

42 Zum Versuch, historische Authentizität herzustellen, vgl. das Interview mit Patrice Désilets, dem Creative Director des Mittelalter-PC-Spiels „Assassin's creed I", URL: http://www.g-wie-gorilla.de/content/view/669/5/ (Zugriff am 04.02.2009).

43 Vgl. GROEBNER (Anm. 33) S. 18f.

44 Vgl. das Interview (Anm. 42).

45 GOEBNER (Anm. 33) S. 19.

46 Vgl. das Interview (Anm. 42).

4.   Resümee

Fasst man alle drei genannten Beispiele – das Sachbuch, den Kinofilm und das PC-Spiel – im Hinblick auf die Ausgangsfrage nach dem Umgang mit Geschichte in der Öffentlichkeit zusammen, so fällt auf, dass die Geschichte des Mittelalters im öffentlichen Diskurs mehr und mehr zu einem weitgehend alteritätsfreien Dialog mit der Vergangenheit wird. Vergangenheit wird zu einer bloßen Funktion der Gegenwart[47]. Die Geschichte bildet keine eigenständige Größe mehr und läuft gewissermaßen auf die Gegenwart zu. Sie wird geradezu zur „Kulisse". Im ersten Fall wird die Vergangenheit durch die eigene besitzergreifende Gegenwart substituiert. Im zweiten Fall wird sie im Rekurs auf gängige Klischees und Stereotypen alteritätsfrei verballhornt. Im dritten Fall wird eine „Zeitreise" vorgetäuscht, die nicht wirklich „zurück", sondern „vorwärts" in ein virtuelles und damit utopisches Mittelalter führt, das es in dieser Sterilität historisch nie gegeben hat[48].

Was fangen wir nun mit diesem desillusionierenden Ergebnis an? Was bedeutet es für unseren Umgang mit Vergangenheit in Schule und Unterricht? Welches Mittelalter wollen wir?

Zunächst ist festzuhalten, dass der alteritätsfreie Umgang mit der Vergangenheit nicht grundsätzlich ein Problem sein muss. Viele geschichtskulturellen Sinndeutungsangebote ziehen ihren Reiz „gerade aus der Abweichung von historisch Triftigem"[49]. Schwierig wird es allerdings dann, wenn die Beschäftigung mit Geschichte mehr sein will als Event, Entertainment und Unterhaltung.

---

47   Vgl. CONRAD – KESSEL (Anm. 9) S. 25.

48   Das Ergebnis deckt sich mit der Analyse, die Karl Heinz Bohrer 2001 in einem Artikel der Frankfurter Rundschau vorgelegt hat. Er betont, dass das seit den 1980er Jahren aufgetauchte Interesse breiter Bevölkerungsschichten an früheren Kulturen (beispielhaft für Westdeutschland war der Erfolg der Staufer- und Preußenausstellungen) nicht für die „Fernerinnerung" in Anspruch genommen werden könne, deren Verlust Bohrer beklagt: „Bei solchen Geschichtsinszenierungen [...] wird eine neue Art des durchaus legitimen Voyeurismus angesprochen, in dem sich eine von Attraktionen ermüdete Konsumentenschaft ausruht: Bilder statt Buchstaben bzw. Argumente. Mit historischer Fernerinnerung in unserem Sinne hat das wenig zu tun. Eher zeigt sich hier das eigentümliche Phänomen einer unendlichen Gegenwart, die sowohl Vergangenheit als auch Zukunft auf das ewige Jetzt kulturellen Konsums schrumpfen lässt". Vgl. BOHRER (Anm. 23) S. 20.

49   Hans-Jürgen PANDEL, Geschichtsunterricht nach PISA. Kompetenzen, Bildungsstandards und Kerncurricula, Schwalbach/Ts. 2005, S. 130. Siehe auch Ernst SCHULIN, Geschichtswissenschaft in unserem Jahrhundert. Probleme und Umrisse einer Geschichte der Historie, in: Historische Zeitschrift 245 (1987) S. 1–30, hier S. 29: „Wie schon seit je, so existieren auch heute noch die allermeisten Menschen mit falschen historischen Vorstellungen, vornehmer gesagt, mit geschichtsmythischen Vorstellungen über sich, ihre Umwelt, ihr Land und dessen Weltgeltung. Wenn das schon lebensgefährlich wäre, lebten wir längst nicht mehr". Zur begrifflichen Unterscheidung von „history" und „heritage" vgl. LOWENTHAL (Anm. 14) S. 71–94.

Der Traum von der „eigenen" Vergangenheit wird jedenfalls nicht wahr, wenn diese zu einer referenzlosen Konstruktion wird[50], die jede Andersheit insofern abschafft, als sie gar nicht erst in den Blick kommt. Zwar bekommt jeder die Geschichte, die er verdient, wie Dirk Schümer im Hinblick auf „Pilawas Mittelalter" resümiert hat[51]. Aber es ist die Frage, ob wir als moderne Menschen diese verkürzte Auffassung von Geschichte, wie sie uns hier präsentiert wird, tatsächlich „verdient" haben.

Denn das Fatale an der beschriebenen Entwicklung ist: Wenn es tatsächlich irgendwo Alterität im strengen Sinne gibt bzw. gegeben hat, dann in der Geschichte der Vormoderne. Deren „fundamentale Alterität", wie sie Frank Rexroth genannt hat[52], ist mit der Alterität der Moderne, wie sie im ausgehenden 18. Jahrhundert anhebt, grundsätzlich nicht zu vergleichen, da sie vor jener Zäsur liegt, die Reinhart Koselleck als „Sattelzeit" gekennzeichnet hat[53]. Es macht also geradezu die Dignität der Vormoderne als Lerngegenstand aus, dass sie den Kindern und Jugendlichen tatsächlich ein Alteritätsangebot unterbreitet.

Die Frage, wie „sekundär" das Mittelalter sein darf, um überhaupt noch Mittelalter zu sein, ist also durchaus berechtigt. Denn es ist nicht auszuschließen, dass die neuen „Mittelalterinszenierungen der Populärkultur"[54], wie wir sie hier exemplarisch an drei unterschiedlichen Medien vorgestellt haben, die historischen Erfahrungen einer Gesellschaft und damit auch die der Kinder und Jugendlichen ob ihrer Wirkungsmächtigkeit nachhaltig prägen, zumal in Zeiten, in denen „das Mittelalter als Lehrstoff in den Schulen und in der höheren Bildung eine immer geringere Rolle spielt"[55].

---

50 Johannes FRIED, Über das Schreiben von Geschichtswerken und Rezensionen. Eine Erwiderung, in: Historische Zeitschrift 260 (1995) S. 119–130, S. 120 hat betont, dass zügellose Phantasie sowie „kühne" und „wilde" Spekulation „fern jeglicher Quellen und kritischer Prüfung" in der Geschichtswissenschaft fehl am Platze seien: „historische Plausibilität muss sie zähmen, Referentialität sie lenken. Referentielle, quellen- und forschungsbezogene Spekulation ist demnach zulässig und muss es sein, soll Geschichte erzählt werden".

51 Dirk SCHÜMER, Eine Ferne, vertraut und bedrohlich, in: Literaturen (Anm. 33) S. 8–11, hier S. 9.

52 Frank REXROTH, Das Mittelalter und die Moderne in den Meistererzählungen der historischen Wissenschaften, in: Zeitschrift für Literaturwissenschaft und Linguistik. Eine Zeitschrift der Universität Siegen, hg. von Rita FRANCESCHINI u.a. September 2008. Jg. 38. Heft 151: Erfindung des Mittelalters, S. 12–31, hier S. 21.

53 Vgl. Reinhart KOSELLECK, Einleitung, in: Geschichtliche Grundbegriffe. Historisches Lexikon zur politisch-sozialen Sprache in Deutschland, hg. von Otto BRUNNER, Werner CONZE und Reinhart KOSELLECK, Bd. 1, Stuttgart 1972, S. XIII–XXVII, hier S. XV. Siehe auch Jan M. ROMEIN, Das Grundmuster menschlichen Verhaltens. Zu Ursprung und Tragweite historischer Theorien, in: Universalgeschichte, hg. von Ernst SCHULIN, Köln 1974, S. 225–239, hier S. 230–238.

54 GROEBNER (Anm. 16) S. 22.

55 Ebd. S. 140.

Hinzu kommt, dass die meisten Schülerinnen und Schüler in ihrem späteren Leben weniger mit wissenschaftsförmigen als mit geschichtskulturellen Darstellungen der mittelalterlichen Geschichte konfrontiert werden[56]. Daraus folgt die Notwendigkeit, ihnen einen angemessenen Umgang mit solchen Phänomenen zu ermöglichen, was in der neueren Forschung häufig als „geschichtskulturelle Kompetenz"[57] bezeichnet wird. Das heißt: Es ist nötig, eine Kompetenz auszubilden, die uns hilft, mit Vergangenheitsinszenierungen, wie sie in der modernen Gesellschaft zuhauf produziert und kolportiert werden, ebenso angemessen wie kritisch umzugehen.

Am Anfang steht hier im Falle des Mittelalters die Erkenntnis, dass wir, wenn wir von dieser Epoche tatsächlich etwas verstehen wollen, zur Kenntnis nehmen müssen, dass das Mittelalter, das wir heute kennen, nicht das „historische" Mittelalter, sondern ein Ergebnis der modernen Rezeptionsgeschichte ist, die in der frühen Neuzeit beginnt und bis ins frühe 20. Jahrhundert reicht. Wir müssen also die modernen Vorstellungen kennen, die sich die Menschen im Laufe der Zeit vom Mittelalter gemacht haben, um zu wissen, was das Mittelalter *nicht* ist. Denn diese Vorstellungen sind nicht mit dem Mittelalter (als historischer Epoche) identisch.

Moderne Mittelalterkenntnis bestünde also nicht darin, zu sagen, was das Mittelalter ist, sondern im Wesentlichen darin, zu sagen, was das Mittelalter *nicht* ist und wozu es im Laufe der Zeit von den Nachgeborenen allmählich „gemacht" wurde: einem unverzichtbaren Referenzort der Moderne[58].

Der Weg zurück ins Mittelalter – das ist meine These – ist daher kein Weg, der einfach und geradlinig zurückführt in die mittelalterliche Vergangenheit. Man muss den Umweg über die Rezeptionsgeschichte nehmen, wenn man vom Mittelalter wirklich etwas wissen und verstehen will[59]. Diese kritisch aufzuarbeiten, muss Hauptanliegen einer modernen Wissenschaft vom Mittelalter sein. Wir verstehen das Mittelalter erst, wenn wir uns selbst verstehen.

---

56 Vgl. SABROW (Anm. 7) Abschnitt 2: „Längst schon bezieht die nachwachsende Generation ihr Geschichtsbild immer weniger von Geschichtslehrern, […]".

57 Vgl. Hans-Jürgen PANDEL, Postmoderne Beliebigkeit? Über den sorglosen Umgang mit Inhalten und Methoden, in: Geschichte in Wissenschaft und Unterricht 50 (1999) S. 282–291, hier S. 290 und DERS. (Anm. 49) S. 40–43, 130–132.

58 Vgl. Manfred ENGEL – Wolfgang HAUBRICHS, Einleitung, in: Zeitschrift für Literaturwissenschaft und Linguistik (Anm. 52) S. 5–11, S. 6 und REXROTH (Anm. 52) S. 15 und 21: „Im Nachdenken über das Mittelalter vergewissern sich, so kann man verallgemeinernd sagen, die Menschen der Moderne ihrer selbst, sie reflektieren vermeintliche Errungenschaften und Verlustgefühle" (S. 21).

59 Das heißt freilich nicht, dass man dazu nicht den Maßstab der Fachwissenschaft braucht. Die Rezeptionsgeschichte ist nur der Ausgangspunkt des Fragens nach dem historischen Mittelalter nicht deren Endpunkt. Vgl. Thomas Martin BUCK, Mittelalter und Moderne. Plädoyer für eine qualitative Erneuerung des Mittelalter-Unterrichts an der Schule (Forum historisches Lernen), Schwalbach/Ts. 2008, S. 270–404.

Hans-Werner Goetz

Aktuelles Mittelalter zwischen Vorstellung und Wirklichkeit: die Perspektive der Mittelalterforschung

1.   Einleitung

Das „Mittelalter zwischen Vorstellung und Wirklichkeit", wie es in diesem Band untersucht werden soll und zu dem ich hier aus fachwissenschaftlicher Perspektive Stellung beziehen möchte, ist ein ebenso aktuelles wie wichtiges Thema, das Geschichtswissenschaft und Geschichtsdidaktik miteinander ins Gespräch bringt. Ich begrüße es daher ausdrücklich, dass Geschichtsdidaktiker wie Wolfgang Hasberg, Manfred Seidenfuß und Thomas Martin Buck sich in jüngster Zeit zum einen mit der Aufnahme und Umsetzung neuer geschichtswissenschaftlicher Themenfelder und Ansätze für den Geschichtsunterricht befasst[1] und sich zum anderen, nach dem Pionierwerk von Uwe Uffelmann[2] und vor dem Hintergrund einer bedrohlichen Zurückdrängung der Anteile vormoderner Zeiten im Geschichtsunterricht, wieder verstärkt dem Mittelalter zugewandt[3], die Entwicklung der Mittelalterdidaktik analysiert[4] und sogar neue Mittelalter-Didaktiken vorgelegt haben[5]. Daran anknüpfend soll im Folgenden erörtert werden, wie

---

1   Vgl. etwa Mittelalter zwischen Politik und Kultur. Perspektiven einer kulturwissenschaftlichen Erweiterung der Mittelalter-Didaktik, hg. von Wolfgang HASBERG und Manfred SEIDENFUSS (Bayerische Studien zur Geschichtsdidaktik 6), Neuried 2003.

2   Uwe UFFELMANN, Das Mittelalter im historischen Unterricht, Düsseldorf 1978.

3   Dem Anliegen, den Stellenwert des Mittelalters im Geschichtsunterricht zu stärken, diente nicht zuletzt der auf das Engagement von Rolf Ballof zurückgehende Kongress des Geschichtslehrerverbandes in Quedlinburg 1999, von dem aber nur ein Teil der Sektionen veröffentlicht wurde: Geschichte des Mittelalters für unsere Zeit. Erträge des Kongresses des Verbandes der Geschichtslehrer Deutschlands „Geschichte des Mittelalters im Geschichtsunterricht", Quedlinburg 20.–23. Oktober 1999, hg. von Rolf BALLOF, Stuttgart 2003. Manche Kritik an dem Band ist deshalb nicht zuletzt darauf zurückzuführen, dass er nicht mehr die ganze Tagung und deren Intentionen widerzuspiegeln vermochte.

4   Vgl. Mittelalter und Geschichtsdidaktik. Zum Stand einer Didaktik des Mittelalters, hg. von Wolfgang HASBERG und Uwe UFFELMANN, Neuried 2002; Manfred SEIDENFUSS – Uwe UFFELMANN, Stand und Perspektiven einer Didaktik des Mittelalters, in: Mittelalter zwischen Politik und Kultur (Anm. 1) S. 23–44.

5   Vgl. Thomas Martin BUCK, Mittelalter und Moderne. Plädoyer für eine qualitative Erneuerung des Mittelalter-Unterrichts an der Schule (Forum Historisches Lernen), Schwal-

eine Fachmediävistik „zwischen Vorstellung und Wirklichkeit" auf die Aktualität
des Mittelalters in der Geschichtskultur[6] (und die gleichzeitige Vernachlässigung
der Epoche im Bildungssektor) reagieren kann und sollte. Es versteht sich von
selbst, dass die folgenden Überlegungen lediglich die Perspektive *eines* Fach-
wissenschaftlers bieten, die noch breite Spielräume für andere Ansichten lässt.
Um nicht lediglich zu wiederholen, was bereits andernorts über „Vorstellung
und Wirklichkeit"[7], „Aktualität des Mittelalters"[8] und Perspektiven der Mittelal-

bach/Ts. 2008. Allgemein zur Geschichtsdidaktik zuletzt: Wolfgang HASBERG, Didaktik
der Geschichte. Eine Einführung (im Druck).

6   In den wichtigen Arbeiten zur heutigen Geschichtskultur wird das Mittelalter meist ausgeklammert. Vgl. aber den Überblick von Bea LUNDT, Das ferne Mittelalter in der Geschichtskultur, in: Geschichtskultur. Die Anwesenheit von Vergangenheit in der Gegenwart, hg. von Vadim OSWALT und Hans-Jürgen PANDEL (Forum Historisches Lernen),
Schwalbach/Ts. 2009, S. 225–236. Eine Langfassung erscheint in: Handbuch der Geschichtskultur, hg. von Hans-Jürgen PANDEL (im Druck).

7   Ich nenne nur einige Aufsätze: Hans-Werner GOETZ, „Vorstellungsgeschichte": Menschliche Vorstellungen und Meinungen als Dimension der Vergangenheit. Bemerkungen zu
einem jüngeren Arbeitsfeld der Geschichtswissenschaft als Beitrag zu einer Methodik der
Quellenauswertung, in: Archiv für Kulturgeschichte 61 (1979, erschienen 1982) S. 253–
271; DERS., „Konstruktion der Vergangenheit". Geschichtsbewusstsein und „Fiktionalität"
in der hochmittelalterlichen Chronistik, dargestellt am Beispiel der Annales Palidenses, in:
Von Fakten und Fiktionen. Mittelalterliche Geschichtsdarstellungen und ihre kritische Aufarbeitung, hg. von Johannes LAUDAGE, Köln – Weimar – Wien 2003, S. 225–257; DERS.,
Vorstellungen und Wahrnehmungen mittelalterlicher Zeitzeugen. Neue Fragen an die
mittelalterliche Historiografie, in: Mittelalter zwischen Politik und Kultur (Anm. 1) S. 45–
57; DERS., Wahrnehmungs- und Deutungsmuster als methodisches Problem der Geschichtswissenschaft, in: Wahrnehmungs- und Deutungsmuster im europäischen Mittelalter,
hg. von Hartmut BLEUMER und Steffen PATZOLD (Das Mittelalter. Perspektiven mediävistischer Forschung 8), Berlin 2003, S. 23–33; DERS., Textualität, Fiktionalität, Konzeptio-
nalität. Geschichtswissenschaftliche Anmerkungen zur Vorstellungswelt mittelalterlicher
Geschichtsschreiber und zur Konstruktion ihrer Texte, in: Mittellateinisches Jahrbuch 41
(2006) S. 1–21. Vgl. DERS., Vorstellungsgeschichte. Gesammelte Schriften zu Wahrnehmungen, Deutungen und Vorstellungen im Mittelalter, hg. von Anna AURAST, Simon
ELLING, Bele FREUDENBERG, Anja LUTZ und Steffen PATZOLD, Bochum 2007. In diesen
Band sind auch einige der genannten Aufsätze aufgenommen.

8   Vgl. DERS., Das Mittelalter – eine „endliche Geschichte"? Ein Essay über den Stellenwert
und die Ausrichtung der Mediävistik in Geschichtswissenschaft und Gesellschaft, in: Von
Utopie und Aufbruch. Perspektiven einer neuen Gesellschaftsgeschichte des Mittelalters.
Für und mit Ferdinand Seibt aus Anlass seines 65. Geburtstags, Köln – Weimar – Wien
1992, S. 3–16; DERS., Umberto Eco und das Interesse am Mittelalter: Zum Umgang der
Mediävistik mit historischen Romanen und populären Mittelalterbildern, in: Ecos Echos.
Das Werk Umberto Ecos: Dimensionen, Rezeptionen, Kritiken, hg. von Tom KINDT und
Hans-Harald MÜLLER, München 2000, S. 37–52; DERS., Einführung: Gegenwart des
Mittelalters und Aktualität der Mittelalterforschung, in: Die Aktualität des Mittelalters.
Neue Ansätze in der mediävistischen Geschichtswissenschaft, hg. von Hans-Werner GOETZ
(Herausforderungen. Historisch-politische Analysen 10), Bochum 2000, S. 7–23.

terforschung[9] veröffentlicht wurde, konzentriere ich meine Bemerkungen eng auf das Konzept der diesem Band zugrunde liegenden Tagung und auf die jüngsten didaktischen Mittelalterkonzepte und setze Indizien und Argumente im Einzelnen als bekannt voraus.

2.   Mittelalter(-Forschung) zwischen Vorstellung und Wirklichkeit

Um Missverständnissen vorzubeugen, möchte ich, der ich mich in meinen Forschungen vorrangig mit einer Geschichte der *mittelalterlichen* Vorstellungen befasst habe, vorab noch einmal betonen, dass die Vorstellungen Teil (aus meiner Sicht sogar: wesentlicher Teil) der „Realität" sind, zumal sie auch das Handeln prägen. Nach allen Diskussionen über den „linguistic turn" lassen sich „Vorstellung" und „Wirklichkeit" nicht mehr einfach gegenüber- oder gar gegeneinanderstellen. Hingegen ist das hier betrachtete „Mittelalter zwischen Vorstellung und Wirklichkeit", genauer gefasst, vielmehr ein Mittelalter zwischen *heutiger* Vorstellung und *damaliger* Wirklichkeit. Dieses Verhältnis ist tatsächlich zentral für den heutigen Stellenwert des Mittelalters[10]. Es gibt aber eben auch damalige Vorstellungen! Mit diesem Band werden in Gegenwart und Ver-

---

9   Vgl. DERS., Moderne Mediävistik. Stand und Perspektiven der Mittelalterforschung, Darmstadt 1999; DERS., Moderne Mediävistik – Methoden und Inhalte heutiger Mittelalterforschung, in: Geschichte. Ein Grundkurs, hg. von Hans-Jürgen GOERTZ, 3., rev. und erw. Aufl., Reinbek bei Hamburg 2007, S. 325–339; DERS., Les tendances récentes de l'histoire médiévale en Allemagne. Recherches actuelles, thèses récentes, situation universitaire et politique, in: Mission Historique Française en Allemagne. Bulletin 38, 2002, S. 95–114; DERS., Geschichtswissenschaft und Geschichtsbewusstsein: Gegenwärtige Tendenzen der Mediävistik, in: Geschichte des Mittelalters für unsere Zeit (Anm. 3) S. 265–278; DERS., Die Aktualität des Mittelalters und die ‚Modernität' der Mediävistik, in: DERS., Mediävistik im 21. Jahrhundert. Stand und Perspektiven der internationalen und interdisziplinären Mittelalterforschung, hg. von Jörg JARNUT (MittelalterStudien des Instituts zur Interdisziplinären Erforschung des Mittelalters und seines Nachwirkens 1), München 2003, S. 11–18; DERS., „Perspektiven" deutscher Mediävistik. Zum „Trend" geschichtswissenschaftlicher Nachwuchsarbeiten der letzten zehn Jahre, in: Der Körper. Realpräsenz und symbolische Ordnung, hg. von Karina KELLERMANN (Das Mittelalter. Perspektiven mediävistischer Forschung 8), Berlin 2003, S. 142–150; DERS., La recherche allemande en histoire médiévale au XXᵉ siècle: évolutions, positions, tendances, in: Cahiers de civilisation médiévale 48 (2005) S. 129–140; DERS., Historical Studies on the Middle Ages in Germany: Tradition, Current Trends, and Perspectives, in: The State of Medieval Studies, hg. von C. Stephen JAEGER (= Journal of English and Germanic Philology 105/1, 2006) S. 207–230.

10 Ich selbst habe die Mediävistik als einen „Dialog zwischen dem Mittelalter und der Gegenwart" bezeichnet: GOETZ, Moderne Mediävistik (Anm. 9) S. 33.

gangenheit daher nicht nur verschiedene Zeit-, sondern auch unterschiedliche Bezugsebenen verglichen (Vorstellung hier, Realität dort), die sich jeweils *auch* synchron gegenüberstellen ließen. Dessen sollten wir uns bewusst bleiben. Über die Aktualität des Mittelalters nachzudenken, betont zwangsläufig den ersten Aspekt (die heutigen Vorstellungen), darf aber gerade aus geschichtswissenschaftlicher Perspektive den *historischen* Aspekt der modernen Vorstellungen, sozusagen als Beitrag der Geschichtswissenschaft, nicht vernachlässigen. Darauf ist noch zurückzukommen.

Wenn in diesem Band nun das „Mittelalter *zwischen* Vorstellung und Wirklichkeit" und in diesem Beitrag die Position der Mittelalterforschung darin behandelt wird, dann ist in dieser Formulierung zum einen, gegen manche Behauptungen, anerkannt – und das finde ich ausgesprochen wichtig –, *dass* es eine Wirklichkeit des Mittelalters gibt bzw. gegeben hat, auch wenn *wir* sie uns nur noch verbildlichend vorstellen können. Zum anderen ist damit aber (zu Recht) klar ausgedrückt, dass wir immer nur „Mittelalterbilder" produzieren (können) oder solche beim Denken und Handeln bereits voraussetzen, weil sich Wissen um das Mittelalter stets mit eigenen (zeitgenössischen) Vorstellungen (und manchmal auch Wunschdenken) und mit eigenen (zeitgenössischen) Interessen verknüpft und wir letztlich nicht das Mittelalter (geistig) rekonstruieren, sondern Mittelaltervorstellungen konstruieren. Insofern ist es völlig richtig, wenn Otto Gerhard Oexle hervorhebt, dass Mittelalterbilder weniger Aussagen über das Mittelalter als über die Moderne sind[11]. Jedes Geschichtsbewusstsein, auch das fachwissenschaftliche, ist dieser Diskrepanz ausgesetzt. Auch wissenschaftliche Mittelalterbilder können sie nicht beseitigen und stehen folglich *zwischen* (moderner) Vorstellung und (mittelalterlicher) Wirklichkeit. Hier liegt ein im Prinzip unüberwindliches Problem, weil eine „Geschichtswissenschaft zwischen Vorstellung und Wirklichkeit" durch ihre Gegenwartsbindung selbst anfällig gegenüber (modernen) Fehlinterpretationen ist, weniger gegenüber bewusst reflektierten und am Quellentext geprüften als gegenüber unbewusst in die Interpretation hineingetragenen Deutungen und Folgerungen. Die Geschichtswissenschaft kann daher zumeist leicht erkennen, wie unhaltbar nichtwissenschaftliche Geschichtsbilder sind, tut sich aber ungleich schwerer damit, auch die eigenen kritisch zu hinterfragen. Sie erkennt mühelos die der Abhängigkeit vom Zeitgeist geschuldeten Fehldeutungen früherer Forschergenerationen, nicht aber die eigenen. Der Gegenwartsbezug der Mediävistik schließt eine völlige „wissenschaftliche Wertfreiheit" daher von vornherein aus. Er bewirkt andererseits aber erst

---

11 Otto Gerhard OEXLE, Das „entzweite" Mittelalter, in: Die Deutschen und ihr Mittelalter. Themen und Funktionen moderner Geschichtsbilder vom Mittelalter, hg. von Gerd ALTHOFF, Darmstadt 1992, S. 7–28, hier S. 12.

den engen Zusammenhang zwischen Mittelalterbildern und Mittelalteraktualität. Auch dessen müssen sich Historiker/innen bewusst bleiben.

Gleichwohl kommt die wissenschaftliche Vorstellung vom Mittelalter der Realität in vielem weit näher als die außerwissenschaftliche, weil sie erstens ihrer Intention nach stets ein Versuch ist, *das* (vergangene) Mittelalter zu erfassen (darauf müssen außerwissenschaftliche Geschichtsbilder keinerlei Rücksicht nehmen), weil sie zweitens nicht gegen die Quellenzeugnisse agieren darf, also gewissermaßen von den Quellen als mittelalterlichen Zeitzeugen „kontrolliert" wird, und weil ihr Mittelalterbild drittens in ausführlicher fachwissenschaftlicher Diskussion geläutert, präzisiert und reflektiert wird. Das wissenschaftliche Gewissen schafft gewiss keine Gewähr für historische Wahrheit, aber es begrenzt doch die Verformbarkeit des überlieferten Wissens und gewährleistet immerhin, dass wissenschaftliche Mittelalterbilder um ein Vielfaches begründeter erscheinen als vor- und außerwissenschaftliche. Deshalb bleiben wissenschaftliche Geschichtsbilder ein Maßstab, an dem jene zu messen sind.

Aus heutiger Sicht erscheint das Verhältnis von Realität und Vorstellung freilich noch weit komplizierter, weil unsere Quellen selbst weit davon entfernt sind, die Wirklichkeit widerzuspiegeln, sondern ihrerseits bereits subjektive Bilder der eigenen Gegenwart oder der (in der Regel nahen) Vergangenheit darbieten. Die Geschichtswissenschaft konstruiert demnach moderne Mittelalterbilder aus Quellen, die selbst nichts anderes als manifest gewordene Vorstellungen bieten[12]. Daraus lässt sich allerdings auch folgern, dass unsere wissenschaftlichen Mittelalterbilder, so sehr sie sich auch von der damaligen Realität unterscheiden mögen, ihr nicht selten sogar näher kommen können als die Perspektive der mittelalterlichen Autoren, die tatsächlich jeweils nur einen sehr begrenzten Einblick besaßen. (Wir selbst erfassen unsere eigene Lebenswelt ja ebenfalls nur ausschnittweise.) Darüber hinaus sind Vorstellungen selbst ein komplexes System und keineswegs identisch mit dem Wissen. Wenn Johannes Fried zu Recht die Erinnerungsfähigkeit unserer Quellenautoren bezweifelt[13], wenn also bereits ihr erinnertes Wissen – und nicht erst bewusste (Ver-)Fälschungen – die Realität „verformen", so sind unsere Quellen daher nichtsdestotrotz verlässlicher Ausdruck ihrer eigenen Vorstellungen, die sich in der Darstellung niederschlagen. Auf dieser Ebene – von Vorstellung zu Vorstellung – ist folglich sogar ein unmittelbarerer Dialog mit den Quellen möglich als bei der immer noch vorherrschenden Frage nach Verformung und Realität.

---

12 Diese Tatsache mag zugleich die Relevanz meines eigenen Forschungsansatzes einer „Vorstellungsgeschichte" bekräftigen, denn *ohne* deren Erforschung gelangen wir gar nicht mehr an die faktischen „Wirklichkeiten".

13 Vgl. Johannes FRIED, Der Schleier der Erinnerung. Grundzüge einer historischen Memorik, München 2004.

Wichtig ist mir aber auch eine zweite Folgerung, dass wir nämlich trotz aller Komplikationen die *Vorstellungen* vom Mittelalter nicht verabsolutieren dürfen. Wenn wir nämlich folgern, wie es häufig geschieht, dass es eine mittelalterliche Realität gar nicht gibt, dass „Geschichte" nicht Vergangenheit, sondern das „Wissen von der Vergangenheit"[14] oder „gegenwärtiges Nachdenken über Vergangenes"[15] ist, verlieren wir den Maßstab, unsere eigenen Mittelalterbilder (immer wieder neu) zu kontrollieren. Daher muss eine solche Teilerfassung, nach Fragestellung, Interesse und betrachtetem Ausschnitt jeweils begrenzt, das Ziel wissenschaftlicher Mittelalterforschung bleiben, auch wenn wir die damalige Wirklichkeit niemals ganz erfassen können.

3.   Eine Epoche zwischen Vernachlässigung und Faszination: die Aktualität des Mittelalters und die Situation der Mediävistik

Vor diesem Hintergrund ist nun nach der Aktualität des Mittelalters zu fragen, die ja engstens mit unseren Mittelalterbildern zusammen-, ja gnadenlos davon abhängt. In der Einschätzung der Ausgangslage im Bildungssektor besteht wohl weitgehend Einigkeit, dass das Mittelalter nämlich seine frühere Bedeutung verloren hat und immer weiter zurückgedrängt wird[16]. Mediävisten sollten darüber allerdings nicht nur klagen, sondern dagegen anwirken.

Hintergrund dieser Situation ist eine Umwertung im gesellschaftlichen Stellenwert der Wissenschaften. Zum einen ist Wissenschaft an sich heute längst nicht mehr der entscheidende Wert, zum andern wird ihre Bedeutung zunehmend an ihren praktischen Nutzen gebunden. Daraus resultiert zum Dritten eine Verschiebung der Hierarchieskala von den Geisteswissenschaften zu den so genannten angewandten Wissenschaften (als ob man Geisteswissenschaften nicht auch immer und überall „anwenden" könnte; ihre Ergebnisse lassen sich lediglich nicht einfach praktisch umsetzen) oder zu den „Lebenswissenschaften" (*Life Sciences*)[17], nämlich, wie Peter Strohschneider es kürzlich in einem Vortrag ausgedrückt hat, eine Abkehr vom gesellschaftlichen Deutungsprimat der Geis-

---

14   Vgl. die Zusammenstellung dieser Positionen bei Buck, Mittelalter und Moderne (Anm. 5) S. 52 und S. 85.

15   Vgl. ebd. S. 146, mit Berufung auf Klaus Bergmann.

16   Zur Situation der Mediävistik als Mittelalterforschung sei auf das Dossier des Mediävistenverbandes verwiesen: Hans-Werner Goetz, Dossier zur Situation der Mediävistik in Deutschland, in: Das Mittelalter. Perspektiven mediävistischer Forschung 12 (2007) S. 161–179.

17   So Peter Johanek, Mittelalterforschung in Deutschland um 2000, in: Mediävistik im 21. Jahrhundert (Anm. 9) S. 21–33, hier S. 22.

teswissenschaften[18]. Zwar wird man meines Erachtens zur Zeit nicht mehr unbedingt von einer bewussten Benachteiligung der Geisteswissenschaften sprechen können – das „Jahr der Geisteswissenschaften" hat vielleicht doch etwas bewirkt bzw. ist es bereits einem Umdenken entsprungen –, sind im Gegenteil seitens der Politik, der Stiftungen und der entsprechenden Organe (Wissenschaftsrat) die Gefahren erkannt und entsprechende Programme geschaffen worden. Das ändert aber nichts an der Tatsache, dass Geisteswissenschaften nicht mehr die frühere Wertschätzung genießen und dass die Umsetzung wissenschaftspolitischer Maßnahmen die Geisteswissenschaften oft benachteiligt. (Vielleicht öffnet uns ja die bevorstehende Wirtschaftskrise die Augen dafür, dass auch „anwendbare" Wissenschaften keinerlei Gewähr für Erfolg bieten, und beschert dem „Geist" gegenüber dem „Geld" wieder mehr Achtung.)

Viertens schließlich – und damit komme ich zu unserem eigentlichen Anliegen – haben innerhalb der Geisteswissenschaften die älteren Epochen deutlich an Relevanz verloren. Das wirkt sich auf den Bildungsbereich aus. Denn nicht nur in den Lehrplänen der Schulen, sondern auch in den neuen Studiengängen an den Universitäten wird der Mittelalteranteil oftmals deutlich heruntergefahren und zählt mancherorts sogar nicht mehr zu den Pflichtelementen eines Geschichtsstudiums. Schlimmer noch: Verzichtet man im B.A.-Studium auf Lateinkenntnisse (und das ist leider häufig der Fall), so werden sich bei dem engen Zeitrahmen kaum mehr Master-Studierende finden, die einen mediävistischen Schwerpunkt wählen, für den sie Latein bei knapp bemessener Studiendauer erst nachlernen oder auffrischen müssten. In einigen Jahren könnte die Mediävistik in Deutschland daher ein ‚Orchideenfach' weniger Enthusiasten werden (und in manchen Fächern ist sie es bereits). Hinter solchen Bedrohungen muss man nicht gleich eine Verschwörung vermuten. Wenn sowohl in der Schule als auch in den Hochschulen (unter dem Zwang der neuen Studiengänge) aber Geschichtsanteile reduziert werden *müssen*, dann tut man sich erheblich leichter damit, den Anteil der älteren Epochen zu verkürzen als den der Moderne. Die Auswirkungen solcher Maßnahmen, ob sie dem Mittelalter nun bewusst oder unbewusst schaden, sind freilich dieselben.

Das wiederum resultiert eben aus der Tatsache, dass das Mittelalter seit der Mitte des 20. Jahrhunderts im heutigen Geschichtsbewusstsein keinen wichtigen Faktor mehr darstellt. Das begründet sich nicht zuletzt – für Mediävisten durchaus unbehaglich – aus dem zumindest in Deutschland seit dem Ende des Nationalsozialismus und der Katastrophe des Zweiten Weltkriegs verdrängten Natio-

---

18 Peter STROHSCHNEIDER, Mediävistiken und Wissenschaftssystem (Vortrag auf dem Bamberger Kongress des Mediävistenverbandes am 02.03.2009).

nalbewusstsein, an dem sich die Mediävistik weidlich beteiligt hatte[19]. (Ganz anders verhält sich das in Ost- und Südosteuropa[20]. Dort, wie beispielsweise in Ungarn, greift man heute mit Vorliebe auf das Mittelalter als – erneut freilich nationale – Identifikationsepoche zurück, und zwar zwangsläufig, da sich dazu weder die kommunistische noch die Habsburger Epoche anbieten. Arpad und Stephan sind daher willkommene Idole, die weit hinter Habsburg in das Mittelalter zurückgreifen.) Da es nicht unbedingt unser dringendes Bedürfnis sein kann, den Nationalismus in der Welt wiederzubeleben, gilt es, das Mittelalter von anderen Perspektiven als der politischen her wieder stärker im Geschichtsbewusstsein zu verankern[21]. Nur dann kann das Mittelalter wieder dauerhaft einen Stellenwert in unserer Gesellschaft zurückgewinnen.

In der jetzigen Situation aber kann die Relevanz des Mittelalters nicht mehr vorausgesetzt, sondern sie muss – immer wieder neu – erwiesen und begründet werden[22]. Frühere und heutige Aktualisierungen zeigen immerhin, dass ein Verlust des Mittelalters nicht zwangsläufig aus seiner immer größer werdenden zeitlichen Entfernung von der Gegenwart resultiert[23]. Aktualität ist daher grundsätzlich „herstellbar". Mediävisten müssen an der Verankerung des Mittelalters im Geschichtsbewusstsein mitarbeiten. Zu meinen, dass das Geschichtsbewusstsein maßgeblich von der Geschichtswissenschaft bestimmt würde, wäre allerdings eine fatale Selbstüberschätzung.

Die fachwissenschaftlichen Voraussetzungen für eine „Aktualisierung" des Mittelalters sind tatsächlich recht gut, da die Geschichtswissenschaft der letzten 50 Jahre mit den veränderten Interessen erhebliche Wandlungen durchgemacht hat. Obwohl es, wie schon angedeutet, an Versuchen einer Standortbestimmung

---

19 Es geht allerdings zu weit, wenn BUCK, Mittelalter und Moderne (Anm. 5) S. 32, den Verlust der Bedeutung des Mittelalters diesbezüglich der Schuld der Mediävisten wegen Missbrauchs und Perversion der Epoche im Dritten Reich zuschreibt. Die „Schuldfrage" ist entschieden komplexer.

20 Sprechende Beispiele dafür bietet der kürzlich erschienene Band einer Budapester Tagung: Gebrauch und Missbrauch des Mittelalters, 19.–21. Jahrhundert. Uses and Abuses of the Middle Ages, 19th–21st Century. Usages et Mésusages du Moyen Âge du XIXᵉ au XXIᵉ siècle, hg. von János M. BAK, Jörg JARNUT, Pierre MONNET und Bernd SCHNEIDMÜLLER (MittelalterStudien 17), München 2009.

21 Für die moderne Demokratie lässt sich nun einmal schlecht auf das Mittelalter berufen. „Europa" wäre vielleicht ein Ausweg (und manche, wie Michael Borgolte, arbeiten mit Vehemenz daran); vgl. Michael BORGOLTE, Vor dem Ende der Nationalgeschichten, in: Geschichte des Mittelalters für unsere Zeit (Anm. 3) S. 29–62. Auch der Europagedanke verknüpft sich aber kaum sinnfällig gerade mit dem Mittelalter, und der Wissenschaft fällt es letztlich schwer, ein Mittelalter in den heutigen Grenzen Europas zu rechtfertigen.

22 Vgl. GOETZ, Dossier (Anm. 16) S. 178f.; DERS., Aktualität des Mittelalters und die ‚Modernität' der Mediävistik, in: Mediävistik im 21. Jahrhundert (Anm. 9) S. 15; BUCK, Mittelalter und Moderne (Anm. 5) S. 29.

23 Das deutet BUCK, Mittelalter und Moderne (Anm. 5) S. 96, an.

gewiss nicht fehlt[24] – meine „Moderne Mediävistik" ist nur ein Beispiel, gegenüber den zahlreichen Sammelbänden allerdings einer der wenigen monographi-
schen Versuche –, ist die derzeitige Position der allgemeinen (und der darin
eingeschlossenen mediävistischen) Geschichtswissenschaft alles andere als klar
zu umreißen. Die zahlreichen Standortbestimmungen sind vielmehr, nicht zufällig, gerade aus der relativ schnellen Entwicklung und der daraus resultierenden
Verunsicherung der Geschichtswissenschaft erwachsen, die eine ganze Reihe
von Paradigmenwechseln (oder vielleicht auch nur Paradigmenerweiterungen)
erfahren hat: von einer primär politischen zu einer sozialgeschichtlichen Ausrichtung und hier von einer struktur- und institutionsgeleiteten zu einer gruppen-
und lebensformorientierten, *alle* Schichten und Gruppen (jeder Art) einschlie-
ßenden Sozialgeschichte (bei gleichzeitigem neuen Fokus auf Unterschichten
und Außenseiter, auf Andersdenkende und Andersgläubige sowie auf Frauen
und Kinder, die in einer politik- und strukturgeleiteten Geschichtsbetrachtung
zwangsläufig Randerscheinungen bleiben mussten), von hier aus weiter von einer auf Strukturen fixierten historischen Sozialwissenschaft zu einer Anthropo-
logisierung und von der früheren Männergeschichte zu einer Feminisierung bzw.
„Genderisierung" der Geschichte und schließlich zu einer kulturwissenschaftlich

---

24 Vgl. The Future of the Middle Ages. Medieval Literature in the 1990s, hg. von William
     D. PADEN, Gainsville u.a. 1994; The Past and Future of Medieval Studies, hg. von John
     VAN ENGEN (Notre Dame Conferences in Medieval Studies 4), Notre Dame 1994; Bilan
     et perspectives des études médiévales en Europe. Actes du premier Congrès européen
     d'Études Médiévales (Spoleto 27–29 mai 1993), hg. von Jacqueline HAMESSE (Textes et
     Études du Moyen Âge 3), Louvain-la-Neuve 1995; Modernes Mittelalter. Neue Bilder
     einer populären Epoche, hg. von Joachim HEINZLE, Frankfurt a.M. – Leipzig 1994;
     Historia a Debate: Medieval, hg. von Carlos BARROS, Santiago de Compostela 1995;
     Mittelalterforschung nach der Wende 1989, hg. von Michael BORGOLTE (Historische
     Zeitschrift, Beiheft 20), München 1995; DERS., Sozialgeschichte des Mittelalters. Eine
     Forschungsbilanz nach der deutschen Einheit (Historische Zeitschrift, Beiheft 22),
     München 1996; Stand und Perspektiven der Mittelalterforschung am Ende des 20.
     Jahrhunderts, hg. von Otto Gerhard OEXLE (Göttinger Gespräche zur Geschichts-
     wissenschaft 2), Göttingen 1996; Le Moyen Âge aujourd'hui. Trois regards contemporains
     sur le Moyen Âge: histoire, théologie, cinéma, hg. von Jacques LE GOFF und Guy
     LOBRICHON (Cahiers du Léopard d'Or 7), Paris 1998; GOETZ, Moderne Mediävistik
     (Anm. 9); Mittelalter: Neue Wege durch einen alten Kontinent, hg. von Jan-Dirk MÜLLER
     und Horst WENZEL, Stuttgart – Leipzig 1999; Alain GUERREAU, L'avenir d'un passé
     incertain. Quelle histoire du Moyen Âge au XXIᵉ siècle?, Paris 2001; Les tendances
     actuelles de l'histoire du Moyen Âge en France et en Allemagne, hg. von Jean-Claude
     SCHMITT und Otto Gerhard OEXLE (Histoire ancienne et médiévale 66), Paris 2003;
     Mediävistik im 21. Jahrhundert (Anm. 9); Die deutschsprachige Mediävistik im 20. Jahr-
     hundert, hg. von Peter MORAW und Rudolf SCHIEFFER (Vorträge und Forschungen 62),
     Ostfildern 2005; State of Medieval Studies (Anm. 9). Der Tagungsband des französischen
     Mediävistenverbandes (Paris 2007) zum Thema ist im Druck. Weitere eigene Arbeiten
     sind in Anm. 9 genannt.

orientierten Politik- und Sozialgeschichte und weiter zu einer diesen sozialgeschichtlichen Rahmen sprengenden historischen Kulturwissenschaft bzw. (mit
Wolfgang Hasberg und Manfred Seidenfuß) zu einer „kulturwissenschaftlichen
Erweiterung" der Geschichtsbetrachtung[25]. Hier fügt sich – nachträglich – eine
weitere Paradigmenvermehrung ein, nämlich von Ereignissen und Strukturen zu
deren Wahrnehmung durch die Zeitgenossen, zu menschlichen Vorstellungswelten und Mentalitäten (meinem eigenen Forschungsgebiet). Andere Paradigmenwechsel führten zu einer Ausweitung der vorher als Teilgebiete der Geschichte
verstandenen Betrachtungsfelder zu gezielt fokussierten, nun aber die gesamte
Geschichte erfassenden Perspektiven (etwa von der Sozial- zu einer „Gesellschaftsgeschichte", von der „Frauen-" zur „Geschlechtergeschichte", von der
„Kulturgeschichte" zur „Kulturwissenschaft"), ferner zu einer erneuten theoretischen Reflexion einer wieder „theoriebedürftig" gewordenen Geschichtswissenschaft sowie zur Suche nach immer neuen Methoden jenseits des „Historismus".
Das bedingte zugleich eine gewandelte Affinität zu anderen Wissenschaften, zunächst zu Soziologie und Politologie, dann zu Ethnologie und Anthropologie
und jetzt auch zu den Sprach- und Literaturwissenschaften. Das (noch nicht ab-
zusehende) Ergebnis dieses Prozesses ist, positiv gewendet (jedenfalls sehe ich
das positiv) eine nie zuvor gekannte Vielfalt an Themen, Perspektiven und Methoden, eine Offenheit gegenüber Neuem und eine Tendenz zu komplexen,
„globalgeschichtlichen" Betrachtungsweisen und Erklärungen historischer Prozesse, negativ gewendet aber auch eine Orientierungslosigkeit in all dieser komplexen Vielfalt. Das ist die Ausgangslage.

Wenn die Aktualität des Mittelalters nun nicht (mehr) aus der Epoche selbst
erwächst, sondern aus deren heutigen Stellenwert, wie Thomas Martin Buck zu
Recht betont und seinem Unterrichtskonzept zugrunde legt[26], dann sieht sich die
Mediävistik selbst gezwungen, ihre Funktion in der Gesellschaft zu legitimieren,
indem sie ihrerseits die Aktualität des Mittelalters aufweist (die, wissenschaftlich
gesehen, sicherlich nicht in „Schauturnieren" und „Mittelalterfesten" zu suchen
ist). Tatsächlich ist die Aktualität der Mediävistik in den letzten fünfzehn Jahren
von fachwissenschaftlicher Seite (auch von mir selbst) vielfach „beschworen"
worden, allerdings zumeist unter der Frage: Was muss die Geschichtswissenschaft tun, um sich selbst „aktuell" zu halten[27], welche Anforderungen sind an

---

25 Mittelalter zwischen Politik und Kultur (Anm. 1).
26 BUCK, Mittelalter und Moderne (Anm. 5) S. 171. Vgl. bereits GOETZ, Die Aktualität des
    Mittelalters (Anm. 9) S. 17: „Die Modernität des Mittelalters [...] begründet sich nicht aus
    dem Mittelalter selbst, sondern aus dem Stellenwert, den die heutige Zeit dieser Epoche
    noch beizumessen geneigt ist, aus der Art und dem Umfang, mit denen wir Mediävisten
    aktuelle Fragen aufgreifen, und aus den Methoden, mit denen wir diese Fragen angehen".
27 Vgl. GOETZ, Einführung, in: Aktualität des Mittelalters (Anm. 8). Zur Diskussion DERS.,
    Moderne Mediävistik (Anm. 9) S. 54–64.

ein „Modernes Mittelalter"[28] und an eine „Moderne Mediävistik"[29] zu stellen?, weniger hingegen unter dem Aspekt der Relevanz des Mittelalters im heutigen Geschichtsbewusstsein. Doch auch hier ließ sich – noch apologetisch rechtfertigend – schon 1987 mit Ernst Voltmer feststellen: „Das Mittelalter ist noch nicht vorbei"[30], oder kürzlich (2008) mit Valentin Groebner – schon weit zuversichtlicher – konstatieren: „Das Mittelalter hört nicht auf"[31]. Das Mittelalter ist eben keine „endliche Geschichte"[32]. Solche Aussagen gelten – auch darüber besteht Einigkeit – natürlich nicht im Hinblick auf die Epoche des Mittelalters, die eindeutig der Vergangenheit angehört[33] (und hinter der beliebten, kaum je wirklich auf das Mittelalter bezogenen Wendung „Das ist ja wie im Mittelalter" stehen zumeist nicht nur völlig falsche Vorstellungen von dieser Epoche, sondern steht vorab der Wunsch, altertümlich anmutende Relikte zu beseitigen); sie beziehen sich vielmehr auf deren Nachwirken in der (jeweiligen) Gegenwart[34]. Das Mittelalter hört nicht auf, *weil* (so Valentin Groebner)[35] bzw. *wenn und solange* es in unseren Köpfen ist. Da sich „Aktualität" (zwangsläufig) mit den Zeiten wandelt, „erfindet" sich das Mittelalter in seiner Relevanz immer wieder neu.

Wie kann nun die Mediävistik dazu beitragen? Erstens ist den Mittelalterbildern selbst Aufmerksamkeit zu schenken, weil sich in ihnen letztlich die Relevanz oder Nichtrelevanz des Mittelalters für unsere Zeit spiegelt (wenngleich sich darüber streiten lässt, ob dem Mittelalter-Verständnis eine noch größere Bedeutung zukommt als der Geschichte der Epoche selbst)[36]. Dabei muss es auch darum gehen, das (mit Otto Gerhard Oexle) „entzweite Mittelalter" (tatsächlich vielmehr: das „entzweite Mittelalter"-Bild)[37], das „finstere" auf der einen und das verklärte „helle" Mittelalter auf der anderen Seite, von dieser Polarität zu befreien und durch ein angemesseneres und differenzierteres Bild zu ersetzen, wie Gerd Althoff in einem Vortrag auf dem Bamberger Kongress des

---

28   Vgl. Modernes Mittelalter (Anm. 24).

29   Vgl. GOETZ, Moderne Mediävistik; Mediävistik im 21. Jahrhundert (beide Anm. 9).

30   Ernst VOLTMER, Das Mittelalter ist noch nicht vorbei ... Über die merkwürdige Wiederentdeckung einer längst vergangenen Zeit und die verschiedenen Wege, sich ein Bild davon zu machen, in: Ecos Rosenroman. Ein Kolloquium, hg. von Alfred HAVERKAMP und Alfred HEIT, München 1987, S. 185–228.

31   Valentin GROEBNER, Das Mittelalter hört nicht auf. Über historisches Erzählen, München 2008.

32   Vgl. Ferdinand SEIBT, Glanz und Elend des Mittelalters. Eine endliche Geschichte, Berlin 1987. Dazu GOETZ, Das Mittelalter – eine „endliche Geschichte"? (Anm. 8).

33   Vgl. BUCK, Mittelalter und Moderne (Anm. 5) S. 89, 408, 416. Vgl. ebd. S. 97: Nicht die Fakten, sondern die Perspektiven ändern sich.

34   Vgl. GOETZ, Aktualität des Mittelalters (Anm. 9) S. 14.

35   GROEBNER, Das Mittelalter hört nicht auf (Anm. 31) S. 167.

36   So BUCK, Mittelalter und Moderne (Anm. 5) S. 88ff.

37   Vgl. dazu OEXLE, Das „entzweite" Mittelalter (Anm. 11).

Mediävistenverbandes anlässlich des Tagungsthemas „Farbiges Mittelalter" kürzlich zu Recht betont hat: Das eine verdammt, das andere verklärt, aber beide messen an der Moderne[38].

Zweitens haben zwar viele moderne Phänomene ihre Wurzeln (auch) im Mittelalter – und man *muss* (historisch) der Vorgeschichte nachgehen, wenn man die Gegenwart richtig verstehen will –, hingegen hat die historische Entwicklung diese Anfänge inzwischen vielfach und oft bis zur Unkenntlichkeit gebrochen, so dass eine unmittelbare Nachwirkung des Mittelalters ohne fachliche Erläuterung nur noch selten zu erkennen ist und mit fortschreitender Zeit zwangsläufig noch weiter abnehmen wird: Der historische Wandel hat in der Geschichtswissenschaft daher von jeher eine mindestens ebenso große Rolle gespielt wie die Frage der Kontinuitäten. Folglich lässt sich die Aktualität des Mittelalters heute nicht mehr vorwiegend aus der Genese der Gegenwart *aus dem Mittelalter* begründen (auch wenn dieses für das Abendland immer noch eine Rolle spielt), sondern muss anderwärts gesucht werden.

Hier spielt bekanntlich drittens der *Alteritätsaspekt* eine große Rolle[39]. Das Mittelalter liefert uns, wo immer man hinschaut, Gegenbilder und Alternativmodelle zur Gegenwart[40], auch und gerade dort, wo man grundsätzlich Vergleichbares betrachtet: in politischen und sozialen Ordnungen und Strukturen ebenso wie in Verhaltens- und Denkweisen der Menschen. Entsprechende Vergleiche schärfen unser Bewusstsein.

Mit diesen drei Aktualitätsmomenten sind zugleich die potentiellen Leistungen und der Beitrag der Kenntnisse über das Mittelalter für unsere Zeit angesprochen. Viertens aber (und auch darin herrscht Einigkeit) ist, in auffälliger Diskrepanz zur bedrohlichen Zurückdrängung im primären Bildungssektor (Schulen und Universitäten), nach wie vor eine Faszination und ein Interesse breiter Bevölkerungsschichten am Mittelalter (oder sagen wir besser: an *bestimmten* Aspekten des Mittelalters) zu beobachten[41]. Die Indizien dafür sind so häufig zusammengetragen worden, dass sie hier nicht noch einmal wiederholt werden müssen. Man mag bezweifeln, ob man überhaupt (oder immer noch) von einem „Mittelalter-Boom" sprechen kann – Hartmut Boockmann hatte daran schon vor langer Zeit Zweifel geäußert[42] –; *dass* es ein öffentliches Interesse am

---

38 Gerd ALTHOFF, Finsteres Mittelalter?! – Überlegungen zur Dekonstruktion eines Klischees (Vortrag auf dem Bamberger Kongress des Mediävistenverbandes am 3. März 2009).

39 Vgl. BUCK, Mittelalter und Moderne (Anm. 5) S. 117ff., der daneben die Kriterien des Mittelalterbildes und des Mittelalters als nächstes Fremdes stellt (ebd. S. 113–121).

40 Diesen letzten Aspekt betont Strohschneider in dem oben (Anm. 18) zitierten Bamberger Vortrag, doch gilt das letztlich für die Geisteswissenschaften schlechthin und nicht spezifisch für die Mediävistik.

41 Vgl. BUCK, Mittelalter und Moderne (Anm. 5) S. 28.

42 Hartmut BOOCKMANN, Die Gegenwart des Mittelalters, Berlin 1988, S. 65.

Mittelalter gibt, ist allerdings kaum zu bestreiten. Die Fachwissenschaft sollte dieses Interesse nutzen. Sie selbst profitiert davon im sekundären Bildungssektor, indem die Verlage seit einiger Zeit ein unersättliches Verlangen nach allgemeinen, aber von Wissenschaftlern geschriebenen Büchern haben. Das ist zwar eine generelle, keineswegs spezifisch auf das Mittelalter bezogene Entwicklung, doch die Mediävistik ist daran maßgeblich beteiligt. Trotz solcher Bücher und historischer Ausstellungen ist das Interesse am Mittelalter vorab jedoch ein außerwissenschaftliches, das weit mehr durch eine kaum mehr überschaubare Flut an Mittelalterromanen, Filmen und Comics als durch Forschungsergebnisse geprägt ist, wie andere Beiträge dieses Bandes verdeutlichen. Die Mediävistik steht gegenüber solcher Beliebtheit des Mittelalters in der Öffentlichkeit allerdings in einem Zwiespalt, da sie das Interesse am Mittelalter ebenso sehr begrüßen wie schiefe Mittelalterbilder ablehnen muss. Es sei zudem betont, dass ein solches, eher auf das Fremdartige als auf die Epoche abzielendes Mittelalter*interesse* noch *nicht* zwangsläufig auch Ausdruck eines Geschichts*bewusstseins* ist: Wir beobachten heute die scheinbar paradoxe Situation, dass dem Mittelalter (oder was man dafür hält) ein großes allgemeines Interesse entgegengebracht wird, während es im Geschichtsbewusstsein nur noch mangelhaft verankert zu sein scheint.

Man sollte das Interesse am Mittelalter, trotz seiner Bedeutung, daher nicht überbewerten. Die Relevanz des Mittelalters resultiert insgesamt aus vielen (potentiellen) Faktoren, und wir sollten uns hüten, das nur an ganz bestimmten Aspekten festzumachen. Sie hängt zwar immer auch von einem allgemeinen Interesse am Mittelalter ab, doch sollte das Mittelalter auch dann noch für uns interessant bleiben, wenn es keinen „Mittelalter-Boom" des öffentlichen Interesses gibt oder gäbe. Die Mediävistik als Fachwissenschaft darf sich daher nicht einfach an einem allgemeinen Interesse orientieren, sondern sollte dieses lenken, sich nicht darauf beschränken zuzusehen, wie die Bedeutung ihres Fachs mit Mittelalterkonjunkturen und Mittelalterrezessionen steigt und fällt, sondern diese Aktualität stetig (und ständig neu) verdeutlichen (und sie tut das auch). Die Forschung selbst wandelt sich ja ebenfalls dauernd aus den veränderten Interessen heraus – und das sollte man weder unterschätzen noch von dem allgemeinen Geschichtsbewusstsein abkoppeln –, indem sie neue Fragen stellt, die sie auf neuen Wegen angeht[43], und indem sie neue Perspektiven und Deutungen entwickelt (bis hin zu Versuchen eines „Mittelalters im Labor")[44]. Von einer „Mit-

---

43 Vgl. GOETZ, Geschichtswissenschaft und Geschichtsbewusstsein, in: Geschichte des Mittelalters für unsere Zeit (Anm. 3) S. 264f., 272ff.

44 So hat das DFG-Schwerpunktprogramm „Integration und Desintegration der Kulturen im europäischen Mittelalter" seinen ersten Sammelband betitelt: Mittelalter im Labor. Die Mediävistik testet Wege zu einer transkulturellen Europawissenschaft, hg. von Michael

telalterforschung in der sich ständig wandelnden Moderne" hat Otto Gerhard
Oexle gesprochen[45]. Anders ausgedrückt: Mittelalterforschung ist per se so lange
„aktuell", wie sie insgesamt zeitgemäße Fragen stellt.

Die Aktualität der derzeitigen Mediävistik wird man zum einen in den kulturwissenschaftlichen Perspektiven, zum andern aber gerade auch in der unge-
heuren Methoden- und Theorienvielfalt der heutigen Geschichtswissenschaft sehen dürfen, die in dieser Hinsicht alles bisher Dagewesene übertrifft. Diese
Vielfalt verleiht der Mediävistik bzw. ihren Ergebnissen (und damit den Kennt-
nissen über das Mittelalter) tatsächlich vielfältige (potentielle) Anwendungsmög-
lichkeiten, Aktuelles aufzugreifen, sich an heutigen Diskussionen zu beteiligen
und vom Forschungsstand her auf aktuelle (oder plötzlich aktuell werdende)
Fragen zu reagieren. Die zunehmende interdisziplinäre Verschränkung einerseits,
die wachsende räumliche Verschränkung durch „globale" an Stelle nationaler
Perspektiven und die enorm gewachsene Internationalisierung der Wissenschaft
andererseits bieten hier weitere Chancen[46].

4.   Mediävistik und die Epoche des Mittelalters:
Fachwissenschaftliche Grenzen der Aktualisierungen

Die Frage, was „das Mittelalter" bzw., besser formuliert, was solide Mittelalter-
kenntnisse für die Gegenwart leisten können und was die Geschichtswissenschaft leisten muss, um diesem Beitrag des Mittelalters gerecht zu werden, ist
damit auf einer allgemeinen Ebene beantwortet. Im Folgenden ist aber noch etwas intensiver zu diskutieren, *wie* Wissenschaft, Studium und Unterricht ausgerichtet sein müssen, um die angesprochenen Ziele auch zu erreichen. Dabei
möchte ich betonen, dass ich Geschichtsunterricht und Geschichtsstudium in ihren Zielen (nicht in ihrer Methodik) als durchaus parallel gerichtet betrachte.
Gewiss dient der Schulunterricht stärker der Allgemeinbildung, das Studium der
Fachausbildung, der Unterricht mehr dem Einblick in die Epoche, das Studium
der intensiveren Beschäftigung damit, ist der Unterricht eher lernend, das Studium in den Geisteswissenschaften immer auch forschend angelegt (aber auch
solche Abgrenzungen sind relativ zu sehen). Die Themen wie auch die Kriterien
und Perspektiven sollten jedenfalls in die gleiche Richtung zielen, gerade indem

BORGOLTE, Juliane SCHIEL, Bernd SCHNEIDMÜLLER und Annette SEITZ (Europa im Mittelalter 10), Berlin 2008.
45   Otto Gerhard OEXLE, Mittelalterforschung in der sich ständig wandelnden Moderne, in:
Mediävistik im 21. Jahrhundert (Anm. 9) S. 227–252.
46   Die unterschiedlichen Traditionen in Deutschland und Frankreich und ihre Überwindung
verdeutlicht der Sammelband Tendances actuelles (Anm. 24).

sie das Postulat der „Aktualität" und der Wissensvermittlung für die Gegenwart beachten.

Die Aufgabe der mediävistischen Geschichtswissenschaft besteht zunächst natürlich in fachwissenschaftlichen Analysen, die insgesamt zu einem methodisch geleiteten und überprüfbaren Wissen über das Mittelalter führen[47]. Ihre zweite Aufgabe ist die Vermittlung dieses Wissens über die Fachzirkel hinaus, die dritte die Kritik unangemessener Geschichtsbilder. Gerade weil sich Geschichtsbilder oft nicht nur weit von der (damaligen) „Wirklichkeit", sondern auch von dem jeweiligen Forschungsstand zum Mittelalter entfernen, kann und muss die Geschichtswissenschaft hier eingreifen, vor erkennbar falschen Vorstellungen warnen und unhaltbaren Klischees entgegenwirken. Sie muss sich gleichzeitig allerdings der diesbezüglichen Grenzen ihrer gegenwartskritischen Funktion bewusst bleiben, die ihr, wie schon oben betont, daraus erwachsen, dass sie selbst im Denken der Gegenwart verhaftet ist. Dieser Gegenwartsbindung verdankt sie auf der einen Seite überhaupt erst ihre „Aktualität", auf der anderen Seite aber einen unvermeidlichen Objektivitätsverlust. Dieser längst bekannte Sachverhalt ist nun auf die Folgerungen für die ersten beiden Aufgaben, Forschung und Wissensvermittlung, und deren Konsequenzen für den Geschichtsunterricht hin zu betrachten.

Ich meine – das ist meine erste Folgerung – dass die vorhin postulierte Vielfalt der heutigen Mittelalterforschung unbedingt beizubehalten ist[48] und nicht zugunsten bestimmter Kriterien aufgegeben werden darf, weil gerade sie flexibel auf Aktualitätsforderungen reagieren lässt. „Aktualität" lässt sich allenfalls sehr kurzfristig thematisch festlegen, weil gerade das jeweils Aktuelle sich dauernd wandelt (und journalistisch gesehen sogar rasend schnell wandelt). Man sollte daher auch nicht leichtfertig Themen als weniger aktuell ausschließen, etwa die Multireligiosität und Multikulturalität als gegenwartsrelevant, den „Staat" hingegen als ein antiquiertes, nicht aktuelles Thema erachten[49]. „Staat" und Politik werden, früher wie heute, immer wichtige Themen bleiben. Sie werden heute nur anders betrachtet! Nicht (oder jedenfalls nicht nur) das Thema entscheidet über die Aktualität, sondern (auch) die Betrachtungsweise[50]. Alles

---

47 Das gilt in dieser Form für alle Epochen (im Übrigen auch für das Mittelalter selbst, denn im Selbstverständnis wollte auch die mittelalterliche Geschichtsschreibung, der *wir* den Charakter einer Geschichtswissenschaft gern absprechen, nichts anderes leisten).

48 Die Vielfalt der Ansätze und Themen für die Schule betont auch BUCK, Mittelalter und Moderne (Anm. 5) S. 67–77.

49 Eine diesbezügliche Bemerkung findet sich im Protokoll des die Freiburger Tagung vorbereitenden Treffens.

50 Das zeigt nicht zuletzt gerade die jüngere deutsche, immer noch irgendwie politisch orientierte Mediävistik ebenso wie die französische, die, „Annales-emanzipiert", wieder

aber kann in jedem Augenblick (wieder) aktuell werden, alles lässt sich aktualisieren. Ich halte daher jede Festlegung auf bestimmte, aktuelle Themen für gefährlich, wie ich überhaupt jeden Kanon des zu Behandelnden, im Geschichtsstudium wie im Geschichtsunterricht, als fortschrittshemmend ansehe, da er der
Offenheit, die jede Wissenschaft braucht, um den sich wandelnden Interessen
gerecht zu werden, enge Grenzen setzt. (Das gilt im Übrigen auch für die Tendenz heutiger Universitätsleitungen, die Forschungsschwerpunkte ihrer Universität thematisch festzulegen.) Die Mediävistik würde (mit ihnen) sonst ebenso
schnell wieder unaktuell, denn Neues ist nicht zwingend auch dauerhaft. Die
Wissenschaft kann auf neue Herausforderungen und neue Aktualitäten daher nur
dann reagieren, wenn sie ihre Vielfalt und Offenheit bewahrt.

Das gilt im Prinzip auch für den Schulunterricht. Bei allem Verständnis dafür, dass Geschichtslehrer (die gerade in Bezug auf die Epoche des Mittelalters
oft mehr oder weniger unbedarft sind) Vorgaben brauchen und eine gewisse
Vergleichbarkeit des Geschichtsunterrichts zu gewährleisten ist, dürfen meiner
Meinung nach die Lehrpläne für die Schulen die sich bietenden Möglichkeiten
nicht allzu sehr einengen. Eine solche Forderung ist im Geschichtsunterricht sicherlich weit schwieriger durchzusetzen als in der (immer noch freien) Wissenschaft. Ich würde hier deshalb für Rahmenfestlegungen plädieren, die intern aber
noch hinreichend Spielräume lassen.

Meine zweite Folgerung betrifft die Kriterien der Stoffauswahl. Die Geschichtswissenschaft (wie auch der Geschichtsunterricht) können der vorhin beschriebenen Aufgabe, das Mittelalter – im Vergleich mit der Moderne – nutzbar
zu machen (und damit „aktuell" zu halten), nämlich nur dann genügen, wenn
die Mediävistik ihrer ersten und eigentlichen Aufgabe, der Erforschung der
Epoche des Mittelalters, sachgerecht nachkommt. Auch wenn die Wissenschaft
ebenfalls nur (rational begründete, aber letztlich konstruierte) Mittelalter*bilder*
generiert, darf das nicht zu einem Aufgeben der fachwissenschaftlichen Aufgabe
führen, möglichst mittelaltergemäße (moderne) Mittelalterbilder zu „konstruieren". Das Mittelalterbild ist vielleicht das einzige Mittelalter, das wir haben[51],
jedoch *nicht* das einzige, das es gibt, weil das Mittelalter immer auch eine Epoche bleibt. Historiker/innen „vermitteln" (geistig) zwischen den Zeiten. Alles
andere wäre ein Verzicht auf Wissenschaftlichkeit.

Gerade hier liegen aber die Gefahren der Aktualitätsforderung. Wer nach eigenen Interessen aus dem Mittelalter ausschließlich aktuell Erscheinendes her-
ausgreift, wird der *Epoche* des Mittelalters nie und nimmer gerecht und ent-
wertet damit zugleich den daraus abgeleiteten, notwendigen Vergleich mit der

---

verstärkt politischen Fragen, allerdings, noch unter dem Einfluss der „Annales", unter
anthropologischer Perspektive nachgeht.

51 So GROEBNER, Das Mittelalter hört nicht auf (Anm. 31) S. 167.

Gegenwart. Das Mittelalter dient der Befriedigung, nicht aber der Selbstbefriedigung der Gegenwart. Die Mediävistik darf also nicht einfach Modernes schon im Mittelalter auffinden und nachweisen wollen (und sie ist in dieser Gefahr, wenn sie ausschließlich aktuelle Sachverhalte bearbeitet). Sie muss ihre Fragen vielmehr in die andersgearteten, epochenspezifischen Bedingungen einordnen, muss also zum einen prüfen, ob ein heute interessanter Sachverhalt tatsächlich bereits im Mittelalter relevant war (was in den wenigsten Fällen der Fall gewesen sein dürfte) bzw. welche Rolle er damals spielte. Sie muss zum andern (und damit verbunden) die Mittelaltergemäßheit des (aktuellen) Themas prüfen und dieses in seiner zeitspezifischen Epochenbedingtheit analysieren. Das kann aber nur dann gelingen, wenn wir wissen, was „mittelaltergemäß" (oder „mittelaltertypisch") ist. Die Mediävistik darf sich folglich keinesfalls darauf beschränken, moderne Fragen an das Mittelalter zu stellen, sondern muss umgekehrt nach wie vor das *damals* Wichtige, mit Horst Fuhrmann: „das Mittelalterliche am Mittelalter"[52], im Blick behalten, um diese Vergangenheit mit der Gegenwart und mit der aktuellen Frage konfrontieren zu können. Nur dann ist ein echter Vergleich mit der Gegenwart – und das schließt einen abgrenzenden Vergleich ein – möglich und nur dann ist er sinnvoll: Wir gelangen doch erst dann zu einer Bewusstseinserweiterung, wenn wir die Alterität gegenüber der Moderne reflektieren, nicht aber, wenn wir feststellen, dass es im Mittelalter eigentlich auch schon so (oder ähnlich) gewesen sei. Gerade die Forderung nach Aktualität wie auch die Standortgebundenheit der Mediävistik erfordern daher eine vorherige mittelaltergemäße Erforschung der Epoche. Andernfalls gäbe es nichts zu vergleichen, verlöre die Mediävistik ihre kritische Funktion und ihre Relevanz.

Das schließt noch eine weitere Folgerung ein, dass ein solcher Vergleich mit der Moderne nämlich nicht unkritisch die Zeiten überspringen darf. Denn gerade die exemplarische Behandlung und der Vergleich mit der Moderne bergen die Gefahr eines Anachronismus, wenn nicht die jeweiligen Zeitumstände berücksichtigt werden. Ein geschichtswissenschaftliches Beispiel bietet die in letzter Zeit immer beliebter gewordene „Formel" des Mittelalters als eines „oralen Zeitalters" oder einer „oralen Gesellschaft", die, ohnehin von der Ethnologie inspiriert, den Vergleich mit modernen oralen Gesellschaften nahelegt. Das darf aber nicht dazu führen, in diesen ungeprüft die Erklärungen für die mittelalterlichen Zustände zu finden. Ganz abgesehen davon, dass das Mittelalter eine skriptorale Gesellschaft war und dass umgekehrt auch Schriftgesellschaften immer einen gehörigen Anteil an Oralität bewahren, ist Oralität, wie alle anderen Themen auch, selbstverständlich ebenfalls ein „historisches", sich wandelndes Phänomen und folglich wiederum in ihrer Zeitgemäßheit zu betrachten. An-

---

52 Horst FUHRMANN, Über das Mittelalterliche am Mittelalter (1977), in: DERS., Einladung ins Mittelalter, 4., durchges. Aufl., München 1989, S. 15–38.

dernfalls führt das zu Zirkelschlüssen. Nach all den fruchtbaren Forschungen über eine „nonverbale Kommunikation" durch Zeichen, Gesten und Rituale ist wohl kaum mehr zu bezweifeln, welche Rolle die „symbolische" Kommunikation im Mittelalter gespielt hat (und wenn dem so ist, fassen wir damit ein wesentliches, zeitspezifisches Kennzeichen). Doch wäre es verfehlt, das ungeprüft als Zeichen einer „oralen Gesellschaft" oder einer „archaischen" (eben noch nicht modernen) Gesellschaft zu werten. Vielmehr gilt es auch hier, jeweils die spezifisch mittelalterlichen Kennzeichen und Elemente herauszuarbeiten.

Wenn bei der Vielfalt der Aspekte sowohl der Geschichtsunterricht als auch das Geschichtsstudium heute nicht mehr chronologisch, sondern nur noch exemplarisch zu bewältigen sind, so ist daher doch gleichzeitig ein Gefühl für Chronologie und Wandlung zu vermitteln[53], um der Historizität der behandelten Sachverhalte gerecht zu werden und diese in ihre zeitlichen und strukturellen Kontexte einzuordnen. Dabei sollte man zugleich einer weiteren Gefahr, der eines einfachen Antagonismus von Gegenwart und Geschichte, entgehen. Auch wenn, wie schon gesagt, die Alteritätskomponente für den Vergleich mit der Gegenwart heute wichtiger geworden ist als die entwicklungsgeschichtliche Genese der Gegenwart aus dem Mittelalter, das uns tatsächlich in vielem „fremd" erscheint, und die Bedeutung der Kenntnis vom Mittelalter im konstruktiven *Vergleich* mit der Gegenwart liegt, erscheint mir die mögliche Folgerung, die Alterität des Mittelalters zum Maßstab zu nehmen, ebenfalls als zu einfach (und erneut auch: zu gefährlich). Ein Vergleich zwischen Moderne und Mittelalter bietet grundsätzlich beides: Alterität *und* Similarität. Darüber hinaus ist zu berücksichtigen, dass die tausend Jahre Mittelalter eben kein statisches, sondern (wie alle Geschichte) ein höchst dynamisches Zeitalter umfassen. Deshalb halte ich auch eine – zeitweise in der „Annales"-Historie und in der marxistischen Geschichtswissenschaft beliebte – Ausweitung des Mittelalters bis 1789[54] für die falsche Perspektive: Die Frühe Neuzeit ist unserer Gegenwart zwar ebenfalls entfremdet (als „Vormoderne"). Das macht sie aber noch nicht zum Mittelalter.

Mit diesem Plädoyer möchte ich diesen essayhaften, nicht auf systematische Abhandlung, sondern auf Diskussion ausgerichteten Beitrag beschließen. Das Fazit meiner Überlegungen lässt sich gemäß den beiden eingangs angesprochenen Zielsetzungen in zwei vermittelnden Thesen (oder Forderungen) bündeln, dass Geschichtswissenschaft wie Geschichtsunterricht erstens der Aktualitätsforderung unterliegen, diese aber hinsichtlich ihres Stellenwerts im Mittelalter prüfen und in das Mittelalterspezifische einordnen müssen. Mittelalterforschung *und* Mittelalterunterricht müssen sich sowohl – aktualitätsbewusst – an der Gegen-

---

53   Vgl. dazu BUCK, Mittelalter und Moderne (Anm. 5) S. 78ff.

54   Dafür plädiert BUCK, ebd. S. 80f.

wart[55] als auch – wissenschaftsbewusst – an der Vergangenheit, der Epoche des Mittelalters, ausrichten und gegenwartsrelevante Fragen mittelaltergemäß beantworten. Ein solches Vorgehen ist der Rezeption und Legitimation des Mittelalters gewiss nicht abträglich.

Die zweite These bezieht sich auf die Vorstellung vom Mittelalter: Unser „Mittelalter zwischen Vorstellung und Wirklichkeit" ist – geschichtswissenschaftlich – nur dann für die Gegenwart nutzbar, wenn weiterhin auch nach der Wirklichkeit gefragt und die „Vorstellung" nicht „verabsolutiert" wird. Das schließt gleichzeitig ein, dass die eigene „Vorstellung vom Mittelalter" ständig auf ihre Zeitgebundenheit hin zu hinterfragen ist. Die Diskrepanz *zwischen* Vorstellung und Wirklichkeit ist vielleicht ein essentielles, für die Geschichtswissenschaft zunächst aber ein methodisches Problem, das noch keineswegs gelöst ist. Die Mediävistik (wie auch der Geschichtsunterricht) sind Vermittler zwischen dem (als Epoche vergangenen) Mittelalter mit seinen Eigenarten und der Bedeutung dieses Mittelalters für die Gegenwart (auch wenn wir das tatsächlich jeweils nur an unseren Mittelalterbildern festmachen können). Nur wenn das beachtet wird, hat Mittelalterforschung und Mittelalterkenntnis (und damit auch Mittelaltervermittlung) einen Sinn.

Aus geschichtswissenschaftlicher Sicht sind diese Forderungen daher auch auf den Geschichtsunterricht anzuwenden, dessen Inhalte sich folglich nicht einseitig vom Schülerinteresse her bestimmen dürfen[56]. Man sollte hier vielmehr strikt zwischen einer (schülergemäßen) Vermittlung (für die Interesse äußerst wichtig ist) und den *Lehrinhalten* unterscheiden, die dieses Interesse nicht befriedigen, sondern erweitern sollen[57]. Weder das Schülerinteresse noch die Politik (in Form der Lehrpläne), sondern Stand und Perspektiven der Geschichts*wissenschaft* müssten daher letztlich auch den Geschichtsunterricht bestimmen. Eine sich weiterentwickelnde Geschichtswissenschaft repräsentiert schließlich auch die – sich wandelnden – Interessen der Gegenwart. Wohlgemerkt: die Geschichtswissenschaft, nicht die Historiker/innen sollten den Unterrichtsstoff bestimmen. Für Auswahl und Umsetzung ist hier vielmehr gerade die Geschichtsdidaktik als

---

55 Zu Recht betont BUCK, ebd. S. 30f., dass die Legitimation aus der Gegenwartspräsenz folgt. Es sei ergänzt, dass Mittelalterforschung und -unterricht „um der Gegenwart willen" nicht zwangsläufig auch „aus der Gegenwart heraus" bedeutet.

56 Vgl. dazu BUCK, ebd. S. 37ff., der der Fachwissenschaft eine determinierende Funktion abspricht, da der Ausgangspunkt die Schule ist.

57 Der gewiss interessante rezeptionsgeschichtliche Ansatz im Mittelalterunterricht an der Schule (vgl. BUCK, ebd. S. 131ff.) bietet einen guten Einstieg, aber vermittelt eben nicht Kenntnisse über das Mittelalter, sondern über die modernen Mittelalterbilder (die dann allzu leicht als „mittelalterliche" gedeutet werden können). Eine Korrektur dieser Mittelalterbilder ist aber wiederum nur vor dem Hintergrund eines Wissens über die Epoche möglich.

mediator zwischen Wissenschaft und Unterricht bzw. zwischen Wissenschaft und (allgemeiner) Geschichtskultur gefragt.

Bea Lundt

Vom europäischen zum globalen Mittelalter

Die Herausforderung des afrikanischen Mittelalters für den Unterricht

1. Einleitung

Ausgehend von einer Krise des Mittelalterunterrichts wird dafür plädiert, den über das Mittelalter vermittelten Themenkanon gründlich zu entrümpeln. Es gilt, die für die Moderne geführte Diskussion um globalgeschichtliche Perspektiven auf der Basis des Konzeptes hybrider Kulturen auf die vorkoloniale Zeit auszudehnen. Über die multireligiöse Verflochtenheit dreier Kontinente im Mittelalter gibt es aus den letzten Jahrzehnten breite, faszinierende Forschungsergebnisse, die noch nicht in ausreichendem Maße in die Schule zurückvermittelt worden sind. In Abgrenzung gegen den Begriff vom Mittelalter als dem „nächsten Fremden" wird diese Zeit als das „nächste Eigene" definiert. Das mittelalterliche Afrika ist im Alltag von Schülerinnen und Schülern keineswegs „fern", sondern durchaus gegenwärtig.

2. Eine ungenutzte Chance

Der Mittelalterunterricht steckt in einer Legitimationskrise. So hat 2007 Hans-Werner Goetz, der langjährige Vorsitzende des Mediävistenverbandes, die Folgen der Kürzungen im Bereich von Universität und Schule für die Arbeit an dieser Epoche beschrieben[1]. Innerhalb der Geschichtskultur, in Öffentlichkeit, Medien und Museen, ist das Mittelalter zwar weiterhin hochattraktiv und allgegenwärtig, doch tritt es in der Diskussion um historische Bildung in der Schule ganz hinter die letzten beiden Jahrhunderte zurück. Jugendliche sehen keinen Zusammenhang mehr zwischen dem Investiturstreit, dem Heiligen Römischen Reich und ihrer „eigenen Genese", worauf Bodo von Borries bereits 1999 auf einer als „Krisentagung"

---

[1] Hans-Werner GOETZ, Dossier zur Situation der Mediävistik in Deutschland, in: Das Mittelalter 12 (2007), Heft 1, S. 161–179. Kritisch dazu Thomas Martin BUCK, Geschichte des Mittelalters für unsere Zeit? Warum und für wen soll das Mittelalter eigentlich „gerettet" werden?, in: Zeitschrift für Geschichtsdidaktik (2007) S. 253–263.

verstandenen Veranstaltung zum Mittelalter im Schulunterricht hinwies[2]. Angesichts des Endes der alten Herkunftstopoi mit ihren rassistischen Untertönen sowie neuer „wichtiger zeithistorischer Themen mit hoher Orientierungswirkung"[3] sei „eine Herabstufung (ja partielle Austauschbarkeit) des Mittelalters kaum vermeidlich"[4]. In der Tat ist das Basisnarrativ nicht mehr akzeptabel, dass „wir" alle von „den Germanen" abstammten, deren Stämme einst heldenhaft – von Hermann dem Cherusker vereint – das „verrottete" Römerreich zerschlugen und damit die Grundlagen legten für die Macht eines Reiches, das durch die Kaiserkrönung Karls des Großen oder Ottos vollendet wurde, ganz Europa umfasste und eine Vorform des Nationalstaates der Moderne darstellte. Uwe Uffelmann legte 1978, also vor mehr als dreißig Jahren, die Basis für ein neues Orientierungsmodell[5]. Das Mittelalter stehe der Gegenwart als das „nächste Fremde" gegenüber; daher könne durch die Behandlung dieser Epoche exemplarisch „Fremdverstehen" gegenüber dem modernen Selbstverständnis erlernt werden. Das Gegensatzpaar „das Eigene und das Fremde" ersetzte die chronologische „Leier" der Machtdynastien durch Problemorientierung, und das Thema fand denn auch Eingang in Lehrpläne und Unterrichtswerke. Freilich ist es auch offen für inhaltliche Varietäten aus anderen Epochen und garantiert damit keineswegs die Einbettung des Mittelalters in den Geschichtsunterricht.

Ich möchte im Folgenden die umgekehrte These vertreten: Transzendiert man kritisch die Moderne, so erscheint das Mittelalter nicht länger als das „nächste Fremde", sondern als das „nächste Ähnliche", aus dessen Entwürfen Angebote für die Bewältigung der Aufgaben in Gegenwart und Zukunft gewonnen werden können, die sich auf das Leben in einer globalisierten Welt richten[6]. Dies setzt freilich voraus, dass diese Phase nicht länger auf Mitteleuropa und seine „weiße" Bevölkerung begrenzt sowie christlich dominiert verstanden werden kann. Am Beispiel des mittelalterlichen Afrika möchte ich zeigen, dass gerade die vorkoloniale Zeit eine Schlüsselfunktion im postkolonialen Diskurs der Gegenwart erfüllt, eine Chance, die bisher nicht genutzt wurde. Die aktuelle Diskussion um die Notwendigkeit der Überwindung der nationalstaatlich dominierten Denktraditionen und Begrifflichkeiten schafft mithin neue Verbindungen zu jener Zeit, die keine einheitliche natio-

---

2   Bodo VON BORRIES, Das Mittelalter im Geschichtsbewußtsein von Jugendlichen. Empirische Befunde, in: Rolf BALLOF (Hg.), Geschichte des Mittelalters für unsere Zeit. Wiesbaden – Stuttgart 2003, S. 279–291, hier S. 290.

3   VON BORRIES (Anm. 2) S. 290.

4   VON BORRIES (Anm. 2) S. 291.

5   Uwe UFFELMANN, Das Mittelalter im Historischen Unterricht, Düsseldorf 1978, S. 43–48. Er überträgt hier eine These von Christian Meier, die Antike sei das „nächste Fremde der Neuzeit und unseres Jahrhunderts" auf das Mittelalter.

6   Zu dieser These vgl. Bea LUNDT, Europas Aufbruch in die Neuzeit 1500–1800. Eine Kultur- und Mentalitätsgeschichte, Darmstadt 2009, S. 18 und 149f.

nalstaatliche Ordnung kannte, sondern durch plurale Weltdeutungsmodelle und Wertkonzepte gekennzeichnet war.

3.   Globalität im Mittelalter

Das Handbuch „Orientierungsrahmen für den Lernbereich Globale Entwicklung", das Kultusministerkonferenz (KMK) und Bundesministerium für Wirtschaftliche Zusammenarbeit (BMZ) im Jahre 2007 veröffentlichten, enthält Beiträge über das Konzept „Bildung für nachhaltige Entwicklung" (BNE)[7] als Perspektive für die UN-Dekade und damit auch als zentrale Aufgabe für schulisches Lernen. Unter den beteiligten Fächern wird zwar Politik, nicht aber Geschichte genannt. Offenbar ist der Eindruck entstanden, die historische Disziplin sei auf besondere Weise kolonial belastet und noch immer damit beschäftigt, die Grundlagen ihrer Etablierung im 19. Jahrhundert kritisch zu reflektieren und zu korrigieren. Nicht ganz zu Unrecht, denn in dem Vokabular und Instrumentarium des Geschichtslernens in der Schule geronnen Selbstbilder obrigkeitsorientierter, ja imperialer Selbstherrlichkeit, deren Vermittlung in dem Gesinnungsfach Geschichte erfolgte. Um das neue Ziel zu erfüllen, nämlich die Entfaltung und Dynamik der Kulturen und Religionen dieser Welt zu verstehen, schien daher nicht nur das Fach Geschichte insgesamt, sondern insbesondere die Epoche des Mittelalters ungeeignet. Denn mit ihrer Endmarke um 1500 liegt die Epoche des Mittelalters ganz und gar *vor* der neuzeitlichen Entwicklung zu einer globalisierten Welt, deren Grundlagen man erst durch die Entdeckungsreisen der Frühen Neuzeit realisiert sah.

Gerade die Globalisierungsforscher innerhalb der Geschichtswissenschaft haben nun den Prozess der Entstehung einer Weltgesellschaft immer weiter ausdifferenziert und seine Anfänge tiefer in die Vergangenheit verschoben. Das nationalstaatliche Ordnungssystem war eine „spät entstandene Ausnahme", so stellen es Jürgen Osterhammel und Niels P. Petersson klar. Dagegen waren „überstaatliche Netzwerke und durchlässige Grenzen [...] der historische Normalfall", Erscheinungen also, die gerade das Mittelalter mit der Welt der Postmoderne verbinden[8]. Diese „Vorgeschichte"[9] umfasst zunächst einmal drei Kontinente durch Reisen, Handel, Diplomatie, Religionsgespräche[10].

---

7   http://www.bne-portal.de/coremedia/generator/unesco/de/Downloads/Hintergrundmaterial_national/Orientierungsrahmen_20f_C3_BCr_20den_20Lernbereich_20Globale_20Entwicklung. pdf (Zugriff am 02.06.2010).

8   Jürgen P. OSTERHAMMEL – Niels P. PETERSSON, Geschichte der Globalisierung. Dimensionen, Prozesse, Epochen, 4., durchges. Aufl., München 2007, S. 109.

9   OSTERHAMMEL – PETERSSON (Anm. 8) S. 25.

10 Thomas ERTL, Seide, Pfeffer und Kanonen. Globalisierung im Mittelalter, Darmstadt 2008, S. 140: „Der Sache nach hat Globalisierung im Mittelalter stattgefunden, ob man den Begriff dafür verwenden will, ist zweitrangig".

Aus der Sicht der Gegenwart ist diese frühe Pluralität freilich wenig bewusst und muss erst rekonstruiert werden. Zudem gibt es kaum Angebote für Unterrichtsreihen. 2001 erschien ein Beitrag über „Slawen, Balten und Deutsche im Prozeß der Ostsiedlung", der als „ein Beispiel für Interkulturalität im Mittelalter" präsentiert wird[11]. Doch wird man darüber streiten müssen, ob es in dieser Zeit überhaupt eine nationale Identität gab. Am anderen Rand Europas befindet sich das maurische Spanien, das verschiedentlich genannt wird[12]. Bodo von Borries indes warnt in demselben Band nachdrücklich davor, vormoderne Gesellschaften „zu romantisieren und direkt zu Vorbildern zu erklären"[13]. Inhaltlich nicht konsensfähig, in der Bewertung umstritten oder gar pauschal abgewehrt – curricular eingearbeitet sind solche Einzelbeispiele ohnehin nicht.

Dabei verweist die Zielperspektive „Nachhaltigkeit" deutlich auf die Zeitdimension der „langen Dauer": kurzfristig erreichbare Ziele sind von dauerhaft wirksamen zu unterscheiden, so fordert das Konzept, und letzteren wird ganz die Priorität zuerkannt, nämlich dem, was „hält", nachdem etwas Sinnvolles getan wurde. Die an punktuellen Ereignissen orientierte Geschichte dagegen beschäftigt sich mit nicht „nachhaltigen", weil etwa nur an den Vorteilen der rasch wechselnden Eliten orientierten Wirkungen. In der Zeitdistanz aber können vergleichend Elemente kulturellen Wandels für die verschiedenen gesellschaftlichen Gruppen beobachtet werden; deshalb spielt die Vormoderne ja auch eine tragende Rolle bei der Etablierung der ‚cultural studies'[14].

3.1   Visibilität herstellen: Das mittelalterliche Afrika

Bei seinem Gegenbesuch in Deutschland im März 2009 antwortete Francis Joppa, Romanist und Leiter des Akademischen Auslandsamtes der Universität Winneba in Ghana/Westafrika auf die Frage, was er sich von einem Freundschaftsvertrag mit einer deutschen Universität erwarte, mit großem Nachdruck: „We want visibility!". „Wir Afrikaner sind ein Teil dieser Welt, und wir wollen als solcher wahrgenommen werden." Der Kollege aus den Tropen gemahnt damit an Prozesse der Verdunkelung, des eurozentristischen Ausschlusses jener Kultur, der er sich zuge-

---

11 Jürgen SARNOWSKY – Silke URBANSKI, Slawen, Balten und Deutsche im Prozeß der Ostsiedlung. Ein Beispiel für Interkulturalität im Mittelalter, in: Andreas KÖRBER (Hg.), Interkulturelles Geschichtslernen, Münster u.a. 2001, S. 107–122.

12 Bettina ALAVI – Michael ALPERS, Vormoderne interkulturelle Gesellschaft als Unterrichtsgegenstand, in: KÖRBER (Anm. 11) S. 175–192.

13 Bodo VON BORRIES, Interkulturalität beim historisch-politischen Lernen, in: KÖRBER (Anm. 11) S. 73–96, hier S. 87.

14 Vgl. dazu das von Friedrich Jaeger herausgegebene Lexikon „Enzyklopädie der Neuzeit". Von 2005 bis 2010 sind 11 Bände erschienen. Die Artikel beginnen mit einem Rückblick auf das Mittelalter und widmen sich dann schwerpunktmäßig frühneuzeitlichen Phänomenen.

hörig fühlt, aus den westlichen Geschichtsbildern, die sich gleichwohl nur zu oft selbst als universell deklarieren[15].

Überraschend für viele Europäer ist das selbstbewusste und stolze Auftreten der gebildeten Afrikaner, die die Wahrnehmung der Geschichte des in Überblickswerken als „schwarz" bezeichneten und oft völlig ignorierten Kontinentes einfordern. Kennen wir doch Afrika südlich der Sahara vor allem aus Katastrophenberichten angesichts von akuten Notlagen. Armut, Hunger und Elend werden in die Geschichte zurückprojiziert. Für die Schule hat Bodo von Borries seit 1986 immer wieder auf die Wichtigkeit der Behandlung des ‚Sklavenhandels' hingewiesen. Gerade dieses Schlüsselthema für den kolonialen Diskurs und die Entstehung des Rassismus aber zeigt die Afrikaner als hilflose Opfer. Akosua Adoma Perbi, Historikerin an der Universität Legon bei Accra, hat die vorkoloniale afrikanische Sklaverei erforscht und aufgezeigt, dass sie den zu Diensten verpflichteten Abhängigen keineswegs menschliche Rechte absprach[16]. Das Phänomen der Sklaverei muss also wohl vergleichend im Zusammenhang mit älteren innerafrikanischen Traditionen beleuchtet und pluralisiert werden. Es taugt nicht als Epochenmarkierung für das Auftauchen Afrikas als Schauplatz für Historie. Folgt man gedanklich nur den Spuren der Kolonialherren und Missionare nach Afrika, so entsteht der gefürchtete eurozentristische Zirkel, dem der postkoloniale Diskurs und die kritischen „Weißseins-Debatten" zu entkommen suchen. Denn die bekannten Küsten und Ränder Afrikas sind von „Europäern zerfressen"[17], wie Natalie Zemon Davis das 2008 ausdrückte. Das Landesinnere aber ist auf den „mind maps" meist ein weißer Fleck.

Niemals ist das historische Wissen um die großen west- und zentralafrikanischen Königreiche der vorkolonialen Zeit ein Teil der in Europa verbreiteten Geschichtsbilder geworden. Wie so oft, wenn man sich erst einmal aus dem Horizont der ständig reproduzierten Stereotypen hinausbegibt, findet man aber zahlreiche Quellen. Der „Katalanische Atlas"[18], ein Kartenwerk, das um 1375 auf Mallorca in einer jüdischen Werkstatt angefertigt wurde, zeigt die zur Zeit seiner Entstehung bekannte Welt vom Atlantischen Ozean bis nach China. Sie schließt auch weite Teile Afrikas mit ein. Den Auftrag zu diesem Werk gab Peter IV. von Aragón (1319–1387), der als Förderer der Wissenschaft galt. Offenbar wollte er die

---

15 So etwa Jörn RÜSEN, Interkulturelle Geschichtswissenschaft, in: Jürgen STRAUB (Hg.) u.a., Handbuch interkulturelle Kommunikation und Kompetenz, Stuttgart – Weimar 2007, S. 211–214.

16 Akosua Adoma PERBI, A History of Indigenous Slavery in Ghana from the 15th to the 19th Century, Legon Accra Ghana 2002.

17 Vgl. dazu Natalie Zemon DAVIS, Leo Africanus. Ein Reisender zwischen Orient und Okzident. Aus dem Amerikanischen von Gennaro Ghirardelli, Berlin 2008, S. 16.

18 Der katalanische Weltatlas vom Jahre 1375. Mit einer Einführung und Übersetzung von Hans-Christian FREIESLEBEN. Faksimile nach dem in der Bibliothèque nationale, Paris, verwahrten Original, Stuttgart 1977.

geographischen Kenntnisse festhalten, die durch den ständigen Kontakt der Karthographen mit den die Insel passierenden Seeleuten vorhanden waren.

In Bild und Text begegnet hier ein afrikanischer König, Mansa Musa, Herrscher über das Reich Mali im subsaharischen Afrika. Barfüßig sitzt er auf einem Thron und hält einen eiförmigen Gegenstand in Augenhöhe. Dieser strahlt ebenso golden wie Krone und Szepter: ein Goldklumpen, ein Nugget. Andere Quellen bestätigen den Reichtum des Landes. So beschreibt Al-Umari, vermutlich ein Zeitgenosse, eine Pilgerreise, die Mansa Musa 1325 nach Mekka führte. Es begleiteten ihn, so schreibt er, „60.000 Soldaten und 500 Sklaven, die vor ihm herrannten, während er auf einem Pferd saß. Jeder seiner Sklaven trug in seiner Hand einen aus 500 Mithqual Gold [das sind etwa 2 Kilogramm] gefertigten Stab"[19]. Der König verteilte so üppige Geschenke an seine Gastgeber, dass es in Ägypten zu einem Preisverfall auf dem Geldmarkt kam. Er selber nahm Schriften über Rechtsnormen mit nach Hause und motivierte Künstler, ihm in sein exotisches Reich zu folgen. Mit Erfolg: Denn mit ihm ritt der aus Andalusien stammende Architekt und Dichter Abu Ishaq Ibrahim al-Sahili (ca. 1290–1346). Er wurde in Timbuktu sesshaft und baute dort verschiedene Gebäude, u.a. die Djinger-ber-Moschee[20], das Vorbild für den südsudanischen Baustil, für den es zahlreiche Zeugnisse aus den folgenden Jahrhunderten gibt.

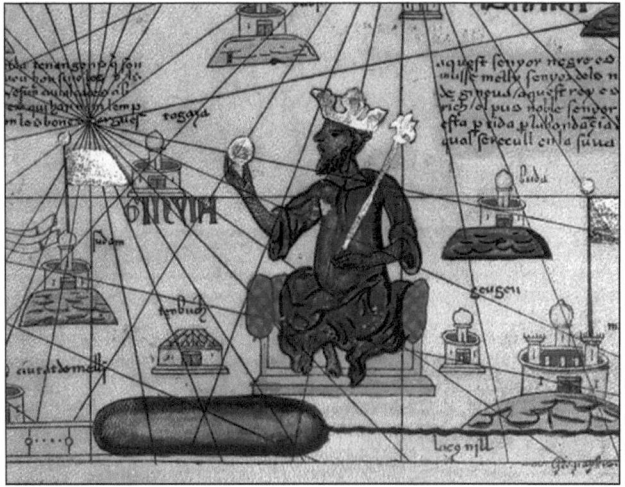

Abb. 1: Mansa Musa

---

19   John O. HUNWICK – Alida Jay BOYE, Timbuktu und seine verborgenen Schätze. Aus dem Englischen von Verena Küster, München 2009, S. 51. Vgl. dazu meine Rezension, in: Zeitschrift für Geschichtswissenschaft 58 (2010), Heft 7/8, S. 655–657. Herrscher sind auch für das Königreich Benin seit dem 12. Jahrhundert belegt, zuerst König Eweka I. Vgl. Jacob Uwadiae EGHAREVBA, A Short History of Benin, 4. Aufl., Ibadan 1968.

20   HUNWICK – BOYE (Anm. 19) S. 24. Vgl. hier auch die Kurzbiographie S. 129–130.

Die Stadt Timbuktu, Residenz des freigebigen Monarchen, entstand schon um 1100 nach Christus am Ende der Karawanenstraßen durch die Sahara in einem Bogen des Flusses Niger. Zunächst ein Rastplatz am ersehnten Wasser, entwickelte sich dort bald ein florierendes Handelszentrum zwischen Nord und Süd: aus den Salzlagern in der Sahara wurde das lebensnotwendige Mineral in die Sahel-Zone, also nach Süden, transportiert. In umgekehrter Richtung flossen gewaltige Schätze zurück nach Norden in Richtung Mittelmeer. Mehr als zwei Drittel der Goldbestände, die in der damals bekannten Welt zirkulierten, kamen aus den Minen in Westafrika; die Kronen Europas wurden aus ihnen angefertigt. Gehandelt wird aber auch mit Sklaven (sic!), Elfenbein, Getreide, Ziegenhäuten, Straußenfedern und den als Rauschmittel beliebten Kolanüssen[21]. Die Berichte beschreiben die Kleidung der Teilnehmer an der Pilgerfahrt aus kostbarer persischer Seide und Brokat, ein Beleg für einen Handel mit asiatischen Ländern. Die Reise mit solch wertvollen Gütern durch wenig besiedelte Regionen war gefährlich, daher führte Mansa Musa zu seinem Schutz bewaffnete Soldaten mit sich, – aber sie verband auch die Kulturen. In die heiligste Stadt der Muslime führte ihn der Glauben an einen Gott Allah. Die reichen Kaufmannsfamilien des islamischen Reiches Mali begeisterten sich für die Wissenschaft und ließen ihre Söhne studieren. Gelehrte aus dem Norden versammelten sich zum Studium der Schriften in Timbuktu. Die Stadt galt als ein spirituelles Zentrum: In ihren Mauern befanden sich die Sankore-Universität, untergebracht in drei Moscheen, sowie andere Koranschulen.

1506, also 180 Jahre nach der Reise Mansa Musas, besuchte Leo Africanus die Stadt, ein spanischer Reisender, der zwischen Islam und Christentum konvertierte, und er schrieb nieder, Bücher seien nicht nur die gewinnbringendsten Waren, sondern geradezu ein Statussymbol[22]. Neben dem strengen Unterricht kam auch die Unterhaltung nicht zu kurz. Leo Africanus berichtet: „Die Bewohner Timbuktus haben ein unbeschwertes Wesen. Sie ziehen nachts zwischen 10 Uhr abends und 1 Uhr morgens in der Stadt herum, wobei sie musizieren und tanzen"[23]. Die afrikanische Leidenschaft für Tanz und Trommeln verband sich offenbar problemlos mit dem Charakter der Stadt als Bildungsoase. Die für Europa kennzeichnende Askese, ob nun als katholische Weltflucht oder die spätere protestantische Arbeitsethik, stellte nicht den primären Wert dar; man setzte andere Prioritäten.

Allerdings waren zu diesem Zeitpunkt bereits grundlegende Veränderungen im Gange, die Reichtum, Intellektualität und kulturelles Leben ruinieren sollten: Seit Mitte des 15. Jahrhunderts eroberten Europäer die Küsten Westafrikas. Gold und andere Güter wurden nun in die andere Richtung transportiert und von den Stützpunkten am Meer aus verschifft. Aus Angst vor den eindringenden Fremden wurden die umfangreichen Bibliotheken Timbuktus aufgelöst. Man verteilte die kost-

---

21 Hunwick – Boye (Anm. 19) S. 43.
22 Zemon Davis (Anm. 17) S. 45.
23 Zit. nach Hunwick – Boye (Anm. 19) S. 15.

baren Handschriften in der Stadt und versteckte sie, „manchmal buchstäblich im
Wüstensand", wie John Hunwick es beschreibt[24]. Der an der Universität London
lehrende, inzwischen emeritierte Islamist widmete sein Lebenswerk der Rekonstruktion der arabisch geprägten Schriftkulturen Afrikas. Seit 1965 arbeiten auf Anregung der UNESCO Spezialisten aus aller Welt (zur Zeit unter der Leitung einer
norwegischen Wissenschaftlerin) an der Sicherung und Erschließung des seit dem
Mittelalter überlieferten handschriftlichen Erbes in Timbuktu. Hunwick spricht von
ca. einer Million Handschriften, davon sind etwa 30.000 Manuskripte inzwischen
mit modernster Technik katalogisiert. Man bemüht sich, jene Bücher, die Familien
seit Generationen als ihren Privatbesitz hüten, wieder Bibliotheken zuzuführen; das
erfordert Sensibilität und Überzeugungsarbeit. Um kompetenten Nachwuchs vor
Ort an den alten Schriften zu schulen, sind auch die Koranschulen wieder eingerichtet worden.

3.2   Vom „Remudding" des Mittelalters

Diese Arbeit der Experten gab auch den Anstoß für die UNESCO, mittelalterliche
Gebäude aus der Sahelzone zum Weltkulturerbe zu ernennen, also als einen
schützenswerten globalen Erinnerungsort zu deklarieren, der alle Menschen an-
geht[25]. Aufmerksamkeit erlangte vor allem die Altstadt von Djenné. Im Mittelpunkt
steht die große Moschee, mit 5.625 qm weltweit das größte Gebäude, das ganz in
Lehm erbaut wurde. Lehm ist nicht etwa nur ein Notbehelf in einem Gebiet, in dem
es kein Holz und keine Steine gibt; dieser Baustoff hat vielmehr hervorragende
Baueigenschaften; er wirkt etwa klimaausgleichend nach innen. Allerdings: den
Unbilden der Regenzeit mit ihren Stürmen und Wolkenbrüchen hält er nicht stand.
Deshalb wird jedes Jahr die Moschee neu verputzt. Man spricht vom „Remudding".
Lehm wird im Fluss gewonnen, gewaschen, mit Palmfasern verstärkt und in einem
aufwändigen Verfahren fermentiert und gerührt. Das zieht sich über Tage hin, bis
er die richtige Substanz hat. Ist er fertig, findet ein großes Volksfest mit Festmahl,
Musik und Tanz statt. Ein Wettrennen führt zur Moschee, die erklettert wird. Die
formbare Masse wird in Eimern hinaufgereicht und mit den Händen auf die be-
schädigte Wand aufgebracht und verteilt: eine neue schützende Haut wird modelliert. Gegenüber der Moschee stehen Tribünen, von denen aus Kinder, Alte und
Kranke dem Treiben zusehen.

---

24 HUNWICK – BOYE (Anm. 19) S. 11.
25 UNESCO World Heritage. Gebäude aus Timbuktu wurden 1988 aufgenommen. Auch die
     „Old Towns of Djenné" sind Weltkulturerbe.

Abb 2: „Remudding" der Moschee

Natürlich versagt an diesem Phänomen der Begriff der Originalität, der ja eine statische und unzugängliche Komponente eines Werkes beschreibt[26]. Die Bewohner gestalten dynamisch das Gebäude in ihrem Zentrum immer wieder neu. Die Symbolik des „Remuddings" erinnert an den Schöpfungsbericht: „Mud" bezeichnet im Englischen Schmutz, Unordnung und Chaos. Die Überwindung dieses durch die Natur gegebenen Zustandes durch menschliche Leistung ist eine kollektive Ordnungsstiftung, die dem Ort einen Sinn verleiht. Diese Zuweisung von sozialem Wert durch die Menschen hat verschiedene Dimensionen: Zunächst ist es ein sakraler Raum, zugleich aber auch kommunikativer Treffpunkt und ökonomischer Kern, um den herum sich das bunte Marktgeschehen der Stadt entfaltet. Die Vorstellung von der Ersterbauung der Moschee im Mittelalter wird durch die Gewissheit der rhythmischen Wiederholung dieses Rituales zu ihrer Errettung im Jahresabstand gegenwärtig gehalten, ja aktiv reproduziert. Dabei werden die Grenzen zwischen den Zeitebenen Vergangenheit, Gegenwart und Zukunft verflüssigt und an den Ort gebunden. In einem dichten Zusammenhang mit diesem Anfangsmythos stehen weitere zentrale Vorgänge: alljährlich werden die Gruppenstruktur, die Lebensalter, die Hierarchien des Ortes ausgehandelt: Wer darf schon/noch den Lehm rühren? Wer klettert, wer reicht ihn hinauf? Wer sieht zu? Gibt es Außenseiter, die sich der Gestaltung der Geschichtskultur des Ortes entziehen? Oder werden sogar Men-

---

26 Daher auch die vorsichtigen Zeitangaben der Gründung. Während die Fachleute der UNESCO die ursprüngliche Erbauung auf um 1300 datieren, geht John O. Hunwick von einer gänzlich neuen Errichtung um 1907 aus. Vgl. Hunwick – BOYE (Anm. 19) S. 29.

schen bestraft, indem sie von dem Spektakel ausgeschlossen werden? An diesen vielfältigen Akten kollektiver Deutungsmacht sind Körper und Geist aller Generationen und Gruppen lustvoll beteiligt: laufen, klettern, formen, essen, trinken, musizieren, zuschauen.

Das Mittelalter, so sieht es Valentin Groebner, „hört nicht auf"[27]. Ja, mehr noch: es wird von Menschen immer wieder neu gestaltet; es ist in uns und um uns. Diese Phase, die der Moderne vorausging, weckt auch heute noch Bedürfnisse, sich der Traditionskette anzuhängen, als Individuum und als Teil der Gemeinschaft. Die Distanzen, die uns von dieser Epoche trennen, sind entsprechend auch keine objektiven. Sie sind nicht temporal, nicht geographisch oder mental zu verstehen. Das Mittelalter ist nur so anders und so fern, wie wir es sein lassen. Fremdheit zu behaupten, bedeutet immer auch eine Ausgrenzung, Verdunkelung gegenüber dem durch helles Licht angestrahlten Eigenen. Das „Othering" ist eine Zuweisung, eine marginalisierende Konstruktion, die der Kommunikation entgegenwirkt. Es gilt, die Herausforderung der Geschichtskultur anzunehmen: Das „Remudding" definiert ein Mittelalter, das verbreitete Perspektiven erweitert: nicht nur Dome, Burgen und Klöster, nicht nur Waffen und Turniere, nicht nur die Weißen, die Christen, die Reichen, die Männer haben Anteil an dieser Epoche.

3.3   Die schwierige Arbeit an Geschichtsbildern

In Afrika sind Geschichtsbilder, die von einer eigenen vorkolonialen Schriftkultur und Geschichte vor dem Eintreffen der Kolonialherren ausgehen, selbstverständlich und verbreitet. Die Konzepte der charismatischen Führer der Unabhängigkeitsbewegung knüpften bewusst an solche Traditionen an. Kwame Nkrumah (1909–1972) führte 1957 die britische Kolonie „Goldküste" unter dem Namen des alten Reiches „Ghana" in die Unabhängigkeit. Julius Nyerere (1922–1999) erklärte das ,Ujamaa-Prinzip', d.h. die Gemeinsamkeit und Solidarität der Dorfgemeinschaft, zum zentralen Orientierungswert für die Entwicklung des neuen Staates Tansania. Während der paternalistischen Phasen der „Entwicklungshilfe" der Nachkriegszeit hielt man in Europa solche Traditionsbildungen für eine ideologisch-legitimierende Konstruktion, einen Propagandaeffekt, den man teils als sympathisch-verständlich akzeptierte, teils als überheblich-anmaßend zurückwies[28]. Man verstand auch nicht, warum die Gruppe der educated Africans an dem Leitbild der humanistischen

---

27 Valentin GROEBNER, Das Mittelalter hört nicht auf. Über historisches Erzählen, München 2008.

28 Ute RITZ-MÜLLER, Afrikanisches Geschichtsdenken. Zur rituellen Nachstellung höfischer Geschichte, in: Jörn RÜSEN u.a. (Hg.), Die Vielfalt der Kulturen. Erinnerung, Geschichte, Identität, Frankfurt a.M. 1998, S. 217–246, hier S. 245f.: „[...] im modernen Staatswesen Burkina Faso [...] wird die mythische, bis ins Jahr 1000 zurückgeführte Gründungsgeschichte zur offiziellen Legitimationsideologie".

Bildung festhielt, das an den Kolonialschulen maßgeblich gewesen war. Anstelle der Elitebildung wollte man ihnen nun eine anwendungsorientierte breite Allgemeinbildung und landwirtschaftliches Know-How vermitteln, damit die an den Bedürfnissen der Kolonialmächte ausgerichteten Monokulturen diversifiziert werden konnten.

Der Hintergrund der Kontroverse wird aber jetzt deutlich: Die afrikanische gebildete Elite betrachtet die Kultur der antiken Mittelmeerwelt als einen Teil ihrer eigenen Geschichte; zu Recht, denn das griechisch-römische Wissen, das mühsam über die verschneiten Alpen nach Norden drang, wurde auch über das Mittelmeer und durch die Sahara nach Süden verbreitet. Aus dem islamischen Spanien erreichten die Schriften des großen Aristoteles Zentraleuropa seit dem 12. Jahrhundert über die Pyrenäen. In den traditionellen Metropolen der Muslime wurde die wegweisende neue Lehre zunächst äußerst kritisch aufgenommen, schien sie doch nicht ohne Weiteres mit dem Koran vereinbar. Doch konnte sie auf dem Weg von Bagdad oder Isfahan in Persien nach Zentralafrika gelangen, wo sie selbstständig rezipiert wurde. Die entscheidenden Aristoteleskommentare schrieb der islamische Gelehrte Averroes, der 1198 in Marokko starb. Mansa Musa könnte seine Werke gekannt haben. An antiker Rechtsgelehrsamkeit war der König interessiert, warum nicht auch an Philosophie und Naturwissenschaften? Die Beschäftigung mit Westafrika kann uns daher helfen, zu verstehen, dass der Islam sich seit Jahrhunderten auf ganz verschiedene Weise entwickelte. Verschleiern doch bis heute bei den Tuareg in Timbuktu die Männer ihr Gesicht, nicht die Frauen.

Die neuere mediävistische Forschung hat das Instrumentarium geschaffen, um solche Phänomene auch in die europäischen Geschichtsbilder einzuarbeiten. Ja, ein Blick in die vorkoloniale Phase ist geradezu unverzichtbar, um die eurozentristischen Mechanismen des kolonialen Denkens zu verstehen. Die Perspektive „von außen" hilft, Verkürzungen von neuzeitlich geprägten Begriffen und Prozessen wie „Fortschritt", „Modernisierung" und „Entwicklung" wahrzunehmen und abzubauen. Auch die dualistischen Gegensatzpaare wie Herrscher und Untertan, Sklave und Freier, Weißer und Schwarzer, Arm und Reich, Mann und Frau können aus einem reflektierten Wissen über die vorkoloniale Phase neu eingeordnet werden, nämlich als Differenzkategorien der Moderne mit begrenzter Gültigkeit.

Konzepte einer „transkulturellen Mediävistik"[29] sowie der „Hybridität der Kulturen"[30], wie sie von Michael Borgolte und Bernd Schneidmüller in großen Forschungsprojekten erprobt worden sind, haben sich als geeignet erwiesen, solche subtilen Prozesse der gegenseitigen Beeinflussung und des Wandels innerhalb ver-

---

29 Michael BORGOLTE – Bernd SCHNEIDMÜLLER (Hg.), Mittelalter im Labor. Die Mediävistik testet Wege zu einer transkulturellen Europawissenschaft, Berlin 2008.

30 Michael BORGOLTE – Bernd SCHNEIDMÜLLER (Hg.), Hybride Kulturen im mittelalterlichen Europa, Berlin 2010.

schiedener Kulturen zu erschließen. Im Fazit fassen Schneidmüller und Annette
Seitz die Perspektiven zusammen:

*„Vor dem Hintergrund einer solchermaßen globalisierten kulturwissenschaftlichen
Debatte fallen der Mediävistik neue Herausforderungen und Chancen zu. Sie kann sich
noch deutlicher von kolonialen und postkolonialen Welt- und Deutungsmodellen befreien und das mittelalterliche Wissen von der Einfügung Europas in das Ensemble
dreier Erdteile mit unterschiedlichen Wertekonzepten neu studieren"*[31].

Die beiden wenden sich also scharf gegen Orientierungskonzepte, die im Zusammenhang mit dem kolonialen Diskurs geprägt wurden. Die nötige Arbeit an einem
postkolonialen Bewusstsein wird insbesondere durch die Beschäftigung mit der
Vielfalt der vormodernen Kulturen und Religionen gefördert. Ihr Beharren auf den
„unterschiedlichen Wertkonzepten" der drei Kontinente widersetzt sich der verbreiteten Tendenz, die Entwicklung der „Anderen" ausschließlich daran zu messen, ob
und inwieweit sie dieselben Stadien wie die „westliche Welt" durchliefen und Errungenschaften dieser sich selbst als zivilisiert definierenden Gesellschaft über-
nahmen. Die Kontinente aber, davon ist heute auszugehen, fanden auf unterschiedliche Weise in die „Moderne". Die Themen „Antike" und „Mittelalter" werden wir mit Schwarzafrikanern „teilen" und unsere Begrifflichkeiten entsprechend
öffnen und dynamisieren müssen, damit sie der Fülle der Erscheinungen auf dieser
Erdkugel gerecht werden. Die Folgen solcher Herausforderungen in Geschichtsbilder einzuarbeiten und im Unterricht zu vermitteln, ist auch und vornehmlich eine
Aufgabe der Geschichtsdidaktik des Mittelalters.

4.   Mittelalterdidaktik

Bereits die Mittelalterdidaktik Uwe Uffelmanns war ganz und gar auf ein überna-
tionales, europäisches Mittelalterbild ausgerichtet, das sich an den Erfahrungen der
Schülerinnen und Schüler orientieren sollte. Ausführlich diskutierte er die Forderung Dieter Schmidt-Sinns aus dem Jahre 1976, das Mittelalter als eine weltge-
schichtliche Phase zu verstehen, die in mancher Hinsicht vom Islam profitierte[32]. Er
wies diese These nur deshalb zurück, weil er sie „nicht genügend fundiert" sah[33].
Genau solche Sicherheiten in der Sache hat die Forschung aber in den seither vergangenen über dreißig Jahren vermittelt. Uffelmann wollte das „Andere" keineswegs polar gegenüber dem „Eigenen", sondern dialektisch verstanden wissen und

---

31 Bernd SCHNEIDMÜLLER – Annette SEITZ, Transkulturelle Mediävistik – ein Schlusswort, in:
    BORGOLTE – SCHNEIDMÜLLER (Anm. 29) S. 557–566, hier S. 565.
32 UFFELMANN (Anm. 5) S. 53 und 74.
33 Ebd. S. 47.

er hat immer wieder auch Kontinuitäten und Gemeinsamkeiten zwischen Mittelalter und Moderne angeführt.

Doch trotz solcher problembewusster Traditionen innerhalb der Didaktik schwelgen gerade auch die neuesten Lehrpläne und Quellenwerke weiterhin in den Anfängen des christlichen Deutschland und seiner Herrscher[34]. In den „Bildungsstandards Geschichte" des Verbandes der Geschichtslehrer Deutschlands, vorgelegt 2007, wird der „Bildungswert der frühen Epochen" ganz mit der „Fremdheitserfahrung" legitimiert. Bei den „Sachkompetenzen" für den 6. und 7. Jahrgang steht eine traditionelle Herrschaftsgeschichte am Beispiel des Frankenreiches im Mittelpunkt[35]. Erst in Klasse 7/8 erfahren die Kinder etwas über Juden und Muslime sowie orthodoxe Christen. Doch ist dann bereits die Basis gelegt dafür, dass die Ausgangsperspektive ganz die christliche ist[36].

Wir müssen also fragen: Warum soll das Mittelalter so fremd und gegen alle Einsicht der Forschung mitteleuropäisch begrenzt bleiben? Es sind vermutlich Verunsicherungen angesichts der Krise der Moderne, die das Bedürfnis erzeugen, die Zeit vor ihr als rückständig, aber geordnet und überschaubar zu bewahren; ein Akt der Selbstprovinzialisierung angesichts der unverarbeiteten Herausforderung einer internationalisierten Welt.

Doch gibt es für ein solches, die Vielfalt ausgliederndes Mittelalterbild auch ältere Wurzeln und Vorbilder. Die Humanisten um Petrarca wollten ihre eigene Überlegenheit herausstellen, indem sie sich die Autorität der hochgeschätzten Antike anmaßen und damit zugleich auch die Deutungsmacht über die unmittelbar vorausgegangene Phase. Gegen die vielfachen religiösen und kulturellen Wurzeln des Mittelalters grenzten sie sich durch Selbstbilder ab, die eine lineare aufsteigende Kurve beschreiben[37].

Geschichtsbilder sind komplexe Vorstellungen, die immer wieder neu ausgehandelt werden müssen. Anstöße für solche Kontroversen kommen aus der Geschichtskultur, die uns mit Realitäten konfrontiert, die der historischen Deutung bedürfen. Interkulturelle Kommunikation ist Teil unseres Alltages, sie wird, wie Jörn Rüsen sagt, „praktisch vollzogen", ja, sie findet „naturwüchsig statt"[38].

---

34 Vgl. etwa die kommentierte Quellensammlung Hiram KÜMPER – Michaela PASTORS, Mittelalter (Fundus – Quellen für den Geschichtsunterricht) Schwalbach/Ts. 2008. Vgl. dazu meine Rezension, in: Zeitschrift für Geschichtsdidaktik (2009) S. 165–168.

35 http://www.geschichtslehrerverband.org/fileadmin/images/pdf/bildungsstandards.pdf, S. 22 (Zugriff am 02.06.2010).

36 Ebd. S. 29.

37 So GROEBNER (Anm. 27) S. 27 und 32.

38 Jörn RÜSEN, Kultur macht Sinn. Orientierung zwischen Gestern und Morgen, Köln – Weimar – Wien 2006, S. 221.

5.   Die Gegenwärtigkeit des vorkolonialen Afrika

Die Vormoderne ist, auch für Schülerinnen und Schüler, allgegenwärtig: etwa dort, wo berichtet wird, die neue Bibliothek in Timbuktu, eröffnet Anfang 2010, sei von Südafrika, dem Ausrichter der Fußballweltmeisterschaft 2010, gestiftet worden, weil man sich Impulse für ein verändertes Selbstbild von ganz Afrika erhofft[39]. Das Wissen um die gemeinsame Schriftkultur hilft offenbar noch heute, die Apartheidsphase zu verarbeiten. Auch die Berichterstattung über die spektakuläre Ife-Ausstellung 2010 in London provoziert Fragen, denn sie konfrontiert Europa mit unerwartet hochwertigen Bronzeplastiken aus dem mittelalterlichen Nigeria. Sie zeugen von einem lebendigen naturalistischen Menschenbild, wo man bisher nur starre Masken erwartete[40].

Und nicht nur in Afrika begegnen wir einem unerwarteten Mittelalter: Afrikaner begegnen auch dem europäischen Mittelalter. Ende August 2009 besuchte Otumfuo Nana Osei Tutu II. den Aachener Dom und besichtigte den Thron Karls des Großen. Der König (Asantehene) des Ashantireiches in Ghana (geb. 1950) interessierte sich sehr für den als „Vater Europas" bezeichneten Kaiser (747–814), der auch mit einem exotischen Tier verbunden wird, dem ersten in Europa bekannten Elefanten, einem Geschenk des Kalifen von Bagdad. Tutu II. erwies ihm die Ehre in einem traditionellen Häuptlingsgewand. Er trägt keine Krone, doch weisen ihn die goldenen Armreifen in gewisser Weise als Nachfolger Mansa Musas aus; noch immer liegen die größten Goldgruben der Welt im Land der Ashanti. Anders als Mansa Musa ist Tutu ein Christ. Angeblich wanderte sein Volk einstmals aus Mali aus und ließ sich im heutigen Ghana nieder, weil es nicht islamisch werden wollte. Die englische Kolonialmacht erkannte übrigens 1931 den Repräsentanten der Konföderation der Aschantistämme als den rechtmäßigen Herrscher an, da es den Truppen nicht gelang, die Ashanti zu unterwerfen. Tutus Königtum steht also durchaus in einer alten Tradition.

---

39   Vgl. etwa Charlotte WIEDEMANN, Die Wüste liest, in: Die Zeit vom 25.03.2010, S. 13 sowie Markus M. HAEFIGER, Neue Zürcher Zeitung vom 04.01.2010.

40   Vgl. etwa Marion LÖHNDORF, Geheimnisvolle Meisterwerke, in: Neue Zürcher Zeitung vom 23.04.2010.

Abb. 3: Foto von König Tutu II. von Ghana bei seinem Besuch des Aachener Domes 2009

Heute ist sein Amt eher repräsentativer Natur. Ghana ist eine Präsidialdemokratie, doch gewährt sie den paramount chiefs eine gewisse Mitsprache. Tutu II. ist ein gebildeter Mann, der sich sicher in internationalen Wissenskulturen bewegt. An Universitäten in London und in Kanada erwarb er verschiedene Diplome als Verwaltungsfachmann und Finanzexperte und es wurde ihm die Ehrendoktorwürde verliehen. Vor dem Hintergrund dieser kulturellen Traditionen bewegt Tutu sich selbstbewusst zwischen Minister und Domprobst. Großzügig nimmt er die Nachkommen weißer Kolonialherrschaft und missionarischer Überfremdung mit unter seinen Schirm, eine versöhnliche Geste. Die Verarbeitung der Kolonialgeschichte ist in Westafrika recht weit fortgeschritten. Das Wissen um die zurückreichenden Traditionen der vielfältigen afrikanischen Kulturen hat mitgeholfen, die in Europa noch immer dominierende Vorstellung zu überwinden, man sei hilfloses Opfer überlegener Mächte gewesen.

In Deutschland aber sorgte der farbenfrohe Auftritt des Monarchen für Verunsicherung und Tutu erfuhr vielfache Ablehnung[41]. Schließlich sei er nicht demokratisch gewählt, und ob man von der „Einen Welt" sprechen könne, wo einer sich so kleide? Dabei sind Königsfamilien auch in europäische Verfassungssysteme integriert. Und schließlich trägt auch Thronfolger Charles in England bei offiziellen

---

41   Etwa Richard WAGNER, Otumfuo Nana Osei Tutus II. Rede in Bonn, Frankfurter Allgemeine Zeitung vom 30.08.2009.

Anlässen gerne einen Schottenrock und steckt sich nach alter Sitte ein Messer in den Kniestrumpf.

Während Tutu II. sich in Deutschland interessiert den Erinnerungsorten für das europäische Mittelalter stellte, stand der amerikanische Präsident Barack Obama im Juli 2009 in Ghana im Hof einer Sklavenburg, die Europäer im 15. und 16. Jahrhundert erbauten: Cape Coast Castle.

Abb. 4: „The Door of no Return" (Cape Coast Castle, Ghana/Westafrika)

In einer spektakulären Rede erinnerte er dort an seine Vorfahren, die das Tor zum Hafen, „the Door of no Return", gefesselt als Sklaven in Richtung Amerika verließen[42]. Diese Pforte ist ein Erinnerungsort mit großer symbolischer Bedeutung, denn dort endete das afrikanische Mittelalter und führte die aus dem Hinterland, also etwa Mali, zusammengetriebenen Afrikaner über das Meer davon. Obama aber, so schrieb man es in den afrikanischen Zeitungen, habe diesen belasteten Platz kolonialer Demütigung neu definiert. Sein Auftritt zeige, dass es sehr wohl ein Zurückkehren gibt: der Nachkomme geschundener Sklaven kehrt als Präsident der Weltmacht Amerika zurück an die Stelle des Elends. Die Deutungsmacht der Europäer über die afrikanische Geschichte ist quasi gebrochen. Auch hier erschließt sich der historische Triumph des scheinbar dauerhaft Unterlegenen erst im Modus der „langen Dauer". Erneut werden typische Gegensatzpaare des histo-

---

[42]   Übrigens verglich Obama diesen Ort mit dem KZ Buchenwald, ein Hinweis auf eine andere noch immer unverarbeitete Tradition, die die interkulturelle Kommunikation belastet. Nach einer Ghanareise 2009 griff mein Doktorand Jan Breitenstein, der zur Zeit in Hamburg seine Dissertation über den Erinnerungsort Cape Coast Castle schreibt, diese Anregung auf.

rischen Denkens der Moderne widerlegt: Stärke und Schwäche, Macht und Ohnmacht sind wandelbare Größen. Das gilt auch für Mythos und Realität. Denn hier erweist sich der amerikanische Traum als wahr: die unbegrenzten Aufstiegschancen dessen, der in der Standesgesellschaft ganz unten angesiedelt wird. Die Menschen bleiben nicht mehr an den Orten, an die die Historiker sie verwiesen haben.

Die globale Welt konfrontiert im Alltag mit Phänomenen, die einer historisch fundierten Sinnbildung bedürfen. Diese Begegnungen gilt es zu nutzen, um einseitige Bilder vom Rückstand der anderen und dem eigenen Fortschritt aufzubrechen und die vielfältige Durchdringung und Präsenz des Alten im Neuen aufzuweisen. Eine Chance, nun auch jene mittelalterlichen Jahrhunderte der Gemeinsamkeit zwischen Europäern, Asiaten und Afrikanern wiederzufinden, die dem Kolonialismus vorausgingen. Der Geschichtsunterricht erfüllt hier eine wichtige Aufgabe, damit „The Door of no Return", soeben ein wenig geöffnet, nicht wieder zufällt. Sonst wird der Mittelalterunterricht zu Recht die Aufmerksamkeit der Schülerinnen und Schüler verlieren, die ihre Fragen zunehmend aus der Geschichtskultur beziehen, und wir werden an den wichtigen Diskursen der Gegenwart nicht beteiligt werden.

Jörg Schwarz

Mittelalter-Rezeption in der deutschen Geschichtswissenschaft des 19. und 20. Jahrhunderts.

Die Aufnahme der Quellengattung der Gesandtenberichte in den Diskurs der Mediävistik

1.   Einleitung

Unter „Rezeption" (lat.: *receptio*[1]) versteht man in der Regel die Auf- oder Übernahme von fremdem Ideen-, Gedanken- oder Kulturgut. Ganz besonders wird mit
dem Begriff die Aneignung oder Wiederbelebung von Literatur, Theater, Kunst
und Musik verknüpft. Gerade in diesem kulturellen Bereich hat sich der Begriff
„Rezeption" auch in einem nicht-wissenschaftlichen Sprachgebrauch wohl am
stärksten etabliert. Man denke nur (obwohl der Vorgang als solcher bereits in Frage
gestellt worden ist) an die Rede von der „Rezeption" der Musik Johann Sebastian
Bachs und die sich hierbei sofort einstellenden Assoziationen der im Rahmen
bestimmter Voraussetzungen stattgefundenen „Wiederentdeckung" dieses Kompo-
nisten bzw. bestimmter Werke von diesem durch das 19. Jahrhundert[2].

Um solcherart Rezeptionen hat sich mittlerweile eine eigene Forschungsrichtung
konstituiert, die so genannte Rezeptionsforschung bzw. Rezeptionsgeschichte, die
die Aufnahme und Wirkungsgeschichte einer historischen Gestalt, eines Autors,
eines Kunstwerks, einer literarischen Mode usw. bei bestimmten sozialen Gruppen
in unterschiedlichen Zeiten erforscht. Unstrittig ist, dass der Musik-, Kunst- und
vor allem Literaturwissenschaft dabei eine Art Vorreiterrolle zuzumessen ist. Die
„Rezeptionsgeschichte" war (und ist) ein zentraler Bestandteil der Entwicklung der
neueren Literaturtheorie, die bekanntlich besonders von der so genannten literarischen Hermeneutik, einer speziellen Richtung der Theorie der Auslegung von
Werken und deren Verstehen, wichtige Anstöße erhielt[3]. Mehr und mehr hat sich

---

1   Vgl. Karl-Ernst GEORGES, Ausführliches lateinisch-deutsches Handwörterbuch, 8., verb. und
     verm. Aufl., Hannover 1913/18 (Nachdruck 2010), siehe vor allem das Stichwort „receptio".
2   Vgl. nur Emil PLATEN, Johann Sebastian Bach. Die Matthäus-Passion: Entstehung, Werkbe-
     schreibung, Rezeption, 6. Aufl., München – Kassel 2000.
3   Zum Begriff „Rezeption" vgl. im Überblick Achim BARSCH, Art. „Rezeptionsforschung, em-
     pirische", in: Metzler-Lexikon Literatur- und Kulturtheorie. Ansätze – Personen – Grundbe-
     griffe, hg. von Ansgar NÜNNING, 4. akt. und erw. Aufl., Stuttgart – Weimar 2008, S. 621–623.

dabei in den letzten zwei bis drei Jahrzehnten die Aufmerksamkeit vom Autor oder Text auf den Leser übertragen. „Literatur", so Hubert Zapf in einem der derzeit maßgeblichen Nachschlagewerke zur Literatur- und Kulturtheorie, „wird nicht länger im vermeintlich überzeitlich fixierbaren Objekt des Textes verortet, sondern als Kommunikationsprozess aufgefasst[4]. Das Erkenntnisinteresse bleibt nicht auf den individuellen Rezeptionsakt beschränkt, sondern kennzeichnet vielmehr die Geschichte der Literatur selbst, die, so Zapf, „weniger als Abfolge von Werken, sondern als Abfolge von Wirkungen, die diese Werke durch jeweils verschiedene Epochen hindurch ausgeübt haben"[5], verstanden wird. Auch wenn dieses Buch ganz dezidiert nicht einem literarischen Werk als solchem, sondern einem literarischen Zirkel gewidmet ist, darf als einer der bisherigen Höhepunkte der rezeptionsgeschichtlichen Richtung meiner Meinung nach die 2009 erschienene Darstellung vom Nachleben des Dichters Stefan George (1868–1933) von Ulrich Raulff gelten. Raulff untersucht, wie es mit den Anhängern des George-Kreises nach dem Tod des legendären Hauptes, des „Meisters", 1933 weiterging und – geprägt durch die Zeitläufte und beeinflusst von den zum Teil äußerst komplizierten Konstellationen, in denen die „Jünger" zueinander standen – welche Wandlungen deren Rezeption von Georges Ideen erfuhren[6]. Die Rezeption erscheint in diesem Fall so wirkmächtig, dass Raulff zu Recht schreiben konnte: „Von den drei lyrischen Sternen, die am Himmel des frühen 20. Jahrhunderts standen, Rilke, Hofmannsthal, George, hatten alle drei eine große Wirkungs- und Rezeptionsgeschichte. Ein Nachleben aber hatte nur George"[7].

2.   Rezeptionsgeschichte und Mittelalterforschung

Unübersehbar beginnt sich auch die Mediävistik für die Rezeption ihrer Stoffe, ihres Personals und ihrer Themen mehr und mehr zu interessieren – und zwar dezidiert nicht als „Beigabe", als Anhang am Ende eines aus vornehmlich aus zeitgenössischen Quellen modellierten Werkes, sondern als das zentrale Erkenntnisziel. Um hierfür nur zwei charakteristische Beispiele zu nennen: Marcus Thomsen fragte, das berühmte Zitat von Ernst Kantorowicz im Titel seines 2005 erschienenen Buches benutzend, nach der „Rezeption" Kaiser Friedrichs II. in Mittelalter,

---

4   Hubert ZAPF, Art. „Rezeptionsgeschichte", in: Metzler-Lexikon Literatur- und Kulturtheorie (Anm. 3) S. 623–625.

5   Ebd. S. 624.

6   Ulrich RAULFF, Kreis ohne Meister. Stefan Georges Nachleben, München 2009. Zur Resonanz auf das Werk vgl. nur die Rezension von Alexander CAMMANN, in: „Die Zeit" vom 08.10.2009.

7   RAULFF (Anm. 6) S. 19.

Neuzeit und Moderne[8]. Und Romedio Schmitz-Esser untersuchte vor kurzem das Nachleben des hochmittelalterlichen Ketzers Arnold von Brescia (†1155) vom 12. Jahrhundert bis in die Gegenwart hinein[9]. Zu beiden Fällen ist zu sagen, dass sie – auch über das jeweilige Erkenntnisinteresse hinaus – unserer bisherigen Anschauung der jeweiligen Objekte eine neue Dimension hinzufügten, die allein durch eine klassische Quellenanalyse so nicht zu gewinnen gewesen wäre.

Wenn im Rahmen eines Vortrags dieser Tagung von „Mittelalter-Rezeption" in der deutschen Geschichtswissenschaft des 19. und 20. Jahrhunderts gesprochen werden soll, so ist das sicherlich nur dann praktikabel, wenn das Ganze auf einen bestimmten Ausschnitt beschränkt wird[10]. Der Ausschnitt, der hier gewählt wird, ist keine Person (wie etwa der oben erwähnte Kaiser Friedrich II. oder Arnold von Brescia), auch kein Phänomen (wie etwa „der Investiturstreit" oder die „Entstehung der Stadt"), es ist eine Quellengattung, die in der Mittelalterforschung in den letzten zwei bis drei Jahrzehnten größere Beachtung erfahren hat, eben auf eine neue, andere Art und Weise *rezipiert* worden ist, aber außerhalb dieser noch kaum bekannt ist: mittelalterliche Gesandtenberichte.

3.   Eine mittelalterliche Quellengattung und ihre Rezeption

Was sind Gesandtenberichte? Eine einfache Antwort, alle notwendigen zeitlichen und räumlichen Differenzierungen außer acht lassend, könnte ungefähr so lauten: An den Status eines – von welcher Instanz auch immer – offiziell Beauftragten gebunden, lieferten „Gesandte" Briefe, Berichte, Memoranden an den jeweiligen Auftraggeber, während oder – auch dieser Fall ist bezeugt – erst nach Abschluss ihrer Mission[11]. Die Bewertung dieser Quellengattung durch die moderne

---

8   Marcus THOMSEN, „Ein feuriger Herr des Anfangs ...". Kaiser Friedrich II. in der Auffassung der Nachwelt (Kieler Historische Studien 42), Stuttgart 2005.

9   Romedio SCHMITZ-ESSER, Arnold von Brescia im Spiegel von acht Jahrhunderten Rezeption. Ein Beispiel für Europas Umgang mit der mittelalterlichen Geschichte vom Humanismus bis heute, Wien – Berlin 2007.

10   Vorausgesetzt wird dabei zum einen, dass es für den gesamten Zeitraum des 19. und 20. Jahrhunderts eine Geschichts*wissenschaft* gegeben hat, d.h. eine primär an den Universitäten verankerte Disziplin, als deren Erkennungszeichen die Ausübung der historisch-kritischen Methode als ausschlaggebendes Kriterium gelten kann. Und vorausgesetzt werden soll dabei weiter, dass es möglich ist, von einer deutschen Geschichtswissenschaft des 19. und 20. Jahrhunderts zu reden, ungeachtet aller Transformationen des politischen Rahmens und der Rahmenbedingungen.

11   Zum Status des „Gesandten" im Mittelalter im Überblick Fritz TRAUTZ, Art. Gesandte (Diplomatie und Gesandtschaftswesen), B. Mittel- und Westeuropa, I. Allgemeines, II. Deutschland/Imperium, in: Lexikon des Mittelalters, Bd. 4, München – Zürich 1989, Sp. 1367–1370. Zu den Berichten selbst im Überblick Donald E. QUELLER, The office of ambassador in the Middle Ages, Princeton, New Jersey 1967, S. 110–148; Jörg WETTLAUFER,

Mittelalterforschung litt – wie namentlich Jürgen Petersohn konstatierte – lange Zeit vor allem an einer mehr oder weniger unbewussten Projektion neuzeitlicher Vorstellungen und Erfahrungen auf die Verhältnisse des Spätmittelalters[12]. Bestimmend schien dabei vor allem die Befürchtung zu sein, mit der Erschließung dieser Quellen einem dem Mediävisten nicht gemäßen Medium, nämlich den Akten, zu begegnen[13]. Gesandtenberichte jedoch – dies zu betonen heißt den Lebensnerv dieser Quellengattung zu treffen – sind im auffälligen Unterschied zu den Nuntiaturberichten der Neuzeit – keine Serienquellen, die gesichtet und in Auswahl vorgelegt werden können, sondern „nach Maßgabe ihrer Überlieferung eher Einzelstücke von individuellem Rang" (J. Petersohn)[14].

In den beiden derzeit meistbenutzten Einführungswerken zum Studium der mittelalterlichen Geschichte spiegelt sich die Bedeutung dieser Berichte nicht wieder, weder bei Hans-Werner Goetz[15] noch bei Martina Hartmann[16] – was angesichts der Nöte bei der Abfassung solcher Kompendien und Lehrbücher, eine rechte Auswahl zu treffen, kein Vorwurf sein soll. Doch sowohl für eine Beachtung im Geschichtsstudium wie auch (in entsprechender Aufarbeitung) in der Schule könnten diese Berichte lebendigste Informationen und faszinierende Einblicke in das Mittelalter liefern. Dass dieser Quellenstoff als solcher außerhalb der Fachwelt bislang kaum bekannt ist, hat mit den besonderen Umständen seiner Rezeption zu tun.

In den editorischen Großunternehmungen der deutschen Geschichtswissenschaft des frühen und mittleren 19. Jahrhunderts, allen voran in den 1819 mit ihrer Arbeit beginnenden Monumenta Germaniae Historica, wurden Gesandtenberichte nur wenig und wenn, dann jedenfalls nicht vorrangig berücksichtigt. In den Monumenta Germaniae Historica – fixiert vor allem auf die Quellengattungen „Geschichtsschreibung" und „Urkunden" – gab es keine eigene Abteilung für diese Berichte. Die Lage begann sich erst in der zweiten Hälfte des 19. Jahrhunderts insofern zu ändern, als seit 1859 der Plan für die Edition der deutschen Reichstagsakten, einem

---

Gesandtschafts- und Reiseberichte, in: Höfe und Residenzen im spätmittelalterlichen Reich. Hof und Schrift, hg. von Werner PARAVICINI (Residenzenforschung 15,3), Ostfildern 2007, S. 361–372, hier S. 362f.

12   Jürgen PETERSOHN, Diplomatische Berichte und Denkschriften des päpstlichen Legaten Angelo Geraldini aus der Zeit seiner Basel-Legation (1482–1483) (Historische Forschungen 14), Wiesbaden 1987, S. 10.

13   Ebd. S. 10. Zu Akten als Quellengattung Ahasver VON BRANDT, Werkzeug des Historikers. Mit aktualisierten Literaturnachträgen und einem Nachwort von Franz FUCHS, 16. Aufl., Stuttgart 2003, S. 103–116; Hans-Werner GOETZ, Proseminar Geschichte: Mittelalter, 3. überarb. Aufl., Stuttgart 2006, S. 176ff.; Martina HARTMANN, Mittelalterliche Geschichte studieren, Konstanz 2004, S. 137 und 190.

14   PETERSOHN, Diplomatische Berichte (Anm. 12) S. 10.

15   GOETZ, Proseminar (Anm. 13) S. 185 erwähnt in seinem Abschnitt über „Briefe" auch solche diplomatischen Charakters und geht so in Richtung dieser Quellengattung.

16   HARTMANN (Anm. 13) S. 137 behandelt ebenfalls lediglich die mittelalterliche Briefliteratur als solche.

zentralen Editionsprojekt von Quellen zur Geschichte des späteren Mittelalters und der Frühen Neuzeit, entwickelt wurde[17]. Spiritus rector des Unternehmens war Leopold von Ranke (1795–1886), der berühmte „Gründervater" der modernen, durch die historisch-kritische Methode konstituierten Geschichtswissenschaft[18]. Der erste Band der Reichstagsakten, herausgegeben von Julius Weizsäcker (1822–1889), dem Professor für Geschichte an den Universitäten Erlangen, Tübingen, Straßburg, Göttingen und Berlin[19], erschien 1867, weitere erschienen in relativ rascher Folge[20]. Die Edition ist bis heute nicht abgeschlossen. Das Editionsunternehmen, das aus mehreren Reihen besteht[21], galt selbstverständlich nicht primär der Edition von Gesandtenberichten, sondern eben von Reichstagsakten. Zu Recht wurde jedoch gesagt, dass diese Bände immer auch mehr boten als nur die Erzeugnisse der jeweiligen Reichsversammlungen und insofern weniger eine Edition von *Reichstags*akten im engeren Sinne, sondern von *Reichs*akten waren[22]. In der Tat: Faktisch werden „die in den Monumenta Germaniae Historica edierten Reihen der Diplomata und der Constitutiones [...] durch die Deutschen Reichstagsakten fortgesetzt"[23]. Und auch in diesem Fall gilt das „illusionslose" Wort Hermann Heimpels, wonach diese Bände, so steinbruch- oder irrgartenartig sie auf den Nichteingeweihten wirken, Darstellungen weniger vorbereiten als vielmehr ersetzen[24].

---

17 Zum Unternehmen der Reichstagsakten Eike WOLGAST, Deutsche Reichstagsakten, in: „ ... für deutsche Geschichts- und Quellenforschung". 150 Jahre Historische Kommission bei der Bayerischen Akademie der Wissenschaften, hg. von Lothar GALL, München 2008, S. 79–120; Heribert MÜLLER, Die Reichstagsakten (Ältere Reihe) und ihre Bedeutung für die europäische Geschichte, in: Fortschritte in der Geschichtswissenschaft durch Reichstagsaktenforschung. Vier Beiträge aus der Arbeit an den Reichstagsakten des 15. und 16. Jahrhunderts, hg. von Heinz ANGERMEIER und Erich MEUTHEN (Schriftenreihe der Historischen Kommission bei der Bayerischen Akademie der Wissenschaften 35), Göttingen 1988, S. 17–46.

18 Zu Leopold von Ranke im Überblick Alfred DOVE, Art. Ranke, Leopold von, in: Allgemeine Deutsche Biographie, Bd. 27, Leipzig 1888, S. 242–269; Volker DOTTERWEICH, Art. Ranke, Leopold, in: Biographisch-bibliographisches Kirchenlexikon, Bd. 7, Hamm 1994, Sp. 1324–1355; Martin WAHLER, Leopold von Ranke, in: Mitteldeutsche Lebensbilder, Bd. 2: Lebensbilder des 19. Jahrhunderts, Magdeburg 1927, S. 171–186.

19 Weizsäcker gab im Auftrag der Münchener Historischen Kommission insgesamt sechs Bände der Deutschen Reichstagsakten (1867–1888) aus der Zeit König Wenzels und Ruprechts heraus. Zu Weizsäcker im Überblick Ernst BERNHEIM, Art. Julius Ludwig Friedrich von Weizsäcker, in: Allgemeine Deutsche Biographie, Bd. 41, Leipzig 1898, S. 637–645.

20 Bände 1–3: König Wenzel (1376/87; 1388/97; 1397/1400), 1867ff.; Bände 4–6: König Ruprecht (1400/01; 1401/05; 1406/10); 1882ff.; alle Bände hg. von Julius WEIZSÄCKER.

21 Einer Älteren Reihe (1376–1485), einer Mittleren Reihe (Deutsche Reichstagsakten unter Maximilian I.) sowie einer Jüngeren Reihe, den Deutschen Reichstagsakten unter Kaiser Karl V.: die Reichsversammlungen 1556–1662.

22 MÜLLER, Reichstagsakten (Anm. 17) S. 21.

23 Heinz QUIRIN, Einführung in das Studium der mittelalterlichen Geschichte, 5. Aufl., Stuttgart 1991, S. 118.

24 Hermann HEIMPEL, Deutsche Reichstagsakten, Ältere Reihe, in: Die Historische Kommission bei der Bayerischen Akademie der Wissenschaften 1858–1958, Göttingen 1958, S. 82–117,

Reichssachen und Gesamtdarstellung: Gerade dadurch – unfreiwillig, aber nicht weniger wirksam als manches planvoll Angestrebte – konnte die Editionsreihe so zu einem wertvollen Auffangbecken für anderes – wie eben auch von Gesandtenberichten – werden.

Aus diesen Zusammenhängen heraus konnte Ende des 19. Jahrhunderts Viktor Menzel, ein Schüler Weizsäckers, eine Gesamtdarstellung des Gesandtschaftswesens erarbeiten[25]. Nach einer Definition der Begriffe „Gesandtschaftswesen" und „Gesandter", die noch immer etwas Erhellendes besitzt[26], versucht Menzel – mit unübersehbaren methodischen Anleihen aus Diplomatik und Briefstillehre – eine Systematisierung seines Quellenstoffes. Er unterscheidet die Akten deutscher Gesandtschaften im Mittelalter in 1.) Negotiationspapiere, 2.) Negotiationsbelege und 3.) Hilfspapiere; weitere Unterteilungen gehen aus dieser Klassifizierung hervor[27]. Des weiteren beschäftigt sich Menzel mit dem diplomatischen Verfahren sowie mit dem Zeremoniell, dem Personal von Gesandtschaften, der Dauer der Reisen und der jeweiligen Aufenthalte vor Ort, den Beförderungsmitteln, den Kosten sowie dem Gesandtschafts-Recht. Noch immer kann jeder, der sich mit der Materie beschäftigt, von Menzels Werk wichtige Informationen erhalten und noch immer bietet das Werk für fast alle konkreten Einzelphänomene, die bei Bearbeitung des Stoffes in Erscheinung treten, eine Fülle von Referenzmöglichkeiten[28]. Menzels Buch – und das soll in keiner Weise abwertend gemeint sein – ist ein Werk des 19. Jahrhunderts. Neben einer Kategorisierung und Systematisierung des Quellenstoffes, die an das berühmte „Handbuch der Urkundenlehre für Deutschland und Italien" von Harry Bresslau (1848–1926) erinnert[29], war Menzel vor allem an der

---

hier S. 109; die Charakterisierung „illusionslos" findet sich bei MÜLLER, Reichstagsakten (Anm. 17) S. 21.

25 Viktor MENZEL, Deutsches Gesandtschaftswesen im Mittelalter, Hannover 1892.

26 Menzels Definitionsversuch lautet: „Gesandter ist eben ursprünglich jeder C, den A (Absender) an B (Adressaten) sendet, um etwas zu überbringen, zu sagen, zu bitten, zu fordern, zu beraten, zu erwirken, was er, A, persönlich überbringen, sagen usw. nicht kann oder nicht will". Vgl. MENZEL (Anm. 25) S. 1.

27 MENZEL (Anm. 25) S. VII (Inhaltsverzeichnis).

28 Vgl. nur Hermann HEIMPEL, Die Vener von Gmünd und Straßburg 1162–1447. Studien und Texte zur Geschichte einer Familie sowie des gelehrten Beamtentums in der Zeit der abendländischen Kirchenspaltung und der Konzilien von Pisa, Konstanz und Basel (Veröffentlichungen des Max-Planck-Instituts für Geschichte 52,1), Göttingen 1982, S. 208 Anm. 166.

29 Harry BRESSLAU, Handbuch der Urkundenlehre für Deutschland und Italien, Bd. 1, Leipzig 1889 (2. Aufl. 1912); Bd. 2 (2. Aufl. 1931) (nach dem Tode des Verfassers bearbeitet von Hans Walter KLEWITZ). Zu Harry Bresslau im Überblick Paul Fridolin KEHR, Harry Bresslau (Nachruf), in: Neues Archiv 47 (1927) S. 251–266; Gottfried OPITZ, Art. Bresslau, Harry, in: Neue Deutsche Biographie, Bd. 2, Berlin 1955, S. 600f. Zum Kontext der deutschen Mediävistik in dieser Zeit Rudolf SCHIEFFER, Weltgeltung und nationale Verführung. Die deutschsprachige Mediävistik vom ausgehenden 19. Jahrhundert bis 1918, in: Die deutsch-

Auswertung der Berichte für die politische Geschichte interessiert. All das, was die gegenwärtige Geschichtswissenschaft so sehr an diesen Berichten anspricht und fasziniert – Nachrichten über die Kommunikationsbedingungen, klimatische Erscheinungen, soziale Kontakte, vor allem aber das subjektive Empfinden der eigenen Lage, Schilderungen von Ängsten, Nöten, Sorgen der Gesandten – spielten für ihn allenfalls eine nebensächliche Rolle[30]. Menzel blieb für lange Zeit *das* Standardwerk der Materie. Und er konnte diese Stellung nicht zuletzt deswegen so uneingeschränkt behaupten, weil sich die deutsche Mediävistik in den folgenden Jahrzehnten schwerpunktmäßig ganz anderen Themen zuwandte: Verfassungsgeschichte, Sozialgeschichte, Landesgeschichte. Daneben existierende Forschungsrichtungen zum Teil ganz anderer Art – Geistes-, Ideen-, Bildungsgeschichte, Kirchenrecht – erlitten durch die Emigration zur Zeit der Herrschaft des Nationalsozialismus eine nicht unerhebliche Einbuße, die nach dem 2. Weltkrieg (in ihren Gesamtwirkungen wohl bis auf den heutigen Tag) nicht mehr rückgängig zu machen waren[31].

Im Rahmen der sich seit den 70er und frühen 80er Jahren des 20. Jahrhunderts ganz allgemein abzeichnenden Ausweitung der Fragestellungen der deutschen Mediävistik in die denkbar verschiedensten Bereiche hinein – ein vielschichtiger, faszinierender, aus den verschiedensten Wurzeln heraus erwachsener Prozess, der hier als solcher nicht weiter zu erörtern ist[32], – gewannen auch diplomatie- und außenpolitische Themenfelder an Bedeutung. Dabei wurden Blickrichtungen aufgenommen, die in der internationalen, vor allem der hier tonangebenden amerikani-

---

sprachige Mediävistik im 20. Jahrhundert, hg. von Peter MORAW und Rudolf SCHIEFFER (Vorträge und Forschungen 62), Ostfildern 2005, S. 39–61.

30 Vgl. Katharina JECKEL, Städtische Kommunikation im Spiegel der Nördlinger Gesandtenberichte vom Hof Kaiser Friedrichs III., Masterarbeit Freiburg im Breisgau 2010 (masch.), S. 8–11.

31 Jürgen PETERSOHN, Deutschsprachige Mediävistik in der Emigration. Wirkungen und Folgen des Aderlasses der NS-Zeit (Geschichtswissenschaft – Rechtsgeschichte – Humanismusforschung), in: Historische Zeitschrift 277 (2003) S. 1–60, bes. S. 51ff.

32 Vgl. zu diesem Prozess nur Hans-Werner GOETZ, Moderne Mediävistik. Stand und Perspektiven der Mittelalterforschung, Darmstadt 1999; Peter JOHANEK, Zu neuen Ufern? Beobachtungen eines Zeitgenossen zur deutschen Mediävistik von 1975 bis heute, in: Die deutschsprachige Mediävistik im 20. Jahrhundert (Anm. 29) S. 138–174. Zu diesem Prozess speziell in Bezug auf den Konstanzer Arbeitskreis für mittelalterliche Geschichte Stefan WEINFURTER, Standorte der Mediävistik. Der Konstanzer Arbeitskreis im Spiegel seiner Tagungen, in: ebd., S. 9–38, bes. S. 20ff. (Die „methodische Wende"). Zur Geschichte des Konstanzer Arbeitskreises Traute ENDEMANN, Geschichte des Konstanzer Arbeitskreises. Entwicklung und Strukturen 1951–2001 (Veröffentlichungen des Konstanzer Arbeitskreises für mittelalterliche Geschichte aus Anlass seines fünfzigjährigen Bestehens 1951–2001, 1), Stuttgart 2001; Der Konstanzer Arbeitskreis für mittelalterliche Geschichte 1951–2001. Die Mitglieder und ihr Werk. Eine bio-bibliographische Dokumentation, bearbeitet von Jörg SCHWARZ, hg. von Jürgen PETERSOHN (Veröffentlichungen des Konstanzer Arbeitskreises für mittelalterliche Geschichte aus Anlass seines fünfzigjährigen Bestehens 1951–2001, 2), Stuttgart 2001.

schen und westeuropäischen Mittelalterforschung längst auf eine ausgeprägte Weise vorhanden waren[33]. Musste Diplomatiegeschichte in der deutschen Mediävistik bis dahin als eine Art „Außenseiterbemühung" gelten[34], so hat sich dieser Zustand seither zwar nicht ins Gegenteil verkehrt, durfte aber bald als vollkommen abgeschlossen betrachtet werden. Das hatte spürbare Folgen auch für die hier im Blickpunkt stehende Quellengattung. Mit der noch in den 1980er, vor allem aber in den 1990er Jahren zu verzeichnenden Zunahme der Beschäftigung mit vormodernen Mächtebeziehungen sowohl innerhalb des Reiches als auch der zwischen dem Reich und außerhalb dessen Grenzen gelegenen Mächten gewannen auch die Texte, in denen sich diese Beziehungen am deutlichsten, am direktesten niederschlugen, an Interesse. Zwei signifikante Einzelbeispiele seien dafür hervorgehoben:

• 1985 veröffentlichte Jürgen Petersohn seine Biografie des italienischen Diplomaten Angelo Geraldini (1422–1486)[35]. Der in Amelia in Umbrien Geborene, der im kurialen Dienst Karriere machte und Bischof von Sessa Aurunca in der Terra di Lavoro wurde, gehöre, so Petersohn, zwar „nicht zu den Großen seines Jahrhunderts. Er war eine profilierte und [...] keineswegs unbedeutende Persönlichkeit des Quattrocento". Doch sein Leben rechtfertige intensiveres Interesse vor allem deshalb, weil es bei aller Individualität der Erscheinungen in starkem Maße Typisches seiner Zeit und seiner Umwelt, der italienischen Renaissance, sichtbar werden lasse[36]. Was den in Geraldinis Leben zentralen Faktor „Diplomatie" anbelangt, so ließen sich die weitgespannten Aktivitäten dieses Mannes, unter denen seine Beauftragung im Kampf Papst Sixtus' IV. (1471–1484) gegen dessen einstigen Gefolgsmann, den abtrünnigen Erzbischof von Krajina, Andreas Jamometić (†1484), herausragt, am intensivsten durch Gesandtenberichte erhellen[37]. 1987, zwei Jahre

---

33   Vgl. nur Vincent ILARDI, The Italian League, Francesco Sforza and Charles VII (1454–1461), in: Studies in the Renaissance 6 (1958) S. 129–166; DERS., Fifteenth-Century Diplomatic Documents in Western European Archives and Libraries (1450–1494), in: Studies in the Renaissance 9 (1962) S. 64–112 und QUELLER (Anm. 11).

34   Vgl. Jürgen PETERSOHN, Kaiserlicher Gesandter und Kurienbischof. Andreas Jamometić am Hof Papst Sixtus' IV. (1478–1481). Aufschlüsse aus neuen Quellen (MGH Studien und Texte 35), Hannover 2004, S. VIIf. (Vorwort).

35   Jürgen PETERSOHN, Ein Diplomat des Quattrocento (1422–1486) (Bibliothek des Deutschen Historischen Instituts in Rom 62), Tübingen 1986. Zu diesem im Überblick DERS., Art. Geraldini, Angelo, in: Die Bischöfe des Heiligen Römischen Reiches 1448 bis 1648, hg. von Erwin GATZ unter Mitwirkung von Clemens BRODKORB, Berlin 1996, S. 225f.

36   PETERSOHN, Ein Diplomat (Anm. 35) S. XIII (Einleitung).

37   Zur Person des Andreas Jamometić Jürgen PETERSOHN, Zum Personalakt eines Kirchenrebellen. Name, Herkunft und Amtssprengel des Basler Konzilsinitiators Andreas Jamometić, in: Zeitschrift für historische Forschung 13 (1986) S. 1–14; DERS., Art. Jamometić, Andreas, in: Lexikon des Mittelalters, Bd. 5, München – Zürich 1991, Sp. 299; DERS., Ein Diplomat (Anm. 35) S. 152ff.; speziell zu Herkunft, Ausbildung und Aufstieg DERS., Kaiserlicher Gesandter (Anm. 34) S. 10–19, speziell zur Basel-Legation Geraldinis DERS., Ein Diplomat (Anm. 35) S. 157ff.

nach Veröffentlichung der Biografie, hat Petersohn diese Berichte in einer eigenen Monographie in einer kritischen Edition herausgegeben[38]. Der Basler Konzilsversuch vom Frühjahr 1482 hatte den Pontifikat Sixtus' aufs Schwerste herausgefordert; er kann, wenn auch angefüllt mit vielfältigster individueller Motivation, in seinen Ursachen und Wirkungen geradezu als Spiegel der kirchlichen Situation im ausgehenden 15. Jahrhundert gelten.

  ● Etwas mehr als ein Jahrzehnt danach, 1996, legte Claudia Märtl ihre Biografie über den aus Frankreich stammenden Kardinal Jean Jouffroy (†1473) vor, der 1438 am Papsthof während des Konzils von Ferrara/Florenz eine steile Karriere begonnen hatte[39]. 20 Jahre lang war Jouffroy zunächst für den burgundischen Herzog Philipp den Guten (1419–1467) tätig[40], der ihn im Zuge seiner Kreuzzugsbemühungen als Gesandten an nahezu allen wichtigen Höfen Europas sowie als Verbindungsmann zur römischen Kurie zum Einsatz kommen ließ[41]. Nachdem Jouffroys kirchliche Laufbahn 1461, zur Zeit Papst Pius II. (1458–1464), durch eine Promotion zum Kardinal gekrönt worden war, orientierte sich dieser weg von Burgund und hin zu Frankreich. Seine entschiedene Stellungnahme für den französischen König Ludwig XI. (1461–1483) führte schließlich zum Zerwürfnis mit Pius II. Von zentraler Bedeutung für Märtls Arbeit erwiesen sich vor allem mailändische und mantuanische Gesandtenberichte über das Agieren Jouffroys[42]. Mit Hilfe dieser Berichte war es nicht nur möglich, die politischen Aktivitäten „des Helden" nachzuzeichnen, sondern vor allem auch dessen konsequent negative Porträtierung in der berühmten Autobiografie Papst Pius II. zu überprüfen[43].

Mit vielfältigen Bezugspunkten hierzu wurde spätestens seit dem Ende der 1990er Jahre endgültig der Paradigmenwechsel eingeläutet, der dazu führte, dass ein bis dahin in der deutschen Mediävistik eher randseitiges Sujet mehr und mehr

---

38 Diplomatische Berichte und Denkschriften des päpstlichen Legaten Angelo Geraldini aus der Zeit seiner Basel-Legation (1482–1483), bearbeitet und herausgegeben von Jürgen PETERSOHN (Historische Forschungen 14), Wiesbaden 1987.

39 Claudia MÄRTL, Kardinal Jean Jouffroy (†1473). Leben und Werk (Beiträge zur Geschichte und Quellenkunde des Mittelalters 18), Sigmaringen 1996.

40 Zu Philipp dem Guten im Überblick Werner PARAVICINI, Karl der Kühne. Das Ende des Hauses Burgund (Persönlichkeit und Geschichte 94/95), Göttingen 1976, S. 8–11; Peter NIEDERHÄUSER, Philipp der Gute (1396–1467), in: Karl der Kühne (1433–1477). Kunst, Krieg und Hofkultur, hg. von Susan MARTL, Till-Holger BORCHERT und Gabriele KECK, Bern – Brüssel – Brügge 2008, S. 26; im Rahmen der Gesamtentwicklung Burgunds im 15. Jahrhundert im Überblick Erich MEUTHEN, Das 15. Jahrhundert (Oldenbourg Grundriss der Geschichte 9), 4., überarb. Aufl. von Claudia MÄRTL, München 2006, S. 53.

41 Zu diesen Plänen Heribert MÜLLER, Kreuzzugspläne und Kreuzzugspolitik des Herzogs Philipp des Guten von Burgund (Schriftenreihe der Historischen Kommission bei der Bayerischen Akademie der Wissenschaften 51), Göttingen 1993.

42 MÄRTL, Kardinal (Anm. 39) bes. S. 13 (zur grundsätzlichen Bedeutung speziell mailändischer Gesandtenberichte für die Arbeit) sowie ebd. S. 377–382, hier bes. S. 387f. (Register der ungedruckten Quellen).

43 MÄRTL, Kardinal (Anm. 39) S. 11–13.

ins Zentrum des Interesses rückte. Um von den vielen Einzelstudien, die in diesem Zusammenhang zu nennen sind, abzusehen, seien nur folgende zwei Sammelwerke, die auf charakteristische Weise die unterschiedlichen Themen, Ansätze und Methoden dieser Forschungsrichtung repräsentieren, genannt: der 2002 von Dieter Berg, Martin Kintzinger und Pierre Monnet herausgegebene Band „Auswärtige Politik und internationale Beziehungen im Mittelalter (13. bis 16. Jahrhundert)"[44] sowie der 2007 von Sonja Dünnebeil und Christine Ottner herausgegebene Band über „Außenpolitisches Handeln im ausgehenden Mittelalter"[45]. Nicht wenigen erscheint die Konjunktur des Themas bereits so stark, dass man glaubt vor einer Überbewertung warnen zu müssen[46].

Aber auch über eine andere „Rezeptionsschiene", geleitet von einem ganz anderen erkenntnistheoretischen Interesse, rückten Gesandtenberichte in Kernbereiche mediävistischer Diskussionen vor. Gemeint ist das Gespräch vom „Hof". Eingebettet in umfassende kulturwissenschaftliche Zusammenhänge[47], sieht man im Hof geradezu „die wichtigste politische Institution Alteuropas"[48]. Seine „Polyvalenz" fesselt den Historiker[49]. In unserem Fall, vor dem Hintergrund unserer Quellengattung, ist es hauptsächlich der kaiserliche Hof, der interessiert. Fast alles scheint er im Rahmen älterer Staatlichkeit gewesen zu sein: Ort kaiserlicher Selbstdarstellung, höchste Entscheidungs- und Legitimationsinstanz, Sozialverband, Kommuni-

---

44   Auswärtige Politik und internationale Beziehungen im Mittelalter (13. bis 16. Jahrhundert), hg. von Dieter BERG, Martin KINTZINGER und Pierre MONNET (Europa in der Geschichte 6), Bochum 2001.

45   Außenpolitisches Handeln im ausgehenden Mittelalter: Akteure und Ziele, hg. von Sonja DÜNNEBEIL und Christine OTTNER unter Mitarbeit von Anne Katrin KUNDE (Forschungen zur Kaiser- und Papstgeschichte des Mittelalters 27), Wien – Köln – Weimar 2007, S. 21f.

46   So Paul-Joachim Heinig, der in einem interessanten Einwurf darauf hingewiesen hat, dass es hier speziell aus deutscher Sicht gute Gründe geben könnte, nicht jeden Zug der internationalen Forschung zu adaptieren. Vgl. DERS., Konjunkturen des Auswärtigen. State formation und internationale Beziehungen im 15. Jahrhundert, in: Außenpolitisches Handeln im ausgehenden Mittelalter (Anm. 45) S. 21–58.

47   Norbert ELIAS, Die höfische Gesellschaft. Untersuchungen zur Soziologie des Königtums und der höfischen Aristokratie, 11. Aufl., Frankfurt a.M. 1983; Joachim BUMKE, Höfische Kultur. Literatur und Gesellschaft im hohen Mittelalter, 11. Aufl., München 2005; Jan-Dirk MÜLLER, Gedechtnus. Literatur und Hofgesellschaft um Maximilian I. (Forschungen zur Geschichte der älteren deutschen Literatur 2), München 1982 (zum Hof Maximilians I.). Aloys WINTERLING, Der Hof der Kurfürsten von Köln 1688–1794. Eine Fallstudie zur Bedeutung „absolutistischer" Hofhaltung, Bonn 1986; Dieter MERTENS, Der Preis der Patronage. Humanismus und Höfe?, in: Funktionen des Humanismus. Studien zum Nutzen des Neuen in der humanistischen Kultur, hg. von Thomas MAISSEN und Gerrit WALTHER, Göttingen 2006, S. 125–154.

48   Reinhardt BUTZ – Dietmar WILLOWEIT, Vorwort, in: Hof und Theorie. Annäherungen an ein historisches Phänomen (Norm und Struktur 22), Köln – Weimar – Wien 2004.

49   Zum Begriff der „Polyvalenz" in diesem Zusammenhang Werner PARAVICINI, Die ritterlich-höfische Kultur des Mittelalters (Enzyklopädie deutscher Geschichte 32), 2. Aufl., München 1999, S. 66.

kations- und Nachrichtenzentrum. Doch über diese bloßen Zustandsbeschreibungen hinaus ist so gut wie alles Desiderat. Man spricht – so Werner Paravicini – von der „unfasslichen Erscheinung" namens Hof[50] oder stellt, wie derselbe Autor an anderer Stelle, ebenso resignierend wie herausfordernd, fest, dass sich der Hof bislang noch jeglicher Definition entzogen habe[51]. Nicht wenige, die sich mit dem Phänomen beschäftigt haben, fühlten sich zum Schluss genötigt, zu dem klassischen Diktum Walter Maps aus dem 12. Jahrhundert zurückzugreifen: Er lebe zwar am Hof und rede von ihm, doch was der Hof sei, das wisse er nicht[52].

Als eben diese Hofforschung, ebenso unermüdlich wie bislang ergebnislos auf der Suche nach einem Schlüssel für das Gesamtphänomen, den Fächer ihrer Methoden weitete, sie einerseits verstärkt nach den internen Strukturen, dem Ineinandergreifen der einzelnen Rädchen in der Mechanik der Politik fragte, sie andererseits sich aber auch für die Außenwirkung des Ganzen, die Momentaufnahmen ebenso wie die Panoramen, welche die Besucher vom jeweiligen Ort ablichteten und durch ihre Filter entsprechend an den Empfänger weitergaben, zu interessieren begann, spielten gleichfalls Gesandtenberichte eine entscheidende Rolle[53]. Gerade auf diesem Wege sind, wie wenig der Schlüssel auch jetzt in der Hand liegen mag, neue Erkenntnisse gewonnen worden, die ein Licht auch auf den Bauplan als Ganzes werfen. Wenn der kaiserliche Hof des Spätmittelalters in bisherigen Zwischenbilanzen neben seiner Funktion als Medium königlich-kaiserlicher Selbstdarstellung, als höchste Gerichts- und Legitimationsinstanz, als Sozialverband vor allem

---

50 PARAVICINI, Kultur (Anm. 49) S. 65ff.

51 PARAVICINI, Vorwort, in: Höfe und Residenzen im spätmittelalterlichen Reich. Bilder und Begriffe (Residenzenforschung 15,1), Stuttgart 2005, S. XII.

52 *‚In tempore sum et de tempore loquor', ait Augustinus, et adiecit: ‚nescio quid sit tempus'. Ego simili possum admiracione dicere quod in curia sum, et de curia loquor, et nescio, Deus scit, quit sit curia. Scio tamen quod curia non est tempus; temporalis quidem est, mutabilis et varia, localis et erratica, nunquam in eodem statu permanens.* Vgl. Walter MAP, De nugis curialium. Courtiers' trifels, hg. und übers. von Montague Rhodes JAMES, überarb. von C. N. L. BROOKE und R. A. B. MYNORS (Oxford Medieval Texts), Oxford 1983, S. 2f. Angeführt von Joachim EHLERS – Bernd SCHNEIDMÜLLER, Zusammenfassung, in: Deutscher Königshof, Hoftag und Reichstag im späteren Mittelalter, hg. von Peter MORAW (Vorträge und Forschungen 58), Stuttgart 2002, S. 581–613, hier S. 595 (neben vielen weiteren Beispielen einer Verwendung dieses Zitats).

53 Grundlegend Karl-Friedrich KRIEGER, Die Reise des Speyerer Domvikars Bernhard Ruß an den Kaiserhof in Wien (1482). Zur Praxis kaiserlicher Herrschaftsausübung im Spätmittelalter, in: Archiv für mittelrheinische Kirchengeschichte 38 (1986) S. 175–223; Christine REINLE, Ulrich Riederer (ca. 1406–1462). Gelehrter Rat im Dienste Kaiser Friedrichs III. (Mannheimer historische Forschungen 2), Mannheim 1993; Franz FUCHS, *dem liecht der sunnen mit fackeln zu helfen ...* Zu Hans Pirckheimers Gesandtschaftsberichten vom Hofe Kaiser Friedrichs III. (1458/59), in: Wissen und Gesellschaft in Nürnberg um 1500 (Pirckheimer Jahrbuch für Renaissance- und Humanismusforschung 14), Wiesbaden 1999, S. 11–35.

auch als Kommunikations- und Nachrichtenzentrum hervortritt, so baut dies im Wesentlichen auf einer Auswertung von Gesandtenberichten auf[54].

Noch einmal jedoch auf eine ganz andere Weise in die „streams" der modernen Mediävistik hineingezogen wurde die Gattung im Kontext der Fragestellungen nach den Formen und Medien mittelalterlicher Kommunikation, nach den Entstehungsbedingungen, Prozessen und Abläufen kommunikativer Akte zwischen Einzelnen und Gruppen[55]. Hiermit verwoben, durch das unterschiedliche Subjekt dennoch voneinander zu unterscheiden, spielten und spielen Gesandtenberichte eine wichtige Rolle in allen Fragen nach dem rituellen oder situationsbedingten Handeln der Vertreter der Mächtegruppen auf dem diplomatischen Parkett, des – in diesem Bereich wie anderswo – bislang unaufgelösten Spannungsfeldes zwischen Inszenierung, „performance" und individueller Entscheidungsfreiheit[56]. In den Kulturwissenschaften insgesamt – es ist ja nur allzu bekannt – spricht man von einer „performativen Wende"[57]. In der Mediävistik wurde das Paradigma vor allem unter

---

54   Karl-Friedrich KRIEGER, Der Hof Kaiser Friedrichs III. – von außen gesehen, in: Deutscher Königshof, Hoftag und Reichstag im späteren Mittelalter (Anm. 52) S. 163–190, bes. S. 167; Johannes HELMRATH, Vestigia Aeneae imitari. Enea Silvio Piccolomini als „Apostel" des Humanismus. Formen und Wege seiner Diffusion, in: Diffusion des Humanismus. Studien zur nationalen Geschichtsschreibung europäischer Humanisten, hg. von Johannes HELMRATH, Ulrich MUHLACK und Gerrit WALTHER, Göttingen 2002, S. 99–141, hier S. 108.

55   Zur Kommunikation allgemein im Überblick Siegfried J. SCHMIDT, Art. Kommunikationstheorie, in: Metzler-Lexikon Literatur- und Kulturtheorie (Anm. 3) S. 369–372 mit Angabe der grundlegenden Literatur von Claude E. SHANNON – Warren WEAVER (Mathematische Grundlagen der Informationstheorie, 1949) über Paul WATZLAWICK u.a. (Menschliche Kommunikation. Formen, Störungen, Paradoxien, 1996) bis zu Dirk BAECKER (Form und Formen der Kommunikation, 2007). Zum Mittelalter im Problemaufriss eines Tagungsbandes Gerd ALTHOFF, Zur Einführung, in: Formen und Funktionen öffentlicher Kommunikation im Mittelalter, hg. von Gerd ALTHOFF (Vorträge und Forschungen 51), Stuttgart 2001, S. 7–9; vgl. auch die Zusammenfassungen der Ergebnisse des Bandes von Thomas ZOTZ (I) und Peter JOHANEK (II) S. 455–486.

56   Jürgen DENDORFER, Inszenierung von Entscheidungsfindung auf den Konzilien des 15. Jahrhunderts. Zum Zeremoniell der sessio generalis auf dem Basler Konzil, in: Politische Versammlungen und ihre Rituale. Repräsentationsformen und Entscheidungsprozesse des Reichs und der Kirche im späten Mittelalter, hg. von Jörg PELTZER, Gerald SCHWEDLER und Paul TÖBELMANN (Mittelalter-Forschungen 27), Ostfildern 2009, S. 37–53 sowie André KRISCHER, Inszenierung und Verfahren auf den Reichstagen der Frühen Neuzeit. Das Beispiel der Städtekurie und ihres politischen Verfahrens, in: ebd. S. 181–205.

57   Im Überblick Manfred PFISTER, Art. Performance/Performativität, in: Metzler-Lexikon Literatur- und Kulturtheorie (Anm. 3) S. 562–564. Seit 1999 widmet sich der Sonderforschungsbereich der Deutschen Forschungsgemeinschaft 447 „Kulturen des Performativen" der Untersuchung des Phänomens Performativität aus kulturwissenschaftlicher Sicht. Dabei stehen insbesondere das Verhältnis von Performativität und Textualität sowie die Funktionen und Bedeutungen des Performativen in den großen europäischen Kommunikationsumbrüchen im Mittelalter, in der Frühen Neuzeit und in der Moderne im Zentrum. Vgl. Ingrid KASTEN – Jutta EMIG – Elke KOCH u.a., Zur Performativität und Emotionalität in erzählenden Texten des Mittelalters. Eine Projektskizze aus dem Berliner Sonderforschungsbereich ‚Kulturen des

den heuristischen Voraussetzungen des Früh- und Hochmittelalters entwickelt. Anhand der zunehmenden Ausziehung ins späte Mittelalter hinein beginnt sich hier ein ganz neues Feld zu erschließen – mit ungleich größeren heuristischen Möglichkeiten als im Früh- und Hochmittelalter. Das Spannungsfeld zwischen Inszenierung, „performance" und individueller Entscheidungsfreiheit kann hier, so scheint es, noch einmal auf eine ganze andere Weise ausgelotet werden[58].

Was in diesem geradezu verwirrend vielfältigen Prospekt, der fast an das berühmte Bild des Philosophen aus dem 12. Jahrhundert von dem Tropfen, in dem sich eine ganze Welt zu spiegeln vermag[59], erinnert, meiner Meinung nach bislang fehlt – und auch der von Claudia Märtl und Claudia Zey herausgegebene Band über die Frühzeit europäischer Diplomatie, der wohl noch auf längere Sicht *das* Referenzwerk der gesamten Materie bilden wird, greift den Sachverhalt als solchen nicht auf[60] –, ist die Frage nach dem konkreten Funktionieren dieser Texte, ihrer – literaturwissenschaftlich ausgedrückt – Diegese, ihren Erzähltechniken, ihren Schichtungen, ihren Hierarchisierungen, nach dem Verhältnis von Haupt- und Nebenhandlungen. In diesem Zusammenhang steht auch die Frage der – Aufbau und

---

Performativen', in: Encomia-Deutsch. Sonderheft der Deutschen Sektion der International Courtly Literature Society, hg. von Christoph HUBER, Tübingen 2000, S. 42–60; Geschichtswissenschaft und „performative turn". Ritual, Inszenierung und Performanz vom Mittelalter bis zur Neuzeit, hg. von Jürgen MARTSCHUKAT (Norm und Struktur 19), Köln 2003; Susanne RUPP, Performances of the Sacred in Late Medieval and Early Modern England (Internationale Forschungen zur allgemeinen und vergleichenden Literaturwissenschaft 86), Amsterdam 2005.

58 Vgl. bes. Christina LUTTER, Politische Kommunikation an der Wende vom Mittelalter zur Neuzeit. Die diplomatischen Beziehungen zwischen der Republik Venedig und Maximilian I. (1495–1508) (Veröffentlichungen des Instituts für Österreichische Geschichtsforschung 34), Wien – München 1998; Heinrich LANG, Cosimo de' Medici, die Gesandten und die Condottieri. Diplomatie und Kriege der Republik Florenz im 15. Jahrhundert, Paderborn 2009, vor allem Hauptteil II: Diplomatie des Medici-Regimes. Ambasciatori, Mittelsmänner und Medici-Diplomatie, III: Die Gesandten. Weitere wichtige Aufschlüsse werden von der im März 2010 eingereichten Münsteraner Dissertation von Bastian Walter mit dem Arbeitstitel „Informationen, Wissen und Macht. Akteure und Techniken städtischer Außenpolitik: Bern, Straßburg und Basel im Kontext der Burgunderkriege" zu erwarten sein.

59 „Die Welt im Tropfen" (*mundus in gutta*). Die suggestive Metapher geht offensichtlich zurück auf Bernard Silvestris, einen Lehrer an der Schule von Chartres, über dessen Vita wenig bekannt ist. Vgl. zu dem Zitat und seiner Herkunft Johannes FRIED, Wissenschaft und Phantasie. Das Beispiel der Geschichte, in: Historische Zeitschrift 263 (1996) S. 291–316, hier S. 308 mit Anm. 40; auch in: Jahrbuch des Historischen Kollegs 1996, München 1997, S. 23–47, hier S. 39.

60 Aus der Frühzeit europäischer Diplomatie. Zum geistlichen und weltlichen Gesandtschaftswesen vom 12. bis zum 15. Jahrhundert, hg. von Claudia ZEY und Claudia MÄRTL, Zürich 2008. Darin bes. MÄRTL, Einleitung, S. 9–21.

Gewichtung der Darstellung möglicherweise beeinflussenden – Rückbindungen des Produktes an den Auftraggeber[61].

Nur von einem einzigen konkreten Beispiel, das weitere langatmige Ausführungen ersetzen kann, sei abschließend kurz berichtet. Das Beispiel stammt aus dem Jahr 1462. Damals war Bartolomeo Marasca, ein Kleriker aus dem Haushaltsvorstand des Francesco Gonzaga, des Herrn von Mantua, nach Rom, an den Sitz der Päpste, gekommen[62]. Unter den Päpsten Paul II. und Sixtus IV. stieg Bartolomeo „in höhere Ränge" (C. Märtl) auf. Er wurde, als einer der wenigen Italiener solchen Amtes, zum Rat Kaiser Friedrichs III. ernannt. Wie Bartolomeo in einem verfassten Bericht an Barbara Gonzaga[63] vom 8. Mai 1462 schrieb, hatten der damalige Papst Pius II. (Enea Silvio Piccolomini) und die Kurie die Stadt Rom verlassen und waren in die Campagna, ins römische Umland, aufgebrochen. Nachdem, so der Bericht weiter, der Papst sich zur Ruhe begeben hatte, versammelten sich die Kardinäle im Palast der Adelsfamilie der Orsini um bis spät in die Nacht übermütig zu singen und zu tanzen, ja zuletzt gar noch Ball zu spielen, wozu sie die Obergewänder abgelegt hätten. Zum Schluss seien sie, so unser Berichterstatter, überaus gesittet herausgekommen, so dass es den Anschein hätte haben können, sie hätten im Konsistorium über Glaubensartikel diskutiert[64]. Kann man Kurienkritik süffisanter äußern, das Menschliche eindrucksvoller zum Ausdruck bringen? Und so ist hier vieles.

Gesandtenberichte: Schilderungen von Reisen und von Gefahren auf diesen Reisen; von gefährlichen, weiten, schlammigen, kaum passierbaren Wegen und Diebesbanden; schonungslose Charakterisierungen von hochgestellten Persönlichkeiten, die kein Blatt vor den Mund nehmen („ein merkwürdiger Mensch – man weiß nie, wie man mit ihm dran ist"[65]); Beobachtungen des Hofes und des Hoflebens

---

61 Vgl. hierzu bislang JECKEL (Anm. 30) Kapitel 2 (Die Berichte). Weitere Erkenntnisse werden vom Dissertationsprojekt der Verfasserin zu erwarten sein.

62 Zu Bartolomeo Marasca vgl. PETERSOHN, Kaiserlicher Gesandter (Anm. 34) S.74ff.; Claudia MÄRTL, Bartolomeo Vitellschi, in: König, Fürsten und Reich im 15. Jahrhundert, hg. von Franz FUCHS, Paul-Joachim HEINIG und Jörg SCHWARZ (Forschungen zur Kaiser- und Papstgeschichte des Mittelalters 29), Köln – Weimar – Wien 2009, S. 3–19, hier S. 19.

63 Zur am 11. Dezember 1455 in Mantua geborenen und am 31. Mai 1503 in Böblingen gestorbenen Barbara Gonzaga, der Tochter des Markgrafen Luigi III. Gonzaga von Mantua und dessen Frau Barbara von Brandenburg, die durch ihren Ehemann seit 1495 erste Herzogin von Württemberg gewesen war, vgl. Franz FUCHS, Barbara Gonzaga und Eberhard im Bart – der württembergische Hof im Spiegel mantuanischer Gesandtschaftsberichte, in: Europäische Perspektiven im Geschichtsunterricht, hg. von Helmut BEILNER (Regensburger Beiträge zur Geschichtslehrerfortbildung 2), Neuried 2003, S. 44–57.

64 *...venero fuori sapientissimaente, pare che fusseno stati in consistorio a tratare de li articuli de la fede*; Bartolomeo Marasaca, Mantova Archivio di Stato, Archivio Gonzaga b. 841 Nr. 728, zitiert nach MÄRTL, Kardinal (Anm. 39) S. 148 Anm. 7.

65 MÄRTL, Kardinal (Anm. 39) S. 303, die hier einen Mailänder Gesandtenbericht des 15. Jahrhunderts zitiert.

von ätzender Schärfe; Niedergeschlagenheiten, Depressionen, gescheiterte Missionen, Ängste, Nöte, Hoffnungen der Gesandten, Rechtfertigungsstrategien – wie sollten solche Quellen nicht faszinieren?

4.   Jenseits der Rezeption – die praktische Verwertbarkeit des Stoffs in Unterricht und Seminar

Die Rezeptionsgeschichte eines Quellenstoffs durch ein Fach des universitären Fächerspektrums, dessen Gesprächsraum, wenngleich nicht selten auf eine übertriebene Weise abgeschottet, zwangsläufig etwas Hermetisches hat, ist die eine Seite der Medaille. Wie aber sieht es mit der praktischen Verwertbarkeit der Materie in einem didaktischen Sinne, für Seminar und Schule, aus? Natürlich wird diese zunächst davon abhängen, inwiefern es gelingt, diese Texte überhaupt verfügbar zu machen – jedenfalls in einem größeren Maße als heute. Und dazu bedarf es, ganz banal gesprochen, des voll ausgebildeten, spezialisierten Wissenschaftlers, der über das nötige philologische und paläographische Rüstzeug verfügt, um diese Texte zu edieren und entsprechend zu kommentieren[66]. Denn sie erklären sich – vielleicht mehr noch als andere Quellengattungen – nicht von alleine, sondern bedürfen der Explikation und sachlichen Einordnung. Dann aber präsentieren sie das Mittelalter, die Geschichte, den Menschen in einer wahren Bilderflut.

Auch im Umgang mit diesen Texten werden die Bilder dieser Epoche immer Bilder „gedeuteter Geschichte" bleiben[67] – das bezieht sich sowohl auf die (in ihrer jeweiligen Gegenwart schreibenden) Verfasser dieser Berichte wie auf die nachlebenden Historiker, die mittels dieser Berichte versuchen, Geschichte zu rekonstruieren. Keinesfalls müssen diese Versuche aus einer Huldigung an den geschichtswissenschaftlichen Empirismus bestehen[68]. Was „historische Wirklichkeit" ist, ob und wie der Historiker sie erkennen, erfassen, erfahren kann, wie überhaupt Erkenntnis von Vergangenheit möglich ist[69], das kann man – so meine Meinung –

---

66   Vgl. Arnold ESCH, Der Umgang des Historikers mit seinen Quellen. Über die bleibende Notwendigkeit von Editionen, in: Quelleneditionen und kein Ende? Zwei Vorträge, München 1999, S. 7–29.

67   Otto Gerhard OEXLE, ‚Das Mittelalter' – Bilder gedeuteter Geschichte, in: Gebrauch und Missbrauch des Mittelalters, 19.–21. Jahrhundert/Uses and Abuses of the Middle Ages: 19th–21st Century/Usages et Mésuages du Moyen Age du XIXe au XXIe siècle, hg. von János M. BAK, Jörg JARNUT, Pierre MONNET und Bernd SCHNEIDMÜLLER (Mittelalter-Studien 17), München 2009, S. 21–42.

68   Vgl. dazu Otto Gerhard OEXLE, ‚Staat' – ‚Kultur' – ‚Volk'. Deutsche Mittelalterhistoriker auf der Suche nach der historischen Wirklichkeit 1919–1945, in: Die deutschsprachige Mediävistik im 20. Jahrhundert (Anm. 29) S. 63–101, hier S. 65 (in Auseinandersetzung vor allem mit Richard J. Evans).

69   Vgl. OEXLE, ebd. S. 63.

im Umgang mit diesen Texten vorzüglich lernen – und auch in der Art und Weise, wie sie rezipiert wurden.

Sicherlich ist es, didaktisch betrachtet, richtig, dass es bei jedem Unterricht und jeder Lehre fast egal ist, wo und wie man beginnt und ansetzt, solange es einem nur gelingt, Interesse zu wecken – und dann passiert vieles ohnehin von ganz alleine. Doch ein Thema ist hier nicht wie das andere. Die hohe didaktische Verwend- und Verwertbarkeit des Quellenstoffs „Gesandtenberichte" steht für mich außer Frage – und die Bereitschaft vieler Studenten und sicherlich auch Schüler, sich davon ansprechen zu lassen, ebenfalls. Wenn man dieses Potenzial ausnutzen möchte, hat man alle Möglichkeiten an der Hand.

Mittelalter und populäre Geschichtskultur

Simon Maria Hassemer

Das Mittelalter der Populärkultur

1.   Einleitung

Sie kennen dieses Mittelalter: Es ist das Mittelalter der Herrschaftsrepräsentationen, der symbolischen Kommunikation, das Mittelalter der Lebensformen, der Staatlichkeit, der Medialität und der Klosterreformen. Dies ist das akademische Mittelalter, eine sich stets mehr oder weniger erneuernde, methodisch abgesicherte Konstruktion durch eine gut 200 Jahre alte ‚Szene' – der Mediävistik. Hervorgegangen aus einer patriotisch-romantischen Mittelalterfaszination in der Zeit der Befreiungskriege und im Historismus zur Blüte gelangt, gelten ihre bis lange nach dem Zweiten Weltkrieg durchweg männlichen Mitglieder nach wie vor als Expertinnen und Experten jener Epoche.

Neben diesem existiert ein weiteres, mitunter buntes und lautes Mittelalter. Kinofilme wie die im Oktober 2009 angelaufene Romanverfilmung von Donna Woolfork Cross' *Die Päpstin*, Massenevents wie das *Kaltenberger Ritterturnier*, Mittelalter-Rockbands wie *In Extremo* mit ihrer Vagantenästhetik, Dudelsäcken und Pyroshow, Mittelalter-Bestseller wie Ken Folletts *Die Tore der Welt* oder Videospiele wie die *Assassin's Creed*-Reihe sind Produkte aus verschiedenen Medien und Genres, die Mittelalterbilder inszenieren, vermitteln und verkaufen. Aus diesen konstituiert sich das Mittelalter der Populärkultur. Offensichtlich verfolgt es ganz andere Ziele als das unter wissenschaftlich-methodischen Prämissen entstandene und entstehende Mittelalter. An sich ist das nichts Neues. Neu sind die Wahrnehmung des enormen kommerziellen Erfolgs populärmittelalterlicher Produkte sowie eine junge, sich rasant entwickelnde Mittelalterszene der Subkultur[1].

Das Mittelalter hat eine Öffentlichkeit – im Gegensatz zur Mediävistik. Diese Diskrepanz ist nach Kathleen Biddick auf den Distinktionswillen der professionellen akademischen Elite im 19. Jahrhundert zurückzuführen: „In order to separate and elevate themselves from popular studies of medieval culture, the new academic medievalists of the nineteenth century designated their practices, influenced by positivism, as scientific and eschewed what they regarded as less-positivist, ‚nonscientific' practices […]"[2]. In Deutschland hat diese Abgrenzung dazu beigetragen, dass insbesondere die geschichtswissenschaftliche Mittelalterforschung nach 1945

---

1   Vgl. den Beitrag von Sven Kommer in diesem Band.
2   Kathleen BIDDICK, The Shock of Medievalism, Durham 1998, S. 1.

enorm an politischer und gesamtgesellschaftlicher Relevanz eingebüßt hat[3], obwohl
für die öffentliche Erinnerungskultur im gleichen Zeitraum von einer zunehmenden
Mittelalterkonjunktur gesprochen werden kann[4]. „Die Mediävisten aber müssen
ihrerseits (weiterhin) dazu beitragen, dass ihr Fach aktuell bleibt und von der Öffentlichkeit als aktuell wahrgenommen wird"[5]. Und dazu muss die Mediävistik die
historischen Bedürfnisse der Gesellschaft in Bezug auf das Mittelalter wahrnehmen. Denn wo Beschränkungen durch die Wissenschafts- und Bildungspolitik
gleichzeitig mit einem Mittelalterboom in der Populärkultur konstatiert werden,
liegt eigentlich auf der Hand, welche Chancen eine (post)moderne und zeitgemäße
Mediävistik wahrnehmen muss: heraustreten aus dem akademischen Elfenbeinturm
(ohne ihn aufzugeben, denn er garantiert in gewisser Weise auch eine notwendige,
wissenschaftliche Unabhängigkeit) und sich der populären Zugänge eines „inoffi-
ziellen", gefühlten Mittelalters in unserer Gesellschaft bewusst werden.

2.   Hoch-, Sub-, Popkultur

Welcher Kulturbegriff eignet sich für eine Erforschung des Mittelalters der Populärkultur? Um das Definitionsproblem zu umgehen, schlägt Wolfgang Müller-Funk
als Analysehilfe drei Ebenen von Kultur vor, die sich gegenseitig ergänzen und die
von einer Makro- in eine Mikrostruktur übergehen. Der umfassendste Kulturbegriff
(K I) ist der holistische, der alles als Kultur ansieht, was nicht Natur ist. Ein zweiter
ist der ubiquitäre Kulturbegriff (K II), der Phänomene in beinahe allen Bereichen
einer Gesellschaft, symbolische Formen und habituelle Praktiken, mit kultureller
Bedeutung auflädt. Den kleinsten Kulturbegriff (K III) erhält man, wenn man ein
geschlossenes System innerhalb der Gesellschaft, welches „man als ein soziales
Feld oder kulturwissenschaftlich vielleicht als einen symbolischen Raum wird bezeichnen können"[6], auf seine kulturellen Leistungen, seine Produkte und Prozesse
untersucht. Dieser sektorale Kulturbegriff ist am besten geeignet, um populär- und
subkulturelle Phänomene zu beschreiben. Er kann die Produkte (Bücher, DVDs,
Artefakte) und die Prozesse (Inszenierung, Produktion, Distribution) eines sozialen
Feldes oder einer Subkultur beschreiben, analysieren und ihre Funktionen im Hin-

---

3   Gerd ALTHOFF, Das Mittelalterbild der Deutschen vor und nach 1945. Eine Skizze, in: Reich,
     Regionen und Europa in Mittelalter und Neuzeit. Festschrift für Peter Moraw (Historische
     Forschungen 67), hg. von Paul-Joachim HEINIG, Berlin 2000, S. 731–751.
4   Stephanie WODIANKA, Zwischen Mythos und Geschichte. Ästhetik, Medialität und
     Kulturspezifik der Mittelalterkonjunktur (spectrum Literaturwissenschaft / Spectrum Litera-
     ture 17), Berlin 2009.
5   Hans-Werner GOETZ, Dossier zur Situation der Mediävistik in Deutschland, in: Das Mittel-
     alter 12,1 (2007) S. 161–179, S. 179.
6   Wolfgang MÜLLER-FUNK, Kulturtheorie. Einführung in Schlüsseltexte der Kulturwissen-
     schaften, Tübingen 2006, S. 5.

blick auf Identität, Innovation und Wirkung bestimmen. Es wird also ein aktueller Gegenstand der Gegenwartskultur ausgewählt, in diesem Fall das Mittelalter, und auf seine diskursiven und lebensweltlichen Implikationen und Kontexte hin untersucht[7].

Das Mittelalter ist das kulturelle Konstrukt einer ambivalent beurteilten, historisch bis mythisch stilisierten Anderswelt. Konstruiert wird es in allen kulturellen Sphären, die sich in einer noch unklaren Wechselwirkung gegenseitig beeinflussen. Hochkulturell finden wir das akademische Mittelalter der Universitäten und Museen, mit seinen Produkten wie Büchern, Zeitschriftenartikeln, Ausstellungskatalogen und Artefakten als seinen Quellen. Im Bereich der Künste sind es beispielsweise die Opern Richard Wagners und deren moderne Inszenierungen, die Nibelungenfestspiele in Worms mit ihrer Fassung von Moritz Rinke oder auch Thomas Manns *Der Erwählte* (1951). Daneben (nicht dagegen) steht die subkulturelle Mittelalterszene[8]. Sie zeichnet sich vor allem durch ihre Prozesse aus, die sich in der Inszenierung bestimmter mittelalterlicher Sujets zeigt. Hierzu zählen das Re-Enactment, die Mittelaltermärkte oder die mittelalternative Musik, um nur einige wenige Facetten des Phänomens zu benennen. Unter die Produktpalette fallen Szenezeitschriften wie *Karfunkel* und die aus den Produktionsprozessen hervorgebrachten Waren (Gewandungen, Kettenhemden, Waffenrepliken etc.) sowie das Merchandising. Zwischen diesen hoch- und subkulturellen Mittelalterbildern und Mittelalteradaptionen schweben diejenigen der Populärkultur, welche „die sich überschneidenden Räume der Volkskultur, der Massenkultur und der Subkulturen" umfasst[9]. Sie durchdringt gelegentlich in schwer erfassbarer Intensität beide genannten Teilkulturen und deckt die großflächigen Bereiche der Massenkultur ab. Ihre Produkte sind Kino- und Fernsehfilme wie Antoine Fuquas *King Arthur* (2004), Ridley Scotts *Kingdom of Heaven* (2005) oder Sönke Wortmanns *Die Päpstin* (2009), kommerzielle Massenevents wie das *Kaltenberger Ritterturnier* (seit 1979), historische Romane und Comics wie Rebecca Gablés *Die Siedler von Catan* (2003), Ken Folletts *The Pillars of the Earth* und *World Without End* (1990 bzw. 2007), Donna Woolfork Cross' *Pope Joan* (1996), Alex Alices und Xavier Dorisons *Troisième Testament* (1997–2003) und Spiele mit mittelalterlichem Set-

---

7   Moritz BASSLER, New Historicism, Cultural Materialism und Cultural Studies, in: Konzepte der Kulturwissenschaften. Theoretische Grundlagen – Ansätze – Perspektiven, hg. von Ansgar und Vera NÜNNING, Stuttgart – Weimar 2003, S. 132–155, S. 150.

8   Als Subkultur bezeichnet man „Zusammenschlüsse von Gruppen innerhalb einer Gesellschaft auf der Basis gemeinsamer Interessen, Wertvorstellungen oder als Reaktion auf Marginalisierungsprozesse". Vgl. Ruth MAYER, Subkulturen, in: Metzler Lexikon Literatur- und Kulturtheorie, hg. von Ansgar NÜNNING, 4. Aufl., Stuttgart – Weimar 2008, S. 692.

9   „[…], wobei je nach Definition der Aspekt der gleichschaltenden Konsumtion betont wird. – Die Konzeptionsgeschichte der P.[opulärkultur] ist engstens mit der der Hochkultur verwebt, zu der P. seit dem 19. Jh. den meist wertend verwendeten Gegenbegriff darstellt". Vgl. Ruth MAYER, Populärkultur, in: Metzler Lexikon (Anm. 8) S. 581f.

ting wie Ubi Softs *Assassin's Creed I* und *II* (2007 bzw. 2009), Segas *Medieval 2: Total War* (2006), Klaus Teubers *Die Siedler von Catan* (1995) oder Michael Rienecks und Stefan Stadlers *Die Säulen der Erde* (2006). Diese Erscheinungsformen einer Mittelalterpopkultur sind ineinander verwoben und rezipieren sich wechselseitig. Offensichtlich ist dies im Fall einer Literaturverfilmung oder der Umsetzung eines Mittelalterromans in ein Brettspiel[10]. An den Rezeptionsrändern sind bisweilen Bezüge zu älteren Imaginationen einer Mittelalterromantik oder Anleihen aus dem Fantasygenre erkennbar[11]. Die intermediale Rezeption realistischer Mittelalterbilder unter diesen populärkulturellen Produkten konstituiert das, was im öffentlichen Mittelalterdiskurs gerne als ‚echt‘ oder ‚authentisch‘ wahrgenommen wird.

3.   Hyperreales Mittelalter

Das Mittelalter, wie es im kollektiven Gedächtnis unserer Gesellschaft erinnert wird, figuriert das Bild oder das Gefühl einer fernen und mitunter fiktiven Epoche, die „mit der Gegenwart durch dicke Bücher, starke Kabel und farbenprächtige bewegte Bilder verbunden ist"[12]. Aber reichen diese Verbindungen tatsächlich bis zurück in die Vergangenheit, oder handelt es sich vielmehr um hohle Schläuche, die wir als Links ins Mittelalter imaginieren? Sind die Bücher nicht vor allem deshalb so dick, weil sie im Laufe der fünf bis fünfzehn Jahrhunderte zwischen damals und jetzt beständig modifiziert und erweitert wurden? Es ist also zu fragen, wie tragfähig der hier angespielte Rezeptionsbegriff für die Beschreibung populärkultureller Mittelalter-Produkte ist. Das Salzburger Symposion zur Mittelalterrezeption, in den 1980er Jahren richtungsweisend für die deutschsprachige Forschung, unterschied vier idealtypische Grundformen von Mittelalterrezeption: produktive, reproduktive, wissenschaftliche und politisch-ideologische. Deren Ausrichtung war in allen Fällen diachron gedacht, d.h. direkt auf mittelalterliche Stoffe, Werke, Themen, Autoren oder Ereignisse rekurrierend[13]. Die intermedialen Referenzen zeit-

---

10   Gleich beides ist mit Umberto Ecos populärem Mittelalterroman *Il nome della rosa* (1980) geschehen, der 1986 unter der Regie von Jean-Jacques Annaud verfilmt und 2008 als Brettspiel von Stefan Feld umgesetzt, bei *Ravensburger* erschien. In der obigen Aufzählung finden sich weitere Beispiele.

11   Valentin Groebner hat für diesen Bereich den treffenden Begriff „Sekundärmittelalter" geprägt, vgl. Valentin Groebner, Das Mittelalter hört nicht auf. Über historisches Erzählen, München 2008, S. 21.

12   Groebner (Anm. 11) S. 9.

13   Die Systematik geht auf einen Vorschlag Reinhard Döhls im Rahmen des 2. Salzburger Symposions zurück und etablierte sich seitdem als maßgeblich für die Mittelalterrezeptionsforschung. Vgl. Reinhard Döhl, Mittelalterrezeption im Rundfunk. Exkurs über reproduktive und produktive Rezeption, in: Mittelalter-Rezeption II. Gesammelte Vorträge des

gleich erschienener Produkte der Populärkultur wurden daher noch nie auf ihre Mittelalterrepräsentationen hin untersucht. Wenn populäre Mittelalterbilder nicht auf eine in ihnen noch spurenhaft präsente mittelalterliche Vergangenheit rekurrieren, sondern sich wechselseitig rezipieren – so meine These – dann muss man von einer synchron-reziproken Form der Mittelalterrezeption ausgehen.

Drei Beispiele:

Das Bild des mittelalterlichen Jerusalem ist maßgeblich durch die visuellen Gestaltungen zweier erfolgreicher Produkte der letzten fünf Jahre geprägt worden: Zum einen durch den Kinofilm *Kingdom of Heaven* (Ridley Scott, 2005), zum anderen durch das Videospiel *Assassin's Creed* (UbiSoft 2007). Beide Visualisierungen (Abb. 1) weisen Ähnlichkeiten auf, die zwar auf keinen direkten Rezeptionsweg schließen lassen, aber mit den gleichen konnotativen Codes arbeiten: Minarette, Kuppeln, Flachdächer und vor allem historische Bauwerke wie die Grabeskirche oder der Felsendom sollen dem Betrachtenden unmissverständlich vor Augen führen, in welcher Diegese die Handlung spielt. Gewisse Kongruenzen im Design des mittelalterlichen Jerusalem könnten sich auch dadurch ergeben haben, dass für *Kingdom of Heaven* wie auch *Assassin's Creed* der gleiche historische Berater gearbeitet hat[14].

---

2. Salzburger Symposions, hg. von Jürgen KÜHNEL, Hans-Dieter MÜCK, Ursula MÜLLER und Ulrich MÜLLER, Göppingen 1982, S. 261–280; Ulrich MÜLLER, Formen der Mittelalter-Rezeption. Teil II, in: Mittelalter-Rezeption. Ein Symposion, hg. von Peter WAPNEWSKI, Stuttgart 1986, S. 508f. und Annette KREUTZIGER-HERR – Dorothea REDEPENNING, Zur Einführung, in: Mittelalter-Sehnsucht? Texte des interdisziplinären Symposions zur musikalischen Mittelalterrezeption an der Universität Heidelberg, April 1998, hg. von Annette KREUTZIGER-HERR und Dorothea REDEPENNING, Kiel 2000, S. 7–16, S. 8f.

14   Gamereactor: „Assassin's Creed interview UbiDays", in: http://www.gamereactor. de/grtv/?id=1004 vom 12.06.2007, Timecode 7:47–8:36, 8:01–8:08. Zugriff am 28.01.2010. Produzentin Jade Raymond erwähnt im Video-Interview mit dem Online-Magazin *Gamereactor* die Zusammenarbeit mit einem Historiker, der auch an *Kingdom of Heaven* mitgewirkt hätte. Dass zudem noch ein Oxforder Mediävist (der namentlich nicht genannt wird) beratende Funktion in der Entwicklung des Spiels inne hatte, stellt eine bisher wenig beachtete Schnittstelle zwischen Akademie und Unterhaltungsindustrie dar. Vgl. auch Anm. 22.

Abb. 1: Gestaltung des mittelalterlichen Jerusalem im Film *Kingdom of Heaven* (Ridley Scott 2005, Premiere 02.05.2005) und im Videospiel *Assassin's Creed* (UbiSoft 2007, Veröffentlichung 14.11.2007)

Während in diesem Fall die Ähnlichkeiten auch von einer gemeinsamen Rezeptionsvorlage herrühren könnten (Fotos der historischen Altstadt wären denkbar), ist im nächsten Beispiel ein direkter Rezeptionsweg der Figur Saladins aus dem gleichen Film in das Computerspiel *Medieval II: Total War* (Sega 2006) unverkennbar. Hier sind nicht nur Kostüm und Maske, sondern auch die Gesichtszüge des syrischen Schauspielers Ghassan Massoud auf die Saladin-Figur des Spiels übertragen worden (Abb. 2)[15]. Die similäre Wiederholung der gleichen Gestaltungsweise in verschiedenen Produkten festigt das visuelle Vorstellungsbild der historischen Figur Saladin, zumal von ihr keine zeitgenössischen bildlichen Darstellungen überliefert sind.

Abb. 2: Gestaltung der Saladin-Figur im Film *Kingdom of Heaven* (Ridley Scott 2005, Premiere 02.05.2005) und Computerspiel *Medieval 2: Total War* (Sega 2006, Veröffentlichung 12.11.2006)

---

15   Zum Problem der Konvergenz von Figur und Schauspieler an einem anderen mittelalter-
     rezipierenden Beispiel vgl. Morten KANSTEINER, Die drei Körper der Jungfrau. Zur Kon-
     kurrenz zwischen der historischen Figur, der Schauspielerin und ihrem Image in Filmen über
     Jeanne d'Arc, in: Antike und Mittelalter im Film. Konstruktion – Dokumentation – Projektion,
     hg. von Mischa MEIER und Simona SLANIČKA (Beiträge zur Geschichtskultur 29), Köln –
     Weimar – Wien 2007, S. 233–249.

Synchrone Mittelalterrezeption muss zeitlich jedoch nicht immer so nah beieinander liegen wie in diesen beiden Fällen. Auch ein älteres populärkulturelles Produkt kann als Vorlage dienen und die Rezeption einer Rezeption auslösen. Die in demselben Computerspiel dargestellten Deutschordensritter erinnern so stark an die aus dem sowjetischen Historienfilm *Alexander Nevsky* von Sergej Eisenstein, da sie mit ähnlich überzeichneten Helmdecken gestaltet wurden. Hier hat ein bestimmtes Design Vorstellungsbilder eines mittelalterlichen Ritterordens erzeugt, die jüngst rezipiert wurden und somit gleiche Imaginationen in leicht modifizierter Gestalt verbreiten[16].

Abb. 3: Deutschordensritter im Film *Alexander Nevsky* (Sergej Eisenstein 1938) und in *Medieval 2: Total War* (Sega 2006)

Mittelalterrezeption in populärkulturellen Produkten geschieht also synchron, nicht diachron. Anders ausgedrückt: Das Mittelalter entsteht im Hier und Jetzt. Es ist als wahrnehmungspsychologisches Vorstellungsbild zu verstehen, das sich aus visuellen, auditiven, emotionalen und mitunter auch taktilen Sinneseindrücken zusammensetzt, die von populären Medien inszeniert, vermittelt und geprägt werden, wobei die reziproke Wiederaufnahme bestimmter Designs eine zusätzliche Festigung des Wahrgenommenen bewirken. Die zunächst subjektiven Konstruktionen vom Mittelalter, die in der Folge entstehen, sind sozial gekoppelt, d.h. es werden

---

16 Auf die emotionalen Assoziationen, die der semiotische Satz von gehörnten Topfhelmen evozieren kann, gehe ich hier nicht näher ein und verweise stattdessen auf eine satirische Bildbearbeitung des rechten Screenshots in einem britischen Blog, die den linken Deutschritter in einer Sprechblase sagen lässt: „But they don't have horns. Does that mean we're […] ‚the baddies'?", vgl. Marius GOUBERT, „Medieval: Total War 2: Kingdoms Expansion £4.99 @ Steam [PC Games]", in: http://www.dealspwn.com/medieval-total-war-2-kingdoms-expansion-488-steam-pc-games/ vom 16.10.2009 (Zugriff am 28.01.2010). Dass die Similaritäten zwischen Eisenteins *Alexander Nevsky* und *Medieval II* auch in der Fankultur erkannt worden sind, belegt ein Video auf YouTube, das die Schlacht auf dem Peipussee aus dem Film mit Aufnahmen aus dem Computerspiel nachstellt und mit der Filmmusik Sergej Prokofievs unterlegt. Observercorps, „Alexander Nevsky Total War Part 1", in: http://www.youtube.com/watch?v=HIvpZ-g8lzU vom 01.06.2007 (Zugriff am 28.01.2010).

kommunikativ Bereiche von Konsensualität erzeugt[17]. Dieser intersubjektive Kommunikationsakt ist also das Ergebnis einer Intermedialität wechselseitig rezipierter Repräsentationen. Das Mittelalter, das uns medial erreicht, referiert auf die Vorstellungsbilder von Vorstellungsbildern von Vorstellungsbildern, was verstärkt zu einer Unmöglichkeit der Unterscheidung zwischen Realität und Fiktion beiträgt: „The Image [...] bears no relation to any reality whatever: it is its own pure simulacrum"[18]. Das Mittelalter als Simulakrum ohne erkennbares Referenzsystem erzeugt eine Hyperrealität. Zwischen einem Mittelalter der Vorstellung und einem Mittelalter der Wirklichkeit kann hier nicht mehr differenziert werden.

Denn „Mittelalter" ist keine objektivierbare Größe, sondern entsteht immer wieder neu in einer Reihe diskursiver Praktiken. In diesen kommt den an ein Massenpublikum ausgerichteten Medien eine suggestive Rolle zu, denn sie sind es, die in der öffentlichen Geschichtskultur Wissen über das Mittelalter verbreiten, beeinflussen und formen. Es bleibt zu untersuchen, welche spezifischen Eigenschaften den jeweiligen Medien bei der Verbreitung ihrer Mittelalterbilder zur Verfügung stehen und wie sie untereinander korrelieren. Eine solche Analyse könnte zeigen, wie sich das populäre Mittelalter konstituiert und durch welche diskursiven Fäden es als intermediales Gewebe zusammengehalten wird.

4.   „Mittelalter" als sozialer Gegenstand der Diskursanalyse

Um die Konstituierung des Mittelalters als Motiv in diesen heterogenen Medien zu verfolgen, dürfen die oben genannten Einzelphänomene nicht isoliert betrachtet werden. Vielmehr wird gerade aus der Verwobenheit der einzelnen Erscheinungsformen deutlich, dass *das* Mittelalter als kulturelles Konstrukt funktioniert. ‚Mittelalter' entsteht im Diskurs, und zwar auf der Basis populärer Mittelalterbilder, die sich im Hier und Jetzt „durch die Gesamtheit aller effektiven Aussagen (énoncés) (ob sie gesprochen oder geschrieben worden sind, spielt dabei keine Rolle) in ihrer Dispersion von Ereignissen [...] konstituiert"[19]. ‚Diskurs' meint zunächst einmal immer nur die sprachliche Seite einer weiterreichenden ‚diskursiven Praxis', die als eine Instanz der Wissensproduktion fungiert[20]. In der Diskursanalyse sind Diskurse also „als Praktiken zu behandeln, die systematisch die Gegenstände bilden, von

---

17   Humberto R. MATURANA – Francisco J. VARELA, Der Baum der Erkenntnis. Die biologischen Wurzeln menschlichen Erkennens, 2. Aufl., Frankfurt a.M. 2009, S. 210.

18   Jean BAUDRILLARD, The Evil Demon of Images and the Precession of Simulacra, in: Postmodernism. A Reader, hg. von Thomas DOCHERTY, New York 1993, S. 194–199, S. 196.

19   Michel FOUCAULT, Archäologie des Wissens, 8. Aufl., Frankfurt a.M. 1997, S. 41 und BASSLER (Anm. 7) S. 141.

20   Jörg BABEROWSKI, Der Sinn der Geschichte. Geschichtstheorien von Hegel bis Foucault, München 2005, S. 197; Ute GERHARD – Jürgen LINK – Rolf PARR, Diskurs und Diskurstheorien, in: Metzler Lexikon (Anm. 8) S. 133–135.

denen sie sprechen"[21]. Auf den Gegenstand „Mittelalter" angewendet, wird deutlich, dass sich gesamtgesellschaftlich gesehen akademische, populäre und Szenekulturen in einem Diskurs befinden, der jenseits einzelner akademischer Spezialistendiskussionen verläuft. Diskurs meint hier also nicht in anderer Lesart Diskussion oder gar Gespräch. Mittelalterdiskurs bedeutet, dass *das* Mittelalter Konstitution einer diskursiven Praxis ist. Und eine Instanz, in der Wissen über das Mittelalter produziert wird.

Es stellt sich nun die Frage, welche Relevanz wissenschaftliche Erkenntnisse im aktuellen Mittelalterdiskurs haben. Werden diese in einer anhaltenden Entfremdung zwischen Fach und Öffentlichkeit noch berücksichtigt?[22] „Um die Populärkultur kümmere ich mich gar nicht. Ich habe mir keinen dieser Filme angesehen. Das liegt mir ziemlich fern"[23], hält Valentin Groebner das Statement einer seiner anonymen Interviewpartner aus dem akademischen Bereich fest. „Mit der Basis der eigenen Arbeit, den Texten aus dem 8., 11. oder 14. Jahrhundert, dem richtigen Mittelalter also, habe dieser neue Firlefanz selbstverständlich nichts zu tun."[24] Solche Ressentiments beruhen auf Gegenseitigkeit: Den reziproken Charakter dieser Entfremdung macht folgendes Zitat Michael Rheins, Sänger der Mittelalterrockband *In Extremo*, deutlich: „Ich habe zwölf Jahre auf mittelalterlichen Märkten mit Trommel und Dudelsack gespielt, da braucht mir keiner zu erzählen, was Mittelalter ist".[25]

5. Didaktische Aspekte

Auch der Geschichtslehrer sollte es vermeiden, seinen Schülerinnen und Schülern vorzutragen, was das Mittelalter war. Das wäre „schlechter Historismus"[26], der die Gegenwartsbezogenheit von Geschichte kategorisch ausblendet und sie als gegebene, objektivierbare Größe beschreibt. Dass das Mittelalter und andere Epochen nicht einfach gewesen sind, sondern im Hier und Jetzt immer wieder neu entstehen, geht unter, wenn geschichtskulturelle Produkte zu Gunsten geschichtswissenschaftlicher Ergebnisse als den vermeintlichen Tatsachen in der Unterrichtsvorbe-

---

21 FOUCAULT (Anm. 19) S. 74.

22 Das Schlagwort von der „Entfremdung zwischen Fach und Öffentlichkeit" geht zurück auf Horst FUHRMANN, Das Mittelalter in der Literatur. Umberto Eco und sein Roman ‚Baudolino‘ (Eichstätter Universitätsreden 110), Wolnzach 2003, S. 5.

23 GROEBNER (Anm. 11) S. 22.

24 GROEBNER (Anm. 11) S. 22.

25 Rüdiger STEIDLE, Interview: In Extremo. ‚Wir sind alle durchgeballerte, fette, alte Männer‘, in: Spielfilmtechnik (SFT) vom August 2008, S. 129.

26 Hans-Jürgen PANDEL, Geschichtskultur als Aufgabe der Geschichtsdidaktik: Viel zu wissen ist zu wenig, in: Geschichtskultur. Die Anwesenheit von Vergangenheit in der Gegenwart, hg. von Vadim OSWALT und Hans-Jürgen PANDEL, Schwalbach/Ts. 2009, S. 19–33, S. 20.

reitung unberücksichtigt bleiben. Gefragt ist nicht der Lehrer als Legendenkiller, der ein ,wirkliches' Mittelalter von einem imaginierten der populären Geschichts-kultur abgrenzt, sondern ein Geschichtsunterricht, der methodische Quellenkritik und dekonstruierende Legenden- und Gestaltungsanalyse nebeneinander stellt. Das fördert geschichtskulturelle Kompetenz, „die Fähigkeit, sich mit wissenschaftli-chen, rhetorischen, imaginativen, kontrafaktischen und diskursiven Formen gegen-wärtiger Darstellung von Geschichte auseinanderzusetzen"[27]. Besonders die diskur-siven Formen, die unser gegenwärtiges Mittelalter konstituieren und in denen die Populärkultur eine bestimmende Rolle einnimmt, sollten stärker in den Geschichts-unterricht eingebunden werden. Über sie können Schülerinnen und Schüler in en-ger Anbindung an ihre Lebenswelt erkennen, dass es die Praktiken der Menschen sind, die zu einem gegebenen Zeitpunkt – nämlich dem Heute – einen Gegenstand wie das ,Mittelalter' konstituieren[28]. Gerade da diese Epoche zunehmend zum erin-nerungskulturellen Mythos der europäischen Gesellschaft reduziert wird, sollte ge-übt werden, welche Mittelalterbilder gegenwärtig vermittelt werden und wie sie un-ser Denken über diese Epoche beeinflussen. Denn ein wirklichkeitsgetreues Mit-telalter kann in keinem noch so guten Geschichtsunterricht vermittelt werden – Schülerinnen und Schüler müssen selber entscheiden, was sie für wahr halten. Und das auch über den Schulabschluss hinaus, wenn die Narrative des Geschichts-buches längst durch populärkulturelle Medien und Produkte mit historisierenden Designs überformt worden sind.

Für einen Holzweg hingegen halte ich es, stillschweigend von einer Kongruenz populär- oder subkultureller Mittelalterbilder mit denen bestimmter Jugendkulturen auszugehen und diese für eine Evokation intrinsischer Motivation der Schülerinnen und Schüler verwendbar machen zu wollen. Bei Hoppern, Stinos, Emos und vielen anderen klassifizierbaren Jugendkulturen herrscht kaum eine besondere Affinität für das Mittelalter. Der eine oder andere mag sich *Das Königreich der Himmel* an-geschaut, *Assassin's Creed* wegen seines Gameplays gerne gespielt haben, aber *In Extremo*, obwohl kommerziell erfolgreich (mit ihrem Album *Sängerkrieg* lagen sie 2008 22 Wochen auf Platz 3 der deutschen Charts), ist nach wie vor eng an die subkulturelle Mittelalterszene geknüpft und den Schülerinnen und Schülern somit nicht unbedingt bekannt, geschweige denn bei ihnen beliebt. Schwache Anknüp-fungspunkte ließen sich vielleicht bei Gothics, Metallern oder Fantasy-Fans finden, wobei letztere Jugendkultur in der Forschung bisher kaum beobachtet wurde[29]. Ich

---

27 PANDEL (Anm. 26) S. 32.
28 Vgl. BABEROWSKI (Anm. 20) S. 197f.
29 In dem aktuellen Lehrbuch Wilfried Ferchhoffs zu Jugendkulturen findet sich nur ein äußerst knapper und missverständlicher Eintrag zu „Fantasy-Fans". In der Kurzcharakterisierung wer-den Trading-Card-Games (TCG), Pen&Paper-Rollenspiele (P&P) und Liverollenspiele (LARP) ohne erkennbare Trennschärfe vermischt: „Jugendliche, die einen großen Teil ihrer Frei-Zeit durch Rollen- und/oder auch Kartenspielen nicht nur auf Burgen in mittelalterlichen

sehe hier kaum Chancen, Jugendliche aufgrund ihrer persönlichen Interessen für das Mittelalter im Unterricht motivieren zu können. Zudem ist die längerfristige Effizienz einer solchen Eingangsmotivation fraglich, wenn sich an sie eine rein faktenpositivistische Geschichtsstunde anschließt. Ein nachhaltiger Mittelalterunterricht bildet und fördert eine reflexive Orientierungskompetenz der populären Geschichtskultur auf der Basis quellenkritischer Methodik. Sie macht den Konstruktionscharakter von Geschichte erfahrbar und vermittelt, dass sie ohne die diskursive Repräsentation in verschiedenen Zeichensystemen nicht existent wäre.

6. Resümee

Sowohl für die akademische Mediävistik als auch die Mittelalterdidaktik ist die Beantwortung der Fragen, wie und welche populärkulturellen Produkte bestimmte Mittelalterbilder transportieren, wie diese rezipiert werden und auf welche Referenzsysteme sie sich dabei beziehen, von hoher Bedeutung. Denn die Möglichkeiten eines *Popular Culture Medievalism*[30] sind vielseitig: Als epistemologische Erweiterungsstufe für die Erforschung des Mittelalters (sozusagen eine Ergänzungswissenschaft der Mediävistik), als Grundlagenarbeit für eine nachhaltige Mittelalterdidaktik und als Möglichkeit, das Mittelalter in seiner aktuellen gesellschaftlichen Relevanz zu erkennen.

Die wissenschaftliche Auseinandersetzung mit dem Mittelalter der Populärkultur ist Voraussetzung der mediävistischen Disziplinen, sich im Diskurs der aktuellen kulturwissenschaftlichen Tendenzen wieder einzubringen. Dass darin eine gewisse Notwendigkeit besteht, zeigt nicht nur das erwähnte Dossier von Hans-Werner Goetz[31] – Hans-Jochen Schiewer brachte es bereits bei der Eröffnung des Mittelalterzentrums der Albert-Ludwigs-Universität Freiburg 2006 auf den Punkt: „Es wäre töricht, wenn wir im Elfenbeinturm blieben angesichts dieser unglaublichen Mittelalterfaszination"[32].

Gewändern und Ausrüstungen verbringen". Vgl. Wilfried FERCHHOFF, Jugend und Jugendkulturen im 21. Jahrhundert. Lebensformen und Lebensstile, Wiesbaden 2007, S. 193.

30 Die wissenschaftliche Beschäftigung mit *Medievalism* als einem „continuing process of creating the Middle Ages" geht zurück auf den britisch-amerikanischen Historiker Leslie J. Workman. Darunter zu verstehen ist „the study of the Middle Ages, the application of medieval models to contemporary needs, and the inspiration of the Middle Ages in all forms of art and thought". Vgl. Leslie J. WORKMAN, Editorial, in: Studies in Medievalism 3, 1 (1987) S. 1–2, S. 1; http://www.medievalism.net/history.html (Zugriff am 28.01.2010).

31 GOETZ (Anm. 5).

32 Peter WIECZOREK, Das Mittelalter – frisch vernetzt. Die Universität eröffnet das neue Mittelalterzentrum, in: Freiburger Uni Magazin 5 (2006) S. 11.

Martin Clauss/Christine Grieb

„FSK-Freigabe" für das Mittelalter? Gewalt und Krieg in der geschichtskulturellen Wahrnehmung der Epoche

1. Einleitung

Im Jahr 2006 brachte Disney Enterprises einen Sammelcomic mit verschiedenen Geschichten rund um Mickey Mouse und Donald Duck zum Mittelalter heraus: Lustiges Taschenbuch Spezial: Ritter![1] In verschiedenen Geschichten, die mal mehr, mal weniger an literarische Vorlagen – wie etwa die Legenden um König Artus – anknüpfen und deren narrative Anbindung an die Gegenwart oftmals mit Hilfe einer Zeitmaschinen-Thematik erfolgt, kämpfen sich die Helden aus Entenhausen hier durch das Mittelalter. In auffallend vielen der Geschichten kommt es zu Kämpfen, Turnieren oder anderen Formen von waffengestützter Gewalt. So ringt Donald Duck als „Don Leon der Schreckliche" diverse Opponenten nieder und Mickey Mouse ist durch „Das unbesiegbare Schwert" jedem Gegner gewachsen[2]. Die gängige Identifikationsfigur der Helden ist der Ritter, der durchaus auch in seiner gewaltkompetenten Dimension erfasst und dargestellt wird; dabei fließt kaum Blut – zwar ohne explizite FSK-Freigabe, aber ganz zielgruppengerecht; die Handlungen und die Spannungsbögen basieren aber eindeutig auf dem Einsatz von Gewalt.

Das Mittelalter, das hier im Wortsinne gezeichnet wird, erscheint weniger als stereotyp finster, denn als heldisch und als Tummelplatz von tatkräftigen Individuen, die sich schlau und vor allem auch stark bewähren. Diese Welt funktioniert nicht ohne Gewalt, Waffen und Krieg. Die entsprechende Metaphorik wird auch an die jugendlichen Leser herangetragen, die im Vorwort direkt angesprochen werden: „Aufs Pferd, liebe Leser ... das Schwert gezückt und dann im gestreckten Galopp hinein in die verwegenen Abenteuer tapferer Ritter im finsteren Mittelalter!"[3] Dem Mittelalter nähert man sich also bewaffnet und beritten, also ritterlich und damit kriegerisch. Dies entspricht sicherlich einem gängigen Klischee der Epoche und auch der darstellerischen Logik eines auf individuelles Heldentum abgestellten Comics; ein anderer Aspekt des Rückentextes überrascht hingegen, weil er – wenn auch sicherlich mit einem deutlichen Augenzwinkern – Bezug auf die Erforschung der Epoche nimmt: „Ja, so warn's, die alten Rittersleut! Oder zumindest so ähnlich.

---

1   Walt DISNEY, Lustiges Taschenbuch Spezial Nr. 18: Ritter!, Disney Enterprises 2006.
2   Vgl. Lustiges Taschenbuch (Anm. 1) S. 185–273 und S. 153–184.
3   Vgl. Lustiges Taschenbuch (Anm. 1) S. 4.

Mickey als Ritter der Tafelrunde? Mittelalterforscher werden da verblüfft den Staub von uralten Wälzern blasen und vorsichtshalber noch mal nachschlagen"[4]. Der Comic präsentiert ein anderes Mittelalter als die Fachwissenschaft, das vielleicht nicht ganz ‚wahr‘, aber auf jeden Fall spannend ist. Implizit erscheint damit auch die Epoche selbst als ‚cool‘ und attraktiv, so wie sie hier rund um Mickey gezeichnet ist. Unterhaltsamkeit und Gewalt, Krieg und Faszination schließen sich auch in der Geschichtskultur einer an sich auf zwischenmenschlichen Respekt rekurrierenden (Post)Moderne nicht aus. Auch in einem farbigen und ansprechenden Mittelalter – oder gerade dort – krachen die Schilde und blitzen die Schwerter.

Die Abgrenzung von den ‚Mittelalterforschern‘ dient hier dazu, die jugendlichen Leserinnen und Leser der Unterhaltsamkeit des Comics zu versichern; dieses präsentiert gerade keine trockene Wissenschaft, sondern spannende Unterhaltung. An diese Abgrenzung von der Mediävistik lässt sich eine Schlussfolgerung knüpfen, auch wenn diese nicht ganz den Intentionen des Werbetextes entsprechen mag: Die Fachwissenschaft wird als entscheidende Referenzgröße im Umgang mit der Epoche verstanden. Die Forschung hat zwar beileibe keine Monopolstellung, sie wird aber von der Geschichtskultur immerhin wahrgenommen.

Damit sind die beiden Pole benannt, zwischen denen sich die nachfolgenden Überlegungen bewegen: Wie lassen sich die Geschichtskultur zum Mittelalter und dessen fachwissenschaftliche Erforschung in Beziehung zueinander setzen? Thematischer Bezugspunkt dieser Fragestellung ist der Krieg bzw. die Gewalt. Der erste Begriff wird dabei bewusst weit, der zweite hingegen eng gefasst. Unter Krieg verstehen wir jede gewaltsame Auseinandersetzung zwischen bewaffneten Gruppen, die das Töten des Gegners ebenso einkalkuliert wie das eigene Getötetwerden. Weder die Größe des Konfliktes, noch seine politischen Dimensionen spielen dabei eine Rolle, zentral ist die Ausübung von Gewalt. Gewalt bezieht sich im Folgenden ausschließlich auf die körperliche Dimension des Begriffes und beschreibt damit jede Aktion, die unmittelbar zu einer physischen Schädigung des Gegenübers führt[5]. Gewalt kennt damit immer Täter und Opfer.

2.   Krieg und Gewalt in der aktuellen Forschung

Die deutsche Kriegsmediävistik ist wie kaum eine andere Teildisziplin ganz direkt von geschichtskulturellen Einflüssen des Nachkriegsdeutschlands geprägt[6]. Nach-

---

4   Vgl. Lustiges Taschenbuch (Anm. 1) Rückseite.
5   Dieser Gewaltbegriff orientiert sich an Heinrich POPITZ, Phänomene der Macht, 2. Aufl., Tübingen 1992, S. 48.
6   Vgl. hierzu mit weiterer Literatur Martin CLAUSS, Kriegsniederlagen im Mittelalter. Darstellung – Deutung – Bewältigung (Krieg in der Geschichte 54), Paderborn u.a. 2010, S. 16–18.

krieg kann man dabei in einem doppelten Sinne auf den Zweiten Weltkrieg und den Kosovo-Krieg beziehen. Zwischen diesen beiden Kriegen finden in Deutschland Kriegsforschungen zum mittelalterlichen Krieg in nennenswertem Umfang nicht statt. Auschwitz als wirkmächtigste Chiffre der bundesrepublikanischen Geschichtskultur und Erinnerungslandschaft steht dabei am Ende und am Anfang deutscher Forschungen zum Krieg. Nach 1945 waren Krieg, nationalsozialistische Verbrechen und Niederlage zu einer zu wirkmächtigen Einheit verschmolzen, als dass sich die deutsche Geschichtswissenschaft eines Militarismusvorwurfs hätte erwehren können, wenn sie den Krieg in den Blick genommen hätte. Erst mit dem ‚Nie wieder Auschwitz', das dem Einsatz deutscher Soldaten auf dem Balkan den Weg bereitete, wurde der Krieg wieder politikfähig und erneut zum Gegenstand wissenschaftlicher mediävistischer Analyse. Verglichen mit der angelsächsischen und französischen Kriegsforschung ist die deutsche also jung und weist keine Kontinuität von der Zeit vor 1945 bis heute auf. Dies hat Auswirkungen auf Inhalte und Ausdrucksform der deutschen Kriegsmediävistik. Bestimmte Merkmale einer langwährenden Teildisziplin fehlen, wie etwa einschlägige Handbücher oder die Ausbildung wissenschaftlicher Schulen und Meinungskartelle[7]. In jüngster Zeit mehren sich deutschsprachige Publikationen zum Krieg im Mittelalter, die meistens einem kulturwissenschaftlichen Zugang verpflichtet sind, da die deutsche Mediävistik sich zu einem Zeitpunkt dem Krieg als Thema zugewandt hat, als sich kulturwissenschaftliche Fragestellungen im Fach großer Beliebtheit erfreuten[8]. Gerade für die Analyse des Krieges haben sich diese Ansätze als enorm fruchtbar erwiesen[9]. Sie fragen vornehmlich danach, wie der Krieg wahrgenommen, gedeutet und

---

7   Die gängigen Handbücher zum mittelalterlichen Krieg stammen meist aus einer englischsprachigen oder französischen Forschungstradition. Genannt seien hier beispielhaft Philippe CONTAMINE, La Guerre au Moyen Âge, Paris 1980; Michael PRESTWICH, Armies and Warfare in the Middle Ages. The English Experience, New Haven – London 1996 und Helen NICHOLSON, Medieval Warfare. Theory and Practice of War in Europe 300–1500, New York 2004. Den bislang einzigen deutschsprachigen Versuch, den mittelalterlichen Krieg in seiner Gesamtheit darzustellen, bietet Norbert OHLER, Krieg und Frieden im Mittelalter, München 1997.

8   Vgl. hierzu Hans-Henning KORTÜM, Der Krieg im Mittelalter als Gegenstand der Historischen Kulturwissenschaften. Versuch einer Annäherung, in: DERS. (Hg.), Krieg im Mittelalter, Berlin 2001, S. 13–43.

9   Beispiele für eine kulturwissenschaftlich orientierte Kriegsmediävistik sind CLAUSS, Kriegsniederlagen (Anm. 6); DERS., „Aujourd'huy toutes les guerres sont contre les povres gens". Gewalt gegen Nichtkombattanten als Mittel der Kriegführung im Hundertjährigen Krieg, in: Saeculum 57 (2006) S. 77–99; Hans-Henning KORTÜM (Hg.), Transcultural Wars from the Middle Ages to the 21st Century, Berlin 2006; Malte PRIETZEL, Kriegführung im Mittelalter. Handlungen, Erinnerungen, Bedeutungen (Krieg in der Geschichte 32), Paderborn u.a. 2006; DERS., Blicke auf das Schlachtfeld. Wahrnehmung und Schilderung der Walstatt in mittelalterlichen Quellen, in: Das Mittelalter 13 (2008) S. 28–45; Thomas SCHARFF, Die Kämpfe der Herrscher und der Heiligen. Krieg und historische Erinnerung in der Karolingerzeit (Symbolische Kommunikation in der Vormoderne), Darmstadt 2002; DERS., Reden über den

in symbolischen Kommunikationsformen ritualisiert wurde; weniger Aufmerksamkeit erfahren hier klassische kriegsgeschichtliche Fragen zu Logistik, Strategie und Taktik, oder realienkundliche Ansätze zur Bewaffnung[10]. Somit steht die gesellschaftliche Verarbeitung des Krieges, weniger der Krieg selbst, im Zentrum dieser Studien. Dies gilt auch für solche Arbeiten, die sich an ein breiteres Publikum jenseits der Wissenschaft richten[11]. Zwar werden hier auch kriegspraktische Fragen nach Bewaffnung und Kriegführung beantwortet; diese werden aber stets in einen breiteren gesellschaftsorientierten Rahmen eingebettet. So gehen etwa Überlegungen zu Strategie und Taktik mit solchen zu Ruhm und Ehre einher[12]. Krieg wird hier nicht losgelöst von seiner gesellschaftlichen Deutung und vor allem auch nicht losgelöst von den gesellschaftlichen Folgen gedacht. Krieg hat daher immer eine leidvolle Dimension, weil Gewalt immer auch Opfer erzeugt[13].

Damit steht die wissenschaftliche Kriegsmediävistik in einem gewissen Gegensatz zu dem, was man als aktuelles gesellschaftliches Interesse am mittelalterlichen Krieg wahrnehmen kann. Dies ist sicherlich ein sehr disparater und unübersichtlicher Bereich, den dieser Aufsatz nicht in seiner Gänze erfassen kann. Symptomatisch scheint eine Fokussierung auf Waffen zu sein. Waffen gehören definitorisch unabdingbar zum Krieg, und zahlreiche Waffen sind für diesen Kontext der Gewaltausübung hergestellt und konzipiert worden. Sie sollen die Ausübung von Gewalt effizient gestalten, sie sollen den Kämpfer in die Lage versetzen, möglichst viele Gegner möglichst nachhaltig zu schädigen, in letzter Konsequenz also zu töten. Ein geschichtskulturelles Interesse an Waffen ist hingegen oftmals kontextlos und ausschließlich auf die Waffe als Gegenstand und Artefakt bezogen. Die Waffe wird dann als ‚schön' oder ‚elegant' verstanden, ihre Handhabung als Kunstfertigkeit[14]. Damit geht oftmals ein sehr detailbezogenes Interesse einher, das bestimmte

---

Krieg. Darstellungsformen und Funktionen des Krieges in der Historiographie des Frühmittelalters, in: Gewalt im Mittelalter. Realitäten – Imaginationen, hg. von Manuel BRAUN und Cornelia HERBRICHS, München 2005, S. 65–80.

10 Das bedeutendste Werk zu Fragen der Bewaffnung für das Spätmittelalter hat vorgelegt Volker SCHMIDTCHEN, Kriegswesen im späten Mittelalter. Technik, Taktik, Theorie, Weinheim 1984.

11 Vgl. beispielsweise Martin CLAUSS, Ritter und Raufbolde. Vom Krieg im Mittelalter (Geschichte erzählt), Darmstadt 2009 und Malte PRIETZEL, Krieg im Mittelalter, Darmstadt 2006.

12 Vgl. PRIETZEL, Krieg (Anm. 11) S. 38–48.

13 Hierzu vor allem CLAUSS, Ritter (Anm. 11) S. 78–104.

14 So etwa auf der Homepage eines Vereines für historische Fechtkunst: „Die Freifechter. Gesellschaft für Historische Fechtkunst e.V." (www.freifechter.org. Zugriff am 11.01.2010). Hier ist wiederholt von „Kampfkünsten" zu lesen: „Wir praktizieren die Kampftechniken des Mittelalters und der Renaissance als Kampfkunst". Als Ursprung allen Interesses für dieses Metier wird hier das ungläubige Staunen angegeben, dass Kampftechniken im modernen Verständnis ausschließlich aus dem asiatischen Raum kämen. „Sollte es tatsächlich der Fall sein, dass es in Europa nie zu der Entwicklung wirksamer Kampftechniken gekommen ist?" Histo-

Waffen in der Ausprägung einer ganz bestimmten Zeitschicht erfassen will. Vom Töten und Getötetwerden ist dabei höchst selten die Rede, kriegerische Gewaltausübung verkommt zur reinen Technik[15]: Über Krieg wird in realienkundlichen Dimensionen nachgedacht.

Es besteht mithin ein gewisser Gegensatz zwischen einer kulturgeschichtlich ausgerichteten wissenschaftlichen Kriegsforschung und zumindest einem Teil des geschichtskulturellen Interesses am mittelalterlichen Krieg. Nicht immer ist die moderne Wissenschaft willens und in der Lage, detailspezifisches und realienkundliches Interesse zu bedienen. Diese Kluft lässt sich durchaus auch als Auftrag an die Wissenschaft verstehen, ihre Anliegen deutlicher und verständlicher zu kommunizieren, um den Krieg in seiner ganzen Breite und Gewalttätigkeit zu thematisieren.

3.   Krieg in der Geschichtskultur – Beispiele

Ein Blick in Buchhandlungen, Kinoprogramme und Veranstaltungskalender macht deutlich: Das Mittelalter liegt im Trend und verkauft sich blendend. Mittelaltermärkte und Ritterturniere [16], Spielfilme[17], historische Romane[18], Comics[19] oder PC-

rische Fechtkunde wird hier also als Ehrenrettung für die europäische Kultur gegenüber der asiatischen betrieben.

15   Dies wird besonders deutlich bei allen Bemühungen, die mittelalterliche Waffengewalt nachzuspielen. Der Reenactment-Gedanke (und alle verwandten Ansätze) verbietet jeden realitätsnahen Einsatz von Waffen im Sinne eines Tötungswerkzeuges. Dies wird etwa auf der Homepage des Onlineshops „Lostlegends" (www.lostlegends.de. Zugriff am 11.01.2010) greifbar. Hier wird ein „Einsteigerschwert" angeboten: Eine „LARP [Live Action Role Playing] Waffe (Latexwaffe) in hochwertiger und leichter Bauweise, mit Kern aus einem schaumstoffgepufferten und mit besonders strapazierfähig ummanteltem Glasfiberstab". Dazu kann man den Waffenhalter „Victory" erwerben. Hier sind Waffen Spielzeuge, fernab des mittelalterlichen Krieges und der modernen Kriegsmediävistik.

16   So besuchten im Jahr 2009 mehr als 24.000 Besucher das mittelalterliche „Wormser Spectaculum" (vgl. die Meldung des Kulturbüros der Stadt Worms: http://worms.de/ downloads/Kulturbuero/Spectaculum/090526_PM_SpectFazit09_end.pdf. Zugriff am 17.01.2010).

17   Vgl. den Beitrag von Christian Kuchler in diesem Band.

18   Bei der vom ZDF im Oktober 2004 ausgestrahlten Sendung „Unsere Besten – Die Lieblingsbücher der Deutschen" wurden gleich drei im Mittelalter angesiedelte Romane unter die ersten 10 gewählt, nämlich „Die Säulen der Erde" von Ken Follett, „Der Medicus" von Noah Gordon sowie „Die Päpstin" von Donna W. Cross. Vgl. auch Christoph JÜRGENSEN (Hg.), Die Lieblingsbücher der Deutschen, Kiel 2006.

19   Dabei reicht die Palette von Hal Fosters Klassiker „Prinz Eisenherz" bis zu François Bourgeons an Erwachsene gerichtete Trilogie „Gefährten der Dämmerung" (Hamburg 1986–1990), die sich an der Grenze von Fantasy und Geschichte bewegt. Vgl. Hubert MITTLER, Prinz Eisenherz oder: Das Mittelalter in der Sprechblase. Das Bild von Ritter und Rittertum

Spiele[20] versuchen die Zeit der ‚alten Rittersleut' wieder aufleben zu lassen[21]. Dieser Geschichtsboom beschränkt sich keineswegs nur auf das Mittelalter[22] und regte eine wissenschaftliche Erforschung der ‚Geschichtskultur' an. Der Begriff fasst so unterschiedliche Bereiche der historischen Erinnerung wie Schule, Universität, Museum, Medien und Freizeitunterhaltung zusammen, deren Gemeinsamkeit darin besteht, dass sie das (individuelle) Geschichtsbewusstsein in der (kollektiven) Lebenspraxis einer Gesellschaft verorten[23]. Eine umfassende Beschäftigung mit der Darstellung des mittelalterlichen Krieges kann hier nicht geleistet werden, weshalb wir uns im Folgenden auf einige Beispiele aus der Unterhaltungsbranche beschränken, die sich mit dem Krieg im Mittelalter auseinandersetzen.

Dabei beginnt die enge Verbindung von Krieg und Mittelalter bereits sehr früh, wie ein Blick auf Kinderspielzeug beweist[24]. Für die kleinen Ritter des 21. Jahrhunderts werden Schwerter, Helme und Schilde aus Holz oder Plastik angeboten; bei Playmobil etwa besteht der überwiegende Teil des Spielzeugs mit mittelalterlichem Hintergrund aus Burgen, Katapulten und Rittern. Dabei kann die Ausübung von Gewalt das Definierende für die Spielzeugfigur werden – der Hersteller Schleich bietet Miniaturkämpfer an, die Waffen nicht nur als Zubehör tragen, sondern deren Benutzung durch ihre Körperhaltung bereits implizieren. Der „Fußsoldat mit Streitaxt" holt mit beiden Armen zum Schlag aus, der „Armbrustschütze" visiert mit angelegter Waffe sein Ziel an[25]. Die Spielzeughändler ordnen diese Mittelalterspielsa-

---

zwischen 1000 und 1200 in ausgewählten historisierenden Comics (Kinder- und Jugendkultur 54), Frankfurt a.M. 2008.

20   Vgl. den Aufsatz von Carl Heinze zum Computerspiel in diesem Band.

21   Für eine Untersuchung der Darstellung des mittelalterlichen Krieges im Schulbuch vgl. Thomas SCHARFF, Das Mittelalter als gewalttätige Zeit? Gewalt und Konflikte als Aspekte der mittelalterlichen Geschichte in europäischen Schulbüchern, in: Das Bild des Mittelalters in europäischen Schulbüchern, hg. von Martin CLAUSS und Manfred SEIDENFUSS, Berlin 2007, S. 225–243, S. 230ff.

22   Vgl. Klaus BERGMANN, ‚So viel Geschichte wie heute war nie' – Historische Bildung angesichts der Allgegenwart von Geschichte, in: Politische Sozialisation und Geschichte. Festschrift für Rolf Schörken zum 65. Geburtstag, hg. von Angela SCHWARZ, Hagen 1993, S. 209–228.

23   Zum Begriff der ‚Geschichtskultur' vgl. Jörn RÜSEN, Was ist Geschichtskultur? Überlegungen zu einer neuen Art, über Geschichte nachzudenken, in: DERS., Historische Orientierung. Über die Arbeit des Geschichtsbewusstseins, sich in der Zeit zurechtzufinden, 2. Aufl., Schwalbach/Ts. 2008, S. 233–258.

24   Zu Spielzeug mit Kriegsbezug allgemein vgl. Heinz-Peter MIELKE, Kriegsspiele und -spielzeug. Geschichte, Vielfalt und Charakteristik in Zeitlauf, Zeitgeschehen und Zeitgeist, in: Aggression, Gewalt, Kriegsspiel. Tagungsband des Internationalen Symposions vom 23. und 24. Oktober 1999 aus Anlass der Ausstellung „Krieg in der Kinderstube. Zur Geschichte des Kriegsspielzeugs", hg. von Heinz-Peter MIELKE, Grefrath 2001, S. 35–143.

25   Vgl. Schleich-Katalog, Schwäbisch Gmünd 2009, S. 110–112.

chen meist Rubriken wie „Jungenwelten" zu[26]: Die Welt des Kriegers – wenn diese auch aus Plastik ist und kein Blut fließt – bleibt der Jungen- bzw. Männerwelt vorbehalten. Für Mädchen gibt es ein Märchenmittelalter mit Prinzessinnen und Krönchen, wobei sich diese Elemente nicht immer eindeutig einer historischen Epoche zuordnen lassen.

Spielzeug mit Mittelalterthematik verdeutlicht noch ein Phänomen der Geschichtskultur: das Verschwimmen der Grenze zwischen Geschichte und Fantasy. Playmobil bietet in seiner Ritterwelt einen Drachen an, während umgekehrt (Drachen)Ritter mit eindeutig mittelalterlichen Accessoires (Helm, Schwert, Rüstung) das Drachenland bevölkern[27]. Dieser Befund korrespondiert mit Filmen und Büchern, die eine pseudomittelalterliche Phantasiewelt präsentieren, wie „Der Herr der Ringe", oder wenigstens auf zahlreiche vermeintlich mittelalterliche Elemente rekurrieren, wie „Harry Potter"[28].

Auch für Erwachsene ist der Krieg ein unverzichtbarer Bestandteil des populären Mittelalterbildes, weshalb Kriegsschilderungen zur Chiffre für die Epoche des Mittelalters schlechthin werden können. So zeigt der Film „Die Päpstin" (2009) die Schlacht von Fontenoy (841). Diese ist für die Erzähllogik des Films völlig unerheblich; die Kriegsszene dient nicht dem Vorantreiben der Handlung, sondern erfüllt offenbar eine andere Funktion: Sie soll das Gefühl vermitteln, es tatsächlich mit dem Mittelalter zu tun zu haben (außerdem gibt die Schlacht eine actiongeladene Trailer-Szene ab); erst der Krieg macht das Mittelalter so richtig „mittelalterlich".

Ein ganz anderes Mittelalterbild steht den meisten Reenactmentgruppen[29] vor Augen, nämlich das der Ritterherrlichkeit, Burgen und Gaukler. Doch auch für

---

26 So etwa der Händler Mytoys (http://www.mytoys.de/catalog/show/KID/de-mt.to.ca02.22.03/. Zugriff am 12.01.2010).

27 Zu Playmobil-Spielzeug vgl. die Homepage (http://www.playmobil.de. Zugriff am 12.01.2010).

28 Vgl. zu mittelalterlichen Elementen in „Harry Potter" Gail ORGELFINGER, J. K. Rowling's Medieval Bestiary, in: Defining Medievalism(s), hg. von Karl FUGELSO, Cambridge 2009, S. 141–160 und Bryan POLK, The Medieval Image of the Hero in the Harry Potter Novels, in: The Image of the Hero in Literature, Media, and Society, hg. von Will WRIGHT und Steven KAPLAN, Pueblo, CO 2004, S. 440–445. Zu „Der Herr der Ringe" vgl. Stefanie VON SCHNURBEIN, Neuheidentum und Fantasyroman, in: Bilder vom Mittelalter. Eine Berliner Ringvorlesung, hg. von Volker MERTENS und Carmen STANGE, Göttingen 2007, S. 137–153 und Jane CHANCE – Alfred K. SIEWERS (Hg.), Tolkien's Modern Middle Ages, New York 2005.

29 Die Abgrenzung zur sogenannten Living History ist nicht unumstritten. Hier wird mit Pleitner unter Reenactment der Umgang mit Geschichte als Hobby oder Abenteuer verstanden, während es Living History vor allem um die (didaktische) Vermittlung von Vergangenheit geht. Vgl. Berit PLEITNER, Erlebnis- und erfahrungsorientierte Zugänge zur Geschichte. Living History und Reenactment, in: Geschichte und Öffentlichkeit. Orte – Medien – Institutionen, hg. von Sabine HORN und Michael SAUER, Göttingen 2009, S. 40–47, S. 42–43.

diese bildet der Krieg den Kern ihrer Beschäftigung mit der Vergangenheit. Es gibt in Deutschland inzwischen zahlreiche Veranstaltungen, auf denen neben Mittelaltermärkten auch Schaukämpfe oder Ritterturniere abgehalten werden[30]. Dabei wird der mittelalterliche Krieg dekontextualisiert und als abenteuerliches Spektakel interpretiert; dies hat Reenactment den Vorwurf eingetragen, lediglich „jungenhafte Kriegsspiele im Kostüm"[31] zu sein. Die Diskussion in den Internetforen der Reenactment-Darsteller dreht sich kaum jemals um das durch den Krieg verursachte Leid, dafür umso mehr um die realienkundlichen Aspekte des Krieges wie „Rüstungsherstellung", „frühmittelalterliche Helme" oder „Kampftechnik Bidenhänder"[32]. Insbesondere bei den Informationen über Ausrüstung und Kampftechnik wird großer Wert auf Authentizität gelegt und dazu auf die Erkenntnisse der Fachwissenschaft, dabei insbesondere der Archäologie, verwiesen[33]. Im Vordergrund steht dabei immer die Anwendbarkeit des Wissens für den Rollenspieler; die Literaturhinweise, die sich mit den Realia des mittelalterlichen Krieges beschäftigen, überwiegen dabei, während man Titel zu kulturgeschichtlichen Fragestellungen vergeblich sucht[34]. Gerade dadurch, dass Reenactment das Mittelalter ins 21. Jahrhundert holt, verliert die grausame Realität des mittelalterlichen Krieges an Bedeutung; wenn Geschichte nachspielbar sein soll, muss die gespielte Gegenwart realer und spannender sein als das Geschehen der Vergangenheit, an der man sich orientiert. Der mittelalterliche Krieg dient daher im Reenactment in erster Linie als

---

30 Eine Übersicht aktueller Veranstaltungen findet sich etwa auf der einschlägigen Internetseite www.tempus-vivit.net.

31 PLEITNER (Anm 29) S. 46. Ähnlich bemerkt Jerome DE GROOT, Consuming History. Historians and Heritage in Contemporary Popular Culture, London 2009, S. 106: „Public reconstruction is interested in presenting a sanitized, closed version of warfare, of avoiding the unrepresentability of war".

32 Vgl. das Forum der Reenactment-Homepage „Tempus Vivit" (http://www.tempus-vivit.net/taverne. Zugriff am 12.01.2010).

33 Vgl. zum Beispiel die Diskussion um Schulterklappen an Rüstungen (http://www.tempus-vivit.net/taverne/thema/464#15. Zugriff am 18.01.2010). Besonders die Untersuchung Schmidtchens zum „Kriegwesen im späten Mittelalter" (Anm. 10) erfreut sich großer Beliebtheit, vgl. die Threads zu den Themen „Leben als Söldner" (http://www.tempus-vivit.net/taverne/thema/828#8. Zugriff am 18.01.2010) oder „Handschusswaffen/Feuerwaffen im MA" (http://www.tempus-vivit.net/taverne/thema/132#7. Zugriff am 18.01.2010). Das Bemühen um Authentizität und die Anlehnung an die wissenschaftlichen Erkenntnisse von Archäologen und Historikern ist aber in der Szene nicht unumstritten (http://www.tempus-vivit.net/taverne/thema/476#70. Zugriff am 18.01.2010).

34 Rezensiert werden etwa: Dieter LAMMERS, Das karolingische-ottonische Buntmetallhandwerk-Quartier auf dem Plettenberg in Soest, Soest 2009; Ian PEIRCE, Swords of the Viking Age, Woodbridge 2002; Holger RICHTER, Die Hornbogenarmbrust – Geschichte und Technik, Ludwigshafen 2006 (http://www.tempus-vivit.net/rezension. Zugriff am 18.01.2010).

Referenzgröße, an dem die Authentizität von Waffen und Rüstungen überprüft werden kann. Der Krieg an sich lässt sich hingegen nicht nachspielen[35].

Wer nicht selbst in eine Rüstung schlüpfen möchte, kann sich dem mittelalterlichen Krieg in einem der zahlreichen Computerspiele mit historischer Thematik nähern. Ein sehr erfolgreiches Computerspiel dieses Genres ist „Medieval II Total War" (The Creative Assembly)[36]. Der Titel überträgt dabei den „totalen Krieg" des 20. Jahrhunderts auf den virtuellen mittelalterlichen Krieg; dies ist auch in Spielerkreisen nicht unumstritten[37], korreliert aber mit einer generellen Vorliebe von Spieleherstellern für möglichst kriegerisch klingende Namen[38]. „Medieval II Total War" verfügt über mehrere Spielmodi, so dass der Spieler entweder einzelne – auch historische Schlachten[39] – schlagen oder versuchen kann, die gesamte (damals bekannte) Welt zu erobern. Zur Verfügung stehen mehrere Szenarien, die den Zeitraum von 1080 bis 1530 abdecken[40] und sich thematisch mit den Kreuzzügen, den Kämpfen gegen die Heiden in Osteuropa, den kriegerischen Auseinandersetzungen in England ab Mitte des 13. Jahrhunderts sowie der Eroberung Südamerikas beschäftigen. Ungeachtet des martialischen Titels stehen dabei Schlachten keineswegs im Vordergrund, sondern sind eingebettet in ein Strategiespiel, in dem der Krieg ein zwar sehr wichtiges, aber nicht allein entscheidendes Mittel zur Eroberung darstellt; denn auch Diplomatie, Städtebau und Missionierung spielen eine Rolle. Die Darstellung des mittelalterlichen Krieges wird durch zwei Aspekte bestimmt: ein großes Interesse an Taktik sowie ein heroisierendes Kriegerbild. Um eine Schlacht für sich zu entscheiden, muss der Spieler die Vielzahl von Einheiten in seiner Armee taktisch geschickt manövrieren. Jede dieser Einheiten verfügt über spezielle Fähigkeiten, die im Schlachtverlauf berücksichtigt werden müssen. Die

---

35 Vgl. dazu etwa Daphnée RENTFROW, S(t)imulating War: From Early Films to Military Games, in: Computer Games as a Sociocultural Phenomenon, hg. von Andreas JAHN-SUDMANN und Ralf STOCKMANN, New York 2008, S. 87–96, S. 88.

36 Das Spiel erhielt überwiegend positive Rezensionen, vgl. etwa Michael GRAF, Medieval 2 Total War Test, in: GameStar 12/2006 (http://www.gamestar.de/tests/strategie/1465694/medieval_2_total_war.html. Zugriff am 18.01.2010). In der Kategorie der mittelalteraffinen Kriegsstrategiespiele nimmt „Medieval II Total War" immerhin den Rang 45 ein (http://www.amazon.de/gp/bestsellers/videogames/550018/ref=pd_ts_pg_2?ie=UTF8&pg=2. Zugriff am 18.01.2010).

37 So titelt eine Rezension in der Kölnischen Rundschau online vom 13. Januar 2009: „Spitzen-Spiel mit furchtbarem Namen" (http://www.rundschau-online.de/html/artikel/1231499-567888.shtml. Zugriff am 18.01.2010).

38 Andere PC-Spiele lauten etwa „Codename: Panzers – Cold War" (NAMCO BANDAI Partners), „Universe At War – Angriffsziel Erde" (SEGA), „Aggression – Reign over Europe" (NAMCO BANDAI Partners), „Blitzkrieg 2 – Die Befreiung" (CDV Software Entertainment AG), „Warhammer: Mark of Chaos" (Koch Media).

39 So lässt sich etwa die Schlacht zwischen den Rittern des Deutschen Ordens und dem siegreichen Heer der Nowgoroder auf dem Peipussee 1242 nachspielen.

40 Vgl. die Homepage des Herstellers (http://www.totalwar.com/index.html?lang=de. Zugriff am 30.01.2010).

englische Armee zeichnet sich etwa durch besonders schlagkräftige Langbogen-schützen aus, die Mongolen gelten als gefürchtete Reiter. Hier wird ein Bemühen um Authentizität greifbar; diese ist aber eher am Mittelalterbild der Spieler ausge-richtet als an der mediävistischen Wissenschaft[41]. Diese Versuche um historische Genauigkeit treten im Zweifelsfall ohnehin zurück, wenn sich dadurch der Spiel-spaß erhöhen lässt[42]: So finden sich neben ‚authentischen' Kampfeinheiten wie den englischen Langbogenschützen auch die „Sherwood Bogenschützen", das Heilige Römische Reich verfügt über eine „Forlorn Hope Kompanie", also eine „Kompanie ohne Hoffnung". Dies ist der Logik des Spiels geschuldet: Je mehr Einheiten zur Verfügung stehen, desto komplexer wird das Manövrieren des Heeres. Völlig ana-chronistisch ist auch die Verwendung der Vokabel „Nation" für die einzelnen Völ-ker. Der Erfolg eines Spieles hängt davon ab, dem Spieler eine möglichst fesselnde virtuelle Welt zu bieten, in der er sich aber gleichzeitig schnell zurechtfinden kann. Eine Darstellung der Komplexität mittelalterlicher Herrschaftsverbände kann daher nicht im Sinn des Herstellers sein, da ein „Zuviel" an Authentizität für geschicht-lich nicht vorgebildete Spieler verwirrend wirken muss.

Auffallend ist die Heroisierung des Kriegers in „Medieval II Total War": Die Beschreibungen der Kämpfer sind voller Pathos[43]. Wichtige Begriffe des Spiels sind „Ehre" und „Tapferkeit". Auf einen „ehrenvollen Tod" auf dem Schlachtfeld kann die eigene Seite stolz sein, die Flucht gilt hingegen als Schande. Hier trifft sich die moderne Vorstellung von ehrenvollem Verhalten im Krieg mit einem mittelalterlichen Ehrbegriff, der etwa in der Schilderung Jean Froissarts über die Schlacht von Poitiers 1356 zum Ausdruck kommt. Der Chronist lobt das Verhalten König Johanns von Frankreich, weil dieser in aussichtsloser Lage nicht geflohen sei, sondern bis zu seiner Gefangennahme tapfer kämpfend auf dem Schlachtfeld blieb[44]. Die Heroisierung erweist sich als eine historische Konstante im Umgang mit dem Krieg.

Der „Medieval II Total War"-Spieler wird mit martialischer Musik auf das Spiel eingestimmt, während markige Sprüche wie „Wir ziehen stolz in den Kampf, mein

---

41   Das Verwenden von Klischees ist ein generelles Phänomen in historischen Computerspielen, vgl. Dieter KÖHLER, Historischer Realismus in Computerspielen, in: Geschichte und Öffent-lichkeit. Orte – Medien – Institutionen, hg. von Sabine HORN und Michael SAUER, Göttingen 2009, S. 226–233, S. 226.

42   Dieser Befund trifft auf PC-Spiele mit historischer Thematik allgemein zu, vgl. Angela SCHWARZ, „Wollen Sie wirklich nicht weiter versuchen, diese Welt zu dominieren": Geschichte in Computerspielen, in: History Goes Pop. Zur Repräsentation von Geschichte in populären Medien und Genres, hg. von Barbara KORTE und Sylvia PALETSCHEK, Bielefeld 2009, S. 313–340, S. 325.

43   Vgl. etwa die Beschreibung der sogenannten Bojarensöhne, einer Nowgoroder Kampfeinheit: „Es gibt wohl keinen überwältigenderen Anblick als eine Armee von Bojarensöhnen, die zu Pferd mit angespannten Bögen und im Sonnenlicht gleißender Kriegsausrüstung die Weiten der baltischen Ebenen entlanggejagt kommt".

44   Vgl. Jean FROISSART, Chronicles, hg. von Geoffrey BRERETON, London 1978, Buch I, S. 138.

Herr" den vermeintlichen Ehrenkodex mittelalterlicher Kriegergesellschaften evozieren sollen. Die Dimension des Leids, das der Krieg produziert, wird dabei weitgehend ausgeklammert, als selbstverständlich akzeptiert. So heißt es in der Beschreibung der Kampffähigkeit der Bauern ohne weiteren Kommentar, dass es sich
dabei um „gutes Kanonenfutter" handele. Nach gewonnener Schlacht schlägt der
virtuelle Ratgeber vor: „Nun sollt Ihr versuchen, so viele gegnerische Männer wie
möglich zu vernichten oder gefangenzunehmen, bevor sie fliehen können". Leid
und Gewalt werden nur unter dem Aspekt der Strategie gesehen und anderen zuge-
fügt[45].

4.   Krieg in der Geschichtskultur anderer Epochen

Die angeführten Beispiele machen deutlich: Krieg spielt in der modernen Ge-
schichtskultur, soweit sie das Mittelalter betrifft, eine bedeutende Rolle. Ein Blick
auf die Geschichtskultur anderer Epochen zeigt, dass die Verbindung von Gewalt,
Krieg und Unterhaltung kein Spezifikum des geschichtskulturellen Blickes auf das
Mittelalter ist; sie erscheint vielmehr als typisch für eine Reihe von Produkten, die
Geschichte für ein Laienpublikum aufbereiten. Der Hersteller von „Medieval II To-
tal War" etwa produziert eine ganze Serie von PC-Spielen mit historischem Bezug.
So kann man in „Rome Total War" das römische Imperium erobern, in „Napoleon
Total War" die napoleonischen Kriege ausfechten oder in „Empire Total War" in
den amerikanischen Unabhängigkeitskrieg eingreifen. Die vermeintlich historische
Kulisse trägt zweifellos zum Erfolg der Reihe bei, die Vielfalt der historischen
Hintergründe verweist aber darauf, dass nicht das Mittelalter das Unterhaltende ist,
sondern der Krieg. An diesem Punkt offenbart sich der eigentliche Grund für die
Beliebtheit von Krieg in der Geschichtskultur: Kampf und Gewalt werden von
vielen Menschen als aufregend und spannend empfunden – und damit als unter-

---

[45] Im vorliegenden Beitrag geht es uns lediglich um die Darstellung des mittelalterlichen Krieges
in Computerspielen; die in der Medienwissenschaft lebhaft geführte Diskussion um
Bedeutung und Wirkung von Gewaltdarstellungen in Computerspielen kann hier nicht
einbezogen werden. Angemerkt sei lediglich, dass es keinen einfachen Zusammenhang
zwischen Dehumanisierung der Opfer in Computerspielen und Abstumpfung des Spielers für
Leid in der Realität gibt. Vielmehr verweisen Studien darauf, dass Computerspieler sehr gut
zwischen Bildschirm und Realität trennen können. Vgl. Hartmut GIESELMANN, Aktion
„Sauberer Bildschirm", in: Virtuelle Welten – reale Gewalt, hg. von Florian RÖTZER,
Hannover 2003, S. 50–58, S. 51 und Dorothee M. MEISTER u.a., Mediale Gewalt. Ihre Rezeption, Wahrnehmung und Bewertung durch Jugendliche, Wiesbaden 2008; ebendort (S.
216) wird aber auch die Bedeutung der Medienkompetenz gerade im Umgang mit solchen
Medien deutlich, die Gewalt zum Inhalt haben. Auch die Behauptung, der Spieler identifiziere
sich zwangsläufig mit der Computerfigur, greift zu kurz; vgl. David BUCKINGHAM, Children
and Media, in: The Handbook of New Media, hg. von Leah A. LIEVROUW und Sonia
LIVINGSTONE, Los Angeles u.a. 2006, S. 75–91, S. 83.

haltend[46]. Was am Krieg marketingwirksam ist, ist in erster Linie der Nervenkitzel. Voraussetzung dafür ist freilich, dass die Gewalt selektiv und medial gefiltert präsentiert wird. Durch die verschiedenen Medien (Film, Comic, Computerspiel) entsteht die Distanz zu den Themen Krieg und kriegerische Gewalt, die für ein wohliges Schaudern und die oft technik- oder actionverliebte Freude am szenischen Detail erforderlich ist. Zudem trifft Gewalt oft kontextualisiert und damit unverbrämt auf: Sie richtet sich gegen andere oder dient höheren Zielen.

Auch die Reenactmentszene beschränkt sich keineswegs auf das Nachspielen des mittelalterlichen Krieges[47], und Spielzeugabteilungen bieten Waffen aus allen Epochen an. Ein Grund, warum Kostüme für Kinder so oft kriegerische Elemente enthalten, ist der Handlungsanreiz von Waffen. Mit Waffen lässt sich eben spielen. In der Faschingsabteilung findet sich daher ein Piratensäbel neben Indianerpfeilen und Cowboypistolen oder Ritterschwertern: So werden historische Epochen auf das Kriegerische reduziert und die jeweiligen Waffen werden zum Marker für eine bestimmte Figur. Mit nur wenigen Gegenständen lässt sich eine in unserer Kultur verstandene Chiffre für „Ritter" oder „Cowboy" schaffen. Diese sind zwar untrennbar mit Gewalt verbunden; diese verkommt aber durch ihre verklärende und positive Umdeutung zum Accessoire.

Die Auswahl der Beispiele mag genügen, um aufzuzeigen, dass Krieg in der Geschichtskultur aller Epochen eine bedeutende Rolle einnimmt und damit nicht epochenspezifisch, sondern produktspezifisch ist. Die Gewalt bietet vielfältige Anknüpfungspunkte für Unterhaltung: *War sells*[48].

---

46 Zur Faszination von Gewaltdarstellungen als anthropologische Konstante vgl. Wolfgang SOFSKY, Traktat über die Gewalt, 3. Aufl., Frankfurt a.M. 2001.

47 Reenactors zum amerikanischen Bürgerkrieg stellen zahlenmäßig die größte Gruppe. Zahlreiche Handbücher informieren vor allem über die realienkundlichen Aspekte des Kriegs, vgl. William DAVIES, The Civil War Reenactor's Encyclopedia, Guilford 2002, oder Shaun C. GRENAN, So You Want to Be a Soldier: How to Get Started In Civil War Re-enacting, Lynchburg 2003. Daneben gibt es aber auch zahlreiche Reenactmentveranstaltungen zum Ersten und Zweiten Weltkrieg, dem Vietnamkrieg und dem Koreakrieg, vgl. DE GROOT, (Anm. 31) S. 108.

48 Die Frage, warum Menschen Gewalt als unterhaltend empfinden, wird kontrovers diskutiert – einen Überblick über die wichtigsten Thesen bietet William E. BIERNATZKI, An Anthropological View of Entertainment, in: Communication Research Trends 18,3 (1998) S. 9–14, bes. S. 12–14. Untersuchungen zur Rezeption von gewalttätigen Computerspielen durch Kinder haben gezeigt, dass Gewaltdarstellungen vor allem dann als unterhaltend empfunden werden, wenn die Computerspiele in einer sicheren und vertrauten Umgebung gespielt werden, vgl. Maria VON SALISCH – Astrid KRISTEN – Caroline OPPL, Computerspiele mit und ohne Gewalt. Auswahl und Wirkung bei Kindern, Stuttgart 2007, S. 65f. Auf den Punkt bringt Goldstein die Faszination von Gewaltdarstellungen: „People go to horror films in order to experience in safety emotions that are usually associated with danger", vgl. Jeffrey GOLDSTEIN, Why we watch, in: DERS. (Hg.), Why we watch. The attractions of violent entertainment, Oxford 1998, S. 212–226, S. 219, zitiert bei VON SALISCH u.a. S. 66).

5. Umsetzung in der Schule

Welche Schlussfolgerungen lassen sich aus diesen Beobachtungen für den Schulunterricht ziehen? Für uns als Vertreterinnen und Vertreter der mediävistischen Fachwissenschaft soll es dabei nicht darum gehen, konkrete Unterrichtsmodelle zu entwickeln; vielmehr seien hier Beobachtungen zum Thema formuliert, die sich als potenzielle Vermittlungsziele eines schulischen Umgangs mit dem Mittelalter und der dazugehörigen Geschichtskultur verstehen lassen. Schulischer Geschichtsunterricht muss neben der Epoche selber sicherlich auch auf die genannten Aspekte der Geschichtskultur eingehen[49]. Dies dient nicht nur einem Vermittlungszugang, der die Schülerinnen und Schüler da abholt, wo sie sich in ihrem Alltag befinden – in unserem Fall also beim Comic und Computerspiel.

Darüber hinaus geht es bei der Auseinandersetzung mit der Darstellung des mittelalterlichen Kriegs in der Geschichtskultur um gleich zwei sensible Bereiche: Die oft verzerrte Darstellung des Mittelalters in der Geschichtskultur sowie die nicht weniger unrealistische mediale Repräsentation des Krieges – und zwar des längst vergangenen Krieges ebenso wie des aktuellen. Eine Dekonstruktion der Funktionsweise verschiedener Produkte der Geschichtskultur könnte beides erreichen: Eine differenziertere Vorstellung vom Mittelalter und ein kritischer Umgang mit der Repräsentation von Krieg in den Medien. Dabei kann und soll es im Geschichtsunterricht nicht darum gehen, die Produkte der Geschichtskultur als historisch inkorrekt zu entlarven und daher mit dem Prädikat „wenig wertvoll" zu versehen. Das Ziel der Einbeziehung der Populärkultur ist nicht, diese lächerlich zu machen, sondern den Schülern vor Augen zu führen, dass ihre Freizeitbeschäftigung, sei das nun ein Computerspiel oder der Besuch eines Mittelaltermarktes, genau dies ist: vor allem Unterhaltung. Zu sensibilisieren wären die Schülerinnen und Schüler vor allem für folgende Aspekte:

• Die Geschichtskultur vermittelt eine historische Epoche nicht im Sinne einer wissenschaftlichen (Re)Konstruktion. Zunächst lässt sich durch Sichtung einiger der oben angeführten Beispiele der Zusammenhang zwischen Krieg und Gewalt auf der einen und dem Mittelalter auf der anderen Seite etablieren[50]. Dieses Bild soll

---

49 Vgl. dazu etwa Dietmar VON REEKEN, Geschichtskultur im Geschichtsunterricht. Begründungen und Perspektiven, in: Geschichte in Wissenschaft und Unterricht 55 (2004) S. 233–240.

50 Wie gezeigt, lässt sich dies an verschiedenen Medien praktizieren, so dass sich diese Thematik an Alter und Schulform anpassen lässt. Der Zusammenhang zwischen moderner Aneignung der Vergangenheit und Krieg (und Männlichkeit in Form von gesellschaftlichen Erwartungen) lässt sich freilich auch an anderen Epochen exemplifizieren. Einige der angeführten Beispiele sind sicherlich nur bedingt für den Schulunterricht einsetzbar. Zu den praktischen Problemen beim Einsatz von Computerspielen und Filmen in der Schule vgl. die Beiträge von Carl Heinze und Christian Kuchler in diesem Band. Mitunter ist die Altersfreigabe der entsprechenden Medien zu beachten. Auch ist der Gefahr zu begegnen, eine geschichtskulturelle

nun mit der Vorstellung der Wissenschaft konfrontiert werden. Dabei geht es darum, die Schüler dazu anzuregen, ihr eigenes Mittelalterbild zu hinterfragen – insbesondere hinsichtlich der Einflüsse, die dieses Bild (mit)geprägt haben. Der Gender-Aspekt gerade von Spielzeug bietet hierbei die Möglichkeit, die Schülerinnen und Schüler nicht nur für das Funktionieren historischer Gesellschaften, sondern auch für ihre eigene Lebenswirklichkeit zu sensibilisieren.

• Die geschichtskulturellen Präsentationen des Krieges haben mit der Wirklichkeit von Krieg nichts gemein. Gerade an der selektiven und positiv konnotierten Darstellung von Gewalt, die etwa die Opfer meist völlig ausblendet, lässt sich dies zeigen[51]. Das Nachspielen einer mittelalterlichen Schlacht wird dadurch nicht wirklichkeitsgetreu(er), dass die verwendeten Schwerter den zeitgenössischen Vorbildern entsprechen. Damit ist keine Kritik an Reenactment oder anderen Darstellungsformen, die sich des mittelalterlichen Krieges bedienen, verbunden. Vielmehr ist jedes Medium – wie der Begriff bereits andeutet – selektiv. Die Realität lässt sich niemals in allen Facetten abbilden. Jede Selektion erfolgt aber bewusst, um dem Rezipienten ein bestimmtes Bild zu vermitteln[52]. Am Beispiel des mittelalterlichen Krieges können Schüler lernen, dass die ihnen medial präsentierte Gewalt nicht als Abbild der Realität zu begreifen ist. Vielmehr sollen sie dafür sensibilisiert werden, dass ihnen in den verschiedensten Medien nur – sehr bewusst ausgewählte – Ausschnitte und Elemente angeboten werden. Sich über das Vorhandensein von Leerstellen – hinsichtlich der Brutalität des Krieges etwa – klar zu werden, ist die Voraussetzung dafür, diese füllen zu können.

• Daher bietet sich das Thema an, um die Schülerinnen und Schüler an einen reflektierteren Umgang mit den sie umgebenden Medien heranzuführen. Wenn man möchte, dass Kinder und Jugendliche Medien mit Kriegsthematik kritisch hinterfragen, muss man ihnen Methoden an die Hand geben, die es ihnen erlauben, die Funktionsweise dieser Medien zu analysieren. Zu untersuchen wäre etwa, welchen Gattungskonventionen Produkte der Unterhaltungsindustrie wie das Computerspiel gehorchen und welche Funktion Krieg und Gewalt dabei zukommt[53].

Verwässerung der historischen Inhalte durch die Präsentation von populären Medien zu befördern.

51   Vgl. zur Heroisierung von Krieg im Computerspiel auch KÖHLER (Anm. 41) S. 231: „Welchen Spaß hätte man auch daran, einen Massenangriff während der Schlacht an der Somme aus der Perspektive eines Infanteristen realitätsnah zu simulieren?" Heldengeschichten bedürfen einer selektiven Darstellungsweise.

52   Dies trifft natürlich auch auf die aktuelle Berichterstattung zum Krieg im Irak oder Afghanistan zu. So versuchten Beiträge so genannter „embedded journalists" durch geschickte Bildauswahl den Mythos des heroischen Kämpfers zu transportieren, vgl. Peter GLOTZ, Mythos Mediengesellschaft – Die Berichterstattung über Kriege im 21. Jahrhundert, in: Mythen der Mediengesellschaft – The Media Society and its Myths (Schriftenreihe der Deutschen Gesellschaft für Publizistik und Kommunikationswissenschaft 32), hg. von Patrick RÖSSLER und Friedrich KROTZ, Konstanz 2005, S. 279–287, S. 282.

53   In diesem Sinne etwa auch MEISTER (Anm. 45) S. 218.

● In der Repräsentation von Kriegen – modernen wie mittelalterlichen – spielen bestimmte selektive Narrative eine herausragende Rolle. Prominent sind hierbei die Deutungsmuster von ‚Heldentum' und ‚Ehre'. In unserer Gesellschaft (aktuell und historisch diachron) gibt es einen Zusammenhang zwischen Heldentum und Gewalt[54]. Zum Helden wird der, der besonders erfolgreich Gewalt gegen andere ausübt: Ehre basiert im Kontext von Krieg letztlich darauf, mehr Menschen zu töten als andere bzw. mehr gegnerische Menschen zu Tode zu bringen, als man eigene Menschen ‚verliert'. Auch der tragische Held, der selber stirbt (oder euphemistischer: ‚fällt'), wird nicht durch seinen Tod zum Helden, sondern durch das, was vor dem Tod war: Die Bilanz der Gewalt fällt für den Helden immer positiv aus, und sei es durch die günstigen Folgen seines Todes für die Sache. Den Krieg zu entzaubern und für das Funktionieren von Helden- und Ehrennarrativen zu sensibilisieren, ist ein sehr hehres Ziel für den Geschichtsunterricht.

● Als Resümee und Aufgabe für den Schulunterricht bleibt, einer geschichtskulturellen Verbrämung des Mittelalters und des Krieges entgegenzutreten: Zu vermitteln wäre, dass der Krieg und die Epoche in der Geschichtskultur als (perfektes) Produkt offeriert werden, nicht als Abbild der Wirklichkeit. So lassen sich die einzelnen Medien ja auch einer bestimmten Altersgruppe zuordnen. Das historische Mittelalter und seine Kriege waren hingegen nicht frei ab 6.

---

54 Vgl. hierzu auch CLAUSS, Ritter (Anm. 11) S. 105–112 und DERS., Kriegsniederlagen (Anm. 6) S. 38–45.

Christian Kuchler

Von Mönchen, Rittern und einer Päpstin: Das Mittelalter im aktuellen Spielfilm

Das Kino als Lernort für Geschichte

1.   Einleitung

Nachdem sich die allgemeine Geschichtswissenschaft ebenso wie ihre Teildisziplin die Geschichtsdidaktik zunächst nur zögerlich der Darstellung von Geschichte in Spielfilmen zuwandte, verändert sich diese Situation inzwischen grundlegend. Kinoproduktionen rücken als wichtiger Aspekt der Geschichtskultur immer mehr in den Blick[1]. Gerade die Didaktik widmet sich dem Medium verstärkt und bescheinigt ihm eine herausragende Bedeutung für das historische Lernen[2]. Demnach prägen die Darbietungen auf der Leinwand und in den Fernsehprogrammen entscheidend die Geschichtsbilder der Gesellschaft[3]. Wenn ein Millionenpublikum freiwillig Spielfilmen mit historischen Inhalten folgt, scheint dies mehr Einfluss zu entfalten, als es dem traditionellen Geschichtsunterricht im schulischen Kontext gelingt[4]. Das, was die meisten Menschen über Geschichte wissen, erfahren sie in Funk und Film, bilanziert etwa Michael Sauer in seinem weit verbreiteten Einfüh-

---

1   Günter RIEDERER, Film und Geschichtswissenschaft. Zum aktuellen Verhältnis einer schwierigen Beziehung, in: Visual History – Ein Studienbuch, hg. von Gerhard PAUL, Göttingen 2006, S. 96–113, S. 98ff.

2   Stellvertretend Waltraud SCHREIBER – Anna WENZL (Hg.), Geschichte im Film. Beiträge zur Förderung historischer Kompetenz (Themenhefte Geschichte 7), Neuried 2006. Zudem sei auf das Themenheft „Spielfilme im Geschichtsunterricht" der an der Unterrichtspraxis orientierten geschichtsdidaktischen Zeitschrift „Praxis Geschichte" verwiesen. Darin als Basistext Jens SCHILLINGER, Kronzeugen der Vergangenheit? Historische Spielfilme im Geschichtsunterricht, in: Praxis Geschichte 19 (2006), Heft 5, S. 4–10.

3   Diese allgemeine Feststellung findet sich in einer Reihe von Publikationen zur Bedeutung des Mediums Film für das Geschichtsbewusstsein, obschon die These bislang empirisch wenig erforscht wurde. Stellvertretend Hilde HOFFMANN, Geschichte und Film – Film und Geschichte, in: Geschichte und Öffentlichkeit. Orte – Medien – Institutionen, hg. von Sabine HORN und Michael SAUER, Göttingen 2009, S. 135–143, S. 135.

4   Norbert ZWÖLFER, Filmische Quellen und Darstellungen, in: Geschichts-Didaktik. Praxishandbuch für die Sekundarstufe I und II, hg. von Hilke GÜNTHER-ARNDT, Berlin 2003, S. 125–136, S. 125.

rungswerk „Geschichte unterrichten"[5]. Oder, um es noch schärfer zu formulieren: „Hollywood" beherrscht offenbar das Geschichtsbewusstsein[6].

2.   Das Mittelalter im Kino – Garant für Publikumserfolge?

Dem kann sich augenscheinlich auch die Epoche des Mittelalters nicht entziehen. Etliche Mediävisten schlossen sich in den letzten Jahren der Auffassung an, das Medium des Spielfilms präge das öffentliche Bild vom Mittelalter mehr als jede andere Manifestation der Geschichtskultur. Im Rahmen der Quedlinburger Tagung zum Geschichtsunterricht formulierte beispielsweise Hedwig Röckelein: „Filme über das Mittelalter rangieren seit Jahren in der Gunst des Publikums an vorderster Stelle"[7]. Und im Jahr 2006 stellte der Schweizer Mediävist Christian Kiening bereits im ersten Satz seiner umfangreichen Abhandlung zur cineastischen Darstellung der Epoche klar: „Kein anderes Medium bestimmt das allgemeine Bild des Mittelalters im 20. und 21. Jahrhundert mehr als der Film"[8].

Beide Wissenschaftler konstatieren in der Populärkultur der Gegenwart eine große Attraktivität der Epoche. Sie biete gerade für das Bildmedium Film viel Darstellenswertes: Monumentalbauten, geheimnisvolles Klosterleben, farbenfrohe Spektakel, Rüstungen, Waffen, Belagerungen und actiongeladene Ritterkämpfe drängten sich förmlich auf, um auf der Leinwand dargestellt zu werden[9]. Daher überrascht es nicht, dass die Filmgeschichte zahlreiche, erfolgreiche filmische Darstellungen der Epoche aufzuweisen vermag. Prominentestes Beispiel ist die Legende um den englischen Helden Robin Hood, die bislang mehr als zwei Dutzend unterschiedliche Leinwandinszenierungen fand. Die Reihe reicht von ersten Stummfilmproduktionen im Jahr 1908 über die inzwischen kanonische Interpretation der Rolle durch Errol Flynn in „Robin Hood, König der Vagabunden" (USA, 1938) bis hin zu Kevin Costner in „Robin Hood – König der Diebe" (USA, 1991)

5   Michael SAUER, Geschichte unterrichten. Eine Einführung in die Didaktik und Methodik, 7., erw. Aufl., Seelze-Velber 2008, S. 218.

6   Alexander SPERL, Geschichtsdarstellung im Film – Überlegungen zum Umgang mit den Geschichtsbildern historischer Filme im Unterricht, in: Geschichte im Film (Anm. 2) S. 42–45, S. 42.

7   Hedwig RÖCKELEIN, Das Mittelalter im Film, in: Geschichte des Mittelalters für unsere Zeit. Erträge des Kongresses des Verbandes der Geschichtslehrer Deutschlands „Geschichte des Mittelalters im Geschichtsunterricht" in Quedlinburg 20.–23. Oktober 1999, hg. von Rolf BALLOF, Wiesbaden 2003, S. 308–314, S. 308.

8   Christian KIENING, Mittelalter im Film, in: Mittelalter im Film (Trends in Medieval Philology 6), hg. von Christian KIENING und Heinrich ADOLF, Berlin 2006, S. 3–101, S. 3.

9   Thomas Martin BUCK, Mittelalter und Moderne. Plädoyer für eine qualitative Erneuerung des Mittelalterunterrichts an den Schulen (Forum historisches Lernen), Schwalbach/Ts. 2008, S. 395. Siehe auch den Beitrag von Martin Clauss und Christine Grieb in diesem Band.

am Beginn der 1990er Jahre[10]. Ähnlicher Beliebtheit bei Filmschaffenden erfreute sich der sagenumwobene englische König Artus mit den Rittern seiner Tafelrunde oder das Leben der französischen Nationalikone Jeanne d'Arc[11]. Aber auch fiktive Figuren, wie etwa der rational argumentierende William von Baskerville, den Sean Connery in Jean-Jacques Annauds Adaption von Umberto Ecos Roman „Der Name der Rose" verkörperte, prägen bis heute nachhaltig das allgemeine Bild vom Mittelalter – im konkreten Fall also die gesellschaftliche Vorstellung eines gebildeten Mönchs, der sich mit detektivischer Beflissenheit Glaubensfragen ebenso wie dem Aberglauben zuwendet[12].

Ohne Probleme könnten Filmliebhaber und Cineasten die Aufzählung prominenter Mittelalterfiguren aus der Filmgeschichte fortführen. Dabei treten höchst unterschiedliche, mit modernen, cineastischen Möglichkeiten erzeugte Mittelalterbilder vor Augen, deren historische Korrektheit hier jedoch nicht Thema sein soll. Vielmehr wird der Blick auf eine andere Problematik gelenkt. Nämlich auf die Frage, ob all die angesprochenen Filme und Stoffe wirklich Bestandteile der Medienrezeption heutiger Jugendlicher sind. Dort, wo Filme ihren ursprünglichen Ort haben, nämlich im Kino, konnte die heutige Schülergeneration die genannten Klassiker des Mittelalterfilms nicht erleben. Dafür sind sie schlechterdings zu jung. Ob allerdings die angesprochenen, älteren Produktionen wirklich fester Bestandteil des Film- und Fernsehkonsums Jugendlicher im 21. Jahrhundert sind, wird in Zweifel zu ziehen sein.

Daher soll nachfolgend der Fokus dieser Untersuchung auf das gerichtet werden, was in den letzten Jahren in den deutschen Kinos wirklich erfolgreich war. Aussa-

---

10 Christian KIENING, Filmographie, in: Mittelalter im Film (Anm. 8) S. 373–445, S. 432f.

11 Sandra GORGIEVSKY, The Arthurian Legend in the Cinema: Myth or History?, in: The Middle Ages after the Middle Ages in the Speaking World, hg. von Marie-Françoise ALAMICHEL und Derek BREWER, Cambridge 1997, S. 153–166; Kevin J. HARTY, Jeanne au cinéma, in: Fresh Verdicts on Jean of Arc, hg. von Bonnie WHEELER und Charles T. WOOD, New York 1996, S. 237–264.

12 Die Verfilmung von Umberto Ecos „Der Name der Rose" (Deutschland/Italien/Frankreich, 1985–1986) zählt bis heute zu den prominentesten Beispielen für eine cineastische Darstellung des Mittelalters im Spielfilm. Sein Erfolg an den Kinokassen ebenso wie seine zahlreichen Fernsehausstrahlungen legen nahe, dass die Produktion Eingang in das Mittelalterbild vieler Menschen genommen hat. Demgegenüber finden sich in der Wissenschaft dezidiert ablehnende Stimmen gegenüber dem „Machwerk", mit dessen Inhalten sich eine ausführlichere Beschäftigung keinesfalls lohne. Siehe Max KERNER, Das Mittelalter als „Kindheit Europas". Zu den Geschichtsromanen Umberto Ecos, in: Mittelalter und Moderne. Entdeckung und Rekonstruktion der mittelalterlichen Welt. Kongressakten des 6. Symposiums des Mediävistenverbandes in Bayreuth 1995, hg. von Peter SEGL, Sigmaringen 1997, S. 289–304. Dass der Film bis ins 21. Jahrhundert für das historische Lernen Verwendung findet, belegt ein Beitrag in einer der führenden deutschen Zeitschriften für Geschichtslehrer. Darin wird „Der Name der Rose" als „visuell gelungen", „erstaunlich zeitlos" und die Rekonstruktion der mittelalterlichen Lebensumstände als „recht realistisch" gelobt. Hierzu Martin GANGULY, Tatort Mittelalter: „Der Name der Rose", in: Praxis Geschichte 21 (2008), Heft 4, S. 50–51.

gekräftig ist dies, da noch immer der Besuch von Lichtspielhäusern zu den bevorzugten Freizeitbeschäftigungen Jugendlicher gehört. Sie stellen etwa die Hälfte aller Kinogänger[13] und entscheiden daher maßgeblich über Erfolg oder Misserfolg von einzelnen Darbietungen[14]. Mithin ist es gerechtfertigt, die Erfolgsbilanzen der deutschen Kinos seit dem Jahr 2000 bis zum Ende des Jahres 2008 zu analysieren und zu fragen, welche historischen Stoffe wirklich zu Blockbustern wurden[15]. Unter den erfolgreichsten 15 Leinwanddarbietungen der jeweiligen Kalenderjahre finden sich folgende Filme mit historischem Bezug:

Titel	Besucherzahl in Deutschland
Gladiator (USA, 2000)	3.428.564
Pearl Harbour (USA, 2001)	4.626.573
Good Bye, Lenin (Deutschland, 2003)	6.439.777
Das Wunder von Bern (Deutschland, 2003)	3.683.310
Luther (USA/Deutschland, 2003)	3.082.790
Der Untergang (Deutschland, 2004)	4.521.903
Troja (USA, 2004)	4.429.985
Last Samurai (USA, 2004)	2.244.052
Königreich der Himmel (USA, 2005)	1.950.354
Das Leben der Anderen (Deutschland, 2006)	2.336.339
Der Baader Meinhof Komplex (Deutschland, 2008)	2.404.734
1 ½ Ritter – Auf der Suche nach der hinreißenden Herzelinde (Deutschland, 2008)	1.768.792

---

13 Die besondere Attraktivität von Besuchen in Lichtspielhäusern besteht für Jugendliche weiterhin, obschon der Absatz von Tickets in diesem Alterssegment zurückgeht. Gleichwohl stellt die Gruppe der 10–19 bzw. 20–29 Jahre alten Besucher weiterhin die Hälfte aller Kinogänger in Deutschland. Hierzu: http://www.ffa.de/downloads/publikationen/kinobesucher_2008.pdf (Zugriff am 20.01.2010).

14 Indirekt bestimmen die Erlöse an den Kinokassen auch die Chancen für eine erfolgreiche Verwertung von Filmen im Fernsehen. Produktionen, die schon in den Lichtspielhäusern Kassenschlager waren, werden von den Fernsehstationen weit besser platziert als Werke, deren Besucherzuspruch hinter den Erwartungen zurückblieb.

15 Abschließende Erfolgsbilanzen für das Jahr 2009 lagen bei Drucklegung dieses Beitrages noch nicht vor. Daher können die beiden Spielfilme mit mittelalterlichem Inhalt, „Vision" (Deutschland, 2009) und „Die Päpstin" (Deutschland, 2009) nur bedingt in die statistischen Reflexionen einbezogen werden. Für „1 ½ Ritter – Auf der Suche nach der hinreißenden Herzelinde" (Deutschland, 2008) wurden Zahlen aus den Bilanzen von Januar und Februar 2009 hinzugezogen, so dass sich ein endgültiges Kinoergebnis aus den Besuchszahlen der beiden Jahre 2008 und 2009 ergibt. Als Datenbasis für die statistischen Angaben dienen die sog. „Filmhitlisten" der Filmförderanstalt: www.ffa.de (Zugriff am 20.01.2010).

Auf den ersten Blick belegt die umfangreiche Liste offenbar den Erfolg von Geschichte im populären Kino. Immer wieder gelang es in den Jahren seit dem Jahrtausendwechsel nationalen wie internationalen Produktionen, Millionen von Menschen für den Besuch von Spielfilmen mit historischen Inhalten zu gewinnen. Ordnet man aber die Erfolge der Rubrik „Historienfilm", wie die für die statistische Auswertung des deutschen Filmmarktes verantwortliche Filmförderanstalt Spielfilme mit historischen Inhalten tituliert, in den Gesamtmarkt ein, so ergibt sich ein ganz anderes Bild. Im Jahr 2008 etwa vereinte das Genre lediglich ein Prozent aller Kinobesuche in Deutschland auf sich[16]. Der schwache Wert ist keineswegs nur Ausdruck eines wenig erfolgreichen Jahres für historische Formate, vielmehr ging in den weiter zurückliegenden Jahren der Zuspruch grundsätzlich nur selten über jene zwei Prozentpunkte hinaus, die beispielsweise im Jahr 2005 von der Filmförderanstalt ausgewiesen wurden.

Untersucht man die Statistik genauer und fragt dabei nach den Präferenzen einzelner Alterskohorten, so interessiert den Geschichtsdidaktiker zunächst die Personengruppe zwischen zehn und neunzehn Jahren. Was sehen Schülerinnen und Schüler in ihrer Freizeit, wenn sie Filmtheater besuchen? Die Antwort fällt eindeutig aus. Bei den Kinobesuchern unter 20 Jahren liegt der Zuspruch zu Filmen mit historischen Inhalten noch unter dem der Gesamtbevölkerung[17]. Im Jahr 2008 betrug er ein Prozent, im Jahr zuvor erreichte er nicht einmal dieses Niveau. Unter den zehn jeweils publikumsstärksten Produktionen der letzten Jahre finden sich beim jungen Publikum nur selten „Historienfilme". Bei den Zwanzig- bis Neunundzwanzigjährigen rangiert im Jahr 2005 beispielsweise „Königreich der Himmel" auf Rang zehn der meistbesuchten Filme[18]. In der Gruppe der unter Zwanzigjährigen ist nur im Jahr 2004 ein als „Historienfilm" ausgewiesener Streifen zu finden. Es handelte sich dabei um das umstrittene Werk „Der Untergang"[19]. Freilich kann gerade hier die Statistik trügen, da just bei dieser Produktion zahlreiche kollektive Kinobesuche von Schulklassen angesetzt waren, die die Vergleichbarkeit der Bilanz einschränken. Allerdings gehören „Historienfilme" auch bei den anderen Alterskohorten nicht zu den populärsten Genres. Wirklich treue Besucher

---

16   Jedoch sind nicht alle Filme mit historischen Bezügen in der Kategorie „Historienfilm" eingeordnet, sondern zahlreiche Werke finden sich auch in den Bereichen Drama oder Komödie.

17   Auf den Umstand, dass gerade historische Stoffe nicht zu den bevorzugten Leinwanddarbietungen unter Jugendlichen gehören, weist hin Heidrun BAUMANN, Der Film, in: Erste Begegnungen mit Geschichte. Grundlagen des historischen Lernens, Bd. 1 (Bayerische Studien zur Geschichtsdidaktik 1), hg. von Waltraud SCHREIBER, 2. Aufl., Neuried 2004, S. 579–595, S. 584f.

18   http://www.ffa.de/downloads/publikationen/kinobesucher_2005.pdf, S. 42 (Zugriff am 20.01.2010).

19   Das statistische Material ist nur für die Jahre 2004 mit 2008 vergleichbar. Zum Erfolg von „Der Untergang": http://www.ffa.de/downloads/publikationen/kinobesucher_2004.pdf, S. 35 (Zugriff am 20.01.2010).

haben die Produktionen mit historischen Inhalten nur bei den älteren Kinogängern. Insbesondere bei Zuschauern zwischen 40 und 49 Jahren sowie jenen über 50 Jahren finden „Historienfilme" großen Anklang.

Der zunächst eindeutig anmutende Erfolg von Geschichte im Kino ist also relativ. Und er ist altersabhängig. Doch interessiert daneben noch ein weiterer Befund, der sich aus den statistischen Angaben ablesen lässt. Unterteilt man nämlich die genannten Filme, die zwischen 2000 und 2008 tatsächlich ein Millionenpublikum anzuziehen vermochten, nach den dargestellten Epochen, so zeigt sich eine deutliche Dominanz der Zeitgeschichte. Mit jeweils zwei Produktionen zur NS-Zeit bzw. zum Zweiten Weltkrieg, zur Geschichte der DDR und zur Bundesrepublik ist die Hälfte der genannten Erfolgsfilme im 20. Jahrhundert angesiedelt. Das hier zu behandelnde Mittelalter dagegen wird, lässt man die US-amerikanische Darstellung des japanischen Samurai-Kultes außen vor, einzig durch Ridley Scotts Kreuzfahrerdrama „Königreich der Himmel" und Til Schweigers Klamaukfilm „1 ½ Ritter – Auf der Suche nach der hinreißenden Herzelinde" vertreten. Erst gegen Ende des Jahrzehnts trat mit Sönke Wortmanns Verfilmung des Bestsellers „Die Päpstin" ein weiteres Werk hinzu. Es lockte vorläufigen Angaben zufolge etwa 2,4 Millionen Zuschauer in die deutschen Lichtspielhäuser und zählt damit ebenfalls zu den erfolgreichsten Leinwanddarbietungen der letzten Jahre[20].

Doch trotz des aktuell großen Publikumszuspruchs zur „Päpstin" schafften es nur drei Filme mit Bezug zum Mittelalter unter die wirklich erfolgreichen Filme des letzten Jahrzehnts. Selbst wenn man die Perspektive erweitert und die jeweils 50 erfolgreichsten Produktionen auf ihre mittelalterlichen Bezüge hin untersucht, bleibt der Befund ähnlich. Schließt man beliebte Verschwörungs- und Fantasy-Formate wie „The Da Vinci Code – Sakrileg" (USA, 2006) oder die dreiteilige Inszenierung von „Der Herr der Ringe" (USA, 2001–2003), die auf Grund ihrer Rückbezüge auf mittelalterliche Mythen von der Forschung vereinzelt als Filme mit mittelalterlichem Inhalt gewertet wurden[21], aus, verbleiben nur noch wenige Titel, die tatsächlich die Epoche zum Thema haben. Neben den drei genannten Erfolgsfilmen schafften es lediglich zwei weitere Produktionen unter die jeweils 50 erfolgreichsten Kinofilme der Jahre 2000 bis 2008. Es sind dies „Ritter aus Leidenschaft" (USA, 2000) aus dem Jahr 2001 mit 1,3 Millionen und „King Arthur" (USA, 2003) im Jahr 2004 mit 1,5 Millionen verkauften Tickets an den deutschen

---

20 Caspar BUSSE, Das Geschäft mit den Träumen, in: Süddeutsche Zeitung vom 16. Januar 2009, S. 27.

21 Wolfgang STRUCK, Fantasy. Die Spuren eines historischen Unbewussten, in: Antike und Mittelalter im Film. Konstruktion – Dokumentation – Projektion (Beiträge zur Geschichtskultur 29), hg. von Mischa MEIER und Simona SLANICKA, Köln 2007, S. 115–126. Die Grenzen zwischen Geschichte und Fantasy verlaufen nicht nur im Bereich des Films fließend, dies lässt sich auch bei Jugendspielzeug, Literatur und einer Fülle anderer Bereiche der Geschichtskultur nachvollziehen. Siehe hierzu in diesem Band den Beitrag von Martin Clauss und Christine Grieb.

Kinokassen. Kurzum: Das Genre des Ritterfilms und ganz allgemein der Mittelalterfilm scheinen in einer veritablen Krise zu stecken.

Die eingangs zitierte Feststellung, das Mittelalter behaupte sich in der Gunst des Publikums an vorderster Stelle, ist vor diesem Hintergrund für den Beginn des 21. Jahrhunderts nicht mehr zu halten. Zumal der Befund keineswegs nur für den Bereich des Kinos Gültigkeit besitzt. Eine Auswertung der Fernsehangebote in Deutschland für die Jahre 1995 bis 2003 kommt zu ganz ähnlichen Ergebnissen. Wenn die Sendestationen Historie verhandeln, steht entweder die Zeitgeschichte oder bestenfalls die Vor- und Frühgeschichte im Zentrum des medialen Interesses. Alle anderen Epochen werden weitgehend ignoriert. So vereinigen die beiden Auswertungskategorien Früh- bzw. Spätmittelalter nur 0,6 bzw. 0,7 Prozent an den historischen Programmen der TV-Sender auf sich[22]. Das weitgehende Fehlen von erfolgreichen Mittelalterfilmen im Kino findet also in der Programmgestaltung des Fernsehens seine Entsprechung.

3.   Aktuelle Mittelalterfilme im Unterricht

Spielt also das Mittelalter für die Medien und insbesondere für den Spielfilm des 21. Jahrhunderts keine Rolle mehr? Ist das Fehlen von Mittelalter-Blockbustern ein konkreter Ausdruck jener „Erosion des Mittelalters aus dem Geschichtsbewusstsein"[23], das Bodo von Borries konstatiert hat? Und welche Konsequenzen für das historische Lernen hat die weitgehende Abwesenheit des Mittelalters in den Filmhitlisten – insbesondere, wenn man bedenkt, dass unter den genannten Erfolgstiteln sich mit „Ritter aus Leidenschaft" und „1½ Ritter" zwei Produktionen finden, die ausdrücklich als Persiflagen auf klassische Schwert- und Rüstungsfilme angelegt sind? Um es noch konkreter zu formulieren: Können aktuelle Spielfilme zum historischen Lernen über das Mittelalter überhaupt einen Beitrag liefern? Erbringen sie für den schulischen Geschichtsunterricht grundsätzlichen Nutzen?

Basierend auf unterrichtspraktischen Erfahrungen in den Sekundarstufen I und II lassen sich diese Fragen ausschließlich mit einem eindeutigen Ja beantworten. In allen Jahrgängen ist die zusätzliche Motivation, die der Einsatz von Spielfilmen bietet, nachzuvollziehen. Will man junge Menschen für eine Beschäftigung mit dem Mittelalter gewinnen, so sollte das Medium Film in seinen modernen Erscheinungsformen ernstgenommen und in das Unterrichtsgeschehen einbezogen werden.

---

22 Edgar LERSCH – Reinhold VIEHOFF, Geschichte im Fernsehen. Eine Untersuchung zur Entwicklung des Genres und der Gattungsästhetik geschichtlicher Darstellungen im Fernsehen 1995 bis 2003 (Schriftenreihe Medienforschung der Landesanstalt für Medien Nordrhein-Westfalen 54), Berlin 2007, S. 152ff.

23 Bodo VON BORRIES, Das Mittelalter im Geschichtsbewusstsein von Jugendlichen. Empirische Befunde, in: Geschichte des Mittelalters für unsere Zeit (Anm. 7) S. 279–291, S. 290f.

Anders als etwa Dokumentarfilme, die noch immer als einzige filmische Darstellungen des Mittelalters in Quellensammlungen als Ergänzung für den Unterricht angeführt werden[24], garantieren aktuelle Spielfilme die Anschlussfähigkeit des schulischen Wirkens an die Lebenswelt der Jugendlichen. Zwar besuchen sie seltener Filme mit ausdrücklich historischen Inhalten, doch spielt in vielen Bereichen der Filmkultur Geschichte eine wesentliche Rolle[25], was es in den Unterricht zu integrieren gilt. Bei diesem Ansatz handelt es sich freilich nicht um einen blinden Lobbyismus für das Medium, sondern es wird versucht, ein den Schülerinnen und Schülern vertrautes Darstellungsmittel für das historische Lernen nutzbar zu machen.

Bei der Nutzung von Spielfilmen mit historischen Inhalten im Geschichtsunterricht muss von Beginn an klargestellt sein, dass diese nicht zum Zeitvertreib oder nur zur Auflockerung des Schullebens eingesetzt werden. Vielmehr sind sie Untersuchungsgegenstand, deren kritische Reflexion nicht nur für das historische Lernen Ertrag zeitigt, sondern generell die Medienkompetenz der Jugendlichen stärkt[26]. Ist das Wesen der Filme als Analyseobjekt geklärt, legen die Lernenden zumeist großes Interesse an der Untersuchung von Spielfilmen an den Tag. Diese intrinsische Motivation in allen Jahrgangsstufen nutzbar zu machen, kann als Chance für den Mittelalterunterricht genutzt werden.

Im alltäglichen Unterrichtsgeschehen innerhalb des Klassenzimmers ist es freilich kaum möglich, Filme in ihrer vollständigen Kinofassung zu zeigen. Zwar wurde dies immer wieder in der fachdidaktischen Literatur eingefordert und böte sicher wertvolle Diskussionsanreize[27], doch werden sich Lehrkräfte in der Praxis wohl auf den Einsatz von ausgewählten Filmausschnitten beschränken müssen. In Zeiten, die von Schulzeitverkürzung, Einschränkungen der Stundentafeln für das Fach Geschichte und anderen curricularen Zwängen dominiert sind, erscheint dies unumgänglich. Vor diesem Hintergrund finden sich in der geschichtsdidaktischen Literatur inzwischen zunehmend Beiträge, die diese Herangehensweise unterstützen[28]. Dennoch muss die Lehrkraft selbst beim Einsatz von nur kurzen, ausge-

---

24 Hiram KÜMPER – Michaela PASTORS (Hg.), Mittelalter (Fundus Quellen für den Geschichtsunterricht), Schwalbach 2008, S. 186f.

25 Grundsätzlich Barbara KORTE – Sylvia PALETSCHEK (Hg.), History Goes Pop. Zur Repräsentation von Geschichte in populären Medien und Genres, Bielefeld 2009.

26 Christine PFLÜGER – Gerhard SCHNEIDER, Filme im Geschichtsunterricht, in: Geschichte Politik und ihre Didaktik 34 (2006), Heft 3/4, S. 191–195, S. 194f.

27 Peter MEYERS, Film im Geschichtsunterricht, in: Geschichte in Wissenschaft und Unterricht 52 (2002) S. 246–259, S. 257.

28 Zur Forderung, nicht ausschließlich vollständige Filme im Unterricht zu nutzen, sondern insbesondere Ausschnitte aus Leinwanddarbietungen für das schulische Lernen heranzuziehen vgl. Reinhard KRAMMER, De-Konstruktion von Filmen im Geschichtsunterricht, in: Geschichte im Film (Anm. 2) S. 28–41, S. 29. Ähnlich Hans UTZ, „Zu kurze Filme – zu lange Texte". Film-Ausschnitte im Unterricht, in: Geschichte in Wissenschaft und Unterricht 59 (2008) S. 28–35.

suchten Sequenzen das gesamte Werk im Vorfeld sichten und die Altersfreigaben der Freiwilligen Selbstkontrolle der Filmwirtschaft einhalten, um pädagogischen und juristischen Problemen vorzubeugen.

Sind diese formalen Anforderungen erfüllt, so lassen sich etwa die Erfolgsfilme „Königreich der Himmel" oder „Die Päpstin" sinnvoll in den Unterricht integrieren. Gezeigt werden kann an beiden Kinoproduktionen, dass aktuelle politische Konstellationen durch Spielfilme in die Vergangenheit transferiert werden. Wenn etwa eine Frau an die Spitze der Kirche tritt, so ist dies mehr Ausdruck moderner Emanzipations- und Feminismusdebatten denn eine Spiegelung historischer Realität[29]. Gleiches gilt für die Darstellung der Kreuzzüge in „Königreich der Himmel". Als nämlich der Streifen im Jahr 2005 in die Kinos kam, wurde er nicht nur als klassische Inszenierung zur Darstellung des Mittelalters und des Kampfes um die Stadt Jerusalem aufgefasst, sondern zugleich als Parabel auf aktuelle politische Konstellationen, neue religiöse Auseinandersetzungen und die US-Außenpolitik unter Präsident George W. Bush gelesen[30]. Regisseur Ridley Scott stellt dem aktuellen Agieren ganz bewusst das Jerusalem des Jahres 1184 gegenüber, das einen multikulturellen Ort aufzeigt, an welchem eine friedliche Koexistenz der unterschiedlichen Religionen und Kulturen möglich erscheint[31]. Oder, um es noch präziser zu formulieren: „Königreich der Himmel" zeigt ebenso wie „Die Päpstin", dass Mittelalterfilme immer auch – oder vielleicht sogar in erster Linie – Gegenwartsfilme sind[32].

Freilich erfordert die Erarbeitung dieses elaborierten Ergebnisses historisches Vorwissen und Erfahrung in der kritischen Rezeption von Medienangeboten. Die genannten Beispiele werden daher wohl vorrangig mit älteren Schülern der Sekundarstufe II in den Blick zu nehmen sein. Für jüngere Schülerinnen und Schüler aus dem Grundschulbereich oder der Unter- und Orientierungsstufe bietet es sich dagegen an, Produktionen zu behandeln, die ganz bewusst mit tradierten Mittelaltervorstellungen spielen und sie ironisieren. Für dieses Filmsegment aus Parodien, Komödien und Satiredarstellungen, das mit Monty Pythons „Ritter der Kokusnuss" (Großbritannien, 1974) oder Mel Brooks „Robin Hood – Helden in Strumpfhosen" (USA, 1993) über prominente Vorbilder verfügt, steht im deutschen Sprachraum derzeit „1½ Ritter – Auf der Suche nach der hinreißenden Herzelinde". Obschon das Klamaukstück in den Feuilletons und der Filmkritik übereinstimmend vernich-

---

29   Elisabeth GÖSSMANN (Hg.), Mulier Papa. Der Skandal eines weiblichen Papstes. Zur Rezeptionsgeschichte der Gestalt der Päpstin Johanna (Archiv für philosophie- und theologiegeschichtliche Frauenforschung 5), München 1994.

30   Rüdiger SUCHSLAND, Königreich der Himmel, in: Film-Dienst 57 (2005), Heft 9, S. 34–35, S. 35.

31   Elisabeth BRONFEN, Monumentalität und Historienfilm, in: Mittelalter im Film (Anm. 8) S. 355–372, S. 355.

32   Vgl. KIENING (Anm. 8) S. 82.

tende Rezensionen erhielt[33], fand es insbesondere unter jungen Zuschauern ein begeistertes Massenpublikum. Dieses Schülerinteresse aufzugreifen, ist besondere Herausforderung und Chance für den Geschichtsunterricht, zumal das Werk die allgemein gängigen Klischees über das Mittelalter in plumper Art und Weise reproduziert und überspitzt darstellt[34].

Am Beginn der Beschäftigung steht die Sammlung von Eindrücken, Ideen, Vorstellungen und Motiven, die den Schülerinnen und Schülern präsent sind, wenn sie an das Genre des Ritterfilms denken. Erfahrungsgemäß werden die spontanen Beiträge zur Stoffsammlung für ein fiktives Spielfilmdrehbuch von Kampf- und Turnierszenen dominiert. Gegebenenfalls tritt neben die kampfbetonten Inhalte noch das ritterliche Werben des Protagonisten um eine schöne Prinzessin. Dass Til Schweigers Erfolgsfilm nicht mehr zum Inhalt hat als diesen stereotypen Handlungsablauf, kann in der Begegnung mit dem Film überprüft und nachgewiesen werden. Notwendig dafür ist es gerade nicht, das Werk vollständig im Unterricht zu sehen, es reicht ein knapper Auszug. Wie bei vielen Leinwandproduktionen bietet sich hier eine Konzentration auf die Anfangssequenz an. Die Exposition ist weitgehend selbsterklärend, umfangreiche instruktive Zusatzinformationen zum Inhalt sind für das Verständnis der Lernenden nicht notwendig.

„1½ Ritter – Auf der Suche nach der hinreißenden Herzelinde" setzt tatsächlich mit einem angeblich mittelalterlichen Turnierkampf ein. Dabei misst der Held mit dem Namen „Lanze" sich zeitgleich mit zehn Kombattanten, was von einer Gruppe junger Cheerleaderinnen und zwei Kommentatoren, wie sie für Fußballübertragungen des 21. Jahrhunderts typisch sind, umrahmt wird. Der Kampf, der dem Zuschauer in Zeitlupeneinstellungen dargeboten wird, entspricht in keiner Weise einem mittelalterlichen Turnier, er steht im Film aber für den Kampf des Protagonisten für sein „Land", seinen König und für sein Werben um die schöne Prinzessin Herzelinde. Zusammen mit ironischen Brechungen, die fundamentale soziale Standesunterschiede zwischen dem kämpfenden Ritter und der offenbar von ihm geliebten und ihn liebenden Prinzessin suggerieren, zeigt das filmische Setting die Parteilichkeit und Funktionalität des Dargestellten. Es wird nicht die historische Realität des Mittelalters nachgestellt, was auch jüngere Lernende erkennen. Spätestens wenn die angebliche Kampfszene mit einer schriftlichen Quelle aus dem Mittelalter zum Ablauf eines ritterlichen Turniers verglichen wird[35], offenbart sich für die Schülerinnen und Schüler, wie wenig es dem Film überhaupt darum zu tun ist, überlieferte Gegebenheiten abzubilden. Vielmehr ist die Inszenierung aus-

---

33 Rainer GANSERA, Willst Du meine Lanze schmirgeln?, in: Süddeutsche Zeitung vom 20. Dezember 2008, S. 17.

34 Thomas SCHARFF, Wann wird es richtig mittelalterlich? Zur Rekonstruktion des Mittelalters im Film, in: Antike und Mittelalter im Film (Anm. 21) S. 63–83.

35 Zur Kontrastierung filmischer Darstellungen mit authentischen, schriftlichen Quellen im Geschichtsunterricht vgl. ZWÖLFER (Anm. 4) S. 130.

schließlich als Parodie auf moderne Mittelaltervorstellungen zu lesen. Einziges Ziel des Regisseurs ist nicht geschichtliche Authentizität, er zielt nur auf die Lachmuskeln der Zuschauer.

Mithin kann es im Unterricht nicht darum gehen, historische Korrektheit zu überprüfen und Fehler nachzuweisen, sondern es ist die Frage zu stellen, weshalb der Plot gerade im Mittelalter angesiedelt ist. Für den größten Teil der Filmhandlung ist diese Anbindung nämlich nicht nötig. Dass der Streifen darauf abzielt, das Agieren der Menschen in einem offenbar weit entfernten Zeitraum als Refugium für Klamauk und billige Witze zu nutzen, muss ebenso herausgearbeitet werden wie die starren Rollenverteilungen im Werk. Der Held selbst, dessen mutiges und modernes Agieren als vorbildlich dargestellt wird, steht dem Typus des Tricksers entgegen, den sein Begleiter, der „türkischstämmige Kleinganove" und „Möchtegernritter" Erdal repräsentiert. Schon im Titel wird deutlich, dass es sich bei ihm bestenfalls um einen halben Ritter handeln kann.

Wie sehr sich „1½ Ritter" vom wissenschaftlichen Wissen um das Mittelalter entfernt, ja es geradezu negiert, und filmische Archetypen zusammen mit Klischees vom dunklen und rückständigen Mittelalter auf die Leinwand bringt[36], gilt es im Unterricht zu erarbeiten. Aufgabe ist es also, die Oberfläche des Dargestellten aufzubrechen, zu hinterfragen und daraus die Vergangenheit jenseits des vom Filmemacher intendierten Eindrucks zu untersuchen[37]. Deutlich werden dürfte dabei, dass auch bei einer scheinbar unwissenschaftlichen Inszenierung von Klamauk ein ähnliches Ergebnis wie bei anspruchsvolleren Werken, etwa „Königreich der Himmel", vorliegt. Auch bei „1½ Ritter" begegnet der Filmbesucher nicht der Vergangenheit, ihm liegt keine authentische Quelle vor, sondern die Leinwandproduktion kann bestenfalls als Spiegel für das heute gängige Bild einer breiten Öffentlichkeit vom Mittelalter interpretiert werden. Nur auf diese Weise erklärt sich auch der Erfolg der wenig inspirierten Komödie.

4. Vom Sehen des Mittelalters im dunklen Raum: Der Lernort Kino

Ausgewählte Sequenzen aus Spielfilmen mit mittelalterlichen Inhalten können, so war zu zeigen, im Geschichtsunterricht eingebracht werden, um zusammen mit Schülerinnen und Schülern neue Perspektiven auf die öffentliche Wahrnehmung des Mittelalters zu entwickeln. Gleichwohl beschränkt man sich dabei stets auf einen Teil des Kunstwerks Film. So sehr dies in der alltäglichen Unterrichtspraxis gerechtfertigt sein mag, so sehr steht es doch den Eigengesetzlichkeiten des Me-

---

36 Zur Funktionalität der Archetypen, Rollenklischees und anderer filmischer Mittel Christoph VOGLER, Die Odyssee des Drehbuchschreibers, Frankfurt a.M. 1999.
37 SCHILLINGER (Anm. 2) S. 5.

diums entgegen. Daher wird nachfolgend ein Weg aufgezeigt, der Leinwandproduktionen in ihrem vollen Umfang in das historische Lernen einbezieht und dies
zugleich nicht auf die letzten Tage und Wochen unmittelbar vor Ferienbeginn reduziert, – zu Zeiten also, in welchen es durchaus üblich ist, als „Belohnung" der
Schülerinnen und Schüler ungekürzt Filme zu zeigen, zu Zeiten aber auch, in welchen häufig die Möglichkeit nicht mehr gegeben ist, gemeinsam mit der Klasse das
Gesehene kritisch zu reflektieren[38]. Um sich Raum für die umfassende Besprechung eines ausgewählten Films auch während des Jahres zu verschaffen, bietet es
sich geradezu an, einen außerschulischen Lernort zu konsultieren, der für den Umgang mit Geschichte ganz allgemein und dem Mittelalter im Besonderen zunächst
ungewöhnlich erscheint. Allerdings ist er der Ort – um einen gängigen Werbeslo-
gan der Filmindustrie zu zitieren – für den Filme gemacht sind: das Kino.

Die Lichtspielhäuser sind nach wie vor der Raum, in welchem Spielfilmproduk-
tionen ihre Premieren feiern. Ihr Start, zumal von Werken mit historischen Inhalten, geht häufig mit öffentlichen Verhandlungen über die Qualität oder die Authentizität der Kinodarbietungen einher[39]. Insbesondere in den überregionalen Tageszeitungen, aber auch in Fernsehsendungen, Fachzeitschriften oder Internetforen wird
intensiv über Themen und Inhalte der Leinwandproduktionen berichtet und diskutiert. Allein der Herbst 2009 unterstrich diesen Befund, da sowohl Margaretha von
Trothas „Vision" (Deutschland, 2009) als auch Sönke Wortmanns „Die Päpstin"
(Deutschland, 2009) eine Vielzahl von Rezensionen und Debatten auslösten[40]. Die
Darstellung von Geschichte, wie sie die jeweiligen Filme vorlegen, stellt also einen
wesentlichen Teil der öffentlichen Geschichtskultur in Deutschland dar. Nicht zuletzt trifft das auf das Mittelalter zu. Dies für die Lernenden nutzbar zu machen und
die gesellschaftlichen Debatten um die Darstellung von mittelalterlicher Geschichte
in den Unterricht zu integrieren, erscheint gerade dann möglich, wenn Schülerinnen
und Schüler gemeinsam einen aktuell in der Diskussion stehenden Film besuchen

---

38 Als überholt hat Gerhard Schneider den Vorgang, ungekürzte Filme vor allem am Schul-
    jahresende einzusetzen, schon vor Jahren dargestellt. In der Praxis hat sich an der Situation bis
    heute nichts Grundlegendes verändert. Noch immer sind zu keinem Zeitpunkt des Schuljahres
    die Videoprojektoren, Beamer, DVD- und Fernsehgeräte so stark nachgefragt, wie dies vor
    dem Beginn der Ferienzeit der Fall ist. Zur optimistischen Beurteilung vgl. Gerhard
    SCHNEIDER, Filme, in: Handbuch Medien im Geschichtsunterricht, hg. von Hans-Jürgen
    PANDEL und Gerhard SCHNEIDER, 2. Aufl., Schwalbach/Ts. 2002, S. 365–386, S. 365.

39 Zur Einbeziehung von Publikumsreaktionen auf einzelne Kinoangebote in das historische
    Lernen im schulischen Kontext Christian KUCHLER, Filmskandale im Geschichtsunterricht, in:
    Geschichte in Wissenschaft und Unterricht 59 (2008) S. 565–574.

40 Beispiele für Filmbesprechungen in überregionalen Tageszeitungen Andreas KILB, Spiel noch
    einmal für mich, Bruder Volmar, in: Frankfurter Allgemeine Zeitung vom 24.09.2009, S. 14;
    Susan VAHABZADEH, Sein Wille geschehe, in: Süddeutsche Zeitung vom 21.10.2009, S. 11.
    Hinzu treten diverse Diskussionsforen über Filme im Internet. Stellvertretend hierzu die
    Kommentare auf der offiziellen Homepage der erfolgreichen Produktion „Die Päpstin":
    http://www.paepstin.film.de/blog/?p=114#comments (Zugriff am 20.01.2010).

und sich im Anschluss daran über das Gesehene austauschen. Es eröffnet sich für sie die Möglichkeit, an aktuellen kulturellen Debatten zu partizipieren und zu lernen, ihre eigenen Standpunkte zu formulieren. Die Einbindung in das Unterrichtsgeschehen ermöglicht mithin die Integration eines zentralen Teils der aktuellen Geschichtskultur in das historische Lernen im schulischen Kontext[41].

Ein gemeinsamer Gang ins Kino stößt bei Schülerinnen und Schülern in der Regel auf wohlwollendes Einverständnis, insbesondere bei jüngeren Lernenden sogar auf begeisterte Zustimmung. Diese Chance sollten Geschichtslehrer nutzen und das Kino zum Lernort machen, wobei auch hier klargestellt sein muss, dass der Kinobesuch der Arbeit und Analyse des Gesehenen dient. Ob dann der Gang ins Lichtspielhaus zu einer Vormittagsdarbietung während der regulären Unterrichtszeit möglich ist, muss an Hand der konkreten Schulsituation entschieden werden. Wenn dies nicht der Fall ist, können reguläre Nachmittags- oder bei älteren Klassen auch Abendveranstaltungen besucht werden, selbst wenn sich daraus ein zusätzlicher Zeitaufwand für den Lehrer ergibt – eine Mehrbelastung, die jedoch hohen Ertrag zeitigen kann.

Exemplarisch wird bei einem Kinobesuch der kulturelle Ort Lichtspielhaus betont, wobei die medienpolitische Frage zu klären ist, warum auch Filmschaffende das Recht auf den Schutz ihres geistigen Eigentums haben und dieses nicht kostenlos auf illegalen Plattformen im Netz abgerufen werden sollte. Nach dem gemeinsamen „Sehen im Dunkeln" schließt sich ein Gespräch über die Leinwanddarbietung an, das nicht nur die historische Authentizität thematisiert, sondern vor allem den Emotionen der Schüler Raum gibt. Erst danach kann an die Dekonstruktion der Handlungsstränge gegangen werden. Die Personalisierung von Historie, die Identifikationsangebote und sinnfälligen Handlungslogiken von Filmen müssen hinterfragt werden. Gerade die Analyse größerer Strukturen und filmischer Figurenkonstellationen ist weit besser möglich, wenn die Lernenden nicht nur einen kleinen Ausschnitt kennen, sondern das gesamte Leinwandopus gesehen haben[42]. Ein Befund, der zugleich für die Beurteilung der öffentlichen Diskussion um ein cineastisches Werk zutrifft.

Einmal in jedem Schülerleben sollte jeder Lernende im Geschichtsunterricht daher die Möglichkeit erhalten, sich intensiv mit der Rolle von Geschichte im Film zu beschäftigen. Kein anderer Rahmen kann dies besser ermöglichen als ein Kinobesuch, so dass die pointierte Forderung nach „Geschichtsunterricht im Kino" nicht zu weit geht, sofern entweder direkt im Anschluss an die Vorstellung oder am nachfolgenden Tag mit den Klassenkameraden die dargebotenen Inhalte besprochen werden.

---

41 Dietmar VON REEKEN, Geschichtskultur im Geschichtsunterricht. Begründungen und Perspektiven, in: Geschichte in Wissenschaft und Unterricht 55 (2004) S. 233–240.

42 Umfangreiche Instruktionen zur Dekonstruktion von filmischen Inhalten, allerdings auf der Basis von Ausschnitten, legt vor KRAMMER (Anm. 28).

Just in diesem Punkt bietet nun das Mittelalter eine besondere Chance. Aktuelle Produktionen zur Epoche sind weniger populär als Leinwanddarbietungen zur Zeitgeschichte, insbesondere jene zur NS-Diktatur oder zu Nachkriegsthemen. Diesem Trend könnte sich ein profilierter Geschichtsunterricht entgegenstellen und ganz bewusst Filme mit mittelalterlichen Inhalten thematisieren. Obschon es jenen Produktionen nur selten gelingt, zu Blockbustern aufzusteigen, gibt es sie immer wieder, ihr Erscheinen ordnet sich jedoch nicht Lehrplanstrukturen unter, sondern unterliegt eigenen Gesetzmäßigkeiten. „Vision" oder „Die Päpstin" sind hier nur die jüngsten Beispiele. Für das Jahr 2010 steht beispielsweise eine neuerliche Bearbeitung des Robin Hood-Stoffes an, die belegt, dass offenbar nur wenige Bereiche des Mittelalters verfilmt werden und ein Massenpublikum ansprechen. Während das Leben Karls des Großen oder Ludwigs des Bayern kaum Widerhall im Kino finden[43], drängt sich bei Robin Hood förmlich der Vergleich verschiedener Adaptionen auf. Dabei kann die unterschiedliche Schwerpunktsetzung zu verschiedenen Zeiten thematisiert werden, zumal das Werk aus dem Jahr 1938 das Streben nach Freiheit und Gerechtigkeit ins Zentrum stellte, während die Fassung des Jahres 1991 fast ausschließlich die Liebesgeschichte zwischen Robin und Merry betonte[44]. Wie nun Ridley Scott, der nach seinen Werken „1492" (USA, 1992), „Gladiator" (USA, 2000) und „Königreich der Himmel" als der profilierteste Protagonist des populären Hollywoodkinos, das sich mit historischen Inhalten auseinandersetzt, anzusehen ist, den Geächteten aus Nottingham in Szene setzen wird, kann als aussagekräftiges Indiz für den geschichtskulturellen Rang des Mittelalters gewertet werden. Ein „neuer" Robin Hood vermag heutige Schülerinnen und Schüler eventuell für das Mittelalter zu interessieren. Er eröffnet ihnen neue Perspektiven auf jene im traditionellen Geschichtsunterricht oft vernachlässigte Epoche und grundsätzliche Perspektiven auf die Darstellung von Geschichte im Spielfilm. Will man diese Potentiale nutzen, sich aktuellen Diskussionen im Vorfeld des Starts eines Spielfilms öffnen und zudem den schulischen Geschichtsunterricht über die strengen Vorgaben der Lehrpläne und Richtlinien hinaus um die Einbeziehung des breiten Feldes der aktuellen Geschichtskultur erweitern, so bieten sich gerade Leinwandproduktionen mit mittelalterlichen Inhalten an. Sie werden von Jugendlichen weit seltener besucht und ein gemeinsamer Gang ins Kino vermag daher den Schülerinnen und Schülern neue Dimensionen des eigenen Geschichtsbewusstseins zu eröffnen.

---

43 RÖCKELEIN (Anm. 7) S. 310.

44 Heinz-Dieter HEIMANN, Einführung in die Geschichte des Mittelalters, 2. Aufl., Stuttgart 2006, S. 266–267.

Carl Heinze

Simulierte Geschichte. Zur Mittelalterdarstellung im Computerspiel

1. Einleitung

Im August 2008 war es so weit: „Jetzt offiziell: Computerspiele sind Kultur". Diese Überschrift zeigte die Aufnahme eines Zusammenschlusses von Computerspielentwicklern in den „Deutschen Kulturrat" an; sie dokumentierte also lediglich die institutionelle Annäherung der Computerspielbranche an arrivierte künstlerische Interessenvertretungen[1]. Man kann sie aber auch als das Motto einer grundsätzlicheren Entwicklung lesen: Computerspiele beeinflussen und gestalten inzwischen einen relevanten Bereich „des Verhaltens der Menschen, ihres Innestehens in konkreten sozialen Strukturen und ihres individuellen und sozialen Handelns" – so die Begriffsbestimmung von Kultur bei Rudolf Vierhaus[2]. Dies kann durch ökonomische und soziologische Daten belegt werden: Zum Ersten demonstrieren die 1,5 Milliarden Euro, die 2008 mit dem Verkauf von Computer- und Videospielen in Deutschland umgesetzt wurden und die man mit den 800 Millionen Euro kontrastieren kann, welche in demselben Zeitraum an der Kinokasse verdient wurden, dass Computerspiele, zumindest was ihren wirtschaftlichen Stellenwert anbelangt, sozusagen im Herz der Unterhaltungsindustrie angekommen sind[3]. Weiter bürgen für die kulturelle Relevanz jene 26 Prozent der Deutschen, die 2009 angaben, zumindest selten am Computer zu spielen[4].

Den Erweis, dass das alles auch etwas mit dem Mittelalter und seiner Vermittlung zu tun hat, erbringt eine dritte quantitative Annäherung: Unter den PC-

---

1 Jetzt offiziell: Computerspiele sind Kultur, in: Spiegel online vom 14.08.2008, (http://www.spiegel.de/netzwelt/spielzeug/0,1518,572152,00.html. Zugriff am 26.01.2010).

2 Rudolf Vierhaus, Die Rekonstruktion historischer Lebenswelten. Probleme moderner Kulturgeschichtsschreibung, in: Göttinger Gespräche zur Geschichtswissenschaft, hg. von Hartmut Lehmann, Göttingen 1995, S. 7–28, hier S. 8.

3 Ein seriöser Vergleich ist indessen schwierig: Einerseits setzte die Filmbranche zusätzliche 1,5 Milliarden mit DVD-Filmen um, andererseits müssten die Zahlen sicherlich weiter um jene Umsätze ergänzt werden, die der Verkauf der jeweiligen Gerätschaften erzielte. Vgl. Bundesverband Interactive Unterhaltungssoftware (Hg.), Marktzahlen Computer- und Videospiele Gesamtjahr 2008, Berlin 2009 und Filmförderungsanstalt (Hg.), Der Kinobesucher 2008, Berlin 2009.

4 Gesamtbevölkerung ab 14 Jahre, Burda Community Network GmbH (Hg.), Typologie der Wünsche 2010, o.O. 2009 (http://www.tdwi.com. Zugriff am 26.01.2010).

Spielen, die in den Jahren 2002–2009 außerordentlich häufig verkauft wurden, machen die Exemplare, die „Mittelalter" explizit zu einem Referenzpunkt ihrer Spielwelt erklärt haben, gut 5 Prozent aus. Damit steht das Mittelalter nach Fantasy-Szenarien und dem Zweiten Weltkrieg bereits an dritter Stelle, wenn Computerspiele sich um die Darstellung und Simulation vergangener Zeitabschnitte oder historisch inspirierter Lebenswelten bemühen[5].

Mit „Mittelalter" lassen sich also durchaus erfolgreich Spiele verkaufen. Das gilt auch für die vier Titel, die im Folgenden näher betrachtet werden. Sie haben zudem das Genre gemein: Es handelt sich um so genannte Wirtschafts- oder Aufbausimulationen[6]. Dadurch erfolgt neben dem „Thema" oder „Setting" – so der Begriff der Spieleindustrie – zusätzlich eine Auswahl nach Spielmechanik. Dies ist sinnvoll, da für die Wahrnehmung eines Spiels die Logik der Spielstruktur mindestens ebenso wichtig ist wie die Thematik des Spiels. Das, was ein Spiel über „Welt" oder Ausschnitte davon – Vergangenheit, Wirtschaft, Gesellschaft etc. – aussagt, ist außer durch die dargestellten Zeiten und Geschichten wesentlich durch die Art und Weise bestimmt, wie Spielziele definiert, zu lösende Konflikte strukturiert und Handlungsmöglichkeiten modelliert sind, wie das Spielen selbst also gerahmt ist. Dies an den Beispielen Wirtschafts- bzw. Aufbausimulation und Mittelalter zu zeigen, ist das erste Anliegen dieses Aufsatzes; welche Konsequenzen sich daraus für ein mögliches Miteinander von Geschichtsunterricht und Computerspiel ergeben, das zweite.

2.   Betrachten

Die Wirtschafts- oder Aufbausimulationen sind eine Untergruppe der strategischen Spiele, diese wiederum die beliebteste Spielform in Deutschland[7]. Gemeinsam ist den Aufbauspielen der Versuch einer Simulation ökonomischer Zusammenhänge, Unterschiede resultieren aus den verschiedenen Schwerpunktsetzungen: bei *Die Siedler: Aufstieg eines Königreichs* (Blue Byte/Ubisoft 2007) ist das Management

---

5   Fantasy 17,91 %, Zweiter Weltkrieg 5,97 %, Mittelalter 5,37 %, Frühe Neuzeit 3,88 %, andere historisch oder epochenübergreifend 5,38 %, Bestseller PC-Spiele Deutschland 2002–2009 nach Media Control, pro Jahr zwischen 10 und 25 Titel, inklusive mehrfachen Auftretens insgesamt 335 Titel, eigene Zuordnung, Datengrundlage: Jahrescharts 2002–2009, in: Games-Markt (http://www.mediabiz.de/games/charts. Zugriff am 26.01.2010).

6   Eine überzeugende wissenschaftliche Kategorisierung für Computerspiele hat sich noch nicht etabliert, deshalb auch hier der Behelf mit Bezeichnungen, die Industrie, Publikumszeitschriften und die Nutzer geprägt haben, vgl. Thomas H. APPERLEY, Genre and Games Studies. Toward a Critical Approach to Video Game Genres, in: Simulation & Gaming 37 (2006) S. 6–23.

7   Interactive Software Federation of Europe (Hg.), Video Gamers in Europe 2005, o.O. 2005, S. 16.

von Ressourcen und Baustoffen für den Aufbau einer agrarisch-handwerklich dominierten Siedlung wichtig; in *Anno 1404* (Related Designs/Ubisoft 2009) dient die Warenwirtschaft und das Handelssystem der Errichtung großer Städte mit imposanten Bauwerken; *Stronghold 2* (Firefly Studios/2K Games 2005) fordert den Unterhalt eines kleinteiligen Militärapparates und die Organisation von Festungsbau und Heeresführung; *Die Gilde 2* (4HEAD Studios/JoWooD 2006) simuliert das Alltagsleben in einer spätmittelalterlichen Stadt und stellt dafür das Wirtschaften weniger Spielfiguren ins Zentrum.

In diesen Spielen der letzten Jahre hat die grafische Darstellung ein veritables Niveau erreicht. Musste *Die Fugger* (Electric Ballhaus/Bomico 1988), eine der ersten Simulationen historischer Ökonomie, ihre Wirtschaftsgeschichte im Wesentlichen noch mittels einiger Landkarten und vieler Tabellen erzählen, so bewegt sich die Spielerin/der Spieler heute in Räumen voll Animation, Detail und visueller Opulenz. Die Kirchen in *Anno 1404* sind musterhafte Meisterwerke spätmittelalterlicher Gotik, anhand der Fachwerkhäuser aus *Die Gilde 2* könnte man fabelhaft illustrieren, wo Knagge, Gefach und Schwertung (Elemente des Fachwerkbaus) sitzen und *Stronghold 2* kann Freunde mittelalterlicher Burgarchitektur begeistern: während Torhaus und Wachtturm aus Holz noch einfache Formen der Verteidigung darstellen, kann durch Ausfallpforte und Pechgraben schon mit mehr Raffinesse abgewehrt werden, bis dann schließlich steinerner Dreifachwall, großer Rundturm und ein Dutzend Ballisten die eigene Feste zum uneinnehmbaren Bollwerk rüsten. Die Spiele sind darüber hinaus randvoll mit Gütern und Artefakten, mit organischen und anorganischen Rohstoffen, mit Legionen von Handwerkern, Händlern und Soldaten. Bei all dem bemühen sich die Entwickler häufig um eine plausible Auswahl und Verortung der Elemente: Gewürze, Färbemittel und Seide waren im ausgehenden Mittelalter in der Tat wichtige Güter, die vom Orient ins Abendland importiert wurden (*Anno 1404*), ebenso gehören Dünnbier, Gerstenbrot und Schweinefett zur mittelalterlichen Viktualienwirtschaft (*Die Gilde 2*).

Es ist dennoch ein Leichtes, den Spielen bei ihren Versuchen, die materielle Kultur des Mittelalters akkurat darzustellen, Fehler oder Versäumnisse nachzuweisen. Beispielsweise zeigen die vier hier betrachteten Spiele zusammen gut 50 verschiedene Nahrungsmittel, eine Hülsenfrucht ist jedoch nicht darunter. Das korrespondiert nicht mit den Befunden der Fachwissenschaft: Der Erbse wird nach Durchsetzung der Dreifelderwirtschaft ein „Siegeszug" attestiert, „sie wird auf dem Speisezettel des gemeinen Mannes im späteren Mittelalter nicht mehr fehlen"[8]. Dafür ist die fleischliche Nahrung, die in den Spielen durch Jagd oder durch Aufzucht und Schlachtung gewonnen wird, stark überrepräsentiert[9]. Diese Beobachtungen sind kaum überraschend: Computerspiele wollen in der Regel unterhalten und müssen

---

8   Ernst SCHUBERT, Essen und Trinken im Mittelalter, Darmstadt 2006, S. 19.
9   Vgl. Massimo MONTANARI, Der Hunger und der Überfluß. Kulturgeschichte der Ernährung in Europa, München 1993, S. 90.

sich verkaufen. Dazu bedienen sie sich ebenso wie andere unterhaltende Medien häufig populärer Vorstellungen über das Mittelalter – und so bekommt man es eben auch hier mit Auffassungen von mittelalterlichem Essen zu tun, laut denen „die Mäuler vor Bratensaft nur so trieften"[10]. Dies ist den Spieleentwicklern im Übrigen durchaus gegenwärtig: „Spielspaß steht für uns über Realismus. *Anno 1404* hat auch nicht den Anspruch, sich genau an die Bücher zu halten. Wir spielen in der gefühlten Geschichte, mit Bildern und Begriffen, die jedem in den Kopf kommen, wenn das Wort ‚Mittelalter' fällt"[11].

Ein kritischer Blick auf Dargestelltes wie Ausgeschlossenes hilft, die ideal-typische Form der Mittelalterbilder in Computerspielen zu konturieren; (dabei sollte man freilich vermeiden, die Computerspiele mit dem Tonfall fachhistorischer Besserwisserei in eine Prüfung zu zwingen, für die sie sich überhaupt nicht an-gemeldet haben.) Ein Zugang dieser Art verharrt aber in einem – gewissermaßen statischen – Abzählen und ignoriert, dass „Spielobjekte ihre Bedeutung als Funk-tionsbestandteile eines regelbestimmten Spieluniversums erhalten"[12]. So wird nicht in Rechnung gestellt, dass Spieler und Computer tatsächlich ein Spiel aufführen: „Without the active participation of players and machines, video games exist only as static computer code. Video games come into being when the machine is powered up and software is executed; they exist when enacted"[13]. Dass die Spieler handeln, ist die Existenzbedingung; wie der Computer *reagiert*, wie sich die Spielelemente im Programm und auf dem Monitor *verhalten*, ist die eigentliche Geschichte, die erzählt wird.

3.   Spielen

Wie sind also die Spielmöglichkeiten beschaffen? Häufig hängen in strategischen Computerspielen die spielerischen Handlungsmöglichkeiten eng mit der Gestalt und der inneren Logik von schematisierten Produktionsprozessen zusammen. Seit der erstmaligen Realisierung in *Die Siedler* (Volker Wertich u. a./Blue Byte 1993) hat das Konzept „Produktionskette" und seine variationsreiche Ausgestaltung viele Strategiespiele bestimmt. Grundsätzlich ist die Sache einfach: Nicht anders als in realen Herstellungsprozessen beginnen auch die simulierten Produktionsketten bei der Rohstoffgewinnung, erstrecken sich über mehrere Zwischenstufen und werden

---

10   SCHUBERT (Anm. 8) S. 97.

11   Simon BOMBERA, Das Jahr 1404 – Wirklichkeit und Spiel. Entwicklertagebuch (http://anno. de.ubi.com/devdiary.php?diary=devdiary_1404_7. Zugriff am 26.01.2010).

12   Serjoscha WIEMER, Strategie in Echtzeit. Ergodik zwischen Kriegsspiel und Wirtschafts-simulation, in: Strategie Spielen. Medialität, Geschichte und Politik des Strategiespiels, hg. von Rolf F. NOHR und Serjoscha WIEMER, Berlin 2008, S. 213–248, hier S. 225.

13   Alexander R. GALLOWAY, Gaming. Essays on Algorithmic Culture, Minneapolis 2006, S. 2.

dann von der Endproduktfertigung beschlossen. Dabei erweitern Verzweigungen und gegenseitige Abhängigkeiten die einsträngigen Produktionslinien, so dass ein komplexer Güterbaum entsteht[14]. Wer in *Die Siedler: Aufstieg eines Königreichs* Brot backen will, muss neben der Bäckerei auch einen Bauernhof errichten und ein Kornfeld anlegen. Und soll in *Anno 1404* die Bevölkerung mit Rindfleisch verköstigt werden, dann genügt es nicht, lediglich die Rinderfarm zu bauen. Damit die Schlachterei das Rind zu gebrauchsfertigem Fleisch verarbeiten kann, muss zusätzlich Salz vorhanden sein. Dieses liefert wiederum die Saline – aber erst, wenn das Salzbergwerk Salzstein und die Köhlerhütte Holzkohle produziert haben. So oder so ähnlich sieht das bei vielen Spielen des Genres aus, mitunter kann es noch erheblich komplexer werden. Mit den Erzeugnissen der Nahrungs- und Güterproduktion wird die Bevölkerung versorgt. Wächst diese, profitiert der Spieler von höheren Steuereinnahmen – die sofort wieder in neue Bauvorhaben investiert werden.

Das Aufbauen, das dem Genre immerhin seinen Namen gibt, findet dabei nur in einer sehr mittelbaren Form statt: Alle Gebäude sind mit ihrem Erscheinungsbild und ihrer Funktion fest vorprogrammiert, der Spieler entscheidet nur, wann und wohin gebaut wird. Diese Spiele zu spielen, bedeutet zu einem großen Teil, die determinierten Produktionsketten Stück für Stück abzuarbeiten.

Die Spielziele sind in der Regel durch effizienten Ressourcenabbau, planvolle Bautätigkeit und findiges Warenmanagement zu erreichen und hängen durchweg mit der Potenz der errichteten Struktur zusammen: Entweder eine möglichst große Siedlung/Burg/Stadt/Betriebsanlage ist schon der eigentliche Zweck des Spielens oder es werden einzelne Aufgaben gestellt, die ebenfalls mit Material und Finanzkraft, manchmal unter Berücksichtigung eines Zeitrahmens, zu lösen sind. Dabei fungieren die wunderschönen Städte mit ihren gotischen Münstern und ihren hübschen Fachwerkhäusern im Grunde als belanglose Kulisse. Über das Mittelalter erfährt man wenig, zumindest nichts, was man nicht auch durch das Betrachten einiger Bildbände erreichen könnte. Folgerichtig wird in den meisten Spielen auch auf die Referenz auf konkrete historische Zeiten verzichtet: In *Die Siedler: Aufstieg eines Königreichs* befindet man sich einfach im „draionischen Reich" oder auf der „Insel Chalia" und die Helden tragen Namen wie „Alandra" und „Thordal". Die monumentale Kathedrale aus *Anno 1404* heißt schlichtweg „Der Kaiserdom" und es sind der böse „Kardinal Lucius" und dessen Scherge „Guy Forcas", die die Lieferung von 15 Tonnen Stein verlangen.

Beim eigentlichen Spielen wird dann ohne Unterlass ein System sich zeitbezogen erhöhender und in gegenseitiger Abhängigkeit stehender numerischer Variablen konstruiert, erweitert und optimiert. Die mittelalterliche Wirtschaft, die auf diese

---

14 Vgl. Esther MACCALLUM-STEWART – Justin PARSLER, Controversies: Historicising the Computer Game, in: Situated Play. DiGRA 2007 Conference Proceedings, hg. von Akira BABA, Tokyo 2007, S. 203–210.

Weise dargestellt wird, muss folglich als ein vollständig kausaler und geschlossener Mechanismus zur Generierung permanenten Wachstums erscheinen. Dies sind die Gesetzmäßigkeiten, denen alle Spielhandlungen gehorchen; deshalb sollte man in ihnen eine Kernbotschaft der Spiele sehen.

Das Agieren in einem solcherart porträtierten Wirtschaftssystem trägt eher die Züge von (modernem) gewinnorientiertem Erwerben als von (vormodernem) bedarfsdeckendem Haushalten[15]. Das mittelalterliche Gewerbetreiben und Wirtschaften schnurrt zu einer linearen Wachstumsgeschichte zusammen, deren einziger Antrieb rational kalkulierendes Streben nach maximalem Ertrag ist. Eine differenzierte, die entscheidenden Abhängigkeiten wie den historischen Wandel berücksichtigende Simulation der vielgestaltigen mittelalterlichen Ökonomie findet nicht statt. Ländliche Subsistenzwirtschaft, zünftisches Handwerk in den Städten, Entstehung des Verlagswesen und Verbreitung der Lohnarbeit, patrizischer Frühkapitalismus und Fernhandel – um nur einige Schlaglichter zu werfen[16] – finden keine angemessenen Entsprechungen.

Die Fixierung auf Profit und Kapital, die in allen hier untersuchten Spielen zentrales Element der Spiellogik ist, erscheint vor allem deshalb paradox, weil die Umsätze in Produktionsketten mit fast ausschließlich klassischen Zunftgewerken generiert werden, die Forschung aber gerade für den zünftischen Handwerker annimmt, dass es ihm vornehmlich „um Lebenserhalt und Existenzsicherung und nicht um Gewinn" gegangen sei[17].

Man sollte diese merkwürdigen Verdrehungen jedoch nicht hauptsächlich einem mangelnden Verständnis für vormoderne Waren- und Geldwirtschaft seitens der Entwickler zuschreiben. Sie resultieren zu einem Gutteil aus den speziellen Bedingungen, die für die Abbildung gesellschaftlicher Zusammenhänge im Medium des Computerspiels unhintergehbar sind.

---

15 So die Begriffe bei Max WEBER, Wirtschaft und Gesellschaft, hg. von Johannes WINCKEL-MANN, Tübingen 1972, S. 46ff.; vgl. dazu auch Wolfgang SCHLUCHTER, Rationalismus der Weltbeherrschung, Frankfurt a.M. 1980, S. 134ff.

16 Vgl. Ludolf KUCHENBUCH – Thomas SOKOLL, Vom Brauch-Wert zum Tauschwert: Überlegungen zur Arbeit im vorindustriellen Europa, in: Sozialphilosophie der industriellen Arbeit, hg. von Helmut KÖNIG, Bodo VON GREIFF und Helmut SCHAUER, Opladen 1990, S. 26–50.

17 Johannes GRABMAYER, Europa im späten Mittelalter (1250–1500). Eine Kultur- und Mentalitätsgeschichte, Darmstadt 2004, S. 28; vgl. zur „Genügsamkeit" im Mittelalter auch Diana WOOD, Medieval Economic Thought, Cambridge 2002, S. 42ff.

4.   Formalisieren

Ein Spiel kann man als System verstehen, das dem Spieler verschiedene Handlungen ermöglicht[18]. Im Computerspiel erfolgt die Handlung durch Eingaben mit Maus oder Tastatur. Damit ein Digitalcomputer diese Benutzereingaben prozessieren kann, müssen sie eindeutig sein. Nur so kann die Spielsoftware die Eingabe nach festgelegten Vorschriften bearbeiten, das Spielsystem in einen neuen Zustand überführen und die Ausgabe anweisen. Das bedeutet, dass auch alle Elemente des Spiels, sofern sie nicht lediglich dekorativ sein wollen, stets eindeutig definiert sein müssen. Für computerisierte Automation muss numerische Repräsentation vorliegen[19].

Ein Beispiel: Will ein Spieler in einer Aufbausimulation einen Teil seiner Getreidevorräte zu einem guten Preis in nächster Zukunft losschlagen, dann müssen für alle an dieser Operation beteiligten Elemente exakte numerische Werte vorliegen: Wie viel Getreide? Welcher Preis? Wann? Das scheinen sinnvolle Nachfragen zu sein, ohne deren Beantwortung ein Handel auch in anderen Welten als der digitalen kaum abgeschlossen werden kann. Wer sich aber je mit der mittelalterlichen Wirtschaft – oder mit einem beliebigen anderen kulturellen Teilbereich – auseinandergesetzt hat, der wird erfahren haben, dass es auf die wenigsten Fragen eine *numerische* Antwort gibt. Wie kann man etwa den Lohn, der im Spätmittelalter auf dem Land immer mehr Menschen zu abhängig Beschäftigten macht, adäquat codieren, wenn er doch als „unübersichtlich (Pfennig, Kost, Kleidung, Unterkunft; Pflichtgeschenke)", in der Rechtsform als „undeutlich (schwierige Abgrenzung von Dienst und Fron)" und schließlich in seinem Rhythmus als „ungleich (Tage-, Wochen-, Jahreslöhne; Zeit- und Stücklohn)" beschrieben wird?[20]

Um den Erfordernissen des Computers zu genügen, versucht man den Gegenstand mit einem möglichst passgenauen Modell abzubilden. Dabei herrscht eine *formale* Bedingung. Um dieser zu genügen, müssen alle Elemente und alle Beziehungen, die zwischen diesen existieren, diskret, d.h. eindeutig, unterscheidbar sein. Nur so kann der Computer das Modell auch zur Ausführung bringen[21].

Dieser Zwang, alles in einem logischen, ausführbaren Modell repräsentieren zu müssen, bestimmt die Geschichtsdarstellung der Simulationsspiele maßgeblich. Das gilt schon für die grundsätzliche Themenwahl: Dass die Spiele ihre Welten

---

18   Der Zusammenhang wird hier reichlich verkürzt dargestellt. Etwas ausführlicher beispielsweise Hans SCHEUERL, Zur Begriffsbestimmung von „Spiel" und „spielen", in: Zeitschrift für Pädagogik 21 (1975) S. 341–349.

19   Vgl. Lev MANOVICH, The Language of New Media, Cambridge 2001, S. 27–35.

20   KUCHENBUCH – SOKOLL (Anm. 16) S. 40.

21   Vgl. Dieter MERSCH, Logik und Medialität des Computerspiels, in: Game over!? Perspektiven des Computerspiels, hg. von Jan DISTELMEYER, Christine HANKE und Dieter MERSCH, Bielefeld 2007, S. 19–41 und Sybille KRÄMER, Symbolische Maschinen. Die Idee der Formalisierung in geschichtlichem Abriß, Darmstadt 1988.

derart einträchtig um *wirtschaftliche* Problemstellungen aufbauen, hängt sicherlich auch mit der Existenz wirtschaftswissenschaftlicher Erklärungsansätze zusammen, die ökonomisches Handeln einzig durch rationale Kosten-Nutzen-Abwägungen erklären. Auch wenn beispielsweise John Gray vor diesem „economic imperialism that tries to explain every human activity in terms of a conception of rational action" warnt[22], ist für die Computerspielentwicklung eine Gesellschaftstheorie, die vollständig auf logischen Gesetzen beruht, alles andere als ein Ärgernis. Wenn dadurch eine Lehre, deren Erklärungspotential schon für gegenwärtige Prozesse meist angezweifelt wird, kurzerhand das innere Gerüst für die Modellierung vergangener Wirklichkeiten abgeben muss, ist das ein kleines Übel.

Viel schwieriger stellt sich die Situation nämlich dar, wenn statt vermeintlich „harten" Bereichen wie Handel und Produktion, soziale, religiöse oder politische Zusammenhänge spielbar gemacht werden. Auch hier gilt das Formalisierungsgebot, was mitunter zu bemerkenswerten Stilblüten führt. So genügt *Die Gilde 2* der formalen Bedingung, indem der mittelalterliche Klerus und seine Bedeutung ganz selbstverständlich in die Logik der Produktionskette eingegliedert werden. Das Priesteramt ist ein Beruf, der zu Spielbeginn ebenso gewählt werden kann wie das Bäckerhandwerk. Und so wie der Bäcker sich, den Mitteln entsprechend, Backstube (1.500 Gulden), Bäckerei (4.000) oder Konditorei (8.000) leisten kann, so erwirbt auch der Priester, je nach Budget, Kirche (2.000), Dom (7.500) oder Kathedrale (15.000). Um den Reichtum zu mehren (und um im Spiel voranzuschreiten), produziert der Bäcker Brot und Kuchen, der Priester Gedichte und Pergament. Die Unterschiede sind nicht prinzipieller, sondern nur gradueller Natur: Mit Weizen bzw. Kiefernholz werden unterschiedliche Rohstoffe benötigt und das Brötchen braucht weniger Zeiteinheiten zur Herstellung als das Pergament.

Ähnlich dubios erscheint der Ansatz, mit welchem *Stronghold 2* die Religion ins Spielprinzip integriert: Damit ein Gottesdienst abgehalten werden kann, müssen Kerzen vorhanden sein. Hierfür sind Bienenstock und Kerzengießerei zu errichten. Der Lohn eines Gottesdienstes ist dann ein Zuwachs an Beliebtheit für den Burgherrn, also den Spieler. Die Beliebtheit ist wiederum wichtig, weil ohne sie die Untertanen ganz selbstständig die Burg verlassen und die Produktion zum Stillstand bringen. So sind Religion und Achtung vor der Obrigkeit an die Burgökonomie angebunden und werden ohne viel Aufhebens mit derselben Produktionsmechanik und Wachstumslogik abgehandelt, die auch die wirtschaftlichen Prozesse steuern.

Analog verhält es sich mit vielen anderen kulturellen Phänomenen, die die Simulation der Wirtschaft in den Spielen flankieren. Ob in *Anno 1404* der Ruhm durch erfüllte Aufträge, das Städtewachstum oder ein abgehaltenes Ritterturnier steigt, ob in *Die Gilde 2* eine Hochzeit möglich wird, sobald die Zuneigung zum

---

22   John GRAY, We simply do not know!, in: London Review of Books 31 (2009) S. 13–14, hier
     S. 14.

Wunschpartner mit dem Kauf von Geschenken und der Einladung ins Wirtshaus einen bestimmten Wert erreicht hat, die Spiele verlangen eine beständige Konfiguration und Optimierung abhängiger Variablen in einem begrenzten System. Dabei gilt auch hier, was Kasper Poblocki für die *Civilization*-Reihe herausgearbeitet hat: „Nearly every element of the game is quantified (not only money, production of units and infrastructure but also science and culture) and gradually ‚produced‘ [...]“[23].

Außer dass jedweder kultureller Ausdruck einer rigorosen Schematisierung unterworfen wird, hat die Notwendigkeit, für die Vergangenheit ein formales Modell finden zu müssen, eine weitere Konsequenz: Geschichtssimulationsspiele haben größte Probleme mit dem historischen Wandel[24]. Um der stetigen Veränderung der Vergangenheit gerecht zu werden, wäre das einmal entwickelte Modell permanent abzuwandeln. Die Objekte und Beziehungen, die für das Jahr 1450 die Protagonisten einer mittelalterlichen Stadt zufriedenstellend abbilden mögen, müssten im Jahr 1550 ganz anders eingestellt sein. Wie aber gezeigt wurde, ist es bereits ohne Berücksichtigung der temporalen Dimension eine große Herausforderung, Gesellschaft und Kultur formal abzubilden. Den einmal konstruierten „algorithmisierten Weltzusammenhang“[25] dann noch zeitabhängig zu modifizieren, scheint fast unmöglich. So läuft in *Die Gilde 2* zwar stetig eine Jahresuhr mit, die Gewerke, die politischen Ämter und das Warenangebot bleiben aber für die gut 200 Jahre, die das Spiel abdeckt, gleich. Da man bereits im Jahre 1400 als evangelischer Pfarrer beginnen kann, ist es dann auch nur konsequent, dass einzig der Stadtschreiber, der stets die Jahreswechsel ankündigt, für 1517 folgende Mitteilung macht, sich im Spiel sonst aber nichts ändert: „Ein Mann namens Martin Luther hat die Kirche herausgefordert und den Usus des Ablasses angeprangert. In 95 Thesen, die er an das Tor einer Kirche zu Wittenberge genagelt, klagt er die katholische Kirche allerlei Verbrechen und Missetaten an“. Das ist die Reformation in *Die Gilde 2*.

---

23 Kacper POBLOCKI, Becoming-state. The bio-cultural imperialism of Sid Meier's Civilization, in: Focaal – European Journal of Anthropology 39 (2002) S. 163–177, hier S. 165.

24 Vgl. Kevin SCHUT, Strategic Simulations and Our Past. The Bias of Computer Games in the Presentation of History, in: Games and Culture 2 (2007) S. 213–235.

25 Claus PIAS, Welt im Raster. Historische Szenen strategischer Interaktivität, in: Ästhetik & Kommunikation 32 (2001) S. 39–50, hier S. 49.

5.   Lernen

„To play the game means to play the code of the game. To win means to know the system" – so bringt es Alexander R. Galloway auf den Punkt[26]. Aber ist dann durch diese Spiele überhaupt etwas Sinnvolles über die Vergangenheit zu lernen?

Es gibt Positionen, die in Simulationsspielen ein vielversprechendes Werkzeug für die Geschichtsvermittlung sehen: „Games are [...] microworlds, and in such environments students develop a [...] sense of how specific social processes and practices are interwoven"[27]. Die Schüler würden von „systematic explanations or representations of information" profitieren[28]. Dieser Zuversicht liegt die Überzeugung zugrunde, (fachwissenschaftliche) Deutungen vergangener Prozesse und Praktiken seien so zu formalen Modellen zu verdichten, dass durch diese eine differenzierte Simulation historischer Handlungsoptionen erfolgen könne.

Die in vorliegendem Artikel versuchte kritische Auseinandersetzung mit einigen Spielen stützt solche Auffassungen nicht. Wie Joseph Weizenbaum feststellte, ist ein „Modell [...] letzten Endes ein anderes Objekt als der Gegenstand, den es modelliert. Aus diesem Grund verfügt es über Eigenschaften, die sein Gegenstück nicht hat"[29]. Im besonderen Fall der Geschichtssimulationsspiele wird dies durch den rational-ökonomischen Charakter bestätigt, der in der Modellierung *alle* repräsentierten Phänomene und Prozesse bestimmt – und so Vergangenheitsbilder von eher zweifelhaftem Nutzen evoziert.

Überdies zwingen die Prinzipien der computerisierten Datenverarbeitung das Computerspiel dazu, Aussagen über die Vergangenheit entweder vollständig und eindeutig zu verfassen – oder sie auszuschließen. Wer die Wirklichkeit aber als „Ensemble von Produktionen, Deutungen und Sinngebungen" auffasst und historische Situationen untersucht, weil „sie ‚anders' sind und wir daraus lernen können, wie relativ und wenig selbstverständlich unsere eigene Welt ist"[30], den müssen Vermittlungen, die mit solch einem Gestus des Unbedingten und Absoluten auftreten, befremden. Wenn Geschichtsvermittlung in der Schule Selbstverstehen *und* Fremdverstehen ermöglichen will, wenn „Handlungen [...] nicht einfach bewertet, sondern ihr Hintergrund, ihre ‚Logik' [...] untersucht" werden soll[31], dann sind Com-

---

26   GALLOWAY, Gaming (Anm. 13) S. 90f.

27   Kurt SQUIRE – Henry JENKINS, Harnessing the Power of Games in Education, in: InSight 3 (2003) S. 5–33, hier S. 15.

28   Kurt SQUIRE, Cultural Framing of Computer/Video Games, in: Game Studies 2 (2002) (http://www.gamestudies.org/0102/squire. Zugriff am 26.01.2010).

29   Joseph WEIZENBAUM, Die Macht der Computer und die Ohnmacht der Vernunft, Frankfurt a.M. 1978, S. 202.

30   Thomas MERGEL, Überlegungen zu einer Kulturgeschichte der Politik, in: Geschichte und Gesellschaft 29 (2002) S. 574–606, hier S. 588.

31   Michael SAUER, Geschichte unterrichten. Eine Einführung in die Didaktik und Methodik, 6., akt. und erw. Aufl., Seelze 2007, S. 76.

puterspiele – die ja gerade keine ‚andere‘, sondern nur die immer gleiche digitale Logik kennen – ein schlechtes Werkzeug.

Also keine Computerspiele im Geschichtsunterricht? Man wird sich das nicht aussuchen können: Da 8 Prozent der 12- bis 19-Jährigen in Deutschland täglich, 27 Prozent mehrmals pro Woche am Computer spielen[32], beeinflussen die Vorstellungen und Wissensbestände, die durch diese Mediennutzung generiert werden, die betroffenen Disziplinen zwangsläufig. Der Geschichtsunterricht positioniert sich gegenüber den Weltdeutungen der Unterhaltungsindustrie nach meiner Auffassung am besten über eine differenzierte Medienkritik. Es sollte deutlich geworden sein, dass im Falle des Simulationsspiels das Medium den Inhalt ganz fundamental bestimmt. Deshalb muss ein qualifizierter Unterricht stets die speziellen Bedingungen der Geschichtsdarstellung im Computerspiel thematisieren. So werden die Schüler und Schülerinnen bei ihrer Mediennutzung unterstützt und können im Idealfall dann die angebotenen Inhalte nicht nur in ihrer vordergründigen Erscheinung, sondern in ihrer prinzipiellen, medienabhängigen Struktur verstehen.

Eine Auseinandersetzung dieser Art eröffnet dem Einsatz von Computerspielen im Geschichtsunterricht zudem eine vielleicht unerwartete Perspektive: Zwar sind Simulationsspiele offenkundig wenig geeignet, um sich vergangenen Verhaltensmustern, Lebensformen oder Weltbildern anzunähern. Aber durch eine kritische Beschäftigung mit der Geschichte, wie sie Computerspiele erzählen (können), erfährt man viel über die grundsätzlichen Bedingungen und Möglichkeiten des Zugangs zur Vergangenheit. Nicht zuletzt könnten die Schülerinnen und Schüler so auch der Historiographie des Schulbuchs aufmerksamer begegnen.

---

32 Medienpädagogischer Forschungsverbund Südwest (Hg.), JIM 2009. Jugend, Information, (Multi-)Media, Stuttgart 2010, S. 10.

Sven Kommer

Mittelalter-Märkte zwischen Kommerz und Historie

1. Einleitung

Performative ‚Epochenimaginationen'[1] des Mittelalters wie auch das literarische Konstrukt der ‚Zeitreise'[2] sind keineswegs ein singuläres Phänomen des angehenden 21. Jahrhunderts. Bereits in der Renaissance fanden die ersten Re-Inszenierungen des vergangenen Rittertums statt[3]. Spätestens mit der Wiederaufführung der Bach'schen Matthäus-Passion durch Felix Mendelssohn Bartholdy beginnt 1829 in der mitteleuropäischen Musikkultur die Epoche der Gleichzeitigkeit des Ungleichzeitigen bzw. der Synchronizität des Diachronischen. Erinnert sei nicht zuletzt an die zu Beginn des 20. Jahrhunderts entstehende bürgerliche Jugendbewegung („Wandervögel"), die Motive eines imaginären Mittelalters aufgriff: Sie nannten sich ‚Scholaren', spielten ‚Lauten'[4] und kleideten sich ‚mittelalterlich'[5].

Die aktuell zu beobachtende Popularisierung des Mittelalters, die sich in den alten und neuen Medien, aber auch in den mit einer wesentlich höheren Immersion verbundenen ‚Mittelaltermärkten' zeigt, dürfte – ohne dass der direkte Vergleich möglich ist – alles bisher in diesem Feld Dagewesene quantitativ (und streckenweise auch qualitativ) um ein Vielfaches überschreiten. Mit großer Wahrscheinlichkeit – Daten liegen dazu noch kaum vor – sind diese populären Inszenierungen von ‚Mittelalter' dann auch für die gesellschaftliche Konstruk-

---

1 Vgl. zu diesem Begriff Otto Gerhard OEXLE, Die Moderne und ihr Mittelalter – eine folgenreiche Problemgeschichte, in: Mittelalter und Moderne. Entdeckung und Rekonstruktion der mittelalterlichen Welt. Kongreßakten des 6. Symposiums des Mediävistenverbandes in Bayreuth 1995, hg. von Peter SEGL, Sigmaringen 1997, S. 307–364, S. 310, 312 und 317.

2 Vgl. den Artikel von Wolfgang Hochbruck in diesem Band.

3 Vgl. Valentin GROEBNER, Das Mittelalter hört nicht auf. Über historisches Erzählen, München 2008.

4 Genau genommen handelt es sich hier in der Regel aber um sechssaitige Gitarrenlauten, die über einen lautenförmigen Korpus vertuschen, dass Stimmung und Saitenlage die einer Gitarre sind.

5 Auch die Bekleidung stellt in erster Linie ein phantastisches Konstrukt dar, das vor allem als Widerstand gegen die bürgerlichen Bekleidungsregeln zu verstehen ist.

tion von Wirklichkeit[6] längst wirkmächtiger als die große Mehrheit der einschlägigen fachwissenschaftlichen Publikationen.

Im Folgenden nähere ich mich dem Phänomen ‚Mittelaltermärkte' und den dort aktiven Personen nicht aus dem Blickwinkel des Fachhistorikers (oder auch des Fachdidaktikers). Vielmehr steht eine Perspektive im Vordergrund, die geprägt ist von ursprünglich auf Jugendkulturen gemünzten Beobachtungsweisen, wie sie in jüngerer Zeit insbesondere im Kontext der ‚Szeneforschung'[7] praktiziert werden. Weitere Perspektiven ergeben sich aus der Orientierung an dem Theorem der ‚Wissenskultur'[8] sowie der Einbeziehung von Pierre Bourdieus ‚Feldtheorie'.

Ausgangspunkt für die Darstellung sind Materialien und Befunde, die im Rahmen des in der DFG-Forschergruppe 875 „Historische Lebenswelten in populären Wissenskulturen der Gegenwart" angesiedelten Projekts „Populäre Mittelalter-Konstruktionen in der deutschen Mittelalter-Szene" erhoben worden sind. Im Mittelpunkt stehen dabei qualitative Interviews, die mit Aktiven der Mittelalterszene geführt wurden, ergänzt um Beobachtungen auf verschiedenen Mittelaltermärkten. Ziel des Projekts ist die Untersuchung einer populären Gegenwartskultur, in deren Zentrum die performative Rekonstruktion einer historischen Lebenswelt steht. Die Mittelalterszene steht dabei auch als Beispiel für eine populärkulturelle, an einer historischen Lebenswelt orientierte Wissenskultur. Die von der subjektiven Sicht und den Sinnkonstruktionen der Szeneangehörigen ausgehende Untersuchung zeigt, wie eine auch in den Medien popularisierte Wissenskonstruktion und -imagination – das Mittelalter – von einer Rezipientengruppe für Sinnstiftungsprozesse und die eigene Konstruktion von Wissen genutzt wird. ‚Szeneangehörige' meint dabei Personen, die aktiv an der Gestaltung von Mittelaltermärkten beteiligt sind. Das Forschungsinteresse richtet sich insbesondere auf die Aufklärung der zugrundeliegenden Motivationen und Sinnstiftungserwartungen, auf die Prozesse der Wissensakquise und das Verhältnis zur Fachwissenschaft. Neben den Szeneangehörigen werden auch ausgewählte Medien (Computerspiele, Filme, Internetforen) in die Untersuchung mit einbezogen. Fragen nach der ‚Korrektheit' oder ‚Qualität' von Darstellungen und Geschichtsinterpretationen werden dabei nur am Rande behandelt. Dies wäre (und ist) die Aufgabe einer Fachwissenschaft und Fachdidaktik, die solche Inszenie-

---

6   Vgl. Peter L. BERGER – Thomas LUCKMANN, Die gesellschaftliche Konstruktion der Wirklichkeit. Eine Theorie der Wissenssoziologie, Frankfurt a.M. 1969.

7   Vgl. Ronald HITZLER – Anne HONER – Michaela PFADENHAUER (Hg.), Posttraditionale Gemeinschaften. Theoretische und ethnografische Erkundungen, Wiesbaden 2008 sowie Ronald HITZLER – Thomas BUCHER – Arne NIEDERBACHER, Leben in Szenen. Formen jugendlicher Vergemeinschaftung heute, Wiesbaden 2005.

8   Karin D. KNORR-CETINA, Wissenskulturen. Ein Vergleich naturwissenschaftlicher Wissensformen, Frankfurt a.M. 2002.

rungen als Erweiterung und Chance für ihre eigene Arbeit sieht statt sie lediglich pejorativ abzuwerten.

2.   Mittelaltermärkte

Mit Blick auf die Thematik des vorliegenden Bandes ist zunächst einmal darauf hinzuweisen, dass es sich bei den vielfältigen Mittelaltermärkten keineswegs um ein randständiges Phänomen der Eventkultur handelt. Bereits ein kurzer Blick auf die relevanten Veranstaltungshinweise (z.B. in den Zeitschriften „Karfunkel" oder „Miroque") zeigt, dass die Zahl der Märkte inzwischen schier unüberschaubar ist. Wie viele Personen dabei aktiv beteiligt sind und wie viele Besucher die Märkte verzeichnen können, kann bestenfalls vermutet werden. Auf einer Veranstaltung in Freienfels („Freienfelser Ritterspiele") zum Beispiel fanden sich 2008 über 2.000 Aktive ein, die den Markt und die umgebenden ‚Lager' bewohnten und so für sich selber, wie auch für die Besucher eine eindrückliche Mittelalter-Imagination schufen. Das an vier Sommerwochenenden stattfindende „Kaltenberger Ritterturnier" mit seinen über weite Strecken professionellen Darstellern (ca. 1.000) wird pro Wochenende von ca. 40.000 Personen besucht. Wie viele es auch immer sind: Der Besuch eines Mittelalter-Marktes stellt für Szeneangehörige und Besucher eine ‚kulturelle Praxis' im Sinne der *cultural studies* dar, in der subjektive Bedeutungszuschreibungen und Sinnstiftungen emergieren.

2.1   Definition

Der Begriff ‚Mittelaltermarkt' wird im Folgenden eher weit ausgelegt. Subsumiert werden darunter Veranstaltungen, bei denen von einzelnen Personen, Gruppen, aber auch durch die Markt-Stände und nicht zuletzt via verschiedenste ‚Events' (Marktschreier/Herold, Ritterturnier, Marktgericht etc.) für ein Publikum die Konnotation ‚Mittelalter' aufgerufen wird. Dabei sind in der Regel kommerzielle Angebote und Aspekte Teil des Ganzen. Der „Mittelalter-Space" kann auch Teil einer größeren Veranstaltung (Stadtfest) sein[9].

Nicht betrachtet werden Events wie Reenactments, in denen der Fokus auf der Re-Inszenierung eines historischen Ereignisses liegt. Auch Veranstaltungen, die vor allem als ‚Szenetreff' fungieren und sich nicht an ein Publikum richten, werden hier ausgeklammert – wie etwa auch das Museumstheater. Ebenfalls von

---

9   Vgl. zur Definition auch Julian BLOMANN, Geschichte verkaufen. Eventkultur als Arbeitsfeld, Saarbrücken 2007 sowie Erwin HOFFMANN, Mittelalterfeste in der Gegenwart. Die Vermarktung des Mittelalters im Spannungsfeld zwischen Authentizität und Inszenierung, Stuttgart 2005.

der Beobachtung ausgeschlossen sind kommerzielle und in der Regel geschlossene Events, die etwa als Firmenfeste etc. von spezialisierten Eventagenturen organisiert und angeboten werden. Hier hat sich ‚Mittelalter‘ längst zu einem eigenen Marktsegment entwickelt. Zusammenfassend lässt sich sagen: Unter Mittelaltermarkt werden hier öffentliche oder teilweise öffentliche Mittelalterinszenierungen verstanden, bei denen Szene-Mitglieder auf ein breites Publikum treffen. Ausgeklammert sind dabei alle Veranstaltungen des Fantasy-Bereichs wie Life Action Role Playings (LARPs) und andere Conventions (CONs).

Um grundsätzliche Missverständnisse zu vermeiden, ist bei der Beobachtung und Analyse immer im Blick zu behalten, dass es sich bei den Märkten nicht um Museumsveranstaltungen handelt – und dass ihnen auch nicht unbedingt ein wie auch immer formulierter Bildungsauftrag zu Grunde liegt. Vielmehr sind die Märkte Veranstaltungen des Stadtmarketings, Basis für den Erwerb des Lebensunterhalts, Szenetreff, Bühne für unterschiedlichste Identitätskonstruktionen, Fluchtort und vieles mehr – also ein buntes, multifunktionales Spektakel.

Anders als beim Fernsehen oder im Kino werden dabei nahezu alle Sinne angesprochen: Es gibt nicht nur etwas zu sehen und zu hören, sondern auch Gerüche, Regen und Hitze, Berührungen mit Material und Menschen. Die Immersion kann so viel stärker sein – nicht zuletzt durch die Möglichkeit sozialer Interaktionen. Trotz (oder gerade wegen) der mehr oder weniger deutlichen Verortung außerhalb des Bildungs- und (traditionellen) Kultursystems tragen diese Veranstaltungen dazu bei, ein populäres Mittelalterbild als Teil der Geschichtskulturen einer Gesellschaft zu konstruieren.

2.2   Entstehungsgeschichte

Folgt man den Darstellungen derjenigen, die „dabei waren“, so beginnt die Geschichte der westdeutschen Mittelaltermärkte in den 1970er Jahren[10]. Am Anfang stehen diverse ‚Rittermahle‘, eine Idee, die aus Großbritannien importiert wurde und die innovativen Gastronomen ein neues Geschäftsfeld und zusätzlichen Umsatz bescherte. Eine weitere Wurzel ist die Folk- und Liedermacherbewegung der Zeit, innerhalb derer es zu einer Wiederentdeckung der ‚Alten Musik‘ und ihrer alteritären Klänge und Instrumente jenseits des akademischen Betriebs kommt. Ziel ist es unter anderem, diese Musik aus dem Konzertsaal zu ‚befreien‘ und zu einer ‚Gebrauchsmusik‘ zu machen. Ort und Ambiente hierfür mussten aber erst geschaffen werden. 1980 entstehen die ersten Projekte, die sich von der bisher eine Zeit lang rahmengebenden Flohmarktszene mit ihrem auf die Dauer als unbefriedigend empfundenen Ambiente emanzipieren:

---

10 Die Aufarbeitung der Entwicklung der sich in der ehemaligen DDR ebenfalls entfaltenden Mittelalterszene bedarf zur Zeit noch der weiteren Recherche.

J: Ich erinnere mich, dass wir mit der Gruppe Kurzweil 1979 oder 1978 auf den so genannten historischen Märkten von Harry Owens gespielt haben.

[…]

J: 1979 in Duisburg ist dann der Stein ins Rollen gekommen. Als wir nämlich zusammen mit Handwerkern überlegt haben, dass dieser so genannte historische Markt, der alle Epochen darstellte – vom Mittelalter bis achtzehntes, neunzehntes Jahrhundert – dass das vielleicht nicht das Gelbe vom Ei ist, sondern dass wir eine gemeinsame Epoche darstellen wollten. Und da hat sich dann die Idee konkretisiert, einen mittelalterlichen Markt durchzuführen. Und dann gab es 1980 drei Pilotprojekte in Westdeutschland, das erste war der mittelalterliche Markt in Düsseldorf Kaiserswerth in der alten Kaiserpfalz. Das war ein großer Erfolg. Danach kam ein Markt in Aachen auf dem Katschhof, der auch recht gut war. Es gab aber auch schon im ersten Jahr ein Negativerlebnis: der mittelalterliche Markt in Revierpark Nienhausen bei Gelsenkirchen.

[…]

J: Schon ein Jahr später war dann der erste mittelalterliche Marktverein gegründet: Kramer Zunft und Kurtzweyl. Und schon in dieser Saison gab es dann bundesweit schon zehn mittelalterliche Märkte.

Keiner der damals Beteiligten konnte auch nur im Entferntesten ahnen, was damals angestoßen wurde. Sehr rasch entwickelte sich – möglicherweise auch bedingt durch das Abebben der ,neuen sozialen Bewegungen' – zum einen eine ,Mittelalterszene', zum anderen ein breites Angebot von Mittelalter-Märkten. Nach dem Fall der Mauer zeigte sich, dass es in der DDR ebenfalls eine entsprechende Szene gegeben hat – insbesondere im Bereich der Musik.

Inzwischen ist das Feld der Mittelaltermärkte vielfältig ausdifferenziert, auch die ,Aktiven' – hier als Mittelalterszene bezeichnet – sind längst nicht mehr über einen Kamm zu scheren, mit jeder Saison wird das Feld heterogener. Und natürlich gibt es ein breites, kaum mehr zu überschauendes, kommerzielles Umfeld. So kann heute nahezu jedes Teil einer Ausstattung – von der Pfeilspitze über jegliche Art von Gewandung bis zur vollständigen Plattenrüstung – in unterschiedlichen Qualitätsstufen über einschlägige Internet-Shops bestellt werden. Was in der Anfangszeit der Szene viel Handarbeit und Recherche erforderte, ist jetzt nur noch einen Mausklick entfernt. Allerdings gilt es in Teilen der Szene als nahezu ehrenrührig, seine Ausstattung auf diesem Weg zu erwerben.

3.   Die Szene heute: Märkte zwischen Authentizität und Kommerz

Bereits die erste Recherche der Selbstdarstellungen von Veranstaltern und Veranstaltungen im World Wide Web machte deutlich, wie groß die Bandbreite der mehr oder weniger explizit unter dem Label ‚Mittelaltermarkt' segelnden Veranstaltungen inzwischen ist. Die Erfahrungen und Beobachtungen beim Besuch von verschiedenen Events im Rahmen des Forschungsprojekts zeigten eines deutlich: „Den" Mittelaltermarkt gibt es nicht, vielmehr findet sich ein breit ausdifferenziertes Spektrum von Veranstaltungen, die mehr oder weniger um die populäre Interpretation von mittelalterlichen Lebenswelten kreisen. Eine weiterreichende und theoretisch unterfütterte Kategorisierung für dieses Feld steht bisher allerdings noch aus (und ist auch nicht Ziel des aktuellen Projekts).

Um einen ersten Eindruck von der sichtbar werdenden Bandbreite zu vermitteln, werden im Folgenden zwei sehr unterschiedliche Veranstaltungen skizzenhaft vorgestellt. Diese stehen geradezu idealtypisch für das aktuell zu beobachtende Spektrum. Zugleich dient die Darstellung dazu, einige wesentliche Elemente des Marktgeschehens aufzuzeigen.

3.1   Kommerz und schwarze Jugendkultur: Mittelalterliches Spektakulum

Das „Mittelalterlich Phantasie Spectaculum" des Veranstalters Gisbert Hiller steht hier als Beispiel für eine in erster Linie kommerziell orientierte Veranstaltung, bei der der Schwerpunkt deutlich auf ‚Phantasie' liegt. Was im Jahr 2008 in Weil am Rhein (und in sehr ähnlicher Form auch an vielen weiteren ‚Spielorten') zu sehen war, zeigt deutlich, wie eng Mittelalter und Fantasy miteinander verknüpft sein können. Das zentrale Element dieser Veranstaltung ist dann auch die Musik, die (nahezu) nichts mit musikwissenschaftlichen Mittelalter-Rekonstruktionen[11] zu tun hat, sondern sehr gut auf die Zielgruppe der ‚schwarzen Szene', die Gothics und ihre Derivate, abgestimmt war. Dass sich der Veranstalter auf seiner Website von jeglichen Versuchen, Mittelalter ‚authentisch' darzustellen, deutlich distanziert, verwundert dann auch kaum.

---

11 Vgl. Annette KREUTZIGER-HERR, Ein Traum vom Mittelalter. Die Wiederentdeckung mittelalterlicher Musik in der Neuzeit, Köln 2003.

Einige Beobachtungen:

- Die ‚Abgrenzung' des in diesem Fall sehr weitläufigen Marktgeländes ist eindeutig. Alle Zugangsmöglichkeiten jenseits des Haupteinganges sind durch mobile Absperrungen verschlossen – der Zutritt kostet schließlich Geld. Das Publikum darf erst zu einem vorgegebenen Zeitpunkt (Marktöffnung) auf das Gelände. Am Abend wird das Gelände nach dem offiziellen Schlussakt durch ‚Wachen' geräumt. Der Veranstalter weist dann auch auf seiner Website explizit darauf hin, dass eine Übernachtung auf dem Gelände (gar im ‚Lager') für Gäste nicht möglich ist.

- Die Grenze zur alltäglichen Lebenswelt wird zusätzlich durch ein weiteres Element unterstrichen: Auf dem Markt gilt eine eigene Währung mit eigenen Münzen, beim Zahlen des Eintritts findet ein ‚Zwangsumtausch' statt, indem Wechselgeld in der ‚Marktwährung' herausgegeben wird (es darf hinterher aber auch zurückgetauscht werden). Letztendlich kann an Ständen und Ausschank aber auch problemlos in neuzeitlicher Währung bezahlt werden.

- Im Vergleich mit anderen Veranstaltungen finden sich auf dem Gelände sehr viele Verpflegungs- und Getränkestände. Nicht immer unterstützt ihr Ambiente die Simulation einer Zeitreise, wenig liebevoll angebrachter Rupfen verdeckt stellenweise kaum die moderne Technik und Ausstattung – wie auch das wenig ‚mittelalterliche' Getränkeangebot in modernen Flaschen. Varianz zeigt sich auch beim Outfit des Personals, an einigen Ständen reicht allem Anschein nach auch das ‚Piratenhemd', um die als notwendig erachtete Epochen-Fremdheit zu generieren.

- Bei den (vielen) Verkaufsständen wird die Ausrichtung des „Spektakulums" besonders deutlich: Sie bieten vor allem Fantasy- und Ethno-Artikel an, von „Celtic Silver" über pseudo-afrikanischen Schmuck bis hin zu modernen Gongs und Becken (für den Schlagwerker) findet sich hier vieles. Auch wenn manche der an den einschlägigen Ständen zum Verkauf angebotenen Schwerter (und andere Waffen) möglicherweise wirklich mittelalterliche Vorbilder haben, sind Bemühungen um ein ‚authentisches' Mittelalter (z.B. Replika von Funden) kaum zu beobachten. Das Warenangebot richtet sich letztendlich eindeutig an ein ‚modernes' Publikum ohne besonderes Mittelalter-Interesse bzw. an mehr oder weniger fantasy-orientierte Besucher.

- Nahezu alle Stände sind dann auch reine Verkaufsstände. Vorführungen und Erläuterungen von älteren Handwerkstechniken sind so gut wie nicht zu beobachten. Damit fehlt auch der pädagogische Impetus von Marktbeschickern, dem Publikum Wissen (welcher Qualität auch immer) über das Mittelalter zu vermitteln.

- Ähnlich wie bei den Ständen stellt sich die Situation bei den Walking-Acts dar. Sie bieten vieles – vom eher futuristischen Jongleur bis zum „Schauersteller" (Hexenkäfig, Henker etc.). Aber Mittelalter?

- Die in den Flyern und auf der Website angekündigten ‚Lager‘ waren in Weil am Rhein (2008) eher dünn besetzt und erst auf den zweiten Blick find- und erkennbar. Bei der Darstellung der Gruppen zählt eher der ‚Anklang‘ ans Mittelalter als eine auf ‚Authentizität‘ zielende Darstellung[12].

- Der Musik kommt eine zentrale Rolle zu: Wer den angebotenen Musikstil ‚Mittelalter-Rock‘[13] mag – gar Fan einer der vielen einschlägigen Gruppen ist, kommt bei der Vielzahl der bekannten Bands im Verlauf des Tages durchaus ‚auf seine Kosten‘. – Entsprechende Konzerteintritte wären teurer.

- Das Publikum ist dann auch stark durch das Musikangebot und von der dadurch angesprochenen Szene geprägt. So sind viele Gruppen von Jugendlichen und jungen Erwachsenen zu beobachten, die durch ihr Outfit eine große Nähe zu diversen Spielarten der ‚Gothic-Szene‘ und/oder der Fantasy-Szene demonstrieren. Vertreter der Mittelalterszene, erkennbar an einer mehr oder weniger hochwertigen und auf ‚Authentizität‘ zielenden Ausstattung, sind dagegen kaum auszumachen.

3.2 Szenetreff mit Besuchertag: Burgmarkt Herzberg

Ein Rundgang über das Gelände der „Ritterspiele mit Burgmarkt" auf Burg Herzberg (ebenfalls 2008) vermittelt eine vollkommen andere Atmosphäre – hier entsteht tatsächlich streckenweise der Eindruck, versehentlich ins Mittelalter geraten zu sein (zumindest, solange man nicht ‚vom Fach‘ ist). Nur ein kleiner Teil des Geländes (und natürlich das Publikum) erinnert augenscheinlich daran, dass sich das ‚mittelalterliche‘ Geschehen doch im 21. Jahrhundert abspielt.

---

12 In einem später durchgeführten Interview beschreiben Mitglieder einer der beiden Gruppen dann aber auch das Dilemma, das sich inzwischen für viele neue Gruppen stellt: Eine von anspruchsvolleren Veranstaltern akzeptierte Ausstattung kostet Zeit und Geld und muss erst einmal erworben werden. Auch wenn die Gruppe sich durchaus über die Ausbaufähigkeit ihrer Darstellung bewusst ist, ist Teilnahme an entsprechenden Events mit negativen Reaktionen verknüpft. In der Folge werden dann Veranstalter bevorzugt, die hier ‚ein Auge zudrücken‘. – Letztendlich wird so eine Qualitätsentwicklung der Gruppen erschwert.

13 Eine weitergehende Auseinandersetzung mit diesem Musikstil kann hier nicht geleistet werden. Es ist aber darauf hinzuweisen, dass diese – in keiner Form auch nur annähernd authentische – Musik zur Zeit einen wichtigen Beitrag zur Popularisierung von Mittelalterkonstruktionen leistet und zugleich einen kaum zu unterschätzenden ökonomischen Faktor darstellt.

Gespräche mit den Aktiven bestätigen den ersten Eindruck: Hier handelt es sich vor allem um einen ‚Szenetreff‘, Publikum und Ökonomie (insbesondere soweit sie nicht der Verbesserung der eigenen Ausstattung dienen) werden billigend in Kauf genommen, um so (kostenlosen) Raum für die eigenen Aktivitäten zu haben. Aus der Sicht des interessierten Laien entsteht der Eindruck, dass einige Gruppen in ihrer Darstellung zumindest sehr nahe an Museums-Standards heranreichen (oder diese gar übertreffen). Im Einzelnen:

- An den ‚Besuchertagen‘ (Wochenende) ist auch hier das Gelände abgegrenzt, von den Besuchern wird an einem hölzernen ‚Stadttor‘ Eintritt in durchaus nennenswertem Umfang erhoben. Am Ende der offiziellen Öffnungszeit findet aber keine ‚Räumung‘ statt, vielmehr wird darauf vertraut, dass das Publikum spätestens nach Einbruch der Dunkelheit von selber den Weg nach Hause findet. Im Zweifelsfall freut es die Schankwirte, wenn auch der eine oder andere Besucher noch ein spätes Getränk konsumiert. Die Aktiven, die (je nach Feiertagslage/Brückentage) schon vorher angereist sind (im Jahr 2008 besonders deutlich) zahlen keinen Beitrag. Anders als im Falle des ‚Spektakulums‘ dominieren sie das Bild – übersteigt doch die Fläche (und Personenzahl) des ‚Lagers‘ bei weitem die der verschiedenen kommerziellen Angebote.
- Die Getränke- und Verpflegungsstände konzentrieren sich auf einem zentralen Areal, die meisten geben sich in Anmutung und Outfit des Personals mehr oder weniger ‚mittelalterlich‘ – der Vergangenheitsbezug wird hier deutlich liebevoller und weitreichender inszeniert. Bei vielen der Marktbeschicker handelt es sich um professionelle, auf ‚Mittelalter‘ ausgerichtete Anbieter. Die Gesamtheit der Verkaufsstände lässt sich beinahe idealtypisch in zwei Kategorien unterteilen: Zum einen finden sich (an den zentralen Punkten des Publikumsverkehrs unterhalb der Burg) einige wenige Stände, die das breite Publikum adressieren, hier dominiert dann auch ein sehr weiter Mittelalterbegriff – und Fantasy. So dürfen weder die obligatorischen Holzschwerter und Schilde für die jüngsten Ritter, noch der Kranz für junge Burgfräulein fehlen. Für die Adoleszenten werden nicht nur diverse Alkoholika, (Hexen-)Kräuter und Samurai-Schwerter angeboten, sondern auch die Dienste einer Handleserin.
- Zum anderen ist eine ganze Reihe von Ständen auszumachen, die in erster Linie die Aktiven selber, also die Szeneangehörigen, ansprechen. Die Qualität der Produkte ist dabei zum Teil sehr hoch – bis hin zu Museumsreplika-Niveau. An diesen Ständen, die sich auf dem gesamten Gelände finden, wird dann auch – so Interesse besteht – Wissen weitergegeben und ausgetauscht. Stellenweise erscheint der ‚Verkauf‘ hier beinahe Nebensache. Soweit das

unter den aktuellen Gegebenheiten möglich ist, kann den Schmieden, Korb-
flechtern, Töpfern etc. auch bei der Ausführung des ‚alten‘ Handwerks zuge-
schaut werden.

- Die Musik ist nicht nur akustisch (es gibt keine Verstärkerelektronik) deutlich zurückgenommen, was auf der kleinen Bühne zu Gehör gebracht wird,
ist aber meist bestenfalls historisierend – sowohl was das musikalische Material als auch die Instrumentierung angeht. In den einzelnen Mittelalter-Grup-
pen im ‚Lager‘ finden sich aber durchaus Musiker, die ihr Musizieren zumindest an eine historisch informierte Praxis anlehnen und sich mehr oder
weniger intensiv mit Fragen der historischen Aufführungspraxis und des
Materials auseinandersetzen.

- Nicht nur für die Besucherinnen und Besucher stellt die (zusätzlich zu dem
‚üblichen‘ Turnier) am Samstag und Sonntag inszenierte ‚Schlacht‘ (dargestellt wird unter Einbeziehung der noch vorhandenen Burganlage der Versuch einer Burgeroberung) einen besonderen Höhepunkt dar. Diese ist nicht
geskriptet – es gibt zwar eine verabredete Rahmenhandlung und bis zu einem bestimmten Punkt auch einen abgesprochenen Ablauf, die zentralen
‚Kämpfe‘ sind in ihrem Ausgang aber offen. Anhand von ‚Trefferregeln‘ bestimmen die Beteiligten dabei jeweils selber, wann sie ‚verletzt‘ oder gar
‚gefallen‘ sind.

- Mit einem kritischeren Blick auf die Darstellungen der verschiedenen Gruppen wird sichtbar, dass auch innerhalb dieser Veranstaltung diverse ‚Zeitreisen‘ möglich sind. So lagert Hochmittelalter neben frühmittelalterlichen Wi-
kingern, dazwischen bewegen sich Figuren des Spätmittelalters etc. Innerhalb
der einzelnen Gruppen ist aber (was in den Interviews noch deutlicher wird)
zunehmend ein Trend zur zeitlich und räumlich kohärenten Inszenierung zu
beobachten.

- Auffällig und typisch für diesen Markt ist die Vielzahl von Interaktions-
Situationen, die als ‚Selbstgenügsame Gruppentreffs‘ beschrieben werden
können. So sind einige ‚Lager‘ bereits so aufgebaut, dass ihr Hauptteil vom
Fußweg her nicht direkt zugänglich – oder sogar kaum einsehbar – ist.
Zelte, die ihre Rückseite den Besuchern zuwenden, signalisieren unübersehbar, dass die Bewohner ihre Mittelalter-Imagination nicht in erster Linie für
das breite (und nicht szene-interne) Publikum inszenieren, sondern für sich
selber. Die Zeitreise bekommt hier einen Bias in Richtung Eskapismus. Die
stärkere Abschottung ermöglicht allerdings auf der anderen Seite eine –
durchaus erwünschte und angezielte – höhere ‚Stimmigkeit‘ (im Sinne von

Pastness[14] oder auch ‚Authentizität'). Es sind nicht nur die optischen Irritationen durch leuchtfarbene, nylonberucksackte „Touris" (so ein nicht ganz wertfreier Szenebegriff), die so vermieden werden, sondern auch die vielfältigen, oft ungläubigen Nachfragen im Sinne von: „Ist das Feuer auch echt?" Adäquat ‚gewandete' (also keinesfalls ‚verkleidete') Besucher – im Idealfall aus einem anderen Teil des Lagers, zumindest aber ‚Szeneangehörige' – sind dagegen in der Regel gerne gesehen und werden zu einem intensiven Austausch eingeladen.

- Dabei ist auch zu beobachten, dass die ‚Immersion', das Eintauchen in die Epochenimagination nicht bei der Frage nach dem Schlafplatz endet. Die Aktiven weichen für die Nacht keinesfalls in Wohnmobil oder Gasthaus aus, sondern betreiben durchaus einen gewissen Aufwand, um sich ein zur Darstellung passendes Nachtlager zu schaffen. Und gekocht wird selbstverständlich auf dem offenen Feuer, im Idealfall in Repliken orts- und epochenspezifischer Keramik.

- Ein zentrales Thema für viele der an diesem Markt teilnehmenden Gruppen ist dann auch die Frage nach der ‚Authentizität' ihrer Darstellung. Gemeint ist damit zunächst die Ebene der Sachkultur – der Trend geht deutlich zu einer Ausstattung, die sich für eine bestimmte Epoche und Region tatsächlich nachweisen lässt. Der ‚Fantasy-Anteil' wird damit zunehmend zurückgedrängt. Dem Beobachter erscheint die Auseinandersetzung um die Authentizität hier geradezu als Wettkampf zwischen den Gruppen. So ist immer wieder zu beobachten, dass ein bisher unbekanntes Gegenüber bei der Kontaktaufnahme zunächst einmal mit einem schnellen Blick gescannt wird: Kleidung, Accessoires und vor allem die Schuhe – korrekt?

- Die sozialen Interaktionen werden allerdings in der Regel von dem Authentizitätsanspruch ausgenommen. Versuche, sich auch in dieser Dimension dem Mittelalter mehr anzunähern, erweisen sich, wie viele Gespräche und Interviews zeigen, aus Sicht der Aktiven meist als sehr problematisch. Schnell droht hier der sonst so zentrale Zusammenhalt der Gruppe auseinanderzubrechen. Zum Beispiel, wenn bei einem ‚Rittermahl' der Großteil der Gruppe ‚dienen' muss – und entsprechend schlechter verpflegt wird. Die in der Sozialisation erworbenen Denk- und Handlungsweisen des 21. Jahrhunderts lassen sich dann doch nicht so einfach über Bord werfen.

- Nicht zuletzt als Folge der Bemühungen um ‚Authentizität' (wie auch immer eine solche am Ende zu bestimmen ist – für nächtelange Diskussionen reicht der Begriff allemal) zeigt sich bei einigen Gruppen (und Personen) explizit

---

14 Vgl. Cornelius HOLTORF, Placemaking. How the Past is Told in Themed Environments. Vortrag auf der Tagung „Staging the Past. Themed Environments in Transcultural Perspectives", 23.–25.04.2009 in Freiburg.

der Anspruch, Publikum, aber auch andere Szeneangehörige zu ‚bilden'. Das erworbene Wissen soll weitergegeben werden, geradezu typisch ist der Anspruch, ‚falsche' Mittelalterbilder (wie z.B. die Hollywood zugeschriebenen) zu korrigieren. So verfügen dann auch einige der Gruppen bereits über Erfahrungen mit Darstellungen im Museumsbereich. Stellenweise führt dies zu Bestrebungen, die eigenen Aktivitäten in dieses Feld zu verschieben: Die Märkte werden ab einem bestimmten Zeitpunkt und Level der Auseinandersetzung als zu populär und trashig empfunden. Das (Freilicht-)Museum verspricht hier nicht nur ein adäquateres Ambiente, sondern auch ein interessierteres Publikum.

- Das Publikum dieser Veranstaltung repräsentiert einen breiten Querschnitt der Gesellschaft (auch wenn sogenannte ‚bildungsferne Milieus' sicher unterrepräsentiert sind). Zu beobachten sind viele interessierte Bürger – oft mit Familie – die die Gelegenheit für einen ‚etwas anderen' Wochenendausflug nutzen. Weiterhin finden sich ‚szenenahe Personen', die zum Teil in Gewandung kommen. Besucher, die durch ihr (oft stark mit dem sonstigen Ambiente kontrastierendem) Outfit ihre Nähe zu anderen (jugend-)kulturellen Szenen (Gothic, Hardrock, Fantasy) demonstrieren, sind in diesem Ambiente eher selten anzutreffen. Vielleicht auch deshalb, weil diese ‚postmoderne' Variante, einen Raum oder Event für verschiedene, parallele Selbst-Inszenierungen zu nutzen, bei den Aktiven nicht immer anschlussfähig ist. Bewegen sich dann doch einmal Vertreter solcher jugendkultureller Szenen über Markt und Lager, entsteht für den Beobachter der Eindruck, dass sich hier so etwas wie „bubbles of identity" ohne allzu große Berührungsflächen über das Gelände bewegen.

Die Darstellung ist selbstverständlich überpointiert, die hier stellenweise beschriebenen Reinformen finden sich auch in diesen Welten selten. Weiterhin fehlt bei dieser an dem Konzept des Kontrastgruppenvergleichs orientierten Form der Darstellung die empirisch häufigste Variante einer öffentlichen Mittelalter-Inszenierung: Der ‚Stadtmarkt' (gelegentlich auch ‚Burgmarkt'), möglicherweise eingebettet in einen größeren Rahmen (Stadtfest, Stadtjubiläum etc.), bei dem sich im Zweifelsfall viele der gerade angeführten Aspekte und Varianten parallel finden: Während auf einer Wiese am Rand des Geschehens eine sehr auf Authentizität bedachte Gruppe mehr oder weniger selbstbezogen für sich lagert, werden um die Ecke ‚mittelalterliche' Softdrinks verkauft. Neben eng an mittelalterlichen Vorlagen orientiertem Tongeschirr werden bunte Glas-Elfen verkauft und der ‚Spielmann' oder ‚Minnesänger' mit historisch informierter Aufführungspraxis (und entsprechenden Instrumenten) konkurriert mit elektronisch verstärktem Mittelalter-Rock etc.

4. Deutungen und Ausblick

Um nicht auf der Ebene der Beschreibungen stehenzubleiben, wird das Phänomen ‚Mittelaltermarkt' im Folgenden unter Einbeziehung verschiedener theoretischer Ansätze analysiert. Die vier vorgestellten Lesarten fokussieren dabei jeweils auf verschiedene Aspekte dieser performativen Epochenimaginationen und zeigen dabei auch die Komplexität einer solchen kulturellen Praxis.

4.1 Mittelaltermärkte als Spektakel

Zunächst einmal können die Märkte als ein (postmodernes) Spektakel oder mit Gerhard Schulze[15] als ein Teil der aktuellen Eventkultur betrachtet werden. Ihr Zweck läge dann für Besucher (die ‚Aktiven' sind in Schulzes Theoriekonstrukt in dieser nichtkommerziellen, szenenhaften Form eigentlich nicht vorgesehen) vor allem darin, die Erlebnisdichte in der Erlebnisgesellschaft zu erhöhen und so das individuelle und subjektive Erlebnismanagement zu befriedigen. Die Märkte wären dann zu verstehen als „Kulissen des Glücks", als „gemeinsam erschaffene und ständig weiterentwickelte Projektionsflächen für Gefühle, Wünsche, Phantasien, das Menschsein überhaupt"[16].

Fragen nach einem ‚objektiven' historischen Bezug, gar nach einer ‚richtigen' oder ‚falschen' Darstellung des Mittelalters sind in einer solchen, auf individuelle Sinnstiftung und Glückssuche im Kontext einer Multioptionengesellschaft ausgerichteten Perspektive selbstverständlich obsolet. Werden sie dennoch gestellt, fallen sie nicht nur bei Schulze unter das Verdikt einer überholten, auf die Aufrechterhaltung hochkultureller Distinktionen zielende Kulturkritik. Mediävistik und Geschichtsdidaktik könnten sich also entspannt zurücklehnen und das Phänomen der Märkte den Soziologen etc. überlassen.

Ich gehe allerdings davon aus, dass diese Perspektive als einzige Analysedimension aus verschiedenen Gründen zu kurz greift – werden hier doch unter dem in den 1990er Jahren diskursmächtigen Label von der ‚Individualisierung'[17] wie auch der ‚Erlebnisgesellschaft'[18] eine Reihe von ebenfalls relevanten Aspekten ausgeblendet. Die Beobachtung als ‚Eventkultur' ermöglicht es aber, insbesondere (aber nicht nur) Veranstaltungen wie das „Spectaculum" nach den

---

15 Gerhard Schulze, Kulissen des Glücks. Streifzüge durch die Eventkultur, Frankfurt a.M. 1999.
16 Schulze (Anm. 15) S. 11.
17 Vgl. Ulrich Beck, Risikogesellschaft. Auf dem Weg in eine andere Moderne, Frankfurt a.M. 1986.
18 Vgl. Gerhard Schulze, Die Erlebnis-Gesellschaft. Kultursoziologie der Gegenwart, Frankfurt a.M. 1995.

hier realisierten Sinnangeboten für die Besucher zu befragen, und zwar vor allem danach, welche Wünsche und Phantasien hier projiziert werden.

4.2　Mittelalter-‚Szene‘

Was die Event-Perspektive kaum bearbeitet, ist die Beteiligung der ‚Aktiven‘, die insbesondere bei Veranstaltungen im Stile des ‚Szenetreffs‘ in den Vordergrund tritt. Für die Besucher sind die Aktiven zunächst einmal – um bei Schulze zu bleiben – ein Teil der Kulisse. Mit ihrem Agieren, ihrer Kleidung und ihrem Equipment haben sie meist einen großen Anteil an der Inszenierung und ermöglichen erst das Entstehen von Pastness in einem abgegrenzten Raum inmitten des 21. Jahrhunderts. Ihre Anwesenheit macht das reinszenierte Mittelalter via ‚Mittelalter-Performanz‘ erst lebendig. Diese Rolle könnte (was in anderen Kontexten wie streckenweise im Museumstheater durchaus üblich ist) auch von ‚professionellen‘ Darstellern ausgefüllt werden. In der Regel würden diese aber mit einer professionellen Rollendefinition (die unter anderem auch eine gewisse Rollendistanz beinhaltet) an die Sache herangehen und nach ‚Feierabend‘ die als ‚Job‘ konnotierte Rolle ablegen und das Gelände verlassen. Auch würden sie die Veranstalter viel Geld kosten.

Wie oben beschrieben, gilt (idealtypisch) gerade diese Orientierung auf eine fest verabredete ‚Arbeitszeit‘ und ‚Distanz‘ bei den Aktiven der Szene nicht. Im Gegenteil – der Aufenthalt auf dem Markt zielt (für die Dauer der Veranstaltung) auf eine möglichst weitreichende Immersion, auf das Eintauchen in die Konstruktion einer historischen Lebenswelt, die dabei zugleich performativ hervorgebracht wird. Das Skelett einer ‚Kulisse‘, das ihnen der jeweilige Veranstalter bietet, wird damit nicht nur ‚aufgefüttert‘, sondern für die ‚eigene Sache‘ im Sinne einer Szene genutzt. Dabei kommt der sozialen Interaktion mit einer Gruppe (mehr oder weniger) Gleichgesinnter ein zentraler Stellenwert zu, es entsteht eine ‚Mittelalter-Szene‘ als auf eine Epochenimagination fokussierte „posttraditionale Vergemeinschaftung“ im Sinne von Ronald Hitzler[19].

Märkte mit einer hohen Quote von Aktiven (aber auch partikulare Teile anderer Veranstaltungen) stellen somit Treffpunkte und partielle Lebenswelt dieser (in sich durchaus inhomogenen) Szene dar. So sind hier fraglos „thematisch fokussierte kulturelle Netzwerke von Personen, die bestimmte materiale und/oder mentale Formen der kollektiven Selbststilisierung teilen und Gemeinsamkeiten an typischen Orten und zu typischen Zeiten interaktiv stabilisieren und weiterentwickeln“[20] zu beobachten, auch das „zentrale Thema“ steht außer Frage. In den Interviews lassen sich viele der von Hitzler benannten Marker für eine

---

19　Vgl. HITZLER u.a., Posttraditionale Gemeinschaften (Anm. 7) S. 20.
20　HITZLER u.a., Leben in Szenen (Anm. 7) S. 20.

posttraditionale Gemeinschaft ausmachen: Die Aktiven entstammen einem breiten Spektrum gesellschaftlicher Milieus (‚bildungsferne Schichten‘ sind aber eher die Ausnahme), der Eintritt in die Szene erfolgt oft mehr oder weniger zufällig und der Zusammenschluss bleibt weitestgehend freiwillig (es sei denn, die Märkte dienen dem Lebensunterhalt). Deutlich wird auch, dass eine solche Form der Gemeinschaft stets aktiv und individuell reproduziert werden muss.

Die subjektiven Sinnkonstruktionen der Befragten folgen den stark postmodern-individualisierungstheoretisch orientierten Annahmen der akademischen Szeneforschung allerdings nur bedingt. So zeigt sich in den Interviews sehr schnell, dass die Teilhabe an einer relativ stabilen Gruppe mit verlässlichen Regeln, Ritualen und persönlichen Beziehungen für die Befragten eine zentrale Motivation für die aktive Beteiligung an der Mittelalterszene darstellt. Der sozialen Komponente kommt demnach eine große Bedeutung zu. Geradezu antimodern erscheint ein weiterer Topos, der sich in vielen Interviews findet: Für ein Wochenende (oder auch länger) in eine gemeinsam geteilte und performativ aufrechterhaltene Mittelalter-Imagination einzutauchen, wird von den Befragten immer wieder als eine ‚Auszeit‘ aus der modernen, technisierten und von penetrantem Zeitstress bestimmten ‚normalen‘ Alltagswelt beschrieben. Das Handy wird (soweit irgend möglich) ausgeschaltet, der Rhythmus des Tages richtet sich eher nach der Sonne als nach präzise gemessenen Minuten etc. Die Rolle und Relevanz des Themenbereichs ‚Mittelalter‘ ist dabei unterschiedlich gewichtet. Für viele der Befragten steht letztendlich eher die hier (aber eben auch in anderen Szenen) zu erlebende Form der Gesellung im Zentrum – gelegentlich erwägen sie explizit die Möglichkeit, auch eine andere Epoche darzustellen. In einigen Fällen ist allerdings das Thema ‚Mittelalter‘ zentral, und es entsteht der Eindruck, dass hier ein Kindertraum ausgelebt werden kann. Letztendlich zeigt sich in vielfachen Facettierungen, dass die aktive Aneignung der historischen Lebenswelt ‚Mittelalter‘ immer unter der Prämisse stattfindet, „zeitgenössische Bedürfnisse“[21] zu befriedigen.

Auch wenn es sich fraglos um eine jugendkulturelle Strukturen und Perspektivierungen in einem anderen Feld fortsetzende Szene (und keinesfalls um eine fachwissenschaftlich grundierte Vergemeinschaftung) handelt, ist das hier zu beobachtende Geschehen für die Mediävistik (in allen ihren Spielarten) keinesfalls irrelevant. Zum einen hat sich unter der bunten Oberfläche längst eine eigene Wissenskultur hart am Rande der akademischen Welt etabliert, zum anderen wird nicht erst mit einer systemtheoretisch informierten Beobachtung plausibel, dass die performativ hervorgebrachten Mittelalterimaginationen nicht ohne Fol-

---

21 Barbara KORTE – Sylvia PALETSCHEK, Geschichte in populären Medien und Genres: Vom historischen Roman zum Computerspiel, in: DIES. (Hg.), History goes Pop. Zur Repräsentation von Geschichte in populären Medien und Genres, Bielefeld 2009, S. 9–60, S. 14.

gen für die gesellschaftliche (und damit letztendlich auch wissenschaftliche) Konstruktion von ‚Mittelalter' bleiben.

4.3   Mittelalterszene als Wissenskultur

In Anlehnung an Karin D. Knorr-Cetina[22] kann die Mittelalter-Szene weiterhin als eine eigenständige ‚Wissenskultur' (möglicherweise handelt es sich bereits um ‚Wissenskulturen') verstanden und analysiert werden. Damit rückt die Beobachtung ins Zentrum, dass auf der einen Seite einzelne Personen innerhalb der Szene einen hohen Aufwand betreiben, um engagiert und hoch motiviert relevantes Wissen zu recherchieren und sich anzueignen. Zum anderen findet – wie oben beschrieben – innerhalb der Aktiven ein äußerst reger Austausch über die szene- und themenrelevanten Wissensbestände statt.

Umfang und Tiefe des Wissens wie auch das in den Interviews zu Tage tretende Engagement, verbunden mit einer hohen Anstrengungsbereitschaft, sind dabei für den (im vorliegenden Fall nicht mediävistisch gebildeten) Beobachter beeindruckend. So finden sich in der Szene inzwischen längst auch Personen, die über eine wissenschaftliche Ausbildung verfügen – und die dabei erworbenen Kompetenzen nutzen, um die Bestrebungen um die Akkumulation von Wissen als Voraussetzung von ‚Authentizität' zu befördern. Die Streuung in der Qualität und dem Umfang des Wissens ist zwar sehr groß, für nahezu alle der Befragten steht aber außer Zweifel, dass sie sich hier (noch) weiter entwickeln wollen. So kommt dem in der Szene immer wieder diskutierten Konzept der ‚Authentizität' (unter Insidern gerne auch als „das A-Wort" apostrophiert und ironisiert) ein hoher Stellenwert zu. ‚Authentizität' meint dabei die Orientierung der sachkulturellen Ausstattung und der Darstellung am (jeweils rezipierten) Stand der Fachwissenschaft. Im (nicht zu realisierenden) Idealfall wäre so die gesamte Ausstattung, die gezeigten Handwerkstechniken, die verwendeten Lebensmittel etc. durch Funde oder andere Quellen belegt.

Für die sozialen Interaktionsformen gilt dies allerdings – mit ganz wenigen Ausnahmen – nicht. Hier kollidiert die Struktur der mittelalterlichen Gesellschaft unübersehbar mit den Bedürfnissen, die sich aus dem ‚Leben in Szenen' am Anfang des 21. Jahrhunderts ergeben. Die Frage nach der Authentizität stellt ein zentrales Distinktionsmittel innerhalb der Szene dar. Der szeneintern bestimmte Grad der Authentizität von Gruppen (und Personen) und ihrer Darstellung ist in der Regel aufs Engste mit deren Status innerhalb der Szene verknüpft – ein starker Ansporn, sich hier zu ‚verbessern', also weiteres Wissen zu akkumulieren und in die Ausstattung zu investieren.

---

22   Vgl. KNORR-CETINA (Anm. 8).

In den Szene-Biografien der Interviewpartner spielen dabei populärkulturelle Medien als Quellen schon relativ kurz nach dem Eintritt nur noch eine untergeordnete Rolle. Vielmehr finden sich in fast allen Gruppen zumindest Einzelpersonen (die dann als Opinion-Leader agieren), die über ausreichende Kompetenzen (und Nähe zum Wissenschaftssystem) verfügen, um in Archiven, Veröffentlichungen etc. der akademischen oder musealen Geschichtskultur zu recherchieren. Das so erworbene Wissen wird dann innerhalb der Szene weiterverbreitet – Veranstaltungen wie die in Herzberg stellen somit auch eine zentrale Tauschbörse für das angeeignete Wissen dar. Daneben ist das Internet längst zu einem selbstverständlichen Werkzeug des Austauschs (und der Recherche) geworden. Wenn – insbesondere im Bereich des ‚alten Handwerks‘ – keine (oder nur unzureichende) Quellen vorhanden sind, wird auf dem Weg des Ausprobierens, der Annahme von Plausibilitäten etc. – Vorbild ist hier die experimentelle Archäologie – eigenes Wissen generiert. Insbesondere in solchen Fällen findet sich dann auch eine Selbstpositionierung als ‚Praktiker‘ einer historischen Lebenswelt, der den ‚verkopften‘ und praxisfernen Wissenschaftlern überlegen ist. Das angeeignete Wissen wird aber nicht nur in der Szene weitergegeben, viele der Befragten sehen es geradezu als ihre Aufgabe an, das Publikum der Märkte über das ‚wirkliche‘ Mittelalter aufzuklären.

Aus der auf Strukturen orientierten Beobachterperspektive wird aber auch deutlich, dass sich bei den meisten der Befragten ein eher frühmodernes Bild von Wissenschaft findet: Es werden letztendlich doch eindeutige Wahrheiten, ein gesicherter Wissensstand und klare Handlungsanleitungen erwartet. Postmoderne Komplexitäten, Hinterfragungen und Reflektionsschleifen ohne einen direkten Handlungsbezug spielen hier (noch) keine Rolle, entsprechende Aussagen führen immer wieder zu Irritationen oder stoßen sogar auf Unverständnis und werden über weite Strecken als ‚typisch praxisfern‘ abgelehnt.

Eine solche – mehr oder weniger populäre – ‚Wissenskultur der Mittelalterszene‘ ist neben ihrem Beitrag zu den populären Geschichtskulturen auf die Dauer (und trotz aller kritischen Vorbehalte) auch für die akademische Fachwissenschaft keineswegs bedeutungslos. Denn es gilt, worauf Annette Kreutziger-Herr hinweist: „[...] populäre Mittelalterbilder und geformte Vorstellungen, die in der Fachwissenschaft ihren Ursprung haben, [sind] nicht immer klar zu trennen"[23].

---

23 KREUTZIGER-HERR (Anm. 11) S. 255.

4.4 Das ‚Feld der Mittelalterdeutungen'

Ausgehend von den Analysen zur Wissenskultur zeichnete sich bei der Auswertung der Interviews zunehmend ab, dass die Einbeziehung von Bourdieus ‚Feldtheorie' hilfreich ist, um das Spannungsverhältnis (das auch als strukturelle Koppelung beobachtet werden kann) zwischen den Aktiven der Mittelalterszene und der akademischen Mediävistik (bzw. der Geschichtswissenschaft) zu beschreiben. Ausgangspunkt ist dabei die Annahme, dass im ‚Feld der Mittelalterdeutungen' ein Machtkampf um die Deutungshoheit und den Wert von Kapital (hier hauptsächlich im Sinne von historischem Wissen und historischen Kompetenzen verstanden) stattfindet. Damit ist ein Erklärungsmuster gewonnen, das es erlaubt, sowohl die aktuelle, vom Eindruck eines Relevanzverlustes geprägte Selbstanalyse der Mediävistik und deren oft pejorative Deutung der Mittelalterszene wie auch die starke ‚Authentizitäts-Fixierung' großer Teile der Mittelalterszene zu reflektieren. Letztere kann dann als Versuch gelesen werden, durch die Orientierung an ‚wissenschaftlichen' Maßstäben in ihrem Bemühen ernst genommen zu werden. Die in den Interviews stellenweise beschriebene Zurückweisung der eigenen Anstrengungen durch die Fachwissenschaft wird in der subjektiven Perspektive der Aktiven als eine nicht nachvollziehbare Demütigung empfunden. Haben sie doch (zumindest in der Selbstwahrnehmung) alles ‚richtig' gemacht, wenn sie Fachliteratur rezipieren, sich in ihrer Ausstattung und Darstellung auf Funde beziehen etc. – und werden dann doch von der sich mehr oder weniger unhinterfragt im Besitz der „legitimen Kultur" (und damit Deutungshoheit) fühlenden akademischen Mediävistik nicht ernst genommen.

Die hier sichtbar werdende einseitige Ausgrenzung des Populären durch das Fach stellt meines Erachtens einen deutlichen Rückfall hinter den ‚Stand der Debatte' dar, wie er sich beispielsweise im Konzept der „Historical Culture" von Maria Grever und anderen am „Center for Historical Culture" an der Erasmus University Rotterdam zeigt. Dass damit letztendlich auch die eigene Fach-Geschichte – in der interessierte Laien und verschiedenste Popularisierungen immer wieder eine wichtige Rolle gespielt haben – ausgeblendet wird, kann hier nur angemerkt werden.

Für das Fach kann ein solches, auf eine im Sinne Bourdieus unreflektiert habitualisierte Selbstverortung im Feld der Mittelalterdeutungen zurückgehendes Verharren in der Annahme einer qua akademischem Status zweifellos gegebenen Deutungshoheit auf die Dauer fatale Folgen haben: Ohne eine Reflexion über die eigene Position im Feld wie auch über die das Feld konstituierenden Prozesse droht eine Selbst-Exklusion der Mediävistik aus den öffentlichen Mittelalter-Diskursen.

Casimir Bumiller/Heinz Krieg

Das Mittelalter in historischen Ausstellungen und Museen

1.   Einleitung

Geschichte und Vergangenheit können bekanntlich an verschiedenen Orten und Institutionen gelehrt und vermittelt werden. Jeder Ort und Raum kann zum historischen Lernort werden, wenn man ihn didaktisch-methodisch angemessen aufbereitet und die entsprechenden Fragen an ihn richtet. Unter historischen Lernorten sind in diesem Zusammenhang nicht nur Lokalitäten zu verstehen, an denen historische Ereignisse stattgefunden haben („historische Stätten" oder „Originalschauplätze"), sondern auch (in einem erweiterten Sinne) institutionalisierte Lernorte, die zwar Wissen von Geschichte vermitteln, an denen aber keine Geschichte stattgefunden hat. Dazu zählen etwa Archive, Museen, aber auch Ausstellungen (im Sinne von historischen Sonderausstellungen), die Geschichte und Vergangenheit nicht nur sammeln, bewahren und erforschen, sondern auch unter bestimmten Perspektiven und Fragestellungen für ein ausgewähltes Publikum thematisch aufbereiten und didaktisch reflektiert präsentieren.

Gerade im Bereich des Mittelalters und seiner öffentlichen Vermittlung spielen Ausstellungen und Museen eine zentrale Rolle. Das liegt zum einen daran, dass das Mittelalter als Epoche im Allgemeinen als anziehend und faszinierend empfunden wird und deshalb entsprechende Ausstellungen in der interessierten Öffentlichkeit zumeist sehr hohen Zuspruch finden. Das beste Beispiel ist in diesem Zusammenhang die große (und mittlerweile schon legendäre) Stauferausstellung, die 1977 in Stuttgart stattfand. Zum anderen hat es auch damit zu tun, dass das faktische Wissen vom Mittelalter im Gegensatz zu dem Boom, den die Epoche seit einigen Jahrzehnten in unterschiedlichen Medien erfährt, doch relativ gering ist und sich allein von daher ein gewisser Orientierungsbedarf ergibt, der – neben vielen anderen Angeboten – nicht zuletzt durch Museen, aber auch durch Ausstellungen befriedigt wird. Die Tatsache, dass immer wieder neue Mittelaltermuseen eingerichtet[1] und große Sonderausstellungen zum Mittelalter geplant und durchgeführt werden,

---

1   In St. Peter im Schwarzwald (bei Freiburg) ist beispielsweise ein Zähringermuseum geplant, das die Geschichte des für die Region wichtigen mittelalterlichen Herrschergeschlechts aufarbeiten soll. Das Franziskanermuseum Villingen-Schwenningen wurde 1995 neu eingerichtet. Das „neue" Augustinermuseum in Freiburg wurde 2010 eröffnet.

spricht jedenfalls dafür, dass das Mittelalter im öffentlichen Geschichtsbewusstsein nach wie vor eine gewichtige Rolle spielt.

2.   Das Mittelalter in historischen Museen

Im historischen Museum erschließen sich dem Besucher Lebens- und Vorstellungswelten vergangener Epochen über erhaltene Sachüberreste[2]. Will sich der Besucher insbesondere über mittelalterliche Verhältnisse, Mentalitäten und Strukturen informieren, so steuert er sinnvollerweise die Mittelalter-Abteilung des von ihm gewählten Museums an. Dabei liegt es auf der Hand, dass nicht jedes beliebige Museum gleichermaßen in die Gesamtepoche und in alle gesellschaftlichen Themenbereiche des Mittelalters einführen kann. Zwischen einem Nationalmuseum und einem Regionalmuseum bestehen naturgemäß erhebliche Unterschiede. Nationalmuseen haben explizit die Aufgabe, alle Epochen einer Nationalgeschichte auszuleuchten, während das regionale Museum, je nach den Zufällen der Sammlungs- und Überlieferungsgeschichte, in der Regel nur ausgewählte Aspekte der jeweiligen mittelalterlichen Stadt- oder Regionalgeschichte dokumentieren kann. Interessieren wir uns für das Mittelalter *als Epoche*, so empfiehlt sich sicherlich der Gang ins Nationalmuseum.

Deutschland besaß bekanntlich aufgrund seiner nationalen Sonderentwicklung lange Zeit kein Nationalmuseum im Sinne des Louvre oder des British Museum. Aber es erhielt im 1852 vom Freiherrn Hans von Aufseß gegründeten Germanischen Nationalmuseum in Nürnberg (GNM) sozusagen ein der gesamten deutschen Kultur und Geschichte verpflichtetes „Ersatzmuseum", solange die Nation noch auf sich warten ließ. Das GNM besticht bis heute durch seine enorme Breite an qualitätvollen Exponaten gerade zum Mittelalter. Das reicht von der ostgotischen Adlerfibel über das bekannte Ulfberth-Schwert des 9. Jahrhunderts und den Buchdeckel des Echternacher Codex Aureus (um 990), über ein hochmittelalterliches Astrolab, Glasmalereien des 14. Jahrhunderts und die Standuhr Philipps des Guten (um 1430) bis zum spätgotischen Ritterharnisch, den berühmten Globus Martin Behaims (1491/93) und frühe Dürerporträts. Diese hochkarätigen Exponate sind in ihrer Fülle und in ihrer Bedeutung durchaus geeignet, wichtige Aspekte deutscher und europäischer Geschichte im Mittelalter zu veranschaulichen. Das GNM will denn auch seinem Selbstverständnis als „Forschungs- und Bildungseinrichtung von internationalem Rang" entsprechend ein „Ort [sein], an dem Menschen [...]

---

[2]   Zur Einführung in die Museumskunde sei empfohlen Friedrich WAIDACHER, Museologie – kurz gefasst, Wien – Köln – Weimar 2005, darin besonders der Beitrag von Marlies RAFFLER über historische Museologie auf S. 272–307.

kulturelle Zusammenhänge erfahren und erleben können [...]" – so die Selbstdarstellung auf der Homepage des Museums.

Zwischenzeitlich besitzt unsere „verspätete Nation" im 2006 eröffneten Deutschen Historischen Museum in Berlin (DHM) ein modernes Haus unserer nationalen Geschichte[3]. Wollten wir die beiden Museen in Nürnberg und Berlin analog unseren mittelalterlichen Städten kategorisieren, so hätten wir es in Nürnberg wohl mit einem „gewachsenen Museum" zu tun, in Berlin aber mit einem „Gründungsmuseum", das zunächst ohne jeden Fundus gestartet ist. Für die Vermittlungsabsicht bedeutet dies, dass in Nürnberg die Didaxe der allmählich und zufällig entstandenen Sammlung folgte, während in Berlin die Didaxe der Sammlung der Exponate vorausging, d.h. es bestand zunächst ein didaktisches Konzept, was man den Besuchern vermitteln wollte, und man ging dann gezielt auf die Suche nach veranschaulichenden Exponaten[4].

Das DHM führt den Besucher durch 2.000 Jahre deutscher Geschichte und versucht dabei laut Eigenwerbung „[...] eine epochenspezifische differenzierte, historisch-kritische Nachzeichnung der vielfältigen Verläufe, der Kontinuitäten, aber auch der Brüche und Fehlentwicklungen der deutschen Geschichte". „Das Museum soll" – so weiter der Originaltext der Homepage – „mit den ihm eigenen Mitteln den Wissens- und Erfahrungsstand der Besucher bereichern, ihre historische Vorstellungskraft anregen und ihnen selbständige Urteile erleichtern".

Die Abteilung „Frühe Kulturen und Mittelalter", die uns interessiert, ist der Zeit vom ersten, vorchristlichen Jahrhundert bis zur Zeitenwende um 1500 gewidmet und deckt somit mehr als 1.500 Jahre ab. Die Abteilung ist in sich noch einmal gegliedert in die Themenbereiche „Kelten, Germanen, Römer", „Das Frankenreich", „Lebensformen im Mittelalter" und „Kaiser und Reich 900–1500". In diesen Unterabteilungen soll beispielsweise „Einblick in die Bedeutung von Religion und Reichskirche sowie in die ständisch gegliederte Gesellschaft des Mittelalters" gewährt werden. Dies geschieht in exemplarischer Weise anhand verhältnismäßig weniger Exponate wie etwa einer Karlsstatue. Der Mittelalter-Abteilung des DHM steht im Gesamtplan des Museums die verhältnismäßig geringste Fläche zur Verfügung. Dieses Missverhältnis von behandeltem Zeitraum und Ausstellungsfläche entspringt zum einen der Konzeption des Hauses, die den jüngeren Epochen deutscher Geschichte einen (berechtigten) Vorrang einräumt, hat aber auch mit der im

---

3   Zur Konzeption und Kontroverse um das DHM Christoph STÖLZL, Deutsches Historisches Museum. Ideen – Kontroversen – Perspektiven, Frankfurt a.M. – Berlin 1988.

4   Vgl. zur Kritik an der Realisierung des Museums Olaf HARTUNG, Dingwelten zwischen Ästhetik und Erkenntnis. Zur Dauerausstellung des Deutschen Historischen Museums, in: Zeitgeschichte-online. Thema Geschichtsbilder des Deutschen Historischen Museums. Die Dauerausstellung in der Diskussion, hg. von Jan-Holger KIRCH und Irmgard ZÜNDORF, Juli 2007 (www.zeitgeschichte-online).

Verhältnis geringeren Überlieferung mittelalterlicher Sachüberreste zu tun. Und damit kommen wir zu einem zentralen Aspekt unserer Fragestellung.

Was wir Historiker über das Mittelalter wissen, beziehen wir aus zweierlei Quellen: einmal aus der schriftlichen Überlieferung, die in der Regel in Archiven oder in Bibliotheken auf unsere Auswertung wartet, zum andern aus Sachüberresten, die im weitesten Sinne in Sammlungen erhalten blieben oder aber archäologisch ermittelt wurden. In welcher dinglichen Form ist „das Mittelalter" auf uns gekommen?

In Form von (sakraler) Kunst in Kirchen und kirchlichen Schatzkammern: Altartafeln, Heiligenskulpturen aus Stein und Holz, Reliquienschreine, liturgische Gerätschaften, Gold- und Silberschmiedearbeiten, Tympana und Architekturfragmente wie Kapitelle, Maßwerke, Fenstergewände usw. In Form bewusst tradierter Sammlungen (Stichwort: adlige Kunstkammern bzw. bürgerliche Kunstkabinette): Wertvolles Mobiliar, Waffen, Münzkabinette, Hausrat, Gläser, Pokale, Musikinstrumente, Kunst- und Porträtsammlungen, Glasfenster, Kabinettscheiben usw. In Form von archäologisch ermittelten oder von der historischen Bauforschung gesicherten Sachüberresten: Vollständig erhaltene Bauwerke (Freilichtmuseen), bei Abbruch gesicherte Wohninterieurs, Keramik, Ofenkacheln, Glasfragmente, (hölzernes) Essgeschirr, Waffen(-teile), Schatzfunde (Münzen), Spielzeug, Werkzeug, bäuerliche Gerätschaften usw.

Nun liegt es auf der Hand, dass jeder im Museum zum Exponat gewordene Sachüberrest des Mittelalters eine andere Aussagekraft und eine unterschiedliche gesellschaftliche Reichweite hat. Eine Münze kann wirtschaftsgeschichtlich, aber auch kunsthistorisch betrachtet werden, ein Schatzfund kann auf Katastrophen und Krisenzeiten verweisen, eine genügend dichte Überlieferung von Ofenkacheln ermöglicht eine (Kunst-) Geschichte des Kachelofens, eine Armbrust hat militär- und technikgeschichtliche Bedeutung, hölzernes Essgeschirr in der Latrine eines Klosters erläutert den klösterlichen Alltag, ein spätgotisches Retabel kann kunsthistorisch und frömmigkeitsgeschichtlich, aber auch als Quelle alltäglicher Sachkultur gelesen (und damit wiederum zu einem Kontrollmedium für die archäologische Überlieferung) werden.

Nun ist es aber bekanntlich so, dass kaum ein Museum Europas eine hinreichende Masse an Exponaten zu allen gesellschaftlichen Bereichen und lebensweltlichen Aspekten angehäuft hat. Wir werden in allen Museen nur mit ausgewählten Aspekten mittelalterlichen Alltags oder mittelalterlicher Religiosität bedient und erhalten damit in der Regel ein fragmentarisches Bild von dieser Epoche. Dies gilt selbst in Landesmuseen wie den beiden Flaggschiffen der mit mehr als 1.200 musealen Einrichtungen größten deutschen Museumsflotte, der baden-württembergischen Museen. Im Landesmuseum Württemberg in Stuttgart, wo man dem Besucher einen „Streifzug durch die Geschichte der Menschheit" verspricht („und besonders durch die Geschichte Württembergs"), ist das Mittelalter spartenartig in die Bereiche „Kunst des Mittelalters" und „Archäologische Landesgeschichte" eingebettet. Da die Mittelalter-Archäologie in Baden-Württemberg in den letzten Jahrzehnten enorme Fortschritte gemacht hat, hat man den wichtigsten Fundkomplexen aus Baden-Württemberg im Archäologischen Landesmuseum in Konstanz eine gesonderte Heimstätte gegeben. Auch wenn dort nur einer „Sparte" Raum gegeben wird, so entsteht in der Massierung und Verdichtung archäologischer Bodenfunde ein anschauliches Bild mittelalterlicher Alltagskultur, sowohl des bäuerlichen wie des bürgerlichen und des adligen Lebens.

Im Badischen Landesmuseum Karlsruhe (BLM) begegnet uns das Mittelalter in zwei Abteilungen: „Hochmittelalter" und „Spätmittelalter". Die Hochmittelalter-Abteilung präsentiert einige Highlights romanischer Kunst und Architektur (Petershausener Portal), verliert aber leider die angekündigte „Präsentation jener Zeit im Spannungsfeld zwischen Kirche und Adel" etwas aus den Augen. Dafür bietet die Spätmittelalter-Abteilung „Zwischen Burg, Stadt und Kathedrale – Leben im Mittelalter" ein integriertes Konzept, das offenkundig von der Sonderausstellung „Spätmittelalter am Oberrhein" von 2001/02 profitiert hat – hierzu später mehr. Im Vordergrund steht zwar auch hier die sakrale Kunst der Spätgotik, diese erscheint jetzt aber stärker eingebettet in das Leben und den Alltag dieser Epoche. Gezeigt werden Exponate adliger Provenienz ebenso wie bürgerliche Alltagskultur und bäuerliche Wirklichkeit bis hin zur originalen südbadischen Winzerstube. Warum allerdings ausgerechnet das „detailgetreue Modell der Festung Hohenbaden [...] die Epoche lebendig werden (lassen soll)" (so die Homepage), erschließt sich dem Mittelalterhistoriker nicht unmittelbar.

Die Karlsruher Mittelalter-Präsentation hebt sich mit ihrem integrativen Konzept und der Mischung der Exponatengruppen angenehm vom klassischen Spartenmuseum ab. Einen ähnlichen Paradigmenwechsel hatte vor Jahrzehnten schon das Historische Museum in Basel vollzogen. Seine einzigartige archäologische, stadtgeschichtliche und kunsthistorische Sammlung vermag in ihrer Fülle von Exponaten (Bodenfunde der Stadtarchäologie, Hinterlassenschaften der städtischen Zunft- und Verwaltungsgeschichte, Münzen, Waffen, Ofenkeramik, Mobiliar, Textilkunst, Porträts) ein dichtes und komplexes Bild mittelalterlicher Lebenswelten zu zeichnen. Schon der älteren, aus den 1980er Jahren stammenden Präsentation war es gelungen, die Stadtgeschichte seit der Römerzeit bis ins Mittelalter anschaulich zu dokumentieren. Umso mehr darf man auf die aktuelle, einem exemplarischen Konzept verpflichtete Neugestaltung gespannt sein.

Was die großen stadtgeschichtlichen Museen in Baden-Württemberg angeht, so wird rasch deutlich, dass in dieser Kategorie unserer Museen das Mittelalter überlieferungsbedingt eher schwach vertreten ist. Selbst das renommierte Ulmer Museum zeigt in seiner stadtgeschichtlichen Sammlung wie in der Abteilung Handwerk und Zünfte überwiegend Exponate der Frühen Neuzeit (Ausnahme: der Schwörbrief von 1397 als Faksimile). Man muss freilich hinzufügen, dass in Ulm als einer der südwestdeutschen Kunstmetropolen der Spätgotik (Stichwort „Ulmer Schule") das späte Mittelalter kunsthistorisch hochkarätig repräsentiert erscheint.

Der fragmentarische Charakter der Mittelalterüberlieferung wird auch im 1995 neu eingerichteten Franziskanermuseum Villingen-Schwenningen sichtbar. Hier wird das Mittelalter beispielsweise repräsentiert durch Alltagskeramik des 12. Jahrhunderts, durch ein Ensemble von archäologisch ermittelten Trinkgefäßen und Gläsern eines identifizierbaren historischen Gasthauses „Zur Mohrin" aus dem 14. bis 16. Jahrhundert, durch eine reich geschnitzte Minnetruhe des 15. Jahrhunderts, durch eine Serie spätmittelalterlicher Ofenkacheln, durch die wertvollen spätgotischen Wirkteppiche aus dem früheren Klarissenkloster und einige bedeutende Skulpturengruppen der sakralen Kunst. Allein diese Auflistung deutet an, wie zufällig selektiv medievale Kultur aus einer durchaus bedeutenden mittelalterlichen Stadt auf uns gekommen ist. Dies erfordert dann ein kluges didaktisches Konzept, um von dem wenigen Einzelnen zur komplexen gesellschaftlichen Wirklichkeit einer spätmittelalterlichen Stadt vorzudringen[5]. Noch schwieriger gestaltet sich dies in einer kleineren vorderösterreichischen Landstadt wie Ehingen an der Donau, wo das stadtgeschichtliche Museum im Jahr 2010 nach einer Neukonzeption wieder eröffnet wurde. Hier ist die spätmittelalterliche Geschichte repräsentiert durch einige wichtige Urkunden zur kommunalen Entwicklung, einen Münzschatz des 13. Jahrhunderts, ein Ensemble spätmittelalterlicher Hauskeramik und Gerätschaften, durch eine Sammlung von Bodenfliesen und nicht zuletzt durch wertvolle Zeugnisse spätgotischer sakraler Kunst.

Selbst das Museum für Stadtgeschichte in Freiburg hat neben dem schönen Modell des Münsters kaum Mittelalterliches zu bieten. Man muss allerdings darauf verweisen, dass das Gros der Freiburger Überlieferung aus dem Mittelalter zum Bestand des Freiburger Augustinermuseums gehört, das 2010 in neuer Gestaltung der Öffentlichkeit übergeben worden ist. Hier wird ein Fundus hochkarätiger Exponate religiöser Kunst des 12. bis frühen 16. Jahrhunderts (Altarbilder, Skulpturen, Bildteppiche, Glasfenster) als Teil der mittelalterlichen Frömmigkeits- und Mentalitätsgeschichte präsentiert.

Wir können konstatieren, dass kunsthistorisch hochkarätige Werke oder bedeutsame Exponate der Sachkultur des Mittelalters selbst in kleineren Museen anzutreffen sind. Aber vielschichtige und komplexe medievale Bestände sind auch in größeren Stadt- oder Regionalmuseen selten und eigentlich erst auf der Ebene der Landesmuseen in repräsentativer Breite anzutreffen. Die Präsentation des Mittelalters leidet aber auch in den Landesmuseen gelegentlich unter der Befangenheit im hergebrachten Spartendenken: hier Archäologie (also, wenn man so will: Einblick in mittelalterlichen Alltag und Lebenswelten), dort (sakrale) Kunst (also Hinfüh-

---

5   Kulturgeschichte Villingens vom Mittelalter bis zum Ende des 18. Jahrhunderts (Veröffentlichungen des Stadtarchivs und der Städtischen Museen Villingen-Schwenningen 12), Villingen-Schwenningen 1995.

rung zu mittelalterlichen Frömmigkeitsformen und Vorstellungswelten). Seltener finden wir – wie etwa in Karlsruhe oder Basel – Ansätze zu integrierten gemischten Konzeptionen. Die Frage bleibt, was die Besucher aus den Mittelalter-Abteilungen unserer Museen mitnehmen. Sie sehen im Museum Gegenstände und Bilder *aus* dem Mittelalter, doch welches Bild *vom* Mittelalter der durchschnittliche Besucher daraus gewinnt, wäre noch zu untersuchen. Eine komplexe integrative Vorstellung von jener Epoche als Ganzem vermögen die wenigsten Museen zu vermitteln. Die didaktische Herausforderung besteht ja in der Tat darin, um mit dem BLM zu sprechen, „die Epoche lebendig werden" zu lassen bzw., wie das GNM dies formuliert, die Besucher „kulturelle Zusammenhänge erfahren und erleben" zu lassen.

Die geforderte Verlebendigung und der Erlebnischarakter des Museumsbesuchs bleiben in der Tat der Knackpunkt aller didaktischen Bemühungen. In vielen Museen wird ausgehend von wenigen Exponaten exemplarisch und didaktisch durchaus klug in komplexe Begriffe mittelalterlicher Wirklichkeit wie das Lehnswesen oder die Reichskirche eingeführt. Aber dies erfordert vom Betrachter eine kognitiv-intellektuelle Leistung. Was die emotionale Ebene angeht – und die ist angesprochen, wenn es um Begrifflichkeiten wie „Lebendigkeit", „Erleben" usw. geht, hat das Museum größere Mühe, das Publikum zu erreichen. Im Gesamtgefüge der gegenwärtigen Mittelalterbegeisterung dürfte dem Museum – so ist zu vermuten – insbesondere beim jüngeren Publikum in der Konkurrenz der Mittelalterromane, Mittelalterfilme, Mittelaltermärkte und Mittelalterspektakel nur eine untergeordnete Rolle zukommen. Und dies hat durchaus einen tragischen Aspekt, da mittlerweile weite Kreise des Publikums ihr Mittelalterbild eher aus animierten und zerfließenden Phantasiewelten beziehen als aus der authentischen Begegnung mit der originalen Sachüberlieferung. Die Frage ist, ob solche Vermittlung historischen Sonderausstellungen besser gelingt als den stehenden Mittelalterabteilungen unserer Museen.

3.   Das Mittelalter in historischen Ausstellungen

Vor dem Hintergrund dessen, was über die Mittelalter-Präsentationen in Museen ausgeführt wurde, bieten historische Ausstellungen zunächst insofern eine besondere Chance zur Vergegenwärtigung mittelalterlicher Lebens- und Vorstellungswelten, als sie eine prinzipiell sehr viel flexiblere Gestaltung des Tableaus der Exponate ermöglichen. Unter der Voraussetzung, dass die erforderlichen finanziellen Ressourcen zur Verfügung stehen und die entsprechenden Leihgeber überzeugt werden können, lassen sich bei Ausstellungen die Exponate nach inhaltlichen Gesichtspunkten vergleichsweise flexibel zusammentragen bzw. am Ort vorhandene Sammlungen entsprechend ergänzen. Ausstellungen bieten somit grundsätzlich zum einen die Möglichkeit einer umfassenderen Gesamtschau, zum anderen aber auch einer inhaltlich konzentrierteren Behandlung bestimmter, frei gewählter Sachthemen, die idealerweise mit den von der Sache her jeweils am geeignetsten erscheinenden Exponaten präsentiert werden.

Angesichts der mittlerweile unübersehbaren Menge an historischen Ausstellungen zum Mittelalter beschränkt sich die vorliegende knappe Skizze weitgehend auf die größten dieser „Mittelalter-Events". Sie kann sich dabei auf die Münsteraner Dissertation von Martin Große Burlage stützen, der die grundlegenden Daten zu den „Große[n] historische[n] Ausstellungen in der Bundesrepublik Deutschland 1960–2000"[6] zusammenstellt und anhand dreier Beispiele auch Vorbereitung, Zielsetzung, Konzeption, konkrete Umsetzung, das „Begleitmaterial" und die Reaktionen auf solche größeren Ausstellungen näher untersucht hat.

Als thematische Anknüpfungspunkte für Mittelalterausstellungen dominieren demnach 1.) Epochen und damit meist eng verknüpft 2.) Herrscher und Dynastien[7].

---

6   Martin GROSSE BURLAGE, Große historische Ausstellungen in der BRD 1960–2000 (Zeitgeschichte – Zeitverständnis 15), Münster 2005.

7   Beispiele dazu: Karl der Große – Werk und Wirkung (Aachen, 1965); Die Zeit der Staufer. Geschichte – Kunst – Kultur (Stuttgart, 1977); Wittelsbach und Bayern (Landshut – München, 1980); Die Zähringer (Freiburg, 1986); Das Reich der Salier 1024–1125 (Speyer, 1992); Herzöge und Heilige: Das Geschlecht der Andechs-Meranier im europäischen Hochmittelalter (Andechs, 1993); Bernward von Hildesheim und das Zeitalter der Ottonen (Hildesheim, 1993); Heinrich der Löwe und seine Zeit. Herrschaft und Repräsentation der Welfen 1125 bis 1235 (Braunschweig, 1995); Die Andechs-Meranier in Franken. Europäisches Fürstentum im Hochmittelalter (Bamberg, 1998); 799 – Kunst und Kultur der Karolingerzeit. Karl der Große und Papst Leo III. in Paderborn (Paderborn, 1999); Krönungen. Könige in Aachen – Geschichte und Mythos (Aachen, 2000); Kaiser Heinrich II. (Bamberg, 2002, vgl. Kaiser Heinrich II. 1002–1024, hg. von Josef KIRMEIER, Bernd SCHNEIDMÜLLER, Stefan WEINFURTER und Evamaria BROCKHOFF, Stuttgart 2002); Otto der Große, Magdeburg und Europa (Magdeburg, 2001, vgl. Otto der Grosse, Magdeburg und Europa, hg. von Matthias PUHLE (Europarat-Ausstellung 27), 2 Bde., Mainz 2001); Saladin und die Kreuzfahrer (Halle a.d. Saale – Oldenburg – Mannheim, 2005–2006, vgl. Saladin und die Kreuzfahrer, hg. von Alfried WIECZOREK u.a. (Publikationen der Reiss-Engelhorn-Museen 17; Schriftenreihe des Landesmuseums für Natur und Mensch, Oldenburg 37), Darmstadt 2005 sowie GROSSE BURLAGE (Anm. 6) S. 305f.); Heinrich IV. – Kaiser, Kämpfer, Gebannter (Speyer, 2006); Sigismundus Rex et Imperator – Kunst und Kultur zur Zeit Sigismunds von Luxemburg 1387–1437 (Budapest – Luxemburg 2006, vgl. Sigismundus Rex et Imperator – Kunst und Kultur zur Zeit Sigismunds von Luxemburg 1387–1437, hg. von Imre TAKÁCS, Mainz 2006); Elisabeth von Thüringen – Eine europäische Heilige (Wartburg – Eisenach, 2007, vgl. Elisabeth von Thüringen – Eine Europäische Heilige, hg. von Dieter BLUME und Matthias WERNER, 2 Bde., Petersberg 2007); Karl der Kühne (1433–1477) (Bern – Brügge, 2008–2009, vgl. Karl der Kühne (1433–1477) – Kunst, Krieg und Hofkultur, hg. von Susan MARTI, Till-Holger BORCHERT und Gabriele KECK, Brüssel 2008); Otto IV. – Traum vom welfischen Kaisertum (Braunschweig, 2009, vgl. Otto IV. – Traum vom welfischen Kaisertum, hg. von Bernd Ulrich HUCKER u.a., Petersberg 2009); Die Staufer und Italien. Drei Innovationsregionen im mittelalterlichen Europa (Mannheim, 2010, vgl. Die Staufer und

In diesem vorherrschenden Feld größerer Ausstellungen finden sich dann auch die „Spitzenreiter" in Sachen Besucherzahlen, wie etwa die mit 671.000 Besuchern in dieser Hinsicht bislang uneinholbar erscheinende Stauferausstellung des Jahres 1977, die aus Anlass des 25-jährigen Bestehens des Landes Baden-Württemberg veranstaltet wurde[8]. Darauf folgten dann bereits 1980 die – allerdings epochenüber-greifende – bayerische Landesausstellung zu „Wittelsbach und Bayern" mit 480.000 Besuchern und – wieder das Hochmittelalter betreffend – 1992 die Rhein-land-Pfälzer Landesausstellung „Das Reich der Salier 1024–1125" mit fast 422.600 Besuchern[9].

Neben Herrschern, Dynastien und den durch sie repräsentierten Zeiträumen spielen in geringerem Maße 3.) auch einzelne historische Ereignisse eine Rolle als Ausstellungsthemen[10]. Außerdem wird 4.) besonders auch die mittelalterliche Ge-schichte einzelner Länder und Regionen[11] sowie 5.) einzelner frühmittelalterlicher

---

Italien, hg. von Alfried WIECZOREK, Bernd SCHNEIDMÜLLER und Stefan WEINFURTER (Publikationen der Reiss-Engelhorn-Museen 37), 2 Bde., Darmstadt 2010). Siehe zum Zeit-raum bis zum Jahr 2000 – auch im Folgenden – die sehr hilfreiche Materialzusammenstellung bei GROSSE BURLAGE (Anm. 6) S. 183–258, 363–366.

8 Siehe GROSSE BURLAGE (Anm. 6) S. 21–91.
9 GROSSE BURLAGE (Anm. 6) S. 289.
10 Z.B. 1495 – Kaiser, Reich, Reformen: Der Reichstag zu Worms (Worms, 1995); 799 – Kunst und Kultur der Karolingerzeit. Karl der Große und Papst Leo III. in Paderborn (Paderborn, 1999); Canossa 1077 – Erschütterung der Welt (Paderborn, 2006, vgl. Canossa 1077 – Erschütterung der Welt: Geschichte, Kunst und Kultur am Aufgang der Romanik, hg. von Christoph STIEGEMANN und Matthias WEMHOFF, 2 Bde., München 2006). Weniger ein Ein-zelereignis als vielmehr ein sich über längere Zeit hinziehendes Phänomen waren die Kreuzzüge, die anknüpfend an aktuelle politische Fragestellungen in jüngster Zeit wiederholt thematisiert wurden: Kein Krieg ist heilig – Die Kreuzzüge (Mainz 2004, vgl. Kein Krieg ist heilig – Die Kreuzzüge, hg. von Hans-Jürgen KOTZUR, Mainz 2004) sowie auch Saladin und die Kreuzfahrer (Halle a.d. Saale – Oldenburg – Mannheim, 2005–2006, vgl. Saladin und die Kreuzfahrer, hg. von Alfried WIECZOREK u.a. (Publikationen der Reiss-Engelhorn-Museen 17; Schriftenreihe des Landesmuseums für Natur und Mensch, Oldenburg 37), Darmstadt 2005). Vgl. dazu auch GROSSE BURLAGE (Anm. 6) S. 305f. Ähnlich wie bei der Mainzer Kreuzzugsausstellung spielte der direkte Bezug auf den Anschlag vom 11. September 2001 eine wichtige Rolle bei der dreigeteilten Ausstellung Ex Oriente: Isaak und der weiße Elefant; Bagdad – Jerusalem – Aachen; Eine Reise durch drei Kulturen um 800 und heute (vgl. Ex Oriente: Isaak und der weiße Elefant; Bagdad – Jerusalem – Aachen; Eine Reise durch drei Kulturen um 800 und heute, hg. von Wolfgang DRESSEN, Mainz 2003 sowie GROSSE BURLAGE (Anm. 6) S. 303–305).
11 Bayerische Frömmigkeit – 1400 Jahre christliches Bayern (München, 1960); Kunst und Kultur im Weserraum 800–1600 (Corvey, 1966); Bayern. Kunst und Kultur (München, 1972); Wittelsbach und Bayern (Landshut – München, 1980); Bauern in Bayern. Geschichte der bayerischen Bauern von der Römerzeit zur Gegenwart (Straubing, 1992); Sachsen-Anhalt: 1200 Jahre Geschichte – Renaissance eines Kulturraumes (Braunschweig – Magdeburg – Halle a.S., 1993); 1000 Jahre Mecklenburg – Geschichte und Kunst einer europäischen Region (Schloss Güstrow, 1995); mittendrin – Sachsen-Anhalt in der Geschichte (Vockerode,

Völker[12] thematisiert. Im Hinblick auf diese Art landesgeschichtlich bestimmter Ausstellungen spielt vor allem Bayern eine herausragende Rolle, denn dort sind zahlreiche derartige Ausstellungen mit größeren Besucherzahlen zu verzeichnen, die neben der Förderung des allgemeinen Geschichtsbewusstseins – naturgemäß – besonders auf die Förderung des Landesbewusstseins abzielen[13].

Im Übrigen nahmen mehrere Mittelalterausstellungen auch 6.) geistliche Institutionen[14] oder 7.) das Phänomen der Hanse[15] in den Blick. Dagegen standen und stehen 8.) alltags-, sozial- oder mentalitätsgeschichtliche Themen[16] weitaus seltener

---

1998); Bavaria – Germania – Europa. Geschichte auf bayerisch (Regensburg, 2000); Spätmittelalter am Oberrhein (Karlsruhe, 2001–2002, vgl. Spätmittelalter am Oberrhein, hg. von Dietmar LÜDKE, Brigitte HERRBACH-SCHMIDT, Jürgen KRÜGER, Sönke LORENZ und Thomas ZOTZ, 3 Teile, Stuttgart 2001); Edel und Frei. Franken im Mittelalter (Forchheim, 2004, vgl. Edel und frei – Franken im Mittelalter, hg. von Wolfgang JAHN, Jutta SCHUMANN und Evamaria BROCKHOFF, Darmstadt 2004). Das Reich insgesamt war Thema der aus einem Mittelalter- und einem Neuzeitteil bestehenden Ausstellung Heiliges Römisches Reich Deutscher Nation 962 bis 1806 – Von Otto dem Grossen bis zum Ausgang des Mittelalters (Magdeburg – Berlin, 2006, vgl. zum Mittelalterteil in Magdeburg Heiliges Römisches Reich Deutscher Nation 962 bis 1806 – Von Otto dem Grossen bis zum Ausgang des Mittelalters, hg. von Matthias PUHLE und Claus-Peter HASSE (Ausstellung des Europarates 29), 2 Bde., Dresden 2006). Eine Stadt, die Goldene Bulle und deren Bedeutung für das Reich thematisierte die Ausstellung Die Kaisermacher: Frankfurt am Main und die Goldene Bulle. 1356–1806 (Frankfurt a.M., 2006, vgl. Die Kaisermacher: Frankfurt am Main und die Goldene Bulle. 1356–1806, hg. von Evelyn HILS-BROCKHOFF u.a., 2 Bde., Frankfurt a.M. 2006).

12 Die Bajuwaren. Von Severin bis Tassilo 488–788 (Rosenheim, 1988); Wikinger, Waräger, Normannen. Die Skandinavier und Europa (Berlin – Paris – Kopenhagen, 1992–1993); Die Franken – Wegbereiter Europas. Vor 1500 Jahren: König Chlodwig und seine Erben (Mannheim – Berlin – Paris, 1996–1997); Die Alamannen (1997, Stuttgart – Augsburg – Zürich).

13 Vgl. dazu GROSSE BURLAGE (Anm. 6) S. 131, 183–258, 363–366.

14 So etwa 800 Jahre Deutscher Orden (Nürnberg, 1990) sowie mehrere kleinere Ausstellungen zum Deutschen Orden, anderen Orden oder zu Bistümern: Die Zisterzienser. Ordensleben zwischen Ideal und Wirklichkeit (Aachen, 1980); Zeit und Ewigkeit. 128 Tage in St. Marienstern (Kloster Marienstern, 1998); Ratisbona Sacra. Das Bistum Regensburg im Mittelalter (Regensburg, 1989). Vgl. auch zum Folgenden wieder GROSSE BURLAGE (Anm. 6) S. 183–258.

15 Hanse in Europa. Brücke zwischen den Märkten 12. bis 17. Jahrhundert (Köln, 1973); Die Hanse – Lebenswirklichkeit und Mythos (Hamburg – Rostock, 1989); Transit. Brügge – Nowgorod. Eine Straße durch die europäische Geschichte (Essen, 1997).

16 Siehe etwa Himmel – Hölle – Fegefeuer. Jenseitsvorstellungen im Mittelalter (Köln, 1994); Geschichte der Frauen in Bayern – von der Völkerwanderung bis heute (Ingolstadt/Augsburg, 1998); Jahrhundertwenden 1000–2000. Rückblicke in die Zukunft (Karlsruhe, 1999/2000); Apokalypse – Zwischen Himmel und Hölle (Passau, 2000). Siehe dazu GROSSE BURLAGE (Anm. 6) S. 309. Als Beispiel für eine stärker mentalitätsgeschichtlich orientierte und ganz dezidiert eine kulturvergleichende Perspektive anstrebende Ausstellung ist hier hervorzuheben: Ex Oriente: Isaak und der weiße Elefant; Bagdad – Jerusalem – Aachen; Eine Reise durch drei Kulturen um 800 und heute (vgl. Ex Oriente: Isaak und der weiße Elefant; Bagdad

im Mittelpunkt von Großausstellungen. Schließlich zeigen manche Ausstellungsthemen 9.) auch eine stärkere Bezogenheit auf bestimmte Objekte[17].

Zusammenfassend kann man festhalten, dass bei größeren historischen Ausstellungen insgesamt herrschaftsgeschichtliche Themen eindeutig dominieren, wohingegen mentalitäts- und alltagsgeschichtliche Themen eher unterrepräsentiert erscheinen[18]. Vergleicht man rein quantitativ den Stellenwert des Mittelalters insgesamt als Haupt- oder Teilschwerpunkt von größeren Geschichtsausstellungen mit demjenigen zum einen der frühen und zum anderen der späteren Neuzeit und Zeitgeschichte, so ist der von Martin Große Burlage festgestellte Anteil von etwa einem Drittel für das Mittelalter durchaus beachtlich[19] und bezeugt hier offenbar eine im Vergleich zu den neueren Epochen nicht zu unterschätzende Attraktivität des Mittelalters. Dabei treten innerhalb des Mittelalters als Hauptschwerpunkt vor allem das Hochmittelalter und als Teilschwerpunkt auch das Spätmittelalter hervor[20].

Zur Kritik an den großen historischen Ausstellungen erscheinen mir zwei Anmerkungen angebracht. Hinsichtlich der äußeren Rahmenbedingungen von Großausstellungen sollte nicht unterschätzt werden, wie von Seiten der Geldgeber – in Deutschland sind dies immer noch vorrangig die Länder – gegenwärtige politische Interessen und d.h. sachfremde Vorgaben in Ausstellungen einfließen und die dort präsentierten Mittelalterbilder vorprägen und gegebenenfalls auch verzeichnen können. So lässt sich beispielsweise eine Betonung des Europagedankens, die auch mit einer Rückprojektion des modernen Europa ins Mittelalter einhergehen kann, naheliegenderweise insbesondere bei Europaratsausstellungen beobachten, wie schon 1965 bei der Aachener Ausstellung „Karl der Große – Werk und Wirkung" und etwa bei den Ausstellungen „Wikinger, Waräger, Normannen. Die Skandina-

---

– Jerusalem – Aachen; Eine Reise durch drei Kulturen um 800 und heute, hg. von Wolfgang DRESSEN, Mainz 2003 sowie GROSSE BURLAGE (Anm. 6) S. 303–305). Außerdem ist in diesem Zusammenhang noch auf die beiden in Anm. 10 genannten Kreuzzugsausstellungen hinzuweisen.

17 Siehe z.B. Salz, Macht, Geschichte (Bad Reichenhall – Traunstein – Rosenheim, 1995). Dazu GROSSE BURLAGE (Anm. 6) S. 239. Darüber hinaus etwa auch Die Kaisermacher: Frankfurt am Main und die Goldene Bulle. 1356–1806 (Anm. 11); Aufbruch in die Gotik. Der Magdeburger Dom und die späte Stauferzeit (Magdeburg, 2009, vgl. Aufbruch in die Gotik. Der Magdeburger Dom und die späte Stauferzeit, hg. von Matthias PUHLE, 2 Bde., Mainz – Magdeburg 2009).

18 Erstere überwiegen bei insgesamt 148 Ausstellungen im Verhältnis 117 zu 31. GROSSE BURLAGE (Anm. 6) S. 309, 369 (Anlage 3, Statistische Erhebung 7).

19 GROSSE BURLAGE (Anm. 6) S. 367 (Anlage 2, Statistische Erhebung 4) zählt an Großausstellungen 35 zum Mittelalter, 30 zur frühen Neuzeit und 24 zur späteren Neuzeit und Zeitgeschichte. Bei den übrigen größeren historischen Ausstellungen ergibt sich nach ebd. S. 368 (Anlage 3, Statistische Erhebung 6) ein Zahlenverhältnis von 73 zu 78 zu 71. Vgl. dazu auch ebd. S. 281.

20 GROSSE BURLAGE (Anm. 6) S. 281.

vier und Europa" (Berlin – Paris – Kopenhagen, 1992–1993) sowie „Otto der Große, Magdeburg und Europa" (Magdeburg, 2001)[21].

Auf eine Region bezogen, nämlich im Hinblick auf die „Kulturlandschaft des Oberrheins", lassen sich Elemente einer solchen politischen Vereinnahmung etwa am Beispiel der oben bereits angesprochenen Landesausstellung „Spätmittelalter am Oberrhein" aufzeigen, die vom 29. September 2001 bis zum 3. Februar 2002 in der Staatlichen Kunsthalle Karlsruhe (Teil 1: „Maler und Werkstätten. 1450–1525") und im Badischen Landesmuseum (Teil 2: „Alltag, Handwerk und Handel. 1350–1525") stattfand[22]. Das politische Interesse, das hier das Bild des Oberrheins im Spätmittelalter vorprägt, wird im Grußwort Erwin Teufels, des damaligen Ministerpräsidenten des Landes Baden-Württemberg, klar formuliert: „Der Oberrhein ist eine Kulturlandschaft, die Jahrhunderte lang von großen Gemeinsamkeiten geprägt war"[23]. Damit sind gewissermaßen die Vorzeichen für den Gegenwartsbezug und zugleich für die Zielrichtung des Ausstellungsprojekts gesetzt, indem dieses offensichtlich die Gemeinsamkeiten des Oberrheins als Kulturlandschaft in der Geschichte aufzeigen soll. Die Karlsruher Oberrheinausstellung wird dabei auch explizit als ein Teil des trinationalen Gemeinschaftsprojekts zum Thema „Um 1500: Epochenwende am Oberrhein" gekennzeichnet, zu dem sich Museen in Basel, Freiburg, Staufen, Colmar, Straßburg, Bruchsal und eben Karlsruhe zusammengeschlossen haben: „Mit diesem Verbund sowie mit dem ‚Oberrheinischen Museumspass', den die Landesregierung von Baden-Württemberg mit erheblichen Mitteln unterstützt, und der geplanten gemeinsamen Bewerbung von Straßburg und Karlsruhe als ‚Europäische Kulturhauptstadt 2010' werden wichtige Bausteine für die gemeinsame Zukunft gelegt. *In einem zusammenwachsenden Europa kann der Oberrhein Beispiel für grenzüberschreitende Freundschaft und Zusammenarbeit sein* [Hervorhebung H. K.]"[24].

Eine an sich fraglos ehrenhafte politische Absicht scheint hiermit den Rahmen für die Wahrnehmung einer Epoche vorzugeben, der die Raumbezeichnung „Oberrhein" selbst – bis auf ganz vereinzelte Stimmen, deren Raumkonstruktionen im Übrigen ebenfalls einseitig politisch motiviert waren – noch durchaus fremd war[25].

---

21   Siehe dazu oben Anm. 7 und 12. Vgl. außerdem etwa Hanse in Europa. Brücke zwischen den Märkten 12. bis 17. Jahrhundert (Köln, 1973); Die Franken – Wegbereiter Europas. Vor 1500 Jahren: König Chlodwig und seine Erben (Mannheim – Berlin – Paris, 1996/97); Bavaria – Germania – Europa. Geschichte auf bayerisch (Regensburg, 2000). Vgl. zur Frankenausstellung auch GROSSE BURLAGE (Anm. 6) S. 92–122.

22   Spätmittelalter am Oberrhein (Anm. 11).

23   Spätmittelalter am Oberrhein, Teil 1: Maler und Werkstätten 1450–1525. Staatliche Kunsthalle Karlsruhe, hg. von Dietmar LÜDKE, Stuttgart 2001, S. 11.

24   Ebd.

25   Siehe dazu Thomas ZOTZ, Der Oberrhein: Raumbegriff und Aspekte der territorialen und politischen Geschichte im Spätmittelalter, in: Spätmittelalter am Oberrhein. Alltag, Handwerk und Handel 1350–1525, Aufsatzband, hg. von Sönke LORENZ und Thomas ZOTZ, Stuttgart

Dass das Konzept der historischen Landschaft Oberrhein für das Mittelalter eher fraglich und problematisch erscheint, hat im Übrigen eine Tagung des Konstanzer Arbeitskreises für Geschichte aufgezeigt, deren Ergebnisse seit 2008 auch im Druck vorliegen, nämlich in dem von Peter Kurmann und Thomas Zotz herausgegebenen Sammelband „Historische Landschaft – Kunstlandschaft? Der Oberrhein im späten Mittelalter"[26]. Danach aber lässt sich der Oberrhein im späten Mittelalter nur schwer als einheitliche Kulturlandschaft fassen, sondern vielmehr eher als ein von Durchlässigkeit und Vielgestaltigkeit geprägter Durchgangsraum, der durch vielfältigste und wohl kaum auf einen Nenner zu bringende Einflüsse von außen bestimmt wurde.

Eine andere Gefahr bei historischen Großausstellungen besteht aus der Sicht des Historikers darin, dass die von den Ausstellungsmachern anvisierte Kumulation möglichst vieler, spektakulärer Objekte dazu führen kann, dass die schiere Fülle an Exponaten den Besucher ,erschlägt'. So stehen gerade solche Ausstellungen, die sich als *historische* verstehen, nicht selten in der Gefahr, diese Absicht zu verfehlen, wenn anstelle einer didaktisch durchdachten Vermittlung vergangener Vorstellungs- und Lebenswelten – zugespitzt formuliert – vor allem das Zusammentragen möglichst zahlreicher, hochkarätiger Objekte in den Vordergrund rückt. Denn der Versuch der Vergegenwärtigung von Geschichte darf sich sicher nicht darauf beschränken, dem Besucher ein unreflektiertes Erlebnis der Faszination „der originalen Objekte", sozusagen eine Art „Authentizitätsmagie" zu vermitteln, sondern es sollte dabei immer auch darum gehen, eine notwendigerweise mit Wissensvermittlung verbundene Annäherung an fremde Wirklichkeiten anzustreben.

Immerhin scheint auf dem Feld der historischen Ausstellungen das Besucherinteresse, soweit es sich zahlenmäßig festmachen lässt, eine beachtliche Attraktivität des Mittelalters anzuzeigen, wie sie bei musealen Dauerausstellungen wohl ungleich schwerer zu erreichen ist. Denn die durchweg hohen Besucherzahlen, die Mittelalterausstellungen immer wieder erzielen, sind in jedem Fall äußerst bemerkenswert. Sie bezeugen eine anhaltende Attraktivität des Themas „Mittelalter". Diese Art von ,Events' stoßen beim interessierten Publikum offensichtlich auf erheblichen Zuspruch und bieten damit prinzipiell die Chance, einer breiteren Öffentlichkeit das Mittelalter näher zu bringen. Fraglich bleibt indessen, welche konkrete Wirkung die zahlreichen Ausstellungen tatsächlich bei den Besuchern erzielen. Der mit einer größeren Publizität verbundene Eventcharakter generiert zwar Besucherzahlen, wie sie etwa von fest installierten, musealen Dauerpräsentationen des Mittelalters niemals zu erzielen sind. Was aber die zahlreichen Ausstellungsbesucher

---

2001, S. 13–23, hier S. 13–15 und Heinz KRIEG, Zur Geschichte des Begriffs ,Historische Landschaft' und der Landschaftsbezeichnung ,Oberrhein', in: Historische Landschaft – Kunstlandschaft? Der Oberrhein im späten Mittelalter, hg. von Peter KURMANN und Thomas ZOTZ (Vorträge und Forschungen 68), Ostfildern 2008, S. 31–64, hier S. 55–61.

26 Historische Landschaft – Kunstlandschaft? (wie Anm. 25).

jeweils konkret an Eindrücken, Erfahrungen und nicht zuletzt auch an Wissen in Sachen Vorstellungs- und Lebenswelten des Mittelalters mit nach Hause nehmen, bleibt – einmal abgesehen von bleischweren Ausstellungskatalogen – schwer messbar.

Die Kataloge und sonstigen Begleitpublikationen bieten im Übrigen gewissermaßen eine Art Gegengewicht zum ephemeren Charakter von Ausstellungen, indem sie eine gewisse Dauerhaftigkeit der Nachwirkung garantieren. Diese betrifft jedoch wohl zunächst und vor allem wieder den engeren Kreis der Fachwissenschaft, für den Ausstellungen nicht nur den Anstoß zur Bündelung bisheriger Forschungen, sondern im besten Fall auch zu neuen Forschungen geben, so dass in Form der zahlreichen, regelmäßig aufwändig gestalteten Begleitpublikationen nicht zuletzt auch ein wissenschaftlicher Mehrwert erzielt wird. Für die grundsätzliche Problematik durchaus divergierender Erwartungen, die stets von unterschiedlichen Seiten an historische Großausstellungen herangetragen werden und die immer wieder von neuem eine Herausforderung für die Ausstellungsmacher darstellen, mag abschließend ein Zitat stehen, das eine Einschätzung aus dem Umfeld der Stauferausstellung des Jahres 1977 widerspiegelt, die seither nichts an ihrer Aktualität eingebüßt hat: „Der Politiker verlangt den Erfolg [sc. hohe Besucherzahlen], der Kunsthistoriker den wissenschaftlichen Ertrag, der Historiker den Bezug zur geschichtlichen Realität, der Publizist kritische Aufklärung, das Publikum – ein Erlebnis"[27].

4.   Zusammenfassung

Es versteht sich von selbst, dass nicht jedes Museum in die Gesamtepoche und in alle gesellschaftlichen Themenbereiche des Mittelalters einführen kann. Hier gibt es, was das Angebot und die Ausstattung betrifft, große Unterschiede zwischen Regional- und Nationalmuseen. Denn das Museumsangebot (vor allem im regionalen oder städtischen Bereich) wird nicht selten durch Zufälle der Sammlungs- und Überlieferungsgeschichte bestimmt, die im Bereich der mittelalterlichen Geschichte eine besondere Rolle spielen. Ein großer Vorzug des Museums als Lernort dürfte indes darin bestehen, dass neben der schriftlichen Überlieferung die Sachüberreste bei der Präsentation der Vergangenheit eine wichtige Rolle spielen. Sie besitzen eine gewisse Anschaulichkeit und befriedigen unser Bedürfnis nach Visualisierung. Während wir in der Schule oder der Hochschule häufig nur mit dem „schriftlichen Mittelalter" in Form von Texten konfrontiert werden, treffen wir im Museum auf das „dingliche" Mittelalter bzw. auf seine Sach- und Alltagskultur, soweit sich

---

27   Hubert GLASER, in: Pantheon – Internationale Zeitschrift für Kunst, Ausgabe Juli–September
     1977 (zitiert nach GROSSE BURLAGE (Anm. 6) S. 193).

diese erhalten hat. Hierzu zählen etwa Altarbilder, Skulpturen, Kronen, Schreine, Schmuck, liturgische Gerätschaften, Mobiliar, Waffen, Gläser, Glasfenster, Bildteppiche, Essgeschirr usw. Das Bild, das Museen und Ausstellungen vom Mittelalter entwerfen, ist also – bei aller Bruchstückhaftigkeit im Einzelnen – ein sehr viel heterogeneres und deshalb häufig wirklichkeitsnäheres Bild. Es kommt dem Leben der damaligen Menschen, wenn man die Exponate angemessen kontextualisiert, jedenfalls sehr viel näher, als dies etwa für Schul- und Lehrbücher gilt, die häufig auf der Ebene der Abstraktion verbleiben. Insofern muss der Museums- und Ausstellungsbesuch zentraler Bestandteil außerschulischen Geschichtslernens bleiben, führt er vergangenes menschliches Leben doch in einer Dimension vor, die für Schülerinnen und Schüler, aber auch für Studierende nur schwer erfahrbar ist.

Dabei muss allerdings beachtet werden, dass das, was wir im Museum oder in der Ausstellung sehen, nicht „Geschichte" ist. Was wir sehen, sind „Spuren" der Vergangenheit im Sinne von Zeugnissen, Überresten, Artefakten, die erst dann, wenn wir sie in den Zusammenhang einer (narrativen) Geschichte stellen, Sinn und Bedeutung für uns erlangen. Jedes Museum und jede Ausstellung erzählen insofern eine andere Geschichte. Sie bieten also zwar durchaus originale Artefakte, die Zusammenhänge, in die die Artefakte eingebettet werden, sind aber künstlich oder konstruiert und hängen von den jeweiligen Fragestellungen und Perspektiven ab, die die Museums- und Ausstellungsmacher mit ihren Vergangenheitspräsentationen jeweils verfolgen. Wir bekommen in Museen und Ausstellungen also immer nur ausgewählte Aspekte der Geschichte des Mittelalters präsentiert. Den Lernenden muss mithin klar werden, dass das Museum oder die Ausstellung eine „Ordnung" widerspiegelt, die nicht in den Dingen liegt, sondern quasi von außen durch Fachleute hinzukommt. Die Exponate könnten grundsätzlich auch anders angeordnet werden und würden dann eine andere Aussagekraft entfalten. Entscheidend ist in diesem Zusammenhang die Szenographie, die jedem Museum und jeder Ausstellung zu eigen ist und die nicht zuletzt ihre Attraktivität ausmacht. Denn in den meisten Fällen soll Geschichte ja nicht nur kognitiv erschlossen, sondern für das Publikum „lebendig" und „nachvollziehbar" gemacht werden. Das grundsätzliche Problem, das sich mit derartigen Vergangenheitspräsentationen verbindet, besteht darin, dass (zumeist fremde, aber faszinierende) Vergangenheit zu Gegenwartszwecken aufbereitet wird. Es sind deshalb kluge didaktische Konzepte notwendig, um die Komplexität einer Epoche oder eines historischen Sachverhalts deutlich zu machen. Weder das Museum noch die Ausstellung dürfen sich ja, schon aus marketingtechnischen Gründen, auf die reine Wissensvermittlung beschränken. Schon von daher bewegen sich diese Formate hart an der Grenze zum Histotainment. Die Besucher sollen nicht nur belehrt, sondern auch unterhalten werden. Die zentrale Frage ist deshalb, welches Bild vom Mittelalter der durchschnittliche Besucher aus dem Museum bzw. aus der Ausstellung eigentlich mitnimmt und ob dieses Bild mit den Bildern, die die populären Mittelalterinszenierungen der Gegenwart entwerfen, überhaupt noch zu konkurrieren vermag.

Wolfgang Hochbruck

Chronosyndrom Light*: ‚Mittelalter' als Projektions- und Rückzugsraum*

1.   Einleitung

Was ist die Attraktion der imaginierten Zeitreise – und warum ziehen gerade Veranstaltungen, die unter dem *Label* des ‚Mittelalters' reisen, so viele Besucher an? Für die Figur des Henry de Tamble in Audrey Niffeneggers 2004 erschienenem Roman *The Time-Traveller's Wife* (dt. *Die Frau des Zeitreisenden*, übers. Brigitte Jakobeit, 2005) sind seine Zeitreisen keine positiven Erfahrungen: Er leidet am Chronosyndrom, einer Veränderung derjenigen Teile des humanoiden genetischen Codes, die Zeit- bzw. Raumstabilität kontrollieren. Davon Befallene werden chronotopisch instabil, für sie wechselt die Zeitebene, in der sie sich befinden, plötzlich und ohne Vorwarnung. Allerdings beschränkt sich die Gruppe der Chronosyndrom-Fälle bisher anscheinend auf Romanfiguren.

Es ist fraglich, ob diese Art des Zeitreisens je populär würde, breitete sie sich weiter aus. Ihre Nachteile liegen auf der Hand: Die Beweglichkeit und die instrumentelle Steuerbarkeit, die dem Zeitreisen seit Herbert George Wells zugeschrieben wird, ist durch das Spastisch-Unkontrollierbare der Ankunftsorte und -zeiten erheblich in ihrem Wert eingeschränkt. Zudem bedeutet die Tatsache, dass man keine nicht dem eigenen Körper zugehörigen Addenda, also nicht einmal Füllungen der Zähne oder Implantate anderer Art mitnehmen kann, z.B. für ältere Menschen mit Herzschrittmachern, künstlichen Hüftgelenken o.ä. eine unmittelbare Bedrohung von Leib und Leben.

Dass es sich bei den in der Gegenwart des 21. Jahrhunderts weiter proliferierenden nichtliterarischen ‚Zeitreisen' um gesellschaftlich konstruierte Fiktionen handelt, wird schon aus der Möglichkeit offensichtlich, dass im Unterschied zu Henry de Tamble jede Menge Anachronismen in die imaginierten Vergangenheiten mitgenommen werden können: Zehntausende verabschieden sich zumindest sommers jedes Wochenende kostümiert oder nur als Besucher zu Reisen in diverseste Vergangenheiten von der Steinzeit bis in die 60er Jahre des 20. Jahrhunderts, zu *Reenactments* (in der Regel militärlastigen Reinszenierungen historischer Ereignisse, in der Mehrheit national oder regional bedeutender Schlachten), zu *Living History-*Programmen in (Freilicht-) Museen, oder – besonders beliebt – zu sogenannten

Mittelalter-*Events*: Turniere, Stadtfeste, Stadtspiele und immer wieder Mittelalter-märkte[1].

Frequenz und Prominenz des Mittelalters unter den zahlreichen fiktionalen Zeit-reise-Veranstaltungen sind in mehrfacher Hinsicht bemerkenswert. Wie das Chro-nosyndrom hat auch die Mittelalter-Zeitreise zunächst literarische Wurzeln. Sie beginnt mit selbst noch in Spätmittelalter bzw. Renaissance entstandenen Texten wie Sir Thomas Malorys *Le Morte D'Arthur*, in dessen 21 Büchern der Geschich-tenzyklus um Leben, Wirken und Umfeld des legendären frühmittelalterlichen Kö-nigs aufgegriffen und, 1485 von Caxton gedruckt, gleich der erste englische Best-seller wurde. Arthurs England sollte nie wieder aus der englischen und euroameri-kanischen Mittelalter-Phantasie herausfallen, kongenial ergänzt durch Shakes-peares Königsdramen und Walter Scotts *Ivanhoe* (1819). Das arthurianische war aber nur eines von vielen in der Rückschau als Ander-Zeit (und -Raum) kon-struierten Mittelaltern, neben dem barbarischen Mittelalter der Renaissance, dem eleganten Mittelalter der Thomisten, neben der Gotik, wie die Romantiker sie sich imaginierten, oder dem okkultistischen Mittelalter von z.B. *Foucaults Pendel*[2].

Bis zum Ende des 19. Jahrhunderts ist die Reise ins Mittelalter nur in der teil-nehmenden Phantasie identifikatorischer Lektüre möglich – erst dann wird das Mittelalter (oder was nun seinerseits das späte 19. Jahrhundert dafür hielt) mit in die Welle von Reisen in Zukünfte und Vergangenheiten einbezogen, die vorherge-hende räumliche Utopien und Dystopien ersetzen, nachdem die letzten weißen Flecken von den Weltkarten getilgt waren. Allerdings ist auffällig, dass der Impuls für die Mittelalter-Zeitreise zunächst nicht intentional ist, obwohl zeitgleich ein sich medievalistisch gerierender Antimodernismus gerade in den Reihen der Ober-klassen und oberen Mittelklassen in Nordamerika und Europa viele Anhänger fand. Wie T. J. Jackson Lears festgestellt hat, fühlten sich gerade diejenigen, die ökono-misch von der Moderne profitierten, als deren kulturelle Opfer[3]. In populären Vorläuferformen des Geschichtstheaters in Mittelalter-Kostümen zu Tableaux arrangiert, oder auf Mittelalter-Bällen in restaurierten Burgen wurde ein phantasti-sches ‚Mittelalter‘ zelebriert.

Hank Morgan in Mark Twains *Connecticut Yankee at King Arthur's Court* (1889, dt. Ein Yankee aus Connecticut an König Artus' Hof, übers. Lore Krüger, 1969) ist eine ironische Inversion dieses antimodernistischen Medievalismus. Der radikal der Markt- und Technologie-Moderne zugewandte typische pragmatische

---

1   Für eine Typologie der Formen historischer Re-Inszenierungen siehe Wolfgang HOCHBRUCK, Geschichtstheater. Dramatische Präsentationen historischer Lebenswelten (Schriftenreihe der Geschichtstheatergesellschaft 2), 2. Aufl., Remseck 2006. Eine erweiterte Ausgabe erscheint 2011.

2   Susan ARONSTEIN – Nancy COINER, Twice Knightly: Democratizing the Middle Ages for Middle-Class America, in: Studies in Medievalism 6 (1994) S. 212–231, S. 213.

3   T. J. Jackson LEARS, No Place of Grace. Antimodernism and the Transformation of American Culture, 1880–1920, New York 1981.

Yankee erhält einen Schlag mit einem Brecheisen über den Schädel, der ihn aber nicht in die für Amerikaner deutlich näher liegenden ewigen Jagdgründe schickt, sondern – dazu qualifiziert ihn anscheinend sein eisenharter Schädel – ins arthurianische England Malorys. Kaum dort, beginnt Morgan mit dem Umbau der Feudalgesellschaft in einen modernen Industriestaat, wie überhaupt Twains Roman eher eine Kritik des zeitgenössischen Kolonialismus ist, der sich hier gegen die eigene Vorzeit richtet, als eine nostalgische Reise in ein romantisiertes Mittelalter. Der ebenfalls amerikanische Archäologe Martin Padway in L. Sprague de Camps *Unknown* (1939, erweiterte Fassung *Lest Darkness Fall,* 1963, dt. *Vorgriff auf die Vergangenheit*, übers. Heinz Nagel, 1972) versucht, das ganze ,finstere' Mittelalter (und auch gleich noch den Islam) zu verhindern, als ihn ein Blitzschlag ins von den Ostgoten besetzte Rom des 6. Jahrhunderts transferiert[4]. Was an diesem nicht eben brillant geschriebenen Roman auffällt, ist neben dem die Bush-Administration vorwegnehmenden Antiislamismus das indirekt ausgedrückte Bedürfnis, das Mittelalter zu verschönern und es damit rückwirkend mit größerer Berechtigung als Identifikationsraum erster Ordnung zu etablieren, als dem Autor angesichts der historiographischen Daten opportun erschienen sein muss.

Erster *Living Historian* im engeren Sinne ist angesichts dieser männlichen Gestaltungsphantasien wenig überraschend eine Frau: Harold Steele MacKaye, der 1904 auf der Welle der von Twain initiierten literarischen Zeitreisen ins Mittelalter sein *The Panchronicon* herausbrachte, konstruierte darin die Figur der Phoebe, die aus historisch-genealogischem Interesse mit ihrer Schwester Rebecca und dem Cousin Droop in der *Panchronicon* genannten zeppelin-ähnlichen Zeitmaschine reist: „[...] the Panchronicon lands in a suburb of London in 1598. Phoebe is delighted; in her own time and place she was a student of Shakespeare, a tentative adherent of the Baconian theory, and a romantic dreamer over certain letters from Elizabethan time which had come down in her family. Here MacKaye opens up a line of thought only hinted at in *Yankee*: the discontent with the present that spurs the traveler into the past"[5].

Phoebes Zeitreise geht in die Shakespeare-Zeit, die natürlich allenfalls auf extremem *temporal sprawl* anheimgefallenen Mittelaltermärkten zum Mittelalter gehört. Sie kann trotzdem prototypisch für die regressiv-romantische Hoffnung stehen, in einer idealisierten Vergangenheit etwas zu finden, das in der Gegenwart nicht mehr (im Unterschied zum progressiv-modernistischen ,noch nicht') zu finden ist. Dabei kann Unzufriedenheit mit der Gegenwart verschiedenste Auslöser haben. Die meisten davon, und die zentral in Interviews und Gesprächen mit *Re-*

---

4   Ekkehard Böhm, Der Großvater im Wurmloch. Zum Phänomen der literarischen Zeitreise, in: Die Horen 50,1 (2005) S. 85–98, S. 89.

5   Bud Foote, *The Panchronicon*: A New Hampshire Yankee in Queen Elizabeth's Court, in: Contours of the Fantastic. Selected Essays from the Eighth International Conference on the Fantastic in the Arts, hg. von Michele K. Langford, New York 1987, S. 57–63, S. 60.

enactors und anderen *Living Historians* wiederkehrenden, stellt Bud Foote in einem Satz zusammen: „the perception that the past is simpler, more genuine, more heroic, or more colorful than the traveler's own time"[6]. Dem entgeht nicht einmal Twains Yankee, der, von Merlin ins 19. Jahrhundert zurückspediert, sich nach seiner Mittelalter-Familie und dem Leben mit ihnen verzehrt.

## 2.	Histotainment

Dieser Punkt ist für die weitere Argumentation wichtig, in der versucht werden soll, Hintergründe und Auswirkungen der Konstruktion speziell von ‚Mittelalter' als Projektions- und Rückzugsraum für von ihren diversen Gegenwarten Enttäuschte zu analysieren. Dabei bleiben die Bezüge zwischen (Re-)Konstruktion und objektivierbarer Geschichtlichkeit weitgehend außen vor. Was interessiert, ist die *Pastness* im Sinne Cornelius Holtorfs[7], also jene Merkmale und Authentizitätsfiktionen, die dem nach-gestellten Mittelalter jene Qualitäten ein- bzw. überschreiben, auf die Zeitreisende, ob als *Reenactors*, Marktbesucher/-beschicker oder Besucher/*Interpreters* im Museum, positiv und identifizierend reagieren. Die Einbettung in das literarische (und filmische) Umfeld ist insofern von Bedeutung, als dieser Teilbereich des kulturellen Felds bei Analysen von Geschichtstheaterphänomenen bisher nur eine untergeordnete Rolle gespielt hat. Der auf diese Analyse folgende Ausblick schließt angesichts dessen, was die Basis des bestehenden ‚Mittelalter'-Wissens in der Gesellschaft zu sein scheint, mit einer an die Geschichtsdidaktik gerichteten *caveat*-Note hinsichtlich des Einsatzes von Geschichtstheater speziell in den Unterrichtseinheiten, die sich mit den historischen Perioden des Mittelalters beschäftigen.

Der imaginierten Vergangenheit werden in Literatur, Film und oft auch im Geschichtstheater (speziell außerhalb von Museen) Qualitäten überschrieben, die der Gegenwart zu fehlen scheinen. Folglich wird – insoweit ähneln alle Zeitreisenden wenigstens in ihrem Willen, der Umgebung koste es, was es wolle, die eigene Prägung aufzudrücken, immer noch Twains Hank Morgan – die nicht oder nur unzureichend gemeisterte Lebensweltlichkeit (was für die Hauptfigur des *Panchronicon*-Romans, den Dorfsäufer Droop, sogar ziemlich drastisch gilt) gegen eine Raum-Zeit eingetauscht, die schon deshalb „more colorful" erscheinen muss, weil sie eine Ausnahmesituation, eine schon als Abenteuer-Ort konstruierte *Erlebniswelt* darstellt.

6	FOOTE (Anm. 5) S. 61.
7	Cornelius HOLTORF, The Presence of Pastness: Themed Environments and Beyond, in: Staging the Past. Themed Environments in Transcultural Perspectives, hg. von Judith SCHLEHE, Michiko UIKE-BORMANN, Carolyn OESTERLE und Wolfgang HOCHBRUCK, Bielefeld 2010, S. 23–40.

Mit der Erlebnisweltlichkeit dieser Ausnahmesituation können Routinen und Stabilitäten der Alltags-Lebensweltlichkeit so lange nicht mithalten, wie die Plätze nicht tatsächlich getauscht werden: Wie es aussähe, nicht nur für Tage, allenfalls im Rahmen experimenteller Archäologie oder voyeuristischer TV-Dokusoaps für Wochen, sondern absehbar für den Rest des Lebens im nunmehr realen Mittelalter verbleiben zu müssen, wird selten thematisiert, und wenn, dann auf hohem sozialem Niveau mit den entsprechenden Annehmlichkeiten, was dann z.B. in der Figur des André Marek in Michael Crichtons *Timeline* aber auch nur *en passant* thematisiert wird. Dieser deckt die Flucht seiner Kollegen und bleibt im 14. Jahrhundert zurück. Am Ende des Romans finden seine geretteten Kollegen in der Kapelle einer Burgruine sein Grabmonument mit der sprechenden Inschrift: „Mes compaignons cui j'amoie et cui j'aim […] Me di, chanson". Die so über die Jahrhunderte hinweg Angesprochenen reagieren betreten: „„Do you think he was happy?' Chris said. ‚Yes', Johnston said. But he was thinking that however much Marek loved it, it could never be his world. Not really. He must have always felt a foreigner there, a person separated from his surroundings, because he had come from somewhere else"[8]. Auch die Reisenden des *Panchronicon* bleiben nicht in der Shakespearezeit, deren lebensweltliche Nachteile deshalb nicht zum Tragen kommen können.

Ähnliche Beobachtungen werden auch in Besucherbefragungen in *Living History*-Museen gemacht. Es geht jenseits des historischen Interesses nicht um die Herstellung von Identität zwischen Lebensweltlichkeit und Erlebnisweltlichkeit, sondern um *temporäre* Begegnung und Kontakt mit der Alterität des Anderzeitigen: „Die meisten Besucher suchen ja im Museum jetzt nicht unbedingt die fachliche Information, die suchen mehr oder weniger die Begegnung mit irgendeinem, der vielleicht ein interessanteres Leben führt als sie selbst"[9]. Die Erlebniswelt des *Living History*-Programms wirkt dabei ‚authentischer', insofern sie keine der Komplexitäten des in Permanenz fortgesetzten Alltags kennt und insofern auch ‚einfacher' wirken muss. Außerdem wird das sich selbst authentifizierende Abenteuer immer mit größerer Eindrücklichkeit in die Erinnerung eingespeist als jede Form der Alltäglichkeit. Insofern ist die Absichtserklärung „In the future I'll be present in the past"[10], mit der aktive *Living Historians* und besonders *Reenactors* ihrer Erlebniswelt den Vorzug vor der Lebenswelt des Hier geben wollen, verständlich.

Was aber natürlich nicht heißt, dass *Reenactors* möchten, dass auf sie real geschossen werde: Die Zeitreisesituation des *Reenactments* ist den ebenfalls nur so

---

8   Michael CRICHTON, Timeline, New York 1999, S. 488.
9   Karl BANGHARD, Leiter des archäologischen Freilichtmuseums Oerlinghausen, in: Rolf GANTZEN, Germanen, Götter und Gelehrte. Living History und die Suche nach Identität, Deutschlandradio Kultur Zeitreisen, 2. Juli 2008, 19:30, http://www.dradio.de/dkultur/ sendungen/zeitreisen/810197/ (Zugriff am 09.07.2008), siehe auch den in dieser Hinsicht substantiellen Beitrag von Sven Kommer in diesem Band.
10 *Bumper Sticker*, in USA unter *Reenactors* beobachtet.

genannten Abenteuer-Reisen nicht unähnlich: Abfahrtszeit, Ankunftszeit und vorher geplante Abenteuer sind inbegriffen. Solcherart kontrollierte und kontrollierbare Formen des Zeitreisens aber erfreuen sich schon seit der Mitte des 19. Jahrhunderts mal mehr, mal weniger, immer aber ungebrochener Beliebtheit, ob in der sogenannten „Gründerzeit" in Deutschland, in der wie erwähnt Burgen reimaginiert wieder aufgebaut, mittelalterliche Kostümfeste gefeiert und *Tableaux Vivants* in historischer Gewandung nachgestellt wurden, oder in den Südstaaten der *Antebellum*-Periode, die noch kurz vor ihrem eigenen Untergang von Walter Scott inspirierte Turniere ritt. Die beliebteste Form der Zeitmaschine ist dabei heute das eigene Auto, mit dem das *Living History*-Museum, der ‚Mittelaltermarkt' oder das *Reenactment* als relative Immersionsformen des Geschichtstheaters bequem zu erreichen sind.

Das reale Gefährdungspotential, dem ein Mensch der Gegenwart ausgesetzt wäre, könnte er sich tatsächlich auf Zeitreise begeben, wird wegimaginiert – selbst in der literarischen Fiktion ist die unbedingte Authentizität etwas, von dem nur der *Villain* in Michael Crichtons *Timeline* meint, sie sei das „buzzword of the twenty-first century" für Touristen, denen „the artifice of entertainment – constant, ceaseless entertainment"[11] nicht mehr genug sei. Der Logik der kleinbürgerlichen Dramatik folgend wird dieser Robert Doniger, Chef eines Technologieunternehmens, das Zeitreisemaschinen entworfen hat, selbst von den mit knapper Not zurückgekehrten Zeitreisenden in seine Zeitmaschine gezwungen und landet im von seinem Erlebnisweltlichkeitsprogramm ins Visier genommenen Stück Mittelalter an der Dordogne – ungünstigerweise mitten in einer akuten Pestphase: Michael Crichtons weniger subtile Art, darauf hinzuweisen, dass die Lebensweltlichkeit des Mittelalters, auch wenn es nicht mehr als ‚finster' verschrien wird, ihre negativen Seiten hatte.

Es geht also nicht um ein reales Ankommen, wohl aber – zumindest wenn man den Aussagen der Teilnehmer folgt – um ein ‚echtes': ‚Mittelalter'-Authentizität – im Szenenjargon häufig zur ‚Authentik' verkürzt – steht im Begriffsinstrumentarium besonders der *Reenactors* weit oben auf der Skala des damit zu erwerbenden sozialen Kapitals[12]. In der Praxis aber leben auch die *Hardcores* letztlich gut mit der unüberbrückbaren Ironie des Wettrennens von Achilles mit der Schildkröte, mit dem sich das Bemühen um größtmögliche Originaltreue vergleichen lassen muss. Aus der sicheren Distanz der Parallel-Gegenwart wird dafür oder vielleicht deshalb die Reisezielzeit mit einem Mythos umgeben, der sie für jene zur Wunsch-Chronotopie macht, deren effektive Zeitreisepraxis absehbar nie weiter reichen wird, als dass die Zeitgebundenheit von Wohnbedingungen und Versorgungslagen, die im Winter und in abgelegeneren Gegenden noch vor wenigen Dekaden eine konkrete

---

11 CRICHTON (Anm. 8) S. 479.
12 Vgl. Richard HANDLER – William SAXTON, Dyssimulation: Reflexivity, Narrative, and the Quest for Authenticity in Living History, in: Cultural Anthropology 3 (1988) S. 242–260.

Gefahrenlage heraufbeschwören konnten, mit Zentralheizung und Supermarkt in Richtung auf eine allgemeine relative Zeitlosigkeit verlassen wurde.

Möglicherweise liegt gerade in dieser relativen Zeitlosigkeit der Moderne und in der damit einhergehenden Einheitsräumlichkeit suburbaner Siedlungen die Attraktivität, die *Reenactors* und Mittelaltermarktbesucher wie -beschicker jenen imaginierten Anderzeiten attestieren, in die sie sich wochenends verabschieden[13]. Eine Kultur, die Erdbeeren in den Dezember und den Zentraleuropäer in elf Stunden nach San Francisco zu transportieren in der Lage ist, ist an und für sich bereits ironisch, ist eine Kultur des permanenten ‚Als-ob‘, der die Heimat im Sinne eines Bezugs zu Region und Geschichte abhanden gekommen ist. Mike Wallace erkannte schon 1981: „Perhaps advanced capitalism itself has fostered a desire to visit these mythic precapitalist enclaves. If there is a need for human connectedness, then capitalism's ruthless destruction of the old – its severing of people from one another across time as well as in space – might have created a desire to reestablish linkages to the past."[14]

Damit ist weniger die in Psychologen- und Soziologen-Interviews *Reenactors* oft gestellte Frage nach der individuellen Motivation erreicht, als die Frage nach der Situation des kollektiven Subjekts. Eines der zentralen Probleme dieses Subjekts in der alles gleich machenden, raum- und zeittransversalen (Post-)Moderne ist schon wegen ihrer relativen Ungebundenheit an Zeit und Raum die Frage nach der – im zunächst einmal einfachen Wortsinne – Zurechnungsfähigkeit: Das bezieht sich darauf, dass Vorstellungen von individueller Selbstbestimmtheit, freiem Willen und *Cogito ergo sum* mit dem *Cultural Turn* in den Geistes- und Sozialwissenschaften (von den Neurowissenschaften einmal ganz abgesehen) Zweifel an diesem der Aufklärung zugrunde liegenden Dispositif haben aufkommen lassen. Nach Auffassung der *Cultural Studies* (festgemacht an Judith Butler, Pierre Bourdieu und Niklas Luhmann) ist das Individuum im Hinblick auf *Gender*, Status und Einordnung durch eine Vielzahl von sozialen Konstruktionen und präexistenten Determinanten gebunden. Seine Identität entsteht aus der Summe der verschiedenen Gruppen und Kontexte, denen es zugerechnet werden kann: „Welche Codes, Körperroutinen und Wunschstrukturen muss sich der Einzelne in einem jeweiligen historisch-kulturellen Kontext einverleiben, um zum zurechenbaren, vor sich selber und anderen anerkannten Subjekt zu werden?"[15]

Für die Geschichtsverbundenheit heißt das übertragen auf die intentional zeitreisenden *Living Historians*, dass sie sich als Individuen und Gruppen zumindest in

---

13 Tony P. Wren, The Tourist Industry and Promotional Publications, in: Historic Preservation 16,3 (1964) S. 111.

14 Michael Wallace, Visiting the Past: History Museums in the United States, in: Radical History Review 25 (1981) S. 63–96, S. 89–90.

15 Andreas Reckwitz, Subjekt, Bielefeld 2008, S. 14. Für diesen Hinweis danke ich Benjamin Uhlmann.

ihrer Freizeit unter den Bedingungen des *Cultural Turn* und der relativen Zeit- und Raumlosigkeit der Postmoderne durchaus einer wie auch immer imaginierten Vergangenheitsform zurechnen können – eben zeitweise[16]. Die prinzipielle Zurechnungsfähigkeit, und hier ist das Wortspiel intendiert, wird dadurch eher verstärkt, dass die Kultur der *Living History* in wesentlichen Teilen eine von den *grassroots* aufwärts selbst gemachte und selbst organisierte, mit stark individualistischen, aber auch syndikalistischen und kollektivistischen Zügen ist. Insofern sollte sie keinesfalls mit der ubiquitären Eventkultur oder mit dem Amüsier-Immersionsangebot der Themenparks verwechselt werden. Auch da, wo die Grenze zum Themenpark in Sichtweite zu kommen scheint wie im *Histotainment*-Park „Adventon" bei Osterburken, bleibt die Distanz zumindest auf der Produktionsseite erhalten. Für die Aktiven, zumindest potentiell auch für die Zuschauer, wird diese Form der „present in the past" immerhin und wenigstens das Hybrid bleiben, das sich der Betreiber Michael Wolf als *Copyright* hat sichern lassen: *Histo-tainment*, eine unhintergehbare Kombination aus *Entertainment* und aktiver, kritischer Beschäftigung und Auseinandersetzung mit Geschichte.

3.   „Ein edel ritter was mîn tote"[17]

Dass die Mehrheit der vergangenheitszugewandten Hobbyisten sich ausgerechnet für das ‚Mittelalter' begeistert, bleibt allerdings auch gegen diesen Hintergrund der Flucht aus der Moderne und der Skepsis gegenüber den Themenparks nach wie vor überraschend. Auch wenn das Metanarrativ vom ‚finsteren' Mittelalter wie gesagt mittlerweile als Konstruktion der Renaissance entlarvt ist, handelt es sich doch immerhin um einen Groß-Zeitraum, dessen Vorstellungen und Praktiken von Demokratie (geschweige denn Republikanismus), Toleranz und Pluralität, Gesundheitsfürsorge und Sozialstaatlichkeit mit der wie auch immer reformbedürftigen

---

16   Es gibt zwar Exzentriker, die ihre Vergangenheit in die Gegenwart ihrer Lebenswelt zu transponieren suchen, diese sind jedoch bisher in der Minderheit, auch wenn historisch thematisierte Wohngebiete z.B. in den USA Anhänger finden. Vgl. Andrea BOSSMANN, Leben wie in alten Zeiten, in: Brigitte 25 (1999) S. 112–120. Der Versuch, in LaGrange, Ohio, ein ganzes Stadtviertel im Stil der amerikanischen Bürgerkriegszeit zu bauen (wobei beide Seiten des Konflikts paritätisch vertreten sein sollten) ist bisher wirtschaftlich nicht sehr erfolgreich, da die Preise gegenüber der Umgebung deutlich zu hoch liegen, siehe Andrew SHANKEN, Confederates on the Fairway: A Civil War Themed Subdivision in Rural Ohio, in: Landscape Journal 26, 2 (2007) S. 387–301. Er verweist aber auf eine zunehmende Tendenz, in sich geschlossene Wohneinheiten (sog. „gated communities"), die in den USA weit verbreitet sind, thematisch zu organisieren.

17   Wernher der Gartenaere, Meier Helmbrecht, Z. 483, Bibliotheca Augustana (http://www.hs-augsburg.de/~harsch/germanica/Chronologie/13Jh/Helmbrecht/hel_meir.html) (Zugriff am 29.01.2010).

Gegenwart wenig gemein haben, in der diese Grundelemente moderner Rechts-
staatlichkeit doch einigermaßen solide verankert sind. Wenn deshalb, wie jedenfalls in Einzelfällen zu beobachten, Menschen, die in den 1980er und 1990er Jahren
der Öko- und Menschenrechtsbewegung zuzurechnen waren, ihre persönliche Zurechnungsfähigkeit nun in der Mittelalterszene verorten, und wenn dieselbe Szene
massiv gerade junge Menschen anzieht, dann steigt der Erklärungsbedarf deutlich.

Ohne in dieser Sache der weitergehenden Forschung von Sven Kommer (u.a. in
diesem Band) vorgreifen zu wollen, seien fünf Punkte aus einer Reihe von Erklä-
rungsmöglichkeiten herausgegriffen.

1. Dem ‚Mittelalter' eignet eine relative Vagheit; es überspannt je nach Definition in seinen zeitlichen Extremen den gesamten Bereich zwischen Mero-
   wingern und Renaissance.
2. Besonders in Deutschland ist der bürgerliche Aspirationshorizont traditionell
   und historisch vom Bild aristokratischer Ritterlichkeit bestimmt (und begrenzt) worden.
3. Das ‚Mittelalter' ist auch deshalb ein aus der eigenen Kindheit und dahinter
   hinaus bis ins 19. Jahrhundert zurück bekannter und unabhängig von den
   gerade herrschenden politischen Verhältnissen immer beliebter, also historisch und quasi schon mentalitätsgeschichtlich stabiler und etablierter
   Spiel(zeit)raum: Für die weit überwiegende Mehrheit der heutigen Deutschen ist das Spiel mit Ritterburgen und Rittern bzw. als Ritter und Prinzes-
   sin/Burgfräulein geläufig und in der Kindheit unreflektierte Selbstver-
   ständlichkeit gewesen.
4. In der Kindheit reichten zur Ausstaffierung als ‚Ritter' in der äußersten
   Reduktion ein Stück Holz als Schwert und der Deckel der Waschmitteltonne
   als Schild, den Rest besorgte die kindliche Imagination.
5. Die relative Nähe des Mittelalterhobbys, wie auch immer wirklichkeitsgetreu
   die Individuen/Gruppen gewandet sind und sich gerieren, zur *Fantasy*-Szene
   und zum *Live Action Role Play* macht es möglich, dass sich die trans-
   authentischen Mittelaltermärkte als Treffpunkt für alle etablieren konnten.

Zu 1: Dabei sind die einzelnen Phasen innerhalb des als ‚Mittelalter' kolportierten
Groß-Zeitraums in der Öffentlichkeit deutlich weniger bekannt als z.B. die na-
poleonische Periode oder der amerikanische Bürgerkrieg, um zwei weitere beliebte
Zeitreiseziele für Hobbyisten zu nennen. Die Selbstverzeitung entscheidet insofern
über die Größe der Sub-Szene, mit der sich die *Living Historians* in der Zukunft
ihrer Vergangenheit auseinandersetzen müssen: Wer einen stauferzeitlichen Ritter
oder einen Wikinger spielt, hat dadurch zwangsläufig mehr Leute um sich und auch
mehr Turniere und Lager, eine ganze Reihe gut rekonstruierter Spielorte etc. Eine
Selbstverzeitung ins späte 14. Jahrhundert schafft dagegen einen nahezu ‚eigenen'

Raum, in den auch historisch Interessierte unterhalb der Spezialistenebene nicht
ohne weiteres folgen können[18]. Die zeitliche Breite des Mittelalters und die
Notwendigkeit einer Initiation durch Wissenserwerb ermöglicht insofern den Ein-
zug von Zwischenebenen der Zugehörigkeit, die durch (umgesetztes) Wissen als
erworbenes bzw. einzubringendes Kapital definiert werden, und damit die Schaffung halbprivater Rückzugs(zeit)räume.

Zu 2: Schon der im späten 13. Jahrhundert geschriebene *Meier Helmbrecht* des
Wernher der Gartenaere verwendet das Motiv des aus niederen Kreisen Stammenden, der unbedingt in die Ritterschaft aufsteigen will; eine Aspiration, die sich lite-
rarisch in Balladen und Romanen fortsetzt, während das Ideal des Demokraten und
Republikaners als identitätsstiftendes Motiv bis heute noch nicht tief wurzelt. Entsprechend ergeben sich im europäischen Vergleich unterschiedliche Perspektiven:
Der am Aufgang zur Kastelburg bei Waldkirch als Holzfigur[19] aufgebaute ehemalige Besitzer Martin Malterer z.B. war ein Freiburger Kaufmannssohn, der sich im
14. Jahrhundert quasi in die Ritterschaft einkaufte und prompt bei Sempach 1386
mit einem ganzen Teil der habsburgisch-badischen Ritterschaft sein Leben verlor.
Aus traditioneller deutscher Sicht ist dies eine heroische Aufstiegs- und Unter-
gangsgeschichte im Nachklapp der vom Nibelungenlied dominierten Heldenepik;
aus Sicht der Schweizer, für die Sempach Teil ihrer langen Geschichte bürgerlicher
Demokratie und des nationalen Unabhängigkeitsmythos ist, stand Malterer vermutlich schlicht auf der falschen Seite.

Auch in Polen hat das Mittelalter einen anderen und stärker identitätsstiftenden
Stellenwert, der sich besonders in Abgrenzung von der als expansiv und proto-ko-
lonialistisch erlebten deutschen Ritterschaft definiert[20]. Hier ist es analog zu Sempach die Schlacht von Tannenberg (*Bitwa pod Grunwaldem*)[21] und der Sieg des
polnischen Königs Władysław II. Jagiełło über das Deutschordensheer im Jahre
1410, der mentalitätsgeschichtlich als wesentliches Datum in der langen Geschichte
polnischen Widerstands gegen Oppression durch die deutschen Nachbarn wirksam
ist.

---

18 Vgl. Kai VAHNENBRUCK, Lebendige Geschichte im Freilandmuseum Bad Windsheim, in:
    Living History im Museum. Möglichkeiten und Grenzen einer populären Vermittlungsform,
    hg. von Jan CARSTENSEN, Uwe MEINERS und Ruth-E. MOHRMANN, Münster 2008, S. 151–
    160.
19 Anonymous, Martin MALTERER, http://de.wikipedia.org/wiki/Martin_Malterer (Zugriff am
    29.01.2010).
20 Thomas ROSER, Romantiker in alter Rüstung. Im geschichtsbewussten Polen sind Ritterspiele
    so beliebt wie in keinem anderen Land, in: Stuttgarter Zeitung vom 24. August 2002, Nr. 196,
    S. 68; vgl. Katarzyna BIJAS – Henk RAIJER, Kämpfende Ritter im Samtgewande, in: die tages-
    zeitung vom 15./16. Juli 2000, S. 15.
21 Anonymous, Bitwa pod Grunwaldem, http://pl.wikipedia.org/wiki/Bitwa_pod_Grunwaldem
    (Zugriff am 29.01.2010) – dort auch Angaben und Bilder zu *Reenactments* der Schlacht.

Wie stark dagegen hierzulande das Bedürfnis nach para-aristokratischer Wert-schätzung und Anerkennung ist, lässt sich schon daran ablesen, dass das ‚Mittelal-ter' als *Reenactment*-Phänomen die Bauernaufstände des 15. und 16. Jahrhunderts weitgehend auszusparen scheint. Wie tief zudem die Idee des ‚Mittelalters' als ei-nes golden-nostalgischen Zeitalters verwurzelt ist, zeigt vielleicht am besten gerade die Tatsache, dass eben um die Zeit der Bauernkriege die ersten *Reenactments* (hoch-) mittelalterlicher Tournamente inszeniert wurden[22].

Die Wurzeln der Mittelalter-Welle der Gegenwart reichen mentalitätsgeschicht-lich also weit zurück. Konkret dagegen sind sie rückführbar auf jene bürgerliche wie auch aristokratische Mittelalterbegeisterung des ausgehenden Kaiserreichs, die zeitgenössische Berichte und Photographien attestieren, und natürlich auf die Me-dialisierung des Mittelalters durch die Filmindustrien in Berlin und Hollywood seit den 1920er Jahren. Wesentlich ist dabei, dass die historische Bezugsgröße diesseits der politischen Verhältnisse in den wechselnden Gegenwarten die Gleiche zu blei-ben scheint, auch wenn die so imaginierten Mittelalter natürlich keineswegs außer-politisch waren und ideologisch eingesetzt wurden. Für die Gegenwart heißt das: In der Verortung des Mittelalters vor dem 19. Jahrhundert und damit außerhalb des-sen, was vom kollektiven Gedächtnis (Assmann) der nach 1945 Lebenden noch erreicht werden kann, liegt auch ein Stück Vergangenheitsbewältigung. Insofern der Gegenwart nähere Heldenbilder aus den letzten 150 Jahren nach 1945 quasi nicht mehr vorhanden waren bzw. nicht mehr abgerufen werden durften, wendete sich die spielerische Imagination dahinter zurückgehenden Zeiträumen und an-derswo verorteten Erlebensweltlichkeiten zu. In Kinderbüchern und Hollywoodfil-men waren die einzigen konsensfähigen Heldenfiguren, mit denen eine Identifika-tion ungebrochen möglich und sogar erwünscht war, neben Cowboys und Indianer-nern, die Ritter und Edelfrauen des Hochmittelalters. Möglicherweise ist aus eben diesem Grund die andere große Zeitreise-Hobbykultur in Deutschland nicht zufäl-lig die der Westernszene und der Indianerclubs.

Die Rigidität, mit der auch im weiteren Sinne deutschnationale Identifikations-modelle ausgeschlossen waren, hat allerdings deutlich nachgelassen: *Reenact-ment*gruppen der napoleonischen Periode sind bei Stadtfesten, Gedenkfeiern und sogar im bundesdeutschen Krimi salonfähig, ein Ausruf wie „In den Staub mit den Feinden Brandenburgs"[23] wird nicht (mehr) als Affront gegen die französischen Nachbarn missverstanden. Neuerdings ist sogar zu beobachten, dass auch der Erste Weltkrieg konsensfähig wird und dass sich dort eine transnationale Spielkultur her-ausbildet ähnlich der, die in der napoleonischen Szene schon länger praktiziert

---

22 HOCHBRUCK (Anm. 1) S. 9.

23 Horst Krause als Polizeiobermeister Horst Krause und brandenburgischer Landwehr-*Reenac-tor*, in: Polizeiruf 110: Die Schlacht. Dir. Thomas Bohn. ORB, 02.02.2003, 20:15, Min. 88:30.

wird[24]. Das vor-nationalstaatliche ‚Mittelalter' hatte diese Probleme nie, und angesichts seines Popularitätsvorsprungs ist es fraglich, ob andere historische Perioden (mit der möglichen Ausnahme der Römer) in absehbarer Zeit aufschließen werden.

Für die Gegenwart macht all dies die Mittelalterszene allerdings etwas problematisch: Sind doch gerade dort, wie erwähnt, manche von denen untergekommen, für die das re-imaginierte Mittelalter das Chronosyndrom *light*, die simulierte Dyschronie als Alternative zum nicht durchsetzbaren großen gegenweltlichen Entwurf in der Gegenwart geworden ist: Eine vergleichsweise kleine Flucht in eine Vergangenheit, über die man genug und jedenfalls mehr zu wissen glaubt als über die mögliche Zukunft, und die gegenüber den Denkbarkeiten dieser Zukunft die Sicherheiten einer mehr oder weniger idealisierten Raum-Zeitlichkeit suggeriert. Zur Beliebtheit der diversen ‚Mittelalter' als simulierte Dyschronien mag dabei noch zusätzlich beitragen, dass anders als z.B. in der historiographisch ‚festeren' Napoleonik der Grad der Entfremdung von der Gegenwart in der relativen Weite des Rückzugs daraus gespiegelt wird: Die Grenzen zur narzisstischen Fantasy und zu esoterischen Feldern sind fließend, und auch die sogenannte LARP-Szene weist zu den *Reenactments* etwa des Ersten Weltkrieges, des amerikanischen Bürgerkriegs und der Napoleonik zwei wesentliche Unterschiede auf, wie Anna-Lena Hauenstein gezeigt hat[25]: Zum einen ist *Live Action Role Play* ein als phantastische Variante weit überwiegend in der Mittelalterszene verortetes Phänomen, zum zweiten unterscheidet es sich vom *Reenactment* in der Übernahme einer (oder mehrerer) alternativer Identitäten im geskripteten Spiel-Szenario. *Reenactors* spielen in den Szenarien als sie selbst: *Reenactment* ist insofern, verkürzt ausgedrückt, die Erfahrung des Selbst in einer anderen (gespielten) Situation; LARP das Erlebnis von Alterität als jemand ‚Anderes'.

Zu 3: Die Diskussion um ‚Authentizität' wird, je nach dem, mit wem man spricht, in der Mittelalterszene mit demselben zelotischen Eifer ausgefochten wie in anderen Geschichtstheater-Kontexten. Gleichwohl ist hier die Offensichtlichkeit der relativen Skalierung des Authentizitätsanspruchs deutlicher als anderswo: Die kindliche Zufriedenheit mit Holzschwert und Pappschild ist der Tatsache geschuldet, dass der Ungereimtheiten und Mängel einfach ausblendenden Phantasie damit

---

24 Wolfgang HOCHBRUCK, Von Flanders Fields bis Fort Mutzig. Living histories des Ersten Weltkriegs als zweite Ableitungen der Vergangenheit, in: Der Erste Weltkrieg in der populären Erinnerungskultur, hg. von Barbara KORTE, Sylvia PALETSCHEK und Wolfgang HOCHBRUCK, Essen 2008, S. 157–168.

25 Anna-Lena HAUENSTEIN, Larp and Reenactment: Similarities and Differences. Wissenschaftliche Zulassungsarbeit für das Lehramt an Gymnasien, 2008; siehe Tilman KNOPF, Fantasy-Rollenspiele. Eine neue Herausforderung für Religionsunterricht, Jugendarbeit und Erwachsenenbildung. Analyse und Ansätze für den Umgang mit dem Problemkreis (http://www.rpg.net/252/quellen/knopf/index.html) (Zugriff am 02.12.2005) und Martina HÜBNER, Das Fantasy-Rollenspiel – ein kreatives Medium zur Gewaltprävention?, München 1995.

für die Imagination hinreichende *Anhaltspunkte* vorliegen. Es sind Menge und Verteilung der Anhaltspunkte, die in Richtung ‚Authentizität' mit dem Anspruch je nach Gruppe, Szenario und Ausrichtung wechseln.

Die gesamte Diskussion um vermeintliche Authentizitäten und Inauthentizitäten lässt sich insofern dahingehend fassen, dass auf der Basis zunehmenden eingeworbenen Wissens, also in der Regel mit einem Anstieg der Zurechnungsfähigkeit innerhalb der Szene, auch die Ansprüche an die historisierende Qualität der eigenen Nach-Stellung steigen. Diese wird dann in Abgrenzung von anderen verteidigt. Authentizität oder das, was dafür gehalten wird, ist also ein gradiertes bzw. skaliertes Phänomen ohne möglichen Absolutheitsanspruch: Tatsächlich verändert sich lediglich die Zahl, die Verteilung auf die relevanten Gebiete (materielle Ausstattung, Aussehen, Sprache etc.) und die Interaktivität der für die eigene Nach-Stellung als notwendig gesetzten Anhaltspunkte. Faktisch ist der Unterschied zum Kinderspiel relativ, während die Erreichbarkeit einer 1:1-Replikation des Originals immer nur für einzelne Objekte, nie für die Gesamtheit der *Impression* möglich ist.

Zu 4: Für Kinder wird die von manchen mit geradezu religiösem *Fervor* konstruierte Kongruenz von Anhaltspunkten und Authentizitätsanspruch auch in der Mittelalterszene bezeichnenderweise von den meisten Gruppen toleriert: Nirgendwo sind mehr Holzschwerter und -hellebarden sowie Stoff-*Goedendags* und Papphelme käuflich zu erwerben als auf Mittelaltermärkten. Oberhalb dieser Ebene ist es nun so, dass lediglich die Zahl, Verbreitung und Intensität der Anhaltspunkte wechselt, nicht aber die prinzipielle Grundlage, dass der ironische Bruch zwischen Nach-Stellung und historischem Vor-Bild mit den Mitteln der Imagination überwunden werden muss – wenn er denn überwunden werden soll und sich die Marktbesucher und -beschicker nicht in der Postmodernität des offen ausgelebten Bruchs eingerichtet haben: Eine solche Akzeptanz wäre eine mögliche Erklärung für die Verbreitung von Mittelalter-*Rock* und -*Metal* in der Musikszene.

Zu 5: Es ist genau diese Visibilität des ironischen Bruchs bei Konzerten und Mittelaltermärkten, die das ‚Mittelalter' als Geschichtstheater etwa von der vergleichbaren Hobbyszene der Napoleonik unterscheidet und die den Aktiven immer die Möglichkeit gibt, sich diesseits der Authentizitätsfragen bei entsprechender Ansprache immer auf das ludische Element berufen und ironische Distanz auch für sich selbst reklamieren zu können. Der schnelle Wechsel zwischen den Positionen ist eine der kreativen Möglichkeiten dieses Hobbys, die andere Betätigungen so nicht abbilden können: Ein im Museum arbeitender *Living Historian* kann am Wochenende ohne Weiteres beim Turnier auftreten oder im *Fantasy*-LARP einen Tolkien'schen Ork spielen.

4.   Ausblick: Mittelalter-Zeitreisen und Geschichtsunterricht

Für die Geschichtsdidaktik ergibt sich aus dem Gesagten eine Reihe von bisher nicht ausgeschöpften Möglichkeiten des ‚Mittelalters' als *Living History* im Geschichts- (Deutsch-, Musik-, Bildende Kunst-, Fremdsprachen-)unterricht. Zugleich liegen im diffusen Nebeneinander von Mittelaltermarkt und in der Mehrheit nur oberflächlich ‚mittelalterlicher' Musik, von Original-Replikaten in den Händen pädagogisch geschulter und schauspielerisch fähiger *Living Historians* und der Transnationalität der *Reenactment*-Szenen auch Gefahrenquellen.

Ein Beispiel für qualitativ höchsten Ansprüchen genügende und Replikate verwendende wie fertigende Museumsarbeit ist die Kooperation des fränkischen Freilichtmuseums Bad Windsheim mit der Gruppe *1476 – Städtisches Aufgebot e.V.*, die jährlich wenigstens eine mehrtägige Immersionsveranstaltung anbieten[26]. Wo solche Kooperationen bereits existieren und *Living History* in entsprechender Qualität abrufbar ist, ist zumindest die Vorführung von re-konstruierter Lebensweltlichkeit möglich. Derzeit anlaufende Bemühungen um gemeinsame Qualitätsstandards und Zertifizierungen könnten innerhalb der nächsten fünf bis zehn Jahre dafür sorgen, dass eine größere Übersichtlichkeit der Szene in dieser Hinsicht erreicht wird und Lehrer und Museen sich rechtzeitig über die Stärken und Qualitäten von Gruppen und Einzelpersonen informieren können, die sie vielleicht zu speziellen Programmeinheiten oder in den Unterricht einladen möchten[27]. Das Gleiche gilt prinzipiell für den Bereich der Musik.

Dass das Mittelalter der *Living History* in Deutschland ein merkwürdig entpolitisiertes Dasein führt, ist (literatur-)historisch und mentalitätsgeschichtlich bedingt, damit aber nicht auf alle Zeit festgeschrieben. Wege aus dieser scheinbar unpolitischen, tatsächlich aber (darin die ewiggleichen Ritter und Burgfräulein einfallsloser Museumspädagogen spiegelnd) konservative Mentalitäten perpetuierenden Situation ergeben sich zum einen aus der Fortbildung von *Living Historians*, wenn z.B. der ‚Türmer' der Waldkircher Kastelburg, Thomas Kern, im Rahmen einer gewandeten Führung aus der Sicht des sprichwörtlichen kleinen Mannes anhand der Charaktere der Burgherren und ihrer Schicksale Mythen und Heldenbilder des Rittertums ironisch sozusagen aufspießt und performativ konterkariert. Weiterhin gibt es die Möglichkeit, über Grenzen zu gehen und auf schweizerische, flämische oder polnische Quellen zuzugreifen, oder bei entsprechend sich bietender Möglichkeit

---

26   Vgl. VAHNENBRUCK (Anm. 18) S. 154 sowie Ute RAUSCHENBACH, Mittelaltertage im Fränkischen Freilandmuseum Bad Windsheim. Eine Woche ohne Armbanduhr und Streichholz, in: Living History in Freilichtmuseen. Neue Wege der Geschichtsvermittlung, hg. von Heike DUISBERG, Kiekeberg 2008, S. 123–134.

27   Wolfgang HOCHBRUCK, Qualität mit Zertifikat – im Geschichtstheater, in: *chronico*, http://chronico.de/erleben/wissenschaft/0000475/ (Zugriff am 07.04.2008).

sogar mitzuspielen. Das kann z.B. für eine Schulklasse heißen, auf einer organisierten Polenreise ein Tannenberg-Spiel mit einzuplanen.

Die Möglichkeiten nicht-identifikatorischen geschichtstheatralen Lern-Spiels innerhalb und außerhalb von Unterrichtssituationen sind noch lange nicht ausgeschöpft. Im Gegenteil: Was bisher in Stadtspielen, besonders aber im sogenannten ,szenischen Spiel' im Geschichtsunterricht zu beobachten ist, ist häufig ein allzu sorgloser Umgang mit der performativen Seite des Geschichtstheaters.

„Das an sich unproblematische *Nachstellen* von Ritualen durch Schülerinnen und Schüler zeitigt in Bezug auf historische Lebenswelten zwar erhebliche Verfremdungs- und Distanzierungseffekte, die allerdings konterkariert werden, weil gleichzeitig ein mit dem äußeren Nachstellen einhergehendes, inneres und ,echtes' *Nacherleben* der historischen Situation postuliert wird. Die hier wirksamen Authentizitätsfiktionen führen folglich dazu, dass – obwohl die Schülerinnen und Schüler faktisch nur ihre eigenen Erfahrungen im Rahmen der Ritualdarstellung beobachten – sie diese als die Erfahrungen der Zeitgenossen erleben"[28].

Die historische performative Macht des Rituals (Pierre Bourdieu) wird hier grotesk verfälscht. Ähnliche Probleme bieten die diversen Stadtspiele (z.B. in Schwerte und Magdeburg). Wenigstens in Schwerte wird die Problematik reflektiert, dass man hier Kinder zu mehr Selbstständigkeit und Selbstsicherheit im kommunikativen Umgang und der Übernahme sozialer Aufgaben anleiten möchte, indem man als Lernort und -zeit auf eine Phase streng hierarchisierter, kontrollierter und weitgehend hermetischer Klassen- bzw. Ständestrukturen zurückgreift[29]. Hinzu kommt, dass ein vermeintliches Nach- oder gar ,Miterleben' ebenso vermeintlich historischer Abläufe im Schulunterricht oder Stadtspiel, wie es bei Tim Neu, Ulrich Mayer zitierend, heißt, einer „vorschnellen, falschen und unvertretbaren Vertrautheit mit der Vergangenheit" Vorschub leisten kann, die man so in *Reenactments* als Resultat mangelnden Abstands schon permanent befürchten muss und im Schulunterricht nicht auch noch aktiv betreiben sollte[30].

Deswegen den Einsatz von Geschichtstheater zu unterlassen, ist keine Alternative. Der Einsatz theatraler Mittel in der Schule ist generell positiv zu bewerten und

---

28 Tim NEU, Vom Nachstellen zum Nacherleben? Vormoderne Ritualität im Geschichtsunterricht, in: Echte Geschichte. Authentizitätsfiktionen in populären Geschichtskulturen, hg. von Eva Ulrike PIRKER, Mark RÜDIGER, Christa KLEIN, Thorsten LEIENDECKER, Carolyn OESTERLE, Miriam SÉNÉCHEAU und Michiko UIKE-BORMANN, Bielefeld 2010, S. 61–73.

29 In dieser Hinsicht sind die Beiträge(r) in Paul RÖLLKE – Regina LOFTUS, „Das Mittelalter fängt montags an". Handbuch Historisches Spiel, Schwerte 2008, allerdings recht optimistisch. Siehe auch DIES. – Victoria L. TAFFERNER, Ventures into History, in: Staging the Past. Themed Environments in Transcultural Perspectives (Anm. 7).

30 NEU (Anm. 28) zit. Ulrich MAYER, Handlungsorientierter Geschichtsunterricht, in: Neue geschichtsdidaktische Positionen, hg. von Marko DEMANTOWSKY und Bernd SCHÖNEMANN, Bochum 2006, S. 27–37, S. 34. Vgl. Markus BERNHARDT, Geschichte inszenieren. Chancen und Probleme von szenischem Spiel im Geschichtsunterricht, in: Geschichte in Wissenschaft und Unterricht 55,1 (2004) S. 20–36, S. 25.

sollte nach Möglichkeit gefördert werden. Auch hier ist allerdings die Frage nach dem Wie und dem *cui bono* zu stellen – traditionelle Schul-Stücke (wie die ewig-gleiche *Importance of Being Earnest*) und stanislavskijsches Identifikationstheater sollten keinen Wert an sich mehr darstellen, kritische Distanz ist besonders im Geschichtstheater gefragt: Nach der Brecht'schen Lehrstücktheorie kann man jede Rolle spielen und sollte sogar negative Rollenmuster einmal bewusst eingenommen haben, ohne sich damit zu identifizieren, um daraus zu lernen[31]. Dafür kann die Zahl der Authentizitäts-Anhaltspunkte niedrig gehalten werden. Die Wirkung verpufft allerdings, wenn aus dem historischen Rollenspiel nur Fragen nach der psychischen Befindlichkeit der Schüler entstehen.

Hinderlich ist in diesem Zusammenhang, dass bisher zu wenige Deutsch- und Fremdsprachenlehrer als Theaterlehrer geschult sind und mit dem umzugehen gelernt haben, was Atmosphäre und Performativität lostreten können. Für Geschichtslehrer gilt dies aller Wahrscheinlichkeit nach in noch höherem Maße. Hier ist Nachbesserung angesagt, was aber auf das Problem stößt, dass in Fortbildungen zum Theaterlehrer der Begriff und Bereich des Geschichtstheaters bisher nicht vorkommt[32] – wir bewegen uns hier im freien Raum, der noch innovativ gefüllt werden kann und sollte.

Was schon jetzt möglich ist und gute Ergebnisse verspricht (aber Geld kostet), ist der kombinierte Einsatz von dafür angeworbenen, mit Schulen vertrauten und in ihrem Fachgebiet hochqualifizierten *Living Historians*, die mit und in ihrer Ausrüstung ggf. direkt im Unterricht mit Kindern und Jugendlichen arbeiten. An die Gewandung der Klasse sollten dabei bewusst nicht dieselben Maßstäbe angelegt werden wie an die der *Living Historians*, im Gegenteil: Es ist wichtig, dass die Distanz zwischen den Zeiten, Bräuchen, Klassenverhältnissen und der jeweiligen situativen Angemessenheit von Verhaltensweisen und -formen erhalten bleibt. So wird das Bewusstsein dieser Distanz gewährleistet, und so wird identifikatorisches und also projizierendes Spiel immer wieder verfremdend durchbrochen.

Verfremdung, Gebrochenheit und insofern Metatheatrikalität müssten eigentlich im Hinblick auf den Einsatz von Elementen und Personal aus der Mittelalterszene im Geschichtsunterricht besonders leicht integrierbar und durchzusetzen sein, da wesentliche Teile der Mittelalter-*Living History* und gerade die Mittelaltermärkte mit ihrem zwanglosen Nebeneinander von Museumsqualität, Fantasy-Rollenspiel und Retrochic damit ohnehin operieren. Große Teile der Mittelalter-Musik und auch Filme[33] pflegen ein ähnlich spielerisches Verhältnis zur ‚Authentizität'. Ge-

---

31 Siehe Arne BLECKMANN, Experimental TV-Sociohistories and the Theatre of Education. Wissenschaftliche Zulassungsarbeit für das Lehramt an Gymnasien, Freiburg 2006.

32 Siehe die ansonsten sehr interessante Zusammenstellung von Wolfgang SCHNEIDER (Hg.), Theater und Schule. Ein Handbuch zur kulturellen Bildung, Essen 2009.

33 A Knight's Tale. Regie: Brian Helgeland (dt. Ritter aus Leidenschaft, 2001) – typischerweise werden die Zeitbrüche gerade über die Musik in den Film eingebaut, wenn z.B. beim Turnier die Fanfaren und nachfolgend die Zuschauer Queens *We Will Rock You* anstimmen (Min. 15).

nau diese Elemente machen sie aber auch zum Risikomaterial: Mittelaltermärkte, auch wenn es in der eigenen Stadt einen geben sollte, sind jedenfalls zum Einstieg in die Thematik als Anschauungsraum für den Geschichtsunterricht nur bedingt geeignet – um dieses Konglomerat von Aussteigertum, marktorientierter *Cottage Industry*, Spaßkultur und *Histotainment* besser zu verstehen, ist es sinnvoll, die in der DFG-Forschergruppe ‚Historische Lebenswelten' angelegte Studie von Sven Kommer abzuwarten.

So besteht einerseits die Gefahr der kompletten Abdrift in postmoderne Beliebigkeit, die Geschichte, Gesellschaft und Identität ohnehin gleichermaßen für willkürliche Konstruktionen hält. Es sollte aber auch möglich sein, die kreativen Energien des Live-Rollenspiels, der vormodernen Ökologie, der Performativität von *Living History* und der verbindenden Musik in neuen Formaten zu bündeln, um das „Abenteuer Mittelalter"[34] von der *Fantasy* zur wissenschaftlich untermauerten Phantasie- und schulischen Forschungsleistung werden zu lassen.

---

34 Anonymous, Abenteuer Mittelalter. Leben im 15. Jahrhundert, in: Karfunkel 13, 6 (2005) S. 56–58.

Mittelalter und Mittelalterdidaktik

Hans-Joachim Fischer

Mediävistik, populäre Mittelalterkultur und historisches Lernen in der Kindheit

1. Einleitung

Das Freiburger Mittelalter-Symposion[1] hat in verschiedenen Beiträgen das Thema der populären Geschichts(sub)kulturen aufgeworfen und gezeigt, wie wichtig und in der Sache anregend diese Thematik für die Fachwissenschaft und die Fachdidaktik gleichermaßen ist. Dabei hatte es in der Diskussion gelegentlich den Anschein, als bestehe zwischen der Mediävistik und den populären Geschichtskulturen ein unüberbrückbarer Gegensatz. Immer, wenn dieser Gegensatz scharf herausgestellt wurde, stellte sich die Mediävistik als ein rationales System oder doch zumindest als ein rationales Unternehmen dar, das methodisch und kritisch orientiert ist. Dagegen der bunte Haufen des Mittelalterklamauks, der spektakulär, farbig und lautstark, vor allem bewegt und in Aktion, sinnlich-präsentisch und voller Pathos daherkommt.

Wenn es um die Alternative Wahrheit oder Trug geht, muss natürlich auch die Geschichtsdidaktik auf der Seite der Wahrheit bleiben und sich der Wissenschaft zuordnen. Aber es gibt da einen Stachel, der aus der populären Mittelalterkultur herausragt und offenbar spitz genug ist, am rationalen Anspruch der Mediävistik zu kratzen. Dieser Stachel besteht darin, dass wir es auch in der Mediävistik letztlich immer mit uns selbst zu tun haben, dass sie uns einen Spiegel vor Augen hält. Der Gegenstand konstituiert sich gewissermaßen durch uns hindurch, auch und gerade dann, wenn wir uns Realitäten zuwenden, die von unserer eigenen Lebensrealität weit entfernt liegen. Dieser Gedanke wurde in dem abschließenden Tagungsbeitrag von Valentin Groebner[2] geradezu systematisch entwickelt. Das Mittelalter erschien darin als eine Konstruktion des 19. Jahrhunderts. Wer sich mit dem Mittelalter befasst, muss deshalb zunächst das 19. Jahrhundert studieren. Man muss zunächst das Licht untersuchen, um den Gegenstand ermessen zu können, der in dem Licht erscheint.

---

1 „Das Mittelalter zwischen Vorstellung und Wirklichkeit". Probleme, Perspektiven und Anstöße für die Unterrichtspraxis. 24.09.2009–26.09.2009 an der Pädagogischen Hochschule Freiburg.

2 Arme Ritter. Moderne Mittelalterbegeisterung und das Selbstbild der Mediävistik. Schlussvortrag der oben genannten Veranstaltung von Valentin Groebner (Universität Luzern).

Aber es ist ja nicht nur helles Licht, was wir erkennend ausschicken[3]. Unsere Kontaktbemühungen greifen auch in die Schattenzonen der wie immer beleuchteten Erkenntnisobjekte. Sie finden dort Berührungen und Eindrücke, Empfindungen und Gefühle, Ahnungen und Phantasien. Wir Menschen sind eben nur zu einem geringen Teil rational. Sicher sind wir es dann besonders, wenn wir Wissenschaft betreiben. Mit Recht. Wissenschaft ist jenes kritische Unternehmen, das sich konsequent und methodisch reflexiv darum bemüht, die Lichter der Erkenntnis so zu setzen, dass wir möglichst klar schauend der Wahrheit immer näher kommen[4]. Oft genug aber tappen wir im Dunkeln und sind dann auf unser Gefühl und unsere Phantasie angewiesen. Und manche Wahrheiten sind nicht offensichtlich oder lassen sich erst gar nicht objektivierend ans Licht ziehen. Deshalb geht Georges Duby, der verstorbene französische Historiker des Mittelalters, nicht nur die hellen, sondern auch die dunklen Pfade, um zu erkennen: „Denn wenn man den Sinn und die Schönheit von Fontenay erfassen will, muss man sich ihm Schritt für Schritt auf Waldpfaden, im Oktoberregen, durch Dornengestrüpp und Sumpflöcher mühevoll nähern; ebenso muss man Sénanque unter Anstrengungen entdecken, nachdem man in der Julihitze lange über das Geröll des Hügels gestolpert ist"[5]. Duby beschreibt den Weg der Zisterziensermönche durch die Wildnis, der durch den Historiker nachvollzogen wird. Wer erkennen, verstehen will, muss nachvollziehen. Es geht offenbar dabei auch um die leibliche Erfahrung, um den Leib als Organ des Erkennens. Das Erkennen hat nicht nur eine distanzierende, objektivierende, sondern auch eine nahe gehende und subjektivierende Seite. Erwin Straus hat dies als das Gnostische und das Pathische unterschieden[6]. Während das Gnostische sich aus dem Erleben löst, dem Erlebten distanzierend gegenübertritt, es begrifflich-abstrahierend zum Gegenstand nimmt, sind im Pathischen Erleben und Erlebtes noch lebendig ungeschieden.

Anders ausgedrückt: Sind die Bilder, die die Mediävistik von ihrem Gegenstand zeichnet, rationale Konstrukte einer Zeit, die uns heutigen Menschen lebensfremd bleiben müssen? Oder dürfen oder sollen diese Bilder darauf aus sein, auch lebendige Bezüge herzustellen? Offenbar hat die populäre Mittelalterkultur vor allem Letzteres im Sinn, ohne sich nennenswert um die erste Strategie zu bemühen. Sie lebt nach, empfindet, geht in mimetische Bewegungen und Aktionen, sucht Annäherung auf einer Erlebnisebene, ohne mehr als eine grobe oder auch grobschlächtige, bestenfalls partikulare und detailversessene, aber kaum über-

---

3   Ich greife hier eine Metapher auf, die Karl Raimund Popper in seiner „Scheinwerfertheorie der Wissenschaft" gebraucht; vgl. Karl Raimund POPPER, Die offene Gesellschaft und ihre Feinde, Bd. 2: Falsche Propheten. Hegel, Marx und die Folgen, Bern – München 1958, S. 320ff.

4   Vgl. Karl Raimund POPPER, Back to the Presocratics, in: DERS., Conjectures and Refutations. The Growth of Scientific Knowledge, London 1963, S. 183–205.

5   Georges DUBY, Die Kunst der Zisterzienser (L'art cistercien). Übers. von Maria HEURTAUX, Stuttgart 1993, S. 91.

6   Erwin STRAUS, Psychologie der menschlichen Welt. Gesammelte Schriften, Berlin u.a. 1960.

schauend ordnende rationale Entsprechung hinzubekommen. Aber was wäre, wenn die Bemühung auf beiden Seiten gelänge, auf Seiten der rationalen Rekonstruktion wie der Mimesis? Auch wenn darin sicher kein verallgemeinerbares Konzept für den Erkenntnisweg der Mediävistik liegt, läge darin vielleicht ein Bildungsweg für Kinder?

2.   Historische Bildung

Schauen wir zunächst auf die Geschichtsdidaktik. Gegenüber der Geschichtswissenschaft behauptet sie mit Recht eine relative Eigenständigkeit. Sie ist nicht bloße Vermittlerin einer Wahrheit, die ihr von der Geschichtswissenschaft überreicht wird, um sie weiterzugeben. Ihre Wahrheit liegt gar nicht so sehr darin, Vergangenheit zu rekonstruieren oder zu transportieren. In erster Linie geht es ihr darum, Bildung in der Gegenwart für die Zukunft gelingen zu lassen. Nicht historische Sachverhalte und deren Deutungen, sondern was Menschen aus ihnen gewinnen, interessiert sie. Sie ist, wie eine Arbeitsgruppe um Karl-Ernst Jeismann es einmal zusammengefasst hat, daran interessiert, dass Menschen ihre Gegenwart aus der Vergangenheit erklären können, dass sie Kategorien gewinnen, an denen sie ihr Handeln und Erkennen orientieren können, dass sie sich Traditionen gegenüber kritisch verhalten können, dass sie dauerhafte Strukturen, aber auch die Veränderbarkeit des Gegebenen wahrnehmen, dass sie konkret denken lernen und Wissen auch um seiner selbst willen achten und dass sie die Beschäftigung mit Geschichte in ihr Leben nehmen und genießen können[7]. Didaktik fungiert hier nicht als Mittel, als Vermittlerin des in Fachkulturen gesammelten und geordneten Wissens. Sie nutzt vielmehr umgekehrt die Wissenschaft als Bildungsmittel. Darin liegt eine Eigenständigkeit, die Herman Nohl wie folgt bestimmt: „ […] was immer an Ansprüchen aus der objektiven Kultur und den sozialen Bezügen an das Kind herantreten mag, es muss sich eine Umformung gefallen lassen, die aus der Frage hervorgeht: welchen Sinn bekommt diese Forderung im Zusammenhang des Lebens dieses Kindes für seinen Aufbau und die Steigerung seiner Kräfte, und welche Mittel hat dieses Kind, um sie zu bewältigen?"[8]

Anknüpfend an Arbeiten Rolf Schörkens und Karl-Ernst Jeismanns wurde seit den 80er Jahren des letzten Jahrhunderts das „Geschichtsbewusstsein" zu einer

---

7   Karl-Ernst JEISMANN (Hg.), Funktion und Didaktik der Geschichte. Begründung und Beispiele eines Lehrplans für den Geschichtsunterricht. Ergebnisse einer Arbeitsgruppe des Historikerverbands, in: Joachim ROHLFES – Karl-Ernst JEISMANN (Hg.), Geschichtsunterricht. Inhalt und Ziele. Arbeitsergebnisse zweier Kommissionen. Beiheft zur Zeitschrift Geschichte in Wissenschaft und Unterricht, Stuttgart 1974, S. 106–193, hier S. 118ff.

8   Herman NOHL, Die pädagogische Bewegung in Deutschland und ihre Theorie, 9., unveränd. Aufl., Frankfurt a.M. 1982, S. 127.

zentralen Kategorie der Geschichtsdidaktik[9]. Dabei ist von Bedeutung, dass Geschichtsbewusstsein nicht etwa erst am Ende historischen Lernens erreicht wird, sondern schon im Anfang enthalten ist. „Geschichtsbewusstsein ist […] eher eine Denk-, vielleicht auch eine Fühlweise, ist eher eine Fähigkeit zur Verarbeitung historischer Sachverhalte und Deutungsmuster, als ein bestimmter Bestand an Wissen über Geschichte […]"[10]. Jörn Rüsen sieht im Geschichtsbewusstsein eine operative, bewegende Kraft sinnerzeugender Auseinandersetzung mit Zeiterfahrungen, die jedem historischen Lernen innewohnt. Historisches Lernen ist gewissermaßen eine Operation des Geschichtsbewusstseins[11]. Nicht die objektive Seite historischen Lernens ist hier der erste Bezugspunkt der Geschichtsdidaktik, sondern die subjektive Seite. In der Sprache des modernen Literacy-Ansatzes hätten wir es also mit einer Art Schlüsselkompetenz zu tun, die Menschen die historische Welt allererst erschließt. Sie ermöglicht, einen Standpunkt zu beziehen, von dem aus Wesentliches in den Blick kommt. Dass dieser Blick nicht einseitig und eng, sondern vielperspektivisch angelegt sein muss, darauf hat Hans-Jürgen Pandel[12] mit Recht hingewiesen. Didaktik der Geschichte hat es mit dem erkennenden Subjekt zu tun, dem es letztlich um Selbsterkenntnis geht. Geschichtsbewusstsein zielt am Ende auf Selbstbewusstsein. Aber das gelingt nur im Blick auf das Objektive der Geschichte, dessen Sachwalter die Geschichtswissenschaft bleibt. Thomas Martin Buck hat gezeigt, dass in diesem Zusammenhang auch dem Mittelalter als Bildungsgegenstand eine bleibend wichtige Aufgabe zukommt, die an die Erfahrung von Alterität und Identität anknüpft[13].

Seit einigen Jahren haben wir uns freilich im Fahrwasser gemäßigt-konstruktivistischer Didaktik[14] daran gewöhnt, den hermeneutischen Zirkel von Geschichtsbewusstsein, historischem Verstehen und Selbsterkenntnis gelegentlich nicht mehr

---

9   Rolf SCHÖRKEN, Geschichtsdidaktik und Geschichtsbewusstsein, in: Geschichte in Wissenschaft und Unterricht 23 (1972) S. 81–89 und Karl-Ernst JEISMANN, „Geschichtsbewusstsein". Überlegungen zur zentralen Kategorie eines neuen Ansatzes der Geschichtsdidaktik. in: Hans SÜSSMUTH (Hg.), Geschichtsdidaktische Positionen, Paderborn 1980, S. 179–222.

10 Dietmar VON REEKEN, Historisches Lernen im Sachunterricht – Bestandsaufnahme und Perspektiven der Forschung, in: Brunhilde MARQUARDT-MAU – Walter KÖHNLEIN – Roland LAUTERBACH (Hg.), Forschung zum Sachunterricht, Bad Heilbrunn 1997, S. 208–224, hier S. 217.

11 Jörn RÜSEN, Historisches Lernen. Grundlagen und Paradigmen, Köln u.a. 1994, S. 78ff.

12 Hans-Jürgen PANDEL, Dimensionen des Geschichtsbewusstseins. Ein Versuch, seine Struktur für Empirie und Pragmatik diskutierbar zu machen, in: Geschichtsdidaktik. Probleme, Projekte, Perspektiven 12 (1987) S. 130–142.

13 Vgl. Thomas Martin BUCK, Vom Geschichtswissen zum Geschichtsbewusstsein. Vorüberlegungen zu einer (nachhaltigen) Didaktik des Mittelalter-Unterrichts, in: Informationen für den Geschichts- und Gemeinschaftskundelehrer 75 (2008) S. 66–73.

14 Vgl. G. J. POSNER – K. A. STRIKE – P. W. HEWSON – W. A. GERTZOG, Accomodation of a scientific conception: Towards a theory of conceptual change (Science Education 66 (2) 1982) S. 211–227.

zirkulär, sondern linear zu denken, als Abfolge von Präkonzepten, pädagogischer Intervention und Postkonzepten. Eine Gefahr ist dabei möglicherweise, dass wir das Geschichtsbewusstsein als Grund und Ziel historischer Bildung wieder aus dem Auge verlieren. Geschichtsbewusstsein fasst ja mehr als nur das Anliegen, historisch möglichst wichtig und richtig zu denken. Es enthält immer auch eine persönliche Gleichung, die Verortung im eigenen Leben, im Selbst. Und obwohl es das Bewusste, Explizite, gedanklich und sprachlich Fassbare und Kommunizierbare meint, weiß es doch insgeheim um die Dimension des Unbewussten, des impliziten Wissens, von dem es getragen wird – so wie ein Eisberg nur deshalb aus dem Wasser herausragt, weil sein größerer Teil unter Wasser schwimmt. Wer dagegen von Präkonzepten spricht, den interessiert vom Eisberg nur das, was aus dem Wasser ragt. Er sieht nur das Gnostische. Das Pathische bleibt unbeachtet. Das Paradigma des Conceptual Change und der gemäßigt konstruktivistische Ansatz in der Didaktik betreiben entschlossen die kognitive, rationale Auseinandersetzung mit dem Ziel, dem Wissen einen Anschluss an wissenschaftliche Fachkulturen zu ermöglichen. Darin droht die konstruktivistische Didaktik die bislang unbestrittene Anwaltschaft zugunsten des Subjektes zu verlieren. Sie wird mehr und mehr Sachwalter eines Objektiven. Das Ziel der Bildung ist der Anschluss ans Objektive, nicht mehr das Einholen des Objektiven in einen subjektiven Lebens- und Verstehenszusammenhang. Der Diener wird zum Herren. Um es klar zu sagen: Wir halten den Anschluss ans Objektive, auch ans historisch Objektive, für bildungswichtig. Aber die Bildungsbewegung muss dann wieder zurückfinden in eine Selbstvergewisserung des Subjekts. Und in dieser Selbstvergewisserung sind nicht nur die bewussten Prozesse des Denkens und Rationalisierens herausgefordert, sondern der ganze Mensch. Und wenn die Bewegung anschließend wieder hinausgeht ins Objektive, hat sie in der Selbstvergewisserung einen Maßstab, der gegenüber dem Objektiven zur Geltung gebracht werden darf und muss. „Präkonzepte" sind nicht einfach falsch und anachronistisch. Sie enthalten Wahrheiten, die ins subjektive Leben zeigen. Wer nur aufs Objektive starrt, verliert sie aus den Augen.

Dies führt uns nun zu einigen Gedanken über die frühkindliche Bildung und am Ende wieder zu den Spektakeln der populären Mittelalterinszenierungen.

3.   Frühe Bildung

Wir sind gerade dabei, den Blick auf die frühen Bildungsjahre zu intensivieren[15]
und mehr und mehr Kindheit als Bildungsganzes zu überschauen. Dabei wird immer deutlicher, dass es eine frühe Bildungszeit gibt, in der Kinder noch gar nicht
dabei sind, Konzepte auszubilden, sondern Wahrnehmungen, Empfindungen, Bewegungen, Aktionen entwickeln. Sie tun dies, indem sie spielen. Indem sie auspro-
bieren und nachmachen, was andere tun, gewinnen sie unablässig neue Erfahrungen. Eine höchst intensive und produktive Bildungszeit, in der Kinder ein implizites Weltwissen generieren. Erst allmählich gewinnen sie dabei eine Sprache, die
ihnen ermöglicht, ihre Erfahrungen zu reflektieren und ihr implizites Wissen zu ex-
plizieren[16]. Ohne Erfahrung gäbe es keine Reflexion und ohne implizites Wissen
kein explizites Wissen, ohne die Bildung der aisthetischen Basics keine Rationalität. Die Herausforderung, Abstand zu gewinnen, den Phänomenen vorstellend und
erkennend gegenüberzutreten, sie begrifflich abstrahierend und objektivierend als
Gegenstand zu gewinnen und zu überschauen, sie begrifflich zu ordnen und zu mo-
dellieren – dies alles setzt voraus, dass die Dinge zuvor er-lebt wurden, dass sie in
die Wahrnehmung, Empfindung genommen, in der Bewegung und Aktion erfahren
wurden[17]. Das frühe Weltwissen ist Bewegungs- und Empfindungswissen. Die Kinder spielen Bewegungen hinaus und erfahren darin die Welt. Die kindliche Bewegung ist ein Organ des Erkennens und des Denkens, ein theoriehaltiges Organ, das
den Verhältnissen der Welt Resonanz gibt, indem es sich immer wieder neu aus-
drucksvoll nach außen spielt, um neue Eindrücke, Beziehungen, Stimmungen etc.
zu gewinnen. Diese Bildungsgeschichte der Empfindungen, Bewegungen und Aktionen hört nicht auf, wenn sich die Sprache entwickelt und die Möglichkeiten der
Reflexion zunehmen. Sie wird lediglich überformt. Und auch noch später, wenn
das subjektive kindliche Erfahrungswissen und seine Reflexionspotentiale soweit
entwickelt sind, dass wir objektive kulturelle Maßstäbe an das Wissen herantragen

---

15   Vgl. etwa Gerd E. SCHÄFER, Bildungsprozesse im Kindesalter. Selbstbildung, Erfahrung und
     Lernen in der frühen Kindheit, Weinheim 1995; Donata ELSCHENBROICH, Weltwissen der
     Siebenjährigen. Wie Kinder die Welt entdecken können, München 2001; Hans-Joachim
     LAEWEN – Beate ANDRES (Hg.), Forscher, Künstler, Konstrukteure. Werkstattbuch zum Bil-
     dungsauftrag von Kindertageseinrichtungen, Berlin u.a. 2002; Wassilios E. FTHENAKIS (Hg.),
     Elementarpädagogik nach PISA. Wie aus Kindertagesstätten Bildungseinrichtungen werden
     können, Freiburg u.a. 2003; Lilian FRIED – Barbara DIPPELHOFER-STIEM – Michael-Sebastian
     HONIG – Ludwig LIEGLE, Einführung in die Pädagogik der frühen Kindheit, Weinheim u.a.
     2003 und Ludwig DUNCKER – Gabriele LIEBER – Bettina UHLIG (Hg.), Bildung in der Kind-
     heit, Seelze 2010.
16   Vgl. Gerd E. SCHÄFER, Welten entdecken, Welten gestalten, Welten verstehen, in: Hans-
     Joachim FISCHER – Peter GANSEN – Kerstin MICHALIK (Hg.), Sachunterricht und frühe Bild-
     ung, Bad Heilbrunn 2010, S. 13–28.
17   Vgl. Hans-Joachim FISCHER, Grundschule – Vermittlungsschule zwischen Kind und Welt,
     Bad Heilbrunn 2002.

können, Maßstäbe von Wahrheit und Wichtigkeit, wenn wir mehr und mehr darauf bauen können, kulturelles Wissen zu vermitteln, wenn wir Heranwachsenden die Methoden und Konzepte von Fachkulturen aufschließen können – auch dann noch bedarf der Bildungsprozess eines essentiellen Erfahrungsbezugs. Schule muss auch dann noch ein Erfahrungsraum, ein Lebensraum sein, wenn wir dem Anliegen einer wissenschaftlichen Bildung nahe kommen wollen. Es hängt schlicht damit zusammen, dass wir nur zu einem geringen Teil rationale Lebewesen sind.

4. Das Mittelalter nachdenken und nachleben

Die Angebote und Aktivitäten der populären Mittelalterkulturen ähneln in vielem dem Spiel der Kinder. Sie leben aus Empfindungen, Bewegungen und Aktionen. Wie ein Kind im Spiel erspüren möchte, wie es ist, groß und stark zu sein, so möchte der erwachsene Akteur nachempfinden, wie es ist, ein Ritter zu sein. Er spürt das Gewicht der Rüstung, den Klang der Waffen, er stellt Situationen, Ereignisse nach, um sie zu durchleben. Und wie das Kind, das im Sandkasten Kuchen backt, natürlich die Lebenswirklichkeit der Erwachsenen nur unvollkommen nachbildet, so trifft auch das Mittelalterspektakel nur unvollkommen, was es nachzubilden versucht. Es hat mehr mit dem Eigenen als mit dem Fremden zu tun, mehr mit der Phantasie als mit der Realität. Und dennoch: Welche anderen Wege gäbe es, sich das Fremde anzueignen? Es geht immer nur über die Aneignung. Aber in jeder Aneignung liegt immer auch ein Stück Entfremdung. Das Mittelalterspektakel zielt darauf, die fremde Realität erfahrbar zu machen. Leider aber ist der fremde Gegenstand der Erfahrung nicht mehr zugänglich. Das unterscheidet die Inszenierung eines mittelalterlichen höfischen Festes vom Kuchenbacken. Das Kuchenbacken können Kinder erleben, bevor sie es im Sand nachbilden. Auch die Phänomene der Physik sind der Erfahrung in anderer Weise zugänglich als die historischen Phänomene. Man kann von einem Ball lernen, wie man ihn schießen muss. Wenn ich ihn gegen eine Wand schieße, kommt er zurück. Die Prinzessin dagegen, die ich hinausspiele, wirft keine Antwort zurück, die mein Spiel korrigieren und justieren könnte. Sollten wir deshalb ein Spielverbot aussprechen? Sollten wir konstatieren: Das Mittelalter ist nicht mehr erfahrbar? Was immer wir an Stimmungen, Empfindungen, Wahrnehmungen, Bewegungen, Aktionen hinausschicken – sie gehen ins Dunkle, ohne Echo, ohne Widerhall. Oder dürfen wir historische Welten simulieren? Dürfen wir sie unter Nutzung unseres besten Wissens so genau wie möglich nachbauen, um dann hineinzugehen und zu erspüren, wie sie sich anfühlen, um auszukosten, wie es ist, darin zu leben? Weil wir ganze Menschen sind, ist unser Erkenntnisstreben immer darauf aus, aufs Ganze zu gehen. Wir wollen alles. Wir sind biologisch nicht dafür ausgestattet, lediglich in abstrakten rationalen Welten zu leben. Lieber leben wir in Trugwelten, wenn sie nur Farben und Klänge und

Gerüche haben. Also noch einmal gefragt: Gibt es eine Chance, den Trug zu lindern, unsere Rationalität, die Wissenschaft mit dem Anliegen zu versöhnen, Geschichte zu spielen? Gibt es eine intelligente Rekonstruktion historischer Erfahrungsräume, so dass unsere Körperorgane einen einigermaßen authentischen Gegenstand des Erkennens finden können?

Ich glaube, die Antwort lautet: ja. Wir müssen ja sagen, weil uns gar nichts anderes übrig bleibt. Weil auch das rationale Unternehmen Mediävistik letztlich bei den Menschen ankommen muss. Weil das Bild, das eine Zeit, eine Kultur, eine Gesellschaft sich von einer anderen Zeit, Kultur, Gesellschaft macht, durch Wissenschaft allenfalls gezeichnet werden kann. Wer es anschaut, schaut als ganzer, lebendiger Mensch. Und so sehr auch die Zeichnungen der Mediävisten sich um Genauigkeit und Stimmigkeit bemühen, so malen sie doch auch in den Farben des Lebens, manchmal unbewusst und ungewollt, manchmal, wie Georges Duby, in voller Absicht. Der Zeichner ist eben ein lebendiger Mensch. Und natürlich ist auch der Gegenstand der Erkenntnis lebendig und damit nicht nur rational rekonstruierbar, sondern auch fühlbar und nachvollziehbar. Vor allem aber ist der lange Bildungsweg, den Kinder in ein historisches Wissen, Erkennen und Verstehen nehmen, gar nicht anders gehbar, als dass Kinder zunächst und immer wieder Erfahrungen machen. In diesen Erfahrungen gewinnen sie zunächst implizit, unbewusst elementare Kategorien eines historischen Wahrnehmens und Denkens: Zeiterfahrung, Erinnern, Veränderlichkeit, Kausalität, Selbstwirksamkeit, Verantwortung, Perspektivität u.a. Sie gewinnen Anschauungen und Begriffe von Grunderscheinungen des Lebens und von ihrer Variabilität. Solche Kategorien können sie dann in ihr Spiel nehmen und darüber Erfahrungen machen. Sie können Ritter und Burgfräulein spielen. Solche Spiele schöpfen dann auch aus Erzählungen. Erzählungen sind nahe an kindlichen Denkformen gebaut, die noch stärker ins tätige, bewegte, gefühlte und angeschaute Leben greifen. Das Abstrahieren und Konzeptualisieren sind Denkleistungen, die erst später hinzukommen. Lange Zeit gewinnen Kinder erste historische Erfahrungen über ihr Spiel und über Erzählungen. Lange Zeit ist der einzige Zugang zum historischen Wissen das Erfahren. Solche Erfahrungen sind voller Anachronismen. Aber sie sind der einzige Nährboden, den die Ontogenese des historischen Wissens und Verstehens hat. Hätte sie ihn nicht, gäbe es kein historisches Denken, keine Geschichtswissenschaftler, keine Mediävistik. Die weitere Entwicklung geht dann den Weg der zunehmenden Rationalisierung, ohne dass dabei der verlebendigende mimetisch nachvollziehende Bezug zur Historie verloren ginge. Er bleibt weiterhin wichtig, beginnt dicht unter der Oberfläche des rationalen Denkens als dessen Ursprung, Grund und Motivation.

Arnold Bühler

„Verordnete Finsternis"

Mittelalter nach Lehrplan

1.   *Die Erde ist (noch immer) eine Scheibe*

Um 1400 dachten die meisten Menschen in Europa, die Erde sei eine Scheibe, die auf dem Wasser, dem Ozean, schwimme. Kein Mensch könne auf der anderen Seite der Erde mit dem „Kopf nach unten" leben. Das Befahren des Ozeans galt als unheimlich. Schiffe, die an den Rand des Ozeans gerieten, würden vom Rand der Scheibe in die Unterwelt abstürzen. Doch nach und nach entwickelten die Menschen eine neue Vorstellung von der Welt. Sie stellten alte Überzeugungen in Frage und sie brachen mit den Regeln der Vorfahren. Mitunter gelang das fast zufällig, ebenso wie es auf diesem Holzschnitt aus dem 19. Jahrhundert dargestellt wird: Ein Mensch wandert an den Rand der Erdscheibe, mit Wanderstock, Arm und Kopf durchstößt er das Himmelsgewölbe. Ehrfürchtig und neugierig blickt er auf das Geschehen dahinter [...].

In getragenem Tonfall zum passenden Bild, dem epochalen Moment entsprechend, lernen Schülerinnen und Schüler in Hessen auf den Auftaktseiten ihres Schulbuchs zur Lehrplaneinheit „Zeitenwende – Menschen eröffnen sich neue Möglichkeiten"[1], wie das finstere Mittelalter erledigt und das gleißende Licht der Neuzeit entzündet wird. Es wurde längst ermittelt, dass die Illustration alles andere als mittelalterlich ist, wie sie vorzugeben scheint, sondern aus einem populärwissenschaftlichen Werk des 19. Jahrhunderts stammt: *L'atmosphère. Météorologie populaire* von Camille Flammarion (1888, deutsch: *Himmelskunde für das Volk*). Peter Aufgebauer hat jüngst noch einmal die Rezeptionswege nachskizziert[2]. Immerhin nennt der Auftakttext die Entstehungszeit: „Holzschnitt aus dem 19. Jahrhundert". Der Hinweis nimmt Text und Bild freilich nichts von der gewünschten Suggestivkraft.

---

1   Hans-Gert OOMEN (Hg.), Entdecken und Verstehen, Realschule Hessen, Bd. 2, Berlin 2006, S. 178–179. – Die Vortragsform wurde weitgehend beibehalten. Die Anmerkungen beschränken sich daher auf die Nachweise der Zitate und wenige ergänzende Belege.

2   Peter AUFGEBAUER, „Die Erde ist eine Scheibe". Das mittelalterliche Weltbild in der Wahrnehmung der Neuzeit, in: Geschichte in Wissenschaft und Unterricht 57 (2006) S. 427–441, hier bes. S. 438ff. Zu mittelalterlichen Vorstellungen der Erde grundlegend Rudolf SIMEK, Erde und Kosmos im Mittelalter. Das Weltbild vor Kolumbus, München 1992, bes. S. 37–54.

Das Schulbuch steht in einer langen Traditionskette kolportierter Mittelalter-Bilder, die Erdscheibe ist nur eines von vielen. Diese Traditionskette aufzufädeln, kann hier nicht die Aufgabe sein. Wir gehen nur gleichsam ein Kettenglied zurück: vom Schulbuch zum Lehrplan. Denn das Schulbuch vollzieht – treffender vielleicht: vollstreckt – lediglich, was der Lehrplan verordnet.

Der Lehrplan bildet bekanntlich die *conditio sine qua non*. Was nicht im Lehrplan steht, kommt nicht ins Geschichtsbuch (und wohl kaum in den Klassenraum). Denn nur ein Geschichtsbuch, das exakt die Lehrplaninhalte abbildet, hat Aussicht auf behördliche Zulassung. Das geht manchmal bis zur wörtlichen Übernahme zentraler Begriffe und Überschriften. Auch die hier zitierte Kapitelüberschrift „Zeitenwende – Menschen eröffnen sich neue Möglichkeiten" kopiert Wort für Wort den Titel der entsprechenden Lehrplaneinheit[3]. Kurz gesagt: Der Kultusminister entscheidet, welches Mittelalter ins Schulbuch kommt. Es gehört nicht viel Phantasie dazu, sich die Schere im Kopf manches Schulbuchredakteurs plastisch vorzustellen![4]

Für die folgende skizzenhafte Synopse werden die geltenden Lehr- und Bildungspläne der Sekundarstufe I in Hessen und Baden-Württemberg zugrunde gelegt. Es geht dabei nicht um eine grundsätzliche Kritik oder systematische Analyse aus fachwissenschaftlicher oder didaktischer Sicht, sondern lediglich um das Bild des Mittelalters, das die Lehrpläne spiegeln und damit verbindlich verordnen.

2. *Das Mittelalter ist areligiös und antimodern* – Lehrplan Hessen: Bildungsgang Realschule/Jahrgangsstufe 8

Der hessische Lehrplan für den Bildungsgang Realschule bietet die Geschichte des Mittelalters in zwei Unterrichtseinheiten an: (8.1) *Herrschaft, Glaube und Wirtschaft im Mittelalter – Spuren einer „anderen Welt" in unserer Gegenwart* und (8.2) *Umgang mit „Fremden" und Andersdenkenden*[5].

Der erste Lehrplaninhalt („Spuren des Mittelalters in unserer Gegenwart") fordert zu Reflexion und Problematisierung gängiger Mittelalter-Vorstellungen auf („finsteres Mittelalter"). Inwieweit dieser an sich lobenswerte Ansatz durch den

---

3   Lehrplan Geschichte, Bildungsgang Realschule, Jahrgangsstufen 5 bis 10, 2002, S. 15: http://lernarchiv.bildung.hessen.de/sek_i/geschichte/rs/index.html (Zugriff am 14.01.2010). „Entdecken und Verstehen" (Anm. 1) hält sich sklavisch wie kein anderes Schulgeschichtsbuch an die Formulierungen des hessischen Lehrplans.

4   Björn OPFER, Zwischen Markt, Politik und Wissenschaft. Wie entsteht ein Schulbuch für die gymnasiale Oberstufe?, in: Das Bild des Mittelalters in europäischen Schulbüchern, hg. von Martin CLAUSS und Manfred SEIDENFUSS (Geschichtsdidaktik in Vergangenheit und Gegenwart 5), Berlin 2007, S. 117–124.

5   Lehrplan Geschichte (Anm. 3) S. 12 und S. 14.

Lehrplan eingelöst wird, ist indessen fraglich. Die Inhalte 2–5 thematisieren jeweils separat die klassischen „Lebensräume", die inzwischen zum griffigen Gliederungsprinzip von Schulgeschichtsbüchern geworden sind: Adel und Königtum, bäuerliches Leben, Kirche und Mönchtum, Stadt. Ob sie tatsächlich mittelalterliche Lebenswirklichkeit abzubilden vermögen, sei dahingestellt. Auffällig ist jedenfalls, dass Kirche und Mönchtum ganz institutionell verstanden werden („wirtschaftliche, kulturelle und herrschaftliche Rolle kirchlicher Institutionen"), vor allem als politisch wirksame Ordnungsgrößen („Auseinandersetzungen Kaiser – Papst"). Die religiöse Komponente ist allenfalls implizit enthalten; die gesellschaftlich prägende Kraft christlicher Religiosität als Quelle der Identitätsstiftung und Wirklichkeitsdeutung, jenseits der Institutionen und nicht selten im Widerspruch dazu, ignoriert dieser Lehrplan.

Die Religion wird zum Thema in der Lehrplaneinheit *Umgang mit „Fremden" und Andersdenkenden* (8.2): Kreuzzüge, Judenpogrome, Entdeckungsfahrten und Zwangsmission, Reformation und Kirchenkampf. Das Christentum ist aggressiv, fortschrittshemmend, polarisierend, spaltend – die Geschichte der mittelalterlichen Christenheit ist auf der ganzen Linie Konfliktgeschichte! Dies gilt ganz besonders für das Verhältnis von Christen und Juden: Der Lehrplaninhalt „Mein jüdischer Nachbar ist schuld an …" gibt die Tonart vor: Die Geschichte der Juden ist reduziert auf ihre Rolle als „Sündenbock" und Opfer. Die Normalität christlich-jüdischer Symbiose, die besonderen, durchaus sensiblen, aber die Mehrheitsgesellschaft kulturell befruchtenden Beziehungen zur jüdischen Diaspora, die eine tausendjährige jüdische Kultur in Europa und gerade in Deutschland lebendig hielten, all dies blendet der Lehrplan aus und suggeriert stattdessen eine unheilvolle, historisch absurde Kontinuität vom Mittelalter bis zum modernen Antisemitismus[6].

Die Lehrplaneinheit 8.3 markiert die *Zeitenwende*, mithin das Ende des Mittelalters: *Menschen eröffnen (sich) neue Möglichkeiten* durch „neue Wahrnehmungen – neue Techniken", durch „die Veränderung der Weltsicht"[7]. Die Neuzeit (oder genauer Gutenberg – der „Mann des Millenniums"!) bringt jetzt die „Wissensgesellschaft". Dann wäre also das Mittelalter die Zeit der Unwissenheit, der tumben Barbarei? Dann hätte das Mittelalter keine „Kulturtechniken als Aneignung des Wissens" gekannt? Die Lehrplanstrategen schauen durch die Brille der Humanisten auf das Mittelalter. Sie hatten bekanntlich das Mittelalter erfunden und zum „finsteren" erklärt[8]. Sind wir heute wirklich nicht weiter? Dieser Lehrplan ist es

---

6   Wolfgang GEIGER, Der Anti-Antisemitismus und die Macht der Vorurteile. Erfahrungen eines Lehrers, in: Begegnungen. Zeitschrift für Kirche und Judentum 3 (2005) S. 2–19.
7   Lehrplan Geschichte (Anm. 3) S. 15.
8   Eine konzise Gesamtdarstellung der Mittelalter-Rezeptionen, auch der didaktischen Defizite, hat Thomas Martin BUCK vorgelegt: Mittelalter und Moderne. Ein Plädoyer für eine qualitative Erneuerung des Mittelalter-Unterrichts an der Schule (Forum Historisches Lernen),

jedenfalls nicht! Indem er wieder einmal das wohlfeile Klischee vom „finsteren Mittelalter" bedient, konterkariert er sein selbst gestecktes Lernziel: „Aufklärung historischen Vorverständnisses"[9].

Ohne Einzelheiten zu vertiefen, sind zwei Grundtendenzen festzuhalten, die beide wissenschaftlich unhaltbar und didaktisch fragwürdig sind:

1. Mittelalter und Moderne stehen in einem dichotomischen Unverhältnis einander gegenüber. Während die Geschichtswissenschaft längst gelernt hat, statt Brüchen und scharfen Epochengrenzen die Kontinuitäten zwischen Mittelalter und Neuzeit zu betonen, ignoriert der Lehrplan die Forschung von mindestens drei Jahrzehnten und spinnt die alte Saga vom Niedergang und Aufstieg fort: Wie der Phönix aus der Asche erhebt sich im Lehrplan mit der Renaissance die alles erhellende Neuzeit aus den Trümmern des Mittelalters[10].

2. Das Mittelalter erscheint als merkwürdig areligiöse, kirchenferne Zeit. Kirche und Religion werden nur dann bemüht, wenn sie unvermeidbar zur Erklärung von politischen und gesellschaftlichen Konflikten benötigt werden. In einer vergleichenden Analyse von europäischen Schulbüchern hat Wolfgang Hasberg kürzlich festgestellt, dass „die zentrale Rolle des Christentums für alle Bereiche des gesellschaftlichen Lebens [im Mittelalter] nicht transparent" wird und damit also „die Kultur tragende Funktion des Christentums [...] deutlich unterbelichtet" bleibt[11].

Tatsächlich ist es ein notorischer Mangel, dass Lehrpläne und Schulbücher die mittelalterliche Religiosität nicht explizit thematisieren, ebenso wenig wie die Ausdrucksformen des Glaubens innerhalb und außerhalb der Kirche oder die Wandlungsprozesse, welche Christentum und Kirche in ihrer Geschichte durchlaufen haben. Zum Vergleich: Während etwa die religiösen Vorstellungen der antiken Gesellschaften, die Götterwelten der Ägypter, Griechen und Römer, in den Lehrplänen der 6. Jahrgangsstufe selbstverständlich und zu Recht ihren Platz haben – ja, wesentlich zum Reiz der Antike beitragen –, werden Glauben und Kirche des Mittelalters gleichsam als geschichtslose Konstanten vorausgesetzt. Dies ist nicht nur angesichts fehlenden Religionswissens heutiger Schüler realitätsblind, es geht auch historisch in die Irre: „Einsicht in die Alterität historischer Zeit wird auf

---

9   Schwalbach/Ts. 2008, hier S. 100–106. Vgl. auch Johannes FRIED, Die Aktualität des Mittel-
    alters. Gegen die Überheblichkeit unserer Wissensgesellschaft, Stuttgart 2002.

9   Lehrplan Geschichte (Anm. 3) S. 12.

10 Zum Mittelalter-Bild in den Lehrplänen zusammenfassend: BUCK, Mittelalter und Moderne
    (Anm. 8) S. 56–84. Eine „Rückbindung der Moderne an das Mittelalter", wie BUCK (S. 69
    und S. 65f.) als Grundtendenz der Lehrpläne feststellt, bestätigen unsere Befunde aber gerade
    nicht. Im gymnasialen Bildungsgang (G8) mit der Reduktion des Mittelalters auf eine einzige
    Unterrichtseinheit tritt die Dichotomie zwischen alter und neuer Zeit noch schärfer hervor:
    http://lernarchiv.bildung.hessen.de/sek_i/geschichte/gym/index.html (Zugriff am 14.01.2010).

11 Wolfgang HASBERG, Das Mittelalter als christlich-kirchliche Zeit? Religion und Kirche in der
    Darstellung des Mittelalters, in: Bild des Mittelalters (Anm. 4) S. 193–224, hier S. 201.

diesem Wege einer unhistorischen, relativierenden Betrachtung geopfert"[12]. Ohne Kenntnis der fundamentalen christlichen Überzeugungen und Denkfiguren ist dem Mittelalter nicht beizukommen.

Und nicht nur dem Mittelalter! Das Christentum mit seinen vom Mittelalter tradierten Wertbezügen und mentalen Konzepten, mit seiner handlungsleitenden Dynamik im Guten wie im Schlechten – jenes im Mittelalter gedachte und gelebte Christentum bildet den Mutterboden – so fremd er uns Heutigen ist, und ob wir das wollen oder nicht –, in dem europäisches Selbstverständnis wurzelt. Sich dessen zu vergewissern, scheint in der Diskussion um den werdenden politischen Verband Europa dringend geboten, es zu ignorieren, ein schwerwiegendes Versäumnis nicht nur der historischen, auch der politischen Bildung[13]. An dieser Stelle aber versagen die Lehrpläne und in deren Gefolgschaft die Schulbücher!

3.   *Das Mittelalter ist statisch und voreuropäisch* – Lehrplan Baden-Württemberg: Bildungsgang Realschule/Klassen 6, 8, 10

Der baden-württembergische Lehrplan besticht zunächst durch seinen längsschnitt-artigen Ansatz. Er zielt ausdrücklich auf „Kompetenzen und Kerninhalte zu aktuellen Fragen und Problemstellungen"[14]. Er fordert somit den Gegenwartsbezug ein und ermöglicht mehr Flexibilität als das chronologische Prinzip. Für das Mittelalter bedeutet dies, dass es, wie die anderen Epochen auch, unter strukturellen oder systematischen (jedenfalls nicht rein chronologischen) Gesichtspunkten betrachtet wird bzw. betrachtet werden könnte.

Das Mittelalter begegnet im Themenbereich 2: *Lebens- und Wirtschaftsformen in der Vergangenheit* mit der „Ständegesellschaft im Mittelalter", während die Neuzeit das Leben und Wirtschaften um „Erfindungen, Entdeckungen, Entwicklungen" bereichert[15]. Es ist wieder die schon bekannte Dichotomie von Statik und Dynamik: Das Mittelalter verharrt in der starren Ständestruktur, in der augenscheinlich nichts „erfunden, entdeckt, entwickelt" wird. War hier Unwissenheit der

---

12 HASBERG (Anm. 11) S. 203.

13 Vgl. auch Arnold BÜHLER, Zwischen Europa und Orient. Der Kreuzzug Barbarossas – ein Lernfeld für das Fremdverstehen?, in: Geschichte in Wissenschaft und Unterricht 57 (2006) S. 412–426, hier S. 422f.; Ulrich BAUMGÄRTNER, „Ich mache doch keinen Religionsunterricht!" Reflexionen aus der Schulpraxis über die religiöse Dimension historischen Lernens, in: Die religiöse Dimension im Geschichtsunterricht an Europas Schulen. Ein interdisziplinäres Forschungsprojekt. Tagungsband, hg. von Waltraud SCHREIBER (Bayerische Studien zur Geschichtsdidaktik 2), Neuried 2000, S. 433–443.

14 Bildungsplan Realschule, Bildungsstandards für Geschichte, Klassen 6, 8, 10, 2004, S. 105: http://www.bildung-staerkt-menschen.de/service/downloads/Bildungsstandards/Rs/Rs_G_bs.pdf (Zugriff am 14.01.2010).

15 Bildungsplan Realschule (Anm. 14) S. 106f.

Lehrplaner am Werk oder falsch verstandene didaktische Reduktion oder einfach gedankenlose Traditionspflege?[16] Auch dieser Lehrplan vermeidet das Thema „Religiosität" mit peinlicher Abstinenz. Er erwähnt lediglich „geistliche und weltliche Herrschaft" (d.h. den Investiturstreit). Dabei sollte es um „Lebensformen" gehen: Die Politik wäre also geistlich geprägt, das Leben aber nicht!

Das Mittelalter fehlt gänzlich im Themenbereich 3: *Aufbau von Staaten und ihrer Herrschaftsstrukturen*[17]. Auf das Thema „Die Organisationsform Staat am Beispiel einer Hochkultur im Altertum" folgt unmittelbar „Der Absolutismus im 17. und 18. Jahrhundert in Frankreich". Gab es im Mittelalter also keine Formen vormoderner Staatlichkeit, weniger als in der Antike? Kannte das Mittelalter keine Wahlen, keine politische Partizipation, kein Repräsentationsgedanke, keine Machtkontrolle? Haben die Theoretiker des 17./18. Jahrhunderts außer ihrem Aristoteles, den sie übrigens aus mittelalterlicher Überlieferung kannten, nicht auch Thomas von Aquin studiert?

Das Mittelalter fehlt aber auch im Themenbereich 7: *Europa*, denn Europa beginnt erst im 19. Jahrhundert (*Von der nationalstaatlichen Ordnung zur Einheit*). Es ist das Europa der Nationen, der Nationalstaaten, des Nationalismus. Wer Europa so versteht, braucht tatsächlich kein Mittelalter![18]

---

16 Bezeichnenderweise ist in der Neuzeit der Arbeitsbegriff „Globus" zu behandeln (Anm. 14, S. 107). Es ist zu befürchten (oder gar beabsichtigt?), dass die Mehrheit der Lehrerinnen und Lehrer hier wieder die Mär vom Glauben an die Erdscheibe kolportieren dürfte, die erst Kolumbus im abenteuerlichen Selbstversuch widerlegt habe, zumal wenn die Unterrichtswerke selbst dem Vorschub leisten (vgl. Anm. 1). Der Bildungsplan Hauptschule für den Fächerverbund Welt-Zeit-Gesellschaft notiert S. 136 den Unterrichtsinhalt „Gestalt der Erde"! (http://www.bildung-staerkt-menschen.de/service/downloads/Bildungsstandards/Hs/Hs_WZG _bs.pdf (Zugriff am 14.01.2010). Lediglich die dreidimensionale Darstellung der Erdkugel (angefangen mit dem berühmten Behaim-Globus von 1492) ist eine Errungenschaft erst des späten 15. Jahrhunderts; vgl. SIMEK (Anm. 2) S. 43.

17 Bildungsplan Realschule (Anm. 14) S. 107.

18 Bildungsplan Realschule (Anm. 14) S. 112f. – Mittelalter wird außerdem noch – für unsere Fragestellung aber irrelevant – im Themenbereich 5 („Bevölkerungsbewegungen") behandelt, mit den Inhalten „Völkerwanderung" und „Gründung des Frankenreiches" (Anm. 14, S. 110). Die Arbeitsbegriffe „Merowinger, Karolinger, 800" fokussieren wieder (wie in Hessen und in den meisten Bundesländern) das frühmittelalterliche Königtum mit Karl dem Großen – als hätte Baden-Württemberg nicht die Staufer, Rheinland-Pfalz (mit dem Speyerer Dom) keine Salier!

4. *Das Mittelalter ist immobil und irrational* – Lehrplan Baden-Württemberg: Bildungsplan Gymnasium/Klassen 8, 10

Der Lehrplan für die baden-württembergischen Gymnasien ergibt für die Klasse 8 dasselbe Bild: Auch hier wird wieder die „Epochenwende zwischen Mittelalter und Neuzeit" und die „Auflösung der mittelalterlichen Ordnung" zelebriert; man begrüßt wieder das „neue Bild der Erde" (wieder die Kugelgestalt?)[19]. Auch im südwestlichen Bundesland lernen die Schülerinnen und Schüler viel über Reisekönigtum und Lehenswesen (die unvermeidliche „Lehnspyramide"[20]) und vor allem über mittelalterliche Städte, aber nichts über die geistige Kultur des Mittelalters. Die Kaiserkrönung Karls des Großen (800) und die Erfindung des Buchdrucks („um 1450") sind auch hier kanonische Epochendaten.

Anders wird das Mittelalter in der Lehrplaneinheit *Vielfalt und Einheit Europas* für die Klasse 10 akzentuiert: Die Schülerinnen und Schüler sollen „erkennen, dass die europäische Identität auf eine lange zurückreichende Geschichte zurückgreifen (!) kann"[21]. Von den „antiken Wurzeln Europas" mit den mittelalterlichen Rezeptionen des römischen Rechts führt der Weg zur „Formierung Europas im Mittelalter"[22]. Lernziele sind, dass die Schülerinnen und Schüler die Bedeutung der mittelalterlichen Klöster „für den zivilisatorischen Fortschritt erläutern sowie den Einfluss von christlicher Kirche und Mönchtum auf die Schaffung gemeinsamer Wertvorstellungen in Europa beurteilen" können; sie sollen ferner „beurteilen, inwiefern das karolingische Imperium ein Bezugspunkt des Europa-Gedankens sein kann". Hier definiert der kulturprägende und identitätsstiftende Effekt des Christentums Europa nicht als Summe von Nationalstaaten, so dass dieses Europa schon im Mittelalter Gestalt gewinnt.

Schade, dass das Mittelalter dann doch erst wieder überwunden werden muss für den „Aufbruch Europas in die Moderne". Denn die „abendländische Rationalität" wird urplötzlich in der Neuzeit erfunden, weil die Humanisten jetzt die Antike entdecken und ein „neues Welt- und Menschenbild" aus dem Hut zaubern: Auch in Baden-Württemberg lernen die Schüler nicht, dass es mittelalterliche Hüte waren, aus denen sie zauberten, weil das Mittelalter die Antike nie vergessen hatte! Auch

---

19 Bildungsplan Gymnasium, Klasse 8, 2004, S. 222: http://www.bildung-staerkt-menschen.de/service/ downloads/Bildungsstandards/Gym/Gym_G_bs.pdf (Zugriff am 14.01.2010).

20 Dazu schon kritisch Hartmut BOOCKMANN, Über einen Topos in den Mittelalter-Darstellungen der Schulbücher: Die Lehnspyramide, in: Geschichte in Wissenschaft und Unterricht 43 (1992) S. 361–372.

21 Bildungsplan Gymnasium (Anm. 19) S. 225.

22 Bildungsplan Gymnasium (Anm. 19) S. 226. Die (bewusste?) Anlehnung an Johannes FRIED, Die Formierung Europas 840–1046 (Oldenbourg Grundriss der Geschichte 6), München 1991, könnte auf wissenschaftliche Rezeption hindeuten; sie reicht aber über die Kopie des Titels nicht hinaus.

die „Europäisierung der Erde" findet ganz in der Neuzeit statt: Sie verkennt den christlichen Universalismus des Mittelalters, den die Neuzeit lediglich dynamisiert und globalisiert.

Dieser Lehrplan hat die Kontinuitätsidee greifbar angelegt – und stolpert dann doch wieder in die Periodisierungsfalle! So bleibt der Graben zwischen alt und neu, Beharrung und Aufbruch, Mittelalter und Moderne. Wir können auch sagen: Das Mittelalter bleibt dumm und in diesem Falle unschuldig![23]

Ob in Hessen oder Baden-Württemberg, die „verordnete Finsternis" des Mittelalters ist länderübergreifend, und auch die Lehrpläne anderer Bundesländer ergeben kein grundsätzlich anderes Bild[24]. Wir finden bestätigt, was jüngst in Bezug auf die Schulbücher festgestellt wurde: „Schulbücher haben wenig mit dem Stand von Wissenschaft und Forschung zu tun, den sie ohnehin nicht rezipieren, viel aber damit, welche Konzepte die ‚Macher' von Unterrichtswerken, in der Regel Lehrer, in die Geschichte hineinsehen"[25]. Man sollte die Macher von Unterrichtswerken und die Lehrer etwas aus der Schusslinie nehmen und sagen: welche Konzepte sie gehalten sind, in die Geschichte, hier ins Mittelalter, hineinzusehen – aufgrund ministerieller Verordnung durch die Bildungspläne!

5.   Anstöße für die Unterrichtspraxis

Was ist zu tun? – Gewiss würde der Mediävist am liebsten ganz neue Lehrpläne schreiben, dabei die scharfen Epochengrenzen über Bord werfen und den Finger darauf legen, was wir Heutigen vom Mittelalter gelernt haben. Dann meldet sich der Didaktiker oder besser der Praktiker zu Wort, der einsehen muss, dass eine solche Lehrplanrevision im Zeitalter der Kompetenzen und Standards keine Lobby findet. Außerdem verwirft der Praktiker zu Recht jeden Vorschlag, der den bestehenden Lehrplan um noch mehr Inhalte erweitert und damit noch mehr überfrachtet.

Will man mit dem geltenden Lehrplan auskommen – chronologisch aufgebaut und zugleich stoff- und kompetenzorientiert, wie er ist –, kann dies nur so geschehen, dass die darin enthaltenen Spielräume genutzt werden, indem die vorgeschrie-

23 Bizarr mutet hierzu die Erklärung eines Tagungsteilnehmers und verantwortlichen Mitglieds der Lehrplankommission an: Die formulierten Lehrplaninhalte seien gewissermaßen „mit Fragezeichen" zu lesen und als Aufforderungen zur Problematisierung zu verstehen!

24 Es wurden die Lehr- und Bildungspläne von Bayern, Rheinland-Pfalz und Nordrhein-Westfalen kursorisch verglichen. Sie sind über die Bildungsserver der Kultusministerien im Internet verfügbar.

25 Bea LUNDT, Mittelalterliche Geschlechterbeziehungen im Spiegel von deutschen und französischen Schulbüchern, in: Bild des Mittelalters (Anm. 4) S. 165. Vgl. auch Martin CLAUSS, Der neueste und gesicherte Forschungsstand? Zur Beziehung zwischen Fachwissenschaft und Schulbuchmediävistik, ebd. S. 19–46.

benen Inhalte neu strukturiert und akzentuiert werden. Zu denken ist an eine *synchrone* und eine *diachrone* Umstrukturierung, d.h. (synchron) die *Vernetzung von Themen* und (diachron) die *Verkettung von Wirkungszusammenhängen* (im Idealfall bis in die Gegenwart).

Ein Beispiel: In aller Regel strukturieren Geschichtslehrer die Unterrichtsinhalte so, wie sie im Schulbuch stehen, und dort stehen sie, wie der Lehrplan sie anordnet: nebeneinander, isoliert, allenfalls grob chronologisch gegliedert: das Kloster vor der Stadt, der Bürger nach dem Bauern und dem Ritter. Der hessische Lehrplan setzt die Kirchenreform („Auseinandersetzungen Kaiser – Papst") und die Kreuzzüge in verschiedene Lehrplaneinheiten[26]. Je nach Stoffverteilung kann dazwischen ein halbes Schuljahr liegen, in jedem Falle mehrere Wochen. Einen noch längeren Atem benötigen die Schülerinnen und Schüler in den Gymnasien in Baden-Württemberg: Dort liegen zwei volle Schuljahre, bis sie von „mittelalterliche Herrschafts- und Gesellschaftsformen, Kaiser, Papst" (in Klasse 8) endlich zu „Ursachen und Folgen der Kreuzzüge" (in Klasse 10) kommen[27]!

Die Themen gehören aber unmittelbar zusammen. Wer die Kreuzzüge anders verstehen will als eine für heutige Betrachter hirnlose Schlächterei[28], der muss etwas von den geistigen und geistlichen Bedingungen wissen, die darauf hinführten: die Emanzipation des Papstes zum Universalbischof, die universale Friedens- und Freiheitsidee der Kirche, die ihre Heilszuständigkeit nicht auf das Abendland beschränkt, sondern die Kirchen im Heiligen Land mit einbezieht[29].

In diachroner Perspektive sehen wir hier aber zugleich erste Spuren der Entgrenzung Europas (modern ausgedrückt: der Globalisierung), nämlich den Export europäischer Ideen in den Orient. Nicht erst die Entdecker und Konquistadoren des 16. Jahrhunderts, nicht die Kolonialherren der Neuzeit, schon die Pilger und Kreuzfahrer, die Missionare, Siedler und Kaufleute des Mittelalters haben damit begonnen, die Welt nach europäischen Mustern zu formen.

Wenn das Kapitel „Kreuzzüge" zu düster ist, es gibt auch lichtvollere Beispiele: Die Unterscheidung von geistlicher und weltlicher Gewalt, Grundpfeiler aller modernen Staaten der westlichen Welt (im Gegensatz zu den islamischen Staaten[30]),

---

26 Lehrplan Geschichte (Anm. 3) S. 12 und S. 14 = Lehrplaneinheiten 8.1 und 8.2.

27 Bildungsplan Gymnasium (Anm. 19) S. 222 und S. 226.

28 Der „Obelix-Effekt" nach BAUMGÄRTNER (Anm. 13) S. 439: „Wie der Held der französischen Comic-Serie stehen die Schülerinnen und Schüler vor ihnen unverständlichen Phänomenen, tippen sich an die Stirn und denken: ‚Die spinnen, die Kreuzfahrer [...]'."

29 Ein entsprechender Unterrichtsvorschlag liegt bereits vor: Thomas Martin BUCK – Ulrich MAYER, Kirchenreform und Kreuzzug. Eine neue Ordnung von Kirche und Welt, in: Geschichte lernen 120 (2007) S. 12–18. Vgl. auch mein „Themennetz" zum Kreuzzug Barbarossas: BÜHLER (Anm. 13) S. 424–426.

30 Eine der mittelalterlichen Scholastik vergleichbare, dem methodischen Zweifel verpflichtete Theologie, eine der Voraussetzungen für den Pluralismus der europäischen Geistesgeschichte, hat der Islam nicht hervorgebracht; vgl. Antony BLACK, Islamic and European political

ist ein Erbe des Mittelalters, ebenso wie die christliche Gleichheitsidee: die Gleichheit aller Getauften vor Gott, auch von Mann und Frau. Damit waren noch nicht die Menschenrechte und die Gleichberechtigung der Geschlechter formuliert – weiß Gott nicht! Aber diese wurden später eben in Europa formuliert und nirgendwo sonst, auf dem geistigen Fundament, das wiederum das Mittelalter gelegt hatte und auf dem die Aufklärer weiterbauen konnten[31].

Dies alles sind traditionelle Lehrplaninhalte, sie müssen freilich entdeckt, von curricularen Traditionsschlacken befreit und entsprechend aufeinander bezogen werden. Sie ergäben in der Gesamtschau ein anderes Mittelalter, das Schülerinnen und Schülern – und wohl auch manchen Lehrern – nicht mehr als graue Vorzeit erschiene, die wir glücklich überwunden hätten, sondern das sie als *unsere* Geschichte begreifen könnten, an der wir immer noch leiden und von der wir immer noch zehren.

---

thought. A comparative overview, 700–1650, in: Political Thought and the Realities of Power in the Middle Ages/Politisches Denken und die Wirklichkeit der Macht im Mittelalter, hg. von Joseph CANNING und Otto Gerhard OEXLE (Veröffentlichungen des Max-Planck-Instituts für Geschichte 147), Göttingen 1998, S. 269–276.

31 Zum Ganzen ungemein anregend Michael MITTERAUER, Warum Europa? Mittelalterliche Grundlagen eines Sonderwegs, München 2003, hier bes. S. 152–198. Mitterauer umschreibt den „Sozialraum Europa" als „das Europa von Renaissance und Humanismus, von Reformation und Gegenreformation, von Absolutismus und Aufklärung, von Ständewesen und kontrollierter Fürstenmacht, von Sozialdisziplinierung und Individualisierung, von Universitäten und säkularisierter Wissenschaft, von lateinischer Sprache und lateinischer Schrift" und verortet dessen Ursprung (gewiss stark zuspitzend) „in der Papstkirche des Mittelalters" (ebd. S. 198). Daran ist festzuhalten trotz des von Bea Lundt beklagten Eurozentrismus des Geschichtsunterrichts und des von Valentin Groebner im Schlussvortrag aufgedeckten Konstrukts „Europa" in der öffentlichen Mittelalter-Rezeption.

Nicola Brauch/Gerhild Löffler

Die Wirklichkeit des Mittelalters in der Schulpraxis

Erfahrungsbericht und kompetenzdidaktische Überlegungen

1. Einleitung

In diesem Beitrag reflektieren wir Erfahrungen aus der Schulpraxis des gymnasialen Mittelalterunterrichts in kompetenzdidaktischer Perspektive[1]. Ausgangspunkt ist die Beobachtung, dass der Vergleich von Wissensbeständen und Interesse an mittelalterlichen Themen zwischen Schülern der fünften, sechsten und zehnten Jahrgangsstufe einen dramatischen Einbruch in beiden Bereichen zeigt[2]. Wie lässt sich dieser Umstand erklären? Anders gefragt: unter welchen Voraussetzungen entsteht Wissen und Interesse in der Kindheit, die während der Adoleszenz häufig verloren gehen?

Diese Fragen stellen sich im Zeitalter nach PISA und den nunmehr auf Kompetenz und Output umgestellten Lehrplänen neu. Die akademische Fachdidaktik legte in den vergangenen Jahren mehrere Kompetenzmodelle vor[3] und steht nunmehr vor der Frage, ob und wie diese Modelle sich in ein empirisch valides Konstrukt integrieren lassen[4]. Die Kompetenzbegriffe der Lehrpläne überschneiden sich nur teil-

---

1 Wir orientieren uns am vierdimensionalen Kompetenzmodell der internationalen FUER-Gruppe, das u.E. die größten Anschlussmöglichkeiten mit anderen Modellen im internationalen geschichtsdidaktischen Diskurs, dem Begriff der PISA-Forschung und auch den Modellen anderer Fachdidaktiken aufweist. Vgl. zuletzt Waltraud SCHREIBER, Ein Kompetenzstrukturmodell historischen Denkens, in: Zeitschrift für Pädagogik 54/2 (2008), S. 198-212 und Nicola EISELE-BRAUCH, Nachhaltiges historisches Lernen als Gegenstand empirischer Lehr-/Lernforschung. Ein Rückblick auf den Tagungssommer 2009, in: Zeitschrift für Geschichtsdidaktik 2010, S. 143–159.

2 Hierbei unterscheiden wir nach Wissen und Interesse. Die Wissensbestände, auf die die Schüler zurückgreifen, differieren abhängig von der Jahrgangsstufe. So haben Zehntklässler im Rahmen der Fragebogen-Erhebung mit schulischem Wissen reagiert.

3 Vgl. Peter GAUTSCHI u.a., Geschichtsunterricht heute – eine empirische Analyse ausgewählter Aspekte, Bern 2007; Hans Jürgen PANDEL, Geschichtsunterricht nach PISA. Kompetenzen, Bildungsstandards und Kerncurricula, Schwalbach/Ts. 2005 und Michael SAUER, Kompetenzen für den Geschichtsunterricht – ein pragmatisches Modell als Basis für die Bildungsstandards des Verbandes der Geschichtslehrer, in: Informationen für den Geschichts- und Gemeinschaftskundelehrer 72 (2006) S. 7–20.

4 Andere Fachdidaktiken sind da bereits weiter, v.a. diejenigen, die direkt von PISA betroffen waren, wie die Mathematik- und Deutschdidaktik. Für die Geschichtsdidaktik ist wegen der

weise mit dem einen oder anderen Modell der Forschung. Schließlich ist der in der empirischen Bildungsforschung im Kontext der Analyse der PISA-Daten zugrundegelegte und fortentwickelte Kompetenzbegriff weder mit den in den geschichtsdidaktischen noch mit den curricularen Begrifflichkeiten deckungsgleich[5]. Nichtsdestotrotz sehen sich Lehrerinnen und Lehrer mit den kompetenzorientierten Lehrplänen konfrontiert und fühlen sich mit der Frage, wie sich diese auf konkrete Planungs- und Unterrichtsprozesse auswirken sollten, von der Fachdidaktik im Stich gelassen[6]. Andererseits gelingt die Implementierung aktueller Strömungen und Forschungsergebnisse der Fachwissenschaft in den Geschichtsunterricht nur mühsam und mit großen Zeitverlusten. Dies stellt ein gravierendes Problem dar, zumal sich auch die Mediävistik in den vergangenen Jahren Herausforderungen der Globalisierung[7] und des populären Geschichtsbooms[8] zu stellen beginnt, wodurch sich ein grundlegender Wandel in den Forschungsheuristiken anzubahnen scheint. Die Schulpraxis des Mittelalterunterrichts steht aufgrund dieser Analyse unter kompetenzdidaktischer Perspektive vor einer dreifachen Herausforderung: 1.) der Wissens- und Interesseschwund der Schüler[9] als ein Problem der kognitionspsychologischen Lehr- und Lernforschung, 2.) die Umstellung des Unterrichts von der Input- zur Output-Orientierung als geschichtsdidaktisches Problem und schließlich 3.) die Frage nach der Anschlussfähigkeit der vermittelten Inhalte an den Forschungsstand der Fachwissenschaft.

Die Situationsanalyse zeigt aber auch, dass in allen drei beteiligten Disziplinen der Fachwissenschaft, Fachdidaktik und der empirischen Lehr- und Lernforschung nach PISA aktuell eine Art Moratorium besteht, das sich als Chance für die Fortentwicklung eines Geschichtsunterrichts darstellen könnte, der jenseits des „Nürn-

---

Schnittmenge zur Lesekompetenz und der Frage nach einer spezifischen historical literacy besonders das Projekt der Forschergruppe um den Germanisten Volker Frederking interessant. Vgl. Volker FREDERKING u.a., Literarästhetische Urteilskompetenz erfassen, in: Literalität. Bildungsaufgabe und Forschungsfeld, hg. von Andrea BERTSCHI-KAUFMANN und Cornelia ROSEBROCK, München 2009, S. 165–179.

5   Johannes HARTIG – Eckart KLIEME – Detlev LEUTNER (Hg.), Assessment of competencies in educational contexts, Göttingen – Cambridge 2008.

6   Vgl. EISELE-BRAUCH (Anm. 1).

7   Vgl. Hans-Werner Goetz und Bea Lundt in diesem Band.

8   Vgl. Barbara KORTE – Sylvia PALETSCHEK, Geschichte in populären Medien und Genres: Vom Historischen Roman zum Computerspiel, in: History goes pop. Zur Repräsentation von Geschichte in populären Medien und Genres, hg. von Barbara KORTE und Sylvia PALETSCHEK, Bielefeld 2009, S. 9–61 und Jerome DE GROOT, Consuming History. Historians and Heritage in contemporary popular culture, London 2009.

9   Diese Beobachtungen werden auch durch empirische Untersuchungen gestützt. Vgl. EISELE-BRAUCH (Anm. 1) und Bodo VON BORRIES, Historisch Denken Lernen – Welterschließung statt Epochenüberblick. Geschichte als Unterrichtsfach und Bildungsaufgabe (Studien zur Bildungsgangforschung 21), Opladen u.a. 2008, S. 42–47.

berger Trichters" für eine Kultur des „Denkens statt Paukens"[10] plädiert. Dabei geht es nicht um die weitverbreitete aber grundfalsche Dichotomie „Fakten versus Kompetenz" oder gar „Inhalt versus Kompetenz". Es geht vielmehr darum, Lernende durch Unterricht zur selbstständigen und selbstregulierten Aneignung von Kompetenzen historischen Denkens zu befähigen. Darin kommen der Lehrperson und deren Befähigung zur Konzeption kompetenzorientierter Lehr- und Lernarrangements eine entscheidende Rolle zu[11].

Ein weiterer Aspekt, der hier nicht vertieft erörtert wird, liegt in der Aufgabe, auch für den Geschichtsunterricht valide Aufgabenformate zu konstruieren, mit deren Hilfe Vergleichsstudien zu Kompetenzerwerb und Lernprogression gemessen und erforscht werden können. Dazu bedürfte es der Passung von fachwissenschaftlich authentischen Beispielen, kompetenzdidaktisch elaborierten Aufgabenstellungen und eines Unterrichts, der dem Forschungsstand der Lehr- und Lernforschung entspricht. Fällt einer der drei Aspekte weg, ergibt die Messung des Lernstandes ein verzerrtes Bild.

Im Folgenden werden wir auf der Basis einer explorativen, qualitativen Langzeit-Studie den Ist-Zustand hinsichtlich der empirischen und curricularen Aspekte des gymnasialen Mittelalterunterrichts vorstellen, kompetenzdidaktisch diskutieren und schließlich mögliche Grundzüge einer interdisziplinär orientierten Kompetenzdidaktik vorstellen.

2.   Wissen und Interesse der Schüler

Im Juni 2009 befragte Gerhild Löffler ihre Schüler in der fünften und sechsten Jahrgangsstufe. Die Ergebnisse decken sich mit anderen Studien[12]: die Schüler wissen bereits vor der Behandlung des Themas im Schulunterricht viel über das Mittelalter und interessieren sich auch sehr dafür. Das geht so weit, dass einige der Meinung sind, darüber bräuchten sie in der Schule eigentlich nichts mehr lernen, weil sie schon alles wüssten. Ganz klar überwiegen dabei sachkulturelle und dingliche Inhalte. Das Wissen ist klar bezogen auf populärhistorische Erzählungen wie

---

10 Sächsische Akademie für Lehrerfortbildung (Hg.), Geschichte denken statt pauken. Didaktisch-methodische Hinweise und Materialien zur Förderung historischen Denkens, bearb. von Sylvia MEBUS und Waltraud SCHREIBER, Meißen 2005.

11 Vgl. Harry HAVEKES – Arnoud AARDEMA – Jan DE VRIES, Active Historical Thinking: designing learning activities to stimulate domain-specific thinking, in: Teaching History 139 (June 2010) S. 52–59.

12 Vgl. Michael SAUER, Geschichte und Geschichtsunterricht – Erfahrungen und Interessen, in: Geschichte in Wissenschaft und Unterricht 4 (2006) S. 266–275 und Toralf SCHENK, Der Zug ist abgefahren. Konzeption und Zwischenergebnisse einer Untersuchung zu geschichtlichen Interessen und historischen Vorstellungen von Schülern im Primar- und Sekundarbereich, in: Zeitschrift für Geschichtsdidaktik 2007, S. 166–197.

Roman, Film, Computerspiel, Märchen und andere Medien und Genres. Ganz anders das Bild, das sich aus der Analyse der Daten einer zehnten Klasse ergibt[13]. Hier hat ein Drittel der Befragten keine nennenswerten Erinnerungen mehr an den Unterricht, ein weiteres Drittel greift ganz offensichtlich auf die aus der Kindheit überkommenen Vorstellungen zurück, und ein Drittel erinnert dunkel lehrplanrelevante Begriffe wie Lehenswesen, Kloster und Feudalismus aus dem Geschichtsunterricht in Klasse 8. Interesse an dieser Epoche ist bei den im Schnitt Sechzehnjährigen kaum vorhanden, eher drückt sich in den Aussagen die Frage aus, warum das Mittelalter überhaupt im Schulunterricht eine Rolle spielen muss[14].

Zusammenfassend lässt sich sagen, dass Kinder im Alter von etwa 12 Jahren großes Interesse und auch Wissen mitbringen, wovon einige Jahre später kaum etwas bleibt. Woran liegt das? Dieser Frage möchten wir uns zunächst mit Blick auf die curricularen Rahmenbedingungen zuwenden.

3.   Curriculare Voraussetzungen

Gerade der Geschichtsunterricht hat von der Verkürzung der gymnasialen Schulzeit in Baden-Württemberg durchaus profitiert. Zunächst dadurch, dass der gymnasiale Geschichtsunterricht vom empirisch nachweislich größeren Interesse an vormodernen Epochen im Kindesalter durch die Vorverlegung des Anfangsunterrichts von Klasse 7 nach Klasse 6 nun stärker profitieren kann als zuvor. Der für die Kinder merkwürdige Bruch im historischen Lernen, das im Sachunterricht der Primarstufe eine wesentliche Rolle einnimmt, kann aufgrund der Lehrplanreform daher lern- und entwicklungspsychologisch für den Kompetenzerwerb historischen Denkens in der Sekundarstufe fruchtbar gemacht werden. Ein weiteres Novum betrifft die Wiederaufnahme der vormodernen Epochen im Lehrplan der Klasse 10 unter der Fragestellung nach Wurzeln und Identität Europas. Auch die jeweils vorgesehenen Anteile sind mit durchschnittlich der Hälfte der verfügbaren Unterrichtszeit in Klasse 7 (darin vergleichbar der Einheit Rom) und etwa einem Drittel in Klasse 10 kaum zu beklagen. Damit stehen die Chancen, am Beispiel des Mittelalters Kompetenzen historischen Denkens zu fördern, an sich nicht schlecht.

Das vierdimensionale Modell der FUER-Gruppe beschreibt als oberstes Ziel historischen Lernens die Förderung und Entwicklung reflektierten und selbst-reflexiven Geschichtsbewusstseins, das künftigen Bürgern einer demokratischen Gesellschaft zur aktiven Teilhabe an geschichtsbezogenen Diskursen und zu persönlicher

---

13   Gerhild Löffler unterrichtete diese Klasse im Geschichtsunterricht der Klasse 8 und befragte dieselben Schüler zweieinhalb Jahre später als Zehntklässler.

14   Vgl. dazu auch Thomas Martin BUCK, Geschichte des Mittelalters für unsere Zeit? Warum und für wen soll das Mittelalter eigentlich gerettet werden?, in: Zeitschrift für Geschichtsdidaktik 2007, S. 253–264.

Meinungsbildung befähigt[15]. Dazu bedarf es des Einübens des an den Konventionen des Faches orientierten wissenschaftsförmigen Denkens. Die im Folgenden kurz vorgestellten vier Dimensionen hängen zwar zusammen, zielen jedoch gleichwohl auf spezifische Kompetenzen.

Die möglicherweise wichtigste darunter ist die Fähigkeit, Fertigkeit und Bereitschaft, eine historisch reflektierte Frage zu entwickeln, denn: „Ohne historische Fragen keine Geschichte"[16]. Diese setzt den kognitiven wie metakognitiven Vorgang wissenschaftsförmigen Denkens in Gang: eine Lösungsstrategie ist zu entwickeln, Hypothesen zu generieren, zu überprüfen und das Ergebnis der Überprüfung in einer narrativierten Form reflektiert darzustellen. Das bedeutet für die genauere Identifizierung der vier Dimensionen: eine historische Fragestellung selbst entwickeln und in Texten erkennen können (Fragekompetenz), zur Überprüfung der Frage und der damit einhergehenden Analyse der Hypothesen methodisch geleitet vorgehen (Methodenkompetenz: Dekonstruktion) und schließlich ebenso das Ergebnis wiedergeben können (Methodenkompetenz: Rekonstruktion). Dies bedarf der Integration von Begriffen von Forschungsstand und Diskurs und der Fähigkeit, diese zur Generierung der Lösungsstrategie systematisierend anzuwenden (Sachkompetenz). Die vierte Dimension bildet den metakognitiven Vorgang der Auseinandersetzung des Lernenden im historischen Denken ab: Reflektieren in Bezug auf Identität und Alterität und Folgen des Denkprozesses für eigenes Handeln und auch die Fähigkeit, Fertigkeit und Bereitschaft zur Reflexion und Reorganisation eigener Geschichtsbilder (Orientierungskompetenz).

Das FUER-Modell ist in seiner generellen Zielsetzung, die Lernenden zur Diskurs- und Urteilsfähigkeit in einer demokratischen Gesellschaft zu befähigen, anschlussfähig an den Kompetenzbegriff der empirischen Bildungsforschung. Der entwickelte sich in der Datenanalyse der durch PISA und anderer Vergleichsstudien in den letzten Jahren vor allem hinsichtlich der Ermöglichung von Kompetenzförderung. Zentrales, weil bedingendes Moment dafür ist der Bezug von Lernumgebungen zu alltagsrelevanten Situationen. Reflektiertes Agieren und Partizipieren an demokratischen Gesellschaftsformen stellt insofern eine geschichtsdidaktisch relevante Situation dar, als der öffentliche wie private Raum mit geschichtskulturellen Repräsentationen gesättigt ist. Als ein wesentlicher Begriff dazu sei das „kollektive Gedächtnis" (Jan Assmann) genannt, wie es sich etwa in der öffentlichen Erinnerungskultur von Gesellschaften niederschlägt. Davon zu unterscheiden ist die individuell motivierte Rezeption von populärhistorischen

---

15 Vgl. Waltraud SCHREIBER u.a., Historisches Denken. Ein Kompetenz-Strukturmodell, in: Kompetenzen historischen Denkens. Ein Strukturmodell als Beitrag zur Kompetenzorientierung in der Geschichtsdidaktik, hg. von Andreas KÖRBER, Waltraud SCHREIBER und Alexander SCHÖNER, Neuried 2007, S. 15–17.

16 Waltraud SCHREIBER, Kompetenzbereich historische Fragekompetenzen, in: SCHREIBER u.a., Historisches Denken (Anm. 15) S. 155–194.

Erzählungen im Roman, im Film und vielfältigen anderen Medien und Genres. Der von Hartmut von Hentig im Vorwort des baden-württembergischen Bildungsplanes von 2004 angewandte Kompetenzbegriff entspricht dem in vielerlei Hinsicht ebenso wie derjenige, der dem Vorwort für den Kompetenzerwerb im Geschichtsunterricht zugrunde liegt.

Die curricularen Rahmenbedingungen sind damit alles andere als schlecht – daran scheitert der stabile Aufbau von Wissensstrukturen auch für das Mittelalter nicht. Warum gelingt es dennoch kaum, dem Mittelalter durch Geschichtsunterricht nachhaltige Präsenz im Geschichtsbewusstsein von Schülern zu verschaffen? Dazu möchten wir uns im Folgenden dem Unterricht selbst zuwenden und nach möglichen Konstruktionsprinzipien kompetenzorientierter Lernumgebungen fragen.

4.   Nachhaltiger Geschichtsunterricht?

Nachhaltiges Lernen vollzieht sich in Lernumgebungen, die sich an alltagsrelevanten Situationen orientieren. Nachdem die curricularen Voraussetzungen im Fach Geschichte dafür überaus günstig sind, lenkt der oben dargestellte Befund den Blick auf die Inhalte und die Gestaltung von Lernprozessen im Geschichtsunterricht allgemein[17]. Die empirische Lehr- und Lernforschung hat gezeigt, dass Wissen sich dann nachhaltig aufbauen kann, wenn der Unterricht sich durch den Dreiklang von kognitiver Aktivierung, Kompetenzerfahrung und Autonomieerfahrung auszeichnet[18]. Motivation, Interesse und Emotionen spielen dabei eine große Rolle.

Entgegen diesen Forschungsergebnissen zeigen empirische Studien, dass das unterrichtliche Handeln von Geschichtslehrern vielfach noch immer dem Prinzip von Vortrag und Rezeption folgt und das Lehrerverständnis von historischem Lernen sich diametral entgegen den Zielsetzungen von Lernprozessen historischen Denkens offenbart[19]. Darin bildet sich das eingangs erwähnte Bedürfnis vieler Lehrer nach Hilfestellung im Umgang mit den kompetenzorientierten Lehrplänen ab sowie das politische Versäumnis, die doppelte Herausforderung in der Verkürzung der gymnasialen Schulzeit und der nahezu zeitgleich erfolgten curricularen Änderungen durch wirkungsvolle Fortbildungen zu flankieren. Neben der Gestaltung von Unterrichtsprozessen und den Haltungen von Lehrpersonen zum historischen Lernen ist der dritte problematische Punkt das keinesfalls an die Bedürfnisse kompetenzorientierten Lernens angepasste Materialangebot für den Geschichts-

---

17   Zum entmutigenden Befund empirischer Studien zum nachhaltigen Wissenserwerb im Geschichtsunterricht VON BORRIES, in: EISELE-BRAUCH (Anm. 1).

18   Vgl. Edward L. DECY – Richard M. RYAN, Die Selbstbestimmungstheorie der Motivation und ihre Bedeutung für die Pädagogik, in: Zeitschrift für Pädagogik 39 (1993) S. 223–238.

19   Vgl. Nicola EISELE-BRAUCH (Anm. 1).

unterricht, vor allem in seiner konventionellsten Form, dem Schulbuch[20]. Einer Überprüfung hinsichtlich der Passung des präsentierten Materials mit kompetenzfördernden Aufgabenformaten halten die wenigsten Bücher und Materialien stand.

Wenn Schüler an den Eingangsunterricht durch ihr vorgängiges Interesse am Mittelalter hohe Erwartungen setzen, so werden diese regelmäßig dadurch enttäuscht, dass der Geschichtsunterricht sie nicht dazu anleitet, auf ihre alltagsförmigen und auf populäre Vorprägung bezogenen Fragen Antworten zu finden. Aufgrund dieser Beobachtung suchen wir im folgenden Abschnitt nach Möglichkeiten, Schülerfragen und curriculare Anforderungen zusammenzubringen[21].

5. Geschichtskulturelle Prägung und die Förderung historischen Denkens

Schüler werden in ihrem Alltag und auch in der Schule mit geschichtskulturellen Repräsentationen historischer Themen und Fragestellungen konfrontiert. Das Eiszeitjahr 2009, Ausflüge, Urlaubsreisen zu Stätten antiker Geschichte, die verschiedenen Formate in Spielfilm, Dokutainment und Romanen, Computerspiele, Mittelaltermärkte und vieles mehr generieren geschichtsaffine Wissensbestände und wecken Interesse. Die individuellen Vorstellungen über Geschichte sind daher nachhaltig, Geschichten und Bilder bleiben im Gedächtnis haften.

Wie lassen sich diese individuell höchst unterschiedlichen Voraussetzungen in die Entwicklung curricular gebundener historischer Lernprozesse überführen? Ein möglicher Weg aus diesem Dilemma heraus könnte in der Professionalisierung von Lehrpersonen in der Erhebungskompetenz von intuitivem Wissen und Interesse der Schüler bestehen. In der Praxis zeigt sich häufig (und dies wird durch die pädagogische Forschung seit nunmehr vierzig Jahren gestützt), dass Lehrpersonen versuchen, die Schüler „dort abzuholen, wo sie stehen", und dann ratlos sind, wie mit all dem, was da an Wissen und Fragen zu Tage kommt, im curricular gebundenen Unterricht umzugehen ist. Klassisches Beispiel dafür ist die Einstiegsstunde zu einem neuen Thema. Die Schüler werden aufgefordert, auf Metaplankarten Assoziationen zu notieren und an der Tafel zu clustern. Nur selten ergibt sich aus dem so von den Schülern organisierten klassenspezifischen Curriculum eine hohe Deckungsgleichheit mit den Lehrplaninhalten. Andererseits bilden sich hier alltags-

---

20 Vgl. Waltraud SCHREIBER – Alexander SCHÖNER, Schulbücher analysieren. Grundlagen – Methoden – Praxis (in Vorbereitung); DIES. – Sylvia MEBUS (Hg.), De-Konstruktion von Schulbüchern, 2. Aufl., Neuried 2006.

21 Vgl. Nicola EISELE-BRAUCH, Piraten?! Erhebung und instruktionslogische Analyse populärhistorischer Vorprägungen von Geschichtsbewusstsein im Grundschulalter, in: Zwischen Fachdidaktik und Stufendidaktik. Perspektiven für die Grundschulpädagogik, hg. von Karl-Heinz ARNOLD u.a., Wiesbaden 2010, S. 165–169.

relevante Schwerpunkte, die im outputorientierten Lernprozess maßgeblich sind. Als solche lassen sich etwa Inhalte und Fragestellungen beschreiben, die sich auf die Lektüre von Ken Folletts „Säulen der Erde" beziehen. In diesem Fall ergäbe die curriculare Synthese eine Schnittmenge mit den Standards Lehenswesen, Stadt im Mittelalter und Alltagsgeschichte im baden-württembergischen Bildungsplan.

Kompetenzdidaktisch gewendet lassen sich an diesem Beispiel exemplarisch die vier Dimensionen des Kompetenzmodells durchbuchstabieren. In einer explorativen Studie mit Lehramtsstudierenden des ersten Semesters[22] wurden die Teilnehmer dazu aufgefordert, historische Fragen in Bezug auf Ken Folletts „Säulen der Erde" zu stellen, um so den Ist-Stand von Abiturienten im Bereich der historischen Fragestellungs-Kompetenz zu messen. Das Ergebnis zeigt, dass nur wenige in der Lage waren, spontan reflektierte historische Fragen zu stellen. Nur wenige Fragestellungen repräsentieren die drei von Jörn Rüsen definierten Indikatoren reflektierten historischen Denkens: die Zeitdimension[23], Interpretation und Argumentation[24]. Dieser Befund wird gestützt durch die Begründungsmuster für die Wahl eines Seminars, das einen historischen Roman zum Thema hat. Die Analyse zeigt, dass die wenigsten die fiktionale Gattung des Romans reflektieren, sehr wohl aber ihr Interesse damit erklären, dass sie sich auf dieser Grundlage schon in ihrer Kindheit und Jugend sehr gerne mit (mittelalterlicher) Geschichte befasst haben, und zwar im Sinne von Wissenserwerb.

Darin zeigt sich, dass künftige Geschichtslehrer teilweise durch das in Kindheit und Adoleszenz entwickelte Interesse ein Studium aufnehmen, mit der Vorstellung, später ihren Unterricht mit historischen Romanen und Spielfilmen in der Form bestreiten zu können, dass sie damit Lernfreude bei den Schülern auslösen und zugleich zeigen können, „wie es wirklich gewesen ist". Die Fragen, die sie auf Grundlage ihres Interesses stellen, sind überwiegend alltagsförmige historische Fragen. Neben der Motivation, „mehr über das Mittelalter zu erfahren", gilt das Interesse der Studierenden der Überprüfung der historischen Triftigkeit des Roman-Inhalts. An dieser Stelle lässt sich didaktisch ansetzen, und das Bewusstsein hinsichtlich der Unterschiede alltagsförmigen zu wissenschaftsförmigen historischen Fragens einüben und ausbauen.

In diesem Sinn lässt sich am Beispiel des Interesses am historischen Roman das Ziel, reflektiertes und selbst-reflexives Geschichtsbewusstsein in situierter Lernumgebung zu fördern, kompetenzdidaktisch präzisieren: Zur Dekonstruktionskompetenz gehört das Aneignen von Methoden zur Erschließung des historischen For-

---

22   WS 2009/10 (Albert-Ludwigs-Universität Freiburg).

23   Fokussierungen im FUER-Modell, das nach Rüsen zwischen Vergangenheit und Geschichte unterscheidet. Um eine historische Erzählung handelt es sich erst, wenn eine Frage aus der Gegenwart, die Vergangenheitspartikel systematisch organisiert und dabei Gegenwart und Zukunft reflektiert.

24   Jörn RÜSEN, Historisches Erzählen, in: Handbuch Geschichtsdidaktik hg. von Klaus BERGMANN u.a., 5., überarb. Aufl., Seelze-Velber 1997, S. 57–63.

schungsstandes in Bezug auf die romanbezogene Fragestellung. In diesem Falle ist das die Geschichte Englands und Frankreichs im 12. Jahrhundert sowie Ergebnisse der sozial- und mentalitätsgeschichtlichen Forschung. Die Entwicklung der Sachkompetenz beinhaltet das Kennenlernen und Anwenden des begrifflichen wie konzeptuellen Instrumentariums der Geschichtswissenschaft (hier bezogen auf das 12. Jahrhundert und die Begrifflichkeiten sozial- und mentalitätsgeschichtlicher Fragestellungen), das zur Rekonstruktion der Fragestellung vonnöten ist. Dies beinhaltet auch das Einüben der Organisation von Detailwissen durch dessen Systematisieren entlang des Erkenntnisinteresses der jeweiligen Fragestellung. Auf die Teilbereiche der Orientierungskompetenz zielen Aufgaben, die die Selbstreflexion anregen: Warum identifiziere ich mich mit Aliena? Wie schafft der Autor diese Anschlussfähigkeit? Welche Rolle spielt dabei England im 12. Jahrhundert als Schauplatz im Vergleich zu meinem Rezeptionsverhalten als Leser eines Romans[25]? Inwiefern verändern sich meine Vorstellungen über das Mittelalter und über den Erkenntniswert historischer Fiktionen durch die geschichtswissenschaftliche Analyse meiner eingangs generierten Fragen?

Geschichtskulturelle Vorprägung, so ist unsere Annahme, lässt sich mit Hilfe einer erhebungsgestützten curricularen Synthese von intuitivem, populärhistorisch geprägten Wissens- und Interessensbeständen in kompetenzdidaktisch valide Lernumgebungen und Aufgabenformate überführen. Entgegen der in der Öffentlichkeit geführten Debatte häufig vertretenen Meinung, die Kompetenzorientierung führe zu einer inhaltlichen Verflachung des Geschichtsunterrichts, erfordert die Durchführung von alltagsaffinen Lernprozessen von der Lehrperson lebenslange Bereitschaft zur wissenschaftlich geleiteten Erweiterung eigenen historischen Wissens. Eine kompetenzdidaktisch versierte Lehrperson muss selbst in hohem Maße über ein reflektiertes und selbst-reflexives Geschichtsbewusstsein verfügen, dazu bereit und in der Lage sein, die eigenen Geschichtsbilder stets historisch zu hinterfragen und wissenschaftlich zu reorganisieren. Erst ein durch die grundsätzliche Bereitschaft zum Fremdverstehen geprägter Habitus befähigt die Lehrperson zur curricularen Kodierung der Erhebungsergebnisse von Schülerwissen zur Entwicklung kompetenzdidaktischer Lernumgebungen. In Anbetracht der empirischen Befunde zum Lehrerhabitus in Bezug auf Selbstverständnis und Begriff von historischem Lernen steht die Lehrerbildung hier vor großen Aufgaben. Neben der Habitusschulung könnte eine Grundbildung in den Methoden der empirischen Bildungsforschung zur Professionalisierung der Erhebungs- und Analysefähigkeiten von künftigen Lehrpersonen ein neues Ziel in der Lehrerbildung darstellen.

---

25 Vgl. den Beitrag „Alles authentisch, alles fiktiv!" von Nicola Brauch in diesem Band.

6.   Multiple Alteritäten im Mittelalterunterricht

Die Vorprägung des Geschichtsbewusstseins von Lernenden bezieht sich mehrheitlich auf populärhistorische Erzählungen und Repräsentationen mit eindeutigem Mittelalterbezug. Das Mittelalter ist daher ein curricularer Inhalt, der sich unmittelbar auf die alltagsrelevante Situation der reflektierten Auseinandersetzung mit den im Geschichtsbewusstsein vorfindlichen Vorstellungen bezieht. Die Studien zeigen allerdings, dass sich diese Alltagsrelevanz den Schülern durch den Unterricht nicht immer vermittelt. Während wir im letzten Abschnitt über die Konsequenzen für Konstruktionsmerkmale von Unterricht nachgedacht haben, wenden wir uns im Folgenden den epochenspezifischen didaktischen Potenzialen des Mittelalters zu.

Das Mittelalter ist allein durch seine zeitliche Entfernung eine „andere Welt". In der Begegnung mit den daraus erhaltenen Artefakten wie Burgen, Ritterrüstungen, Handschriften und Erzählungen wird dies erfahrbar. Gerade in seiner Alterität wirft es Fragen nach den Gründen von Gemeinsamkeiten und Unterschieden im Vergleich zur heutigen Zeit auf, Fragen nach den Begründungszusammenhängen von Entwicklungslinien und schließlich Fragen nach den spezifischen Gattungen mittelalterlicher Quellen. Die Faszination von Kindern am Mittelalter bezieht sich in erster Linie auf Erzählungen wie Märchen, Romane und Fantasy. Faszinierend ist das Mittelalter aus psychologischer Perspektive als „second world", oder wie Tolkien es in Bezug auf Märchen einmal zusammenfasste, weil es Flucht, Trost und Wiederherstellung ermöglicht[26]. Das Faszinosum besteht in dem Dualismus von Unterdrückung und Heldentum, von Auslieferung und Rettung, von gut und böse. Auf der einen Seite steht eine von Schülern als unmodern und zurückgeblieben empfundene Welt, in der Mord und Krieg herrschen, Frauen oder Gesinde rechtlos sind und ein allmächtiger König unumschränkter Herrscher über Land, Leute, Leben und Tod ist. Auf der anderen Seite bringt diese Welt Helden hervor, starke Männer und manchmal auch Frauen, die klug sind, gegen Ungerechtigkeit und Unterdrückung und für das Gute kämpfen, das Böse vernichten und dadurch Ansehen und Reichtum erwerben. Hier öffnen sich für Heranwachsende und auch Erwachsene nicht nur vielfältige Identifikationsangebote, gleichzeitig wird dieses Muster mit der Epoche „Mittelalter" gleichgesetzt. Die Divergenz von Vorstellung und historischem Forschungsstand lässt sich an der Figur des Königs verdeutlichen. Die Kinder beschreiben ihn als allmächtig und unermesslich reich. Aber die Könige des europäischen Mittelalters sind weder das eine noch das andere – sie sind nach allem, was die Forschung heute weiß, ganz anders als die in Fiktionen repräsentierten Bilder. Auch die Vorstellungen über das Mittelalter mit guten und bösen

---

26   Vgl. Nicola EISELE, Kleiner Hobbit und Großer Artus: Populäre mittelalterliche Mythen und ihr Potenzial für die Förderung historischen Denkens, in: KORTE – PALETSCHEK (Anm. 8) S. 83–102.

Helden, guten Prinzessinnen, bösen Hexen, tapferen Rittern oder bösen Mächten halten einer Überprüfung nicht stand. Insofern eröffnet die Frage nach Bewertungskriterien menschlichen Handelns im Sinne der curricularen Synthese Möglichkeiten zum Anschluss an das Konzept der historischen Anthropologie, deren Diskurse sich mit den Möglichkeitsbedingungen anthropologischer Grundkonstanten wie Liebe, Freundschaft oder Machtgelüsten auseinandersetzen.

Neben der Alterität der im Geschichtsbewusstsein vorfindlichen Repräsentationen des Mittelalters[27] ermöglicht diese Epoche weitere spezifische Möglichkeiten historischer Alteritätserfahrung. Insofern historische Fragen sich an der Begegnung mit Erzählungen entzünden, sieht sich jedwede historische Reflexion mit der Auseinandersetzung von Identität und Alterität konfrontiert. Da die Vorstellungen über das Mittelalter der Ritter, Prinzessinnen und Könige sich in hohem Maße auf Epik und Lyrik beziehen, deren fiktionaler Charakter schon zur Zeit ihrer Entstehung den gebildeten Rezipienten bewusst war, erfordert der reflektierte Umgang mit modernen populärhistorischen Erzählungen ein kognitiv wie geschichtstheoretisch versiertes Reflexionsniveau. Es stellt daher eine besondere Herausforderung für reflektiertes didaktisches Denken und Handeln für die Lehrperson dar, die sich der Integration alltagsförmiger Vorprägungen zur Entwicklung von Unterricht stellt. Gerade die populärhistorische Erzählung der Gegenwart ermöglicht das Fördern spezifisch historischen Denkens, wenn sie nach der Funktion von Gattungsentscheidungen des Autors, nach den historischen Referenzquellen und deren Kontext sowie nach der Funktion der Figuren fragt. Eine solche Analyse schließt damit unmittelbar an die Methoden der historisch-kritischen Quellenkritik an.

Das Mittelalter erweist sich also in seiner geschichtskulturell bedingten Repräsentation im Geschichtsbewusstsein der Schüler als mindestens dreifach durch Alterität gekennzeichnet. Erstens die Alterität durch Zeitdifferenz, zweitens die Alterität durch medial konstruierte Wissensbestände im Geschichtsbewusstsein und drittens die Alterität der mittelalterlichen Erzählungen als Dichtungen aus einer vergangenen Zeit. Kompetenzdidaktisch ließe sich diese dreifache Alterität als „Steigbügelhalter" zur Förderung historischen Denkens im Mittelalterunterricht wenden. Indem Alteritäten Fragen provozieren, sind sie in besonderer Weise geeignet, historische Denkprozesse anzustoßen, und das Mittelalter lädt dazu in besonderer Weise ein. Fachwissenschaftlich findet dieser Zugang in besonderer Weise Anschluss an die Konzepte der historischen Anthropologie, der Mentalitäts- und Sozialgeschichte. Die intrinsisch motivierte Perspektivenübernahme mit mittelalterlichen Helden führt lernpsychologisch in alltagsrelevante Mittelaltersituationen und direkt in die Konfrontation mit den Alteritäten, die das Mittelalter als „second world" mit sich bringt.

---

27 Vgl. Rolf SCHÖRKEN, Historische Imagination und Geschichtsdidaktik, Paderborn u.a. 1994.

7.   Zusammenfassung und Ausblick

Wenn der Lehrplan „grundlegendes Wissen über wesentliche Ereignisse, Personen, Entwicklungen, Strukturen, Begriffe und Epochen" einfordert, so bleibt für viele Lehrpersonen doch noch Klärungsbedarf, inwiefern das mit Kompetenzorientierung und Standards zu verbinden wäre. So gibt es im baden-württembergischen Bildungsplan zwar die Leitgedanken zum Kompetenzerwerb, die dazu Hinweise geben, allerdings erklärungsbedürftig sind, zumal sie vor der Erarbeitung domänenspezifischer Kompetenzmodelle entstanden sind. Da auch die fachdidaktische Diskussion offen ist, bleiben ausreichende Fortbildungsangebote für alle in der Unterrichtspraxis stehenden Lehrer eine nicht zu ersetzende Notwendigkeit.

Kompetenzorientierung ermöglicht ein flexibles Reagieren auf fachwissenschaftliche Entwicklungen und deren Synthese mit Tendenzen geschichtskulturell geprägter Wissens- und Interessensbestände im Geschichtsbewusstsein von Schülern. Am Beispiel des Lehenswesens kann etwa in Bezug auf populäre Artuserzählungen sehr leicht durchbuchstabiert werden, wie der Brückenschlag vom fachwissenschaftlich begründeten Standard zum intuitiven Schülerwissen als Ausgangspunkt zur Förderung historischen Denkens curricular zu leisten wäre. Wesentlich sind die Einsicht in den Konstruktcharakter von Geschichte und die Befähigung zur reflektierten und methodisch geleiteten Triftigkeitsprüfung. Diesen Lern- und Denkprozess in eine argumentierende, historisch triftige Narration zu überführen, ist wesentliches Ziel der Förderung und Entwicklung von Geschichtsbewusstsein. Das dafür grundlegende Wissen generiert der Lerner im Prozess des Lernens selbst. Noch einmal das Beispiel Follett: Historisch triftig ist die Implementierung von Königen und Konflikten im England des 12. Jahrhunderts in den Roman. Wenig triftig ist der anarchistische kirchenkritische Affekt ebenso wie die Art und Weise der Thematisierung von Liebe und Selbstverwirklichung, mithin also diejenigen Anleihen an heutige Mentalität, die das Buch für breite Leserschichten anschlussfähig an eigene Fragen und damit populär macht. Zur Überprüfung dieser Aussagen ist die Aneignung des Forschungsstandes vonnöten, der schon aus lernpsychologischen Gründen den Aufbau chronologisch vernetzten Grundwissens voraussetzt.

Die Schere, die sich zwischen Schülerwissen und Interesse im Eingangsunterricht und dem weitgehenden Verlust beider Merkmale in Klasse 10 beobachten lässt, ist nicht mit den curricularen Voraussetzungen zu begründen, so defizient diese aus kompetenzdidaktischer Perspektive noch immer sein mögen. Zur Behebung dieser Probleme kann die Fachwissenschaft insofern beitragen, als sie den Lehramtsstudierenden selbst forschendes Lernen in situierten Lernumgebungen ermöglicht und gerade bei diesen auch in besonderer Weise einfordert. Nur wenn künftigen Lehrern der Prozess von Forschung und das eigene Gelingen historischer Rekonstruktionen erfahrbar gemacht werden, sind sie in der Lage, dies in didaktisch reflektierter Weise auch den Schülern zu vermitteln. Die Fachwissenschaft kann auch insofern zu einer Verbesserung der Lage beitragen, als sie Lehramtsstudierende ermutigt, nicht bereits mit dem Lehrplan im Hinterkopf, sondern den eigenen Interessen folgend zu studieren, um zu authentischen Forschungserlebnissen zu gelangen.

Für die Fachdidaktik ist es hingegen zentral, stärker als bisher Ergebnisse der Lehr- und Lernforschung und der Kognitionsforschung in die Fortentwicklung kompetenzdidaktischer Fragestellungen zu integrieren und für die Lehrerbildung fruchtbar zu machen. Didaktische Grundlagenforschung und Praxis bedürfen einander ebenso wie beide wiederum auf die Fachwissenschaft verwiesen sind. Das Mittelalter erfreut sich größter Beliebtheit – und bietet so eine gute Voraussetzung dafür, den interdisziplinären Spagat zwischen den beteiligten Wissenschaften und Institutionen zu wagen.

Sven Pflefka

Ein König als Steigbügelhalter

Alterität und Alteritätserfahrungen im Umgang mit mittelalterlichen Themen im Geschichtsunterricht

1.　Einleitung

Alteritäten bzw. Alteritätserfahrungen sind grundlegende Faktoren, die Lehrerinnen und Lehrer bei der Planung und Durchführung von Geschichtsunterricht zu berücksichtigen haben. Die Aufgabe, diese Aspekte im Blick zu behalten, ist nicht auf eine bestimmte Epoche begrenzt, denn jedes historische Thema wirft die Frage nach Kontinuität und Alterität auf, doch gestaltet sich die Suche nach Zugängen für die Schülerinnen und Schüler, aber auch für die planende Lehrkraft je nach Epoche und Thema unterschiedlich schwierig. Mit welchen individuellen Alteritätsproblemen die Lernenden bei der Behandlung eines konkreten Themas zu kämpfen haben, ist schwer zu prognostizieren. Für den Grad ihrer Ausprägung gibt es multiple Ursachen, die wenig erforscht sind.

Die Frage, ob eine bestimmte Epoche eine signifikant höhere Zahl von Alteritätsschwierigkeiten für Schülerinnen und Schüler aufweist, ist ohne empirische Forschungsbelege kaum zu beantworten. Doch gerade im Hinblick auf das Mittelalter scheinen Alteritätserfahrungen und ihre Verortung im Geschichtsbewusstsein von Jugendlichen eine dominante Rolle für den Erfolg bzw. Misserfolg von Lernprozessen zu spielen[1]. Verfolgt man als Geschichtslehrer aufmerksam die Reaktio-

---

1　Die geschichtsdidaktische Forschung hat vor allem in den beiden vergangenen Jahrzehnten detaillierte empirische Analysen vorgelegt, die das hier behandelte Problem tangieren, aber nicht in dessen Kern vordringen. Insbesondere Bodo von Borries lieferte jedoch empirische Daten, die auf ein sehr eingeschränktes Alteritätsverständnis bei Jugendlichen wie Erwachsenen hindeuten, wenn es um vormoderne Themen geht. Zum Mittelalter vgl. Bodo VON BORRIES, Das Mittelalter im Geschichtsbewusstsein von Jugendlichen. Empirische Befunde, in: Geschichte des Mittelalters für unsere Zeit. Erträge des Kongresses „Geschichte des Mittelalters im Geschichtsunterricht". Quedlinburg 20.–23. Oktober 1999, hg. von Rolf BALLOF, Stuttgart 2003, S. 279–291; DERS., Geschichtsbewusstsein als System von Gleichgewichten und Transformationen, in: Geschichtsbewusstsein. Psychologische Grundlagen, Entwicklungskonzepte, empirische Befunde (Beiträge zur Geschichtskultur 21), hg. von Jörn RÜSEN, Köln – Weimar – Wien 2001, S. 239–280, hier S. 258–266; DERS., Zur Entwicklung historischer Kompetenzen bis zur Sekundarstufe II, in: Von der Einschulung bis zum Abitur. Prinzipien und Praxis des historischen Lernens in den Schulstufen, hg. von Bernd SCHÖNEMANN

nen seiner Klasse auf die Präsentation solch fremdartiger Stoffe, sind die Schwierigkeiten der Schülerinnen und Schüler, die vorgestellten mittelalterlichen Strukturen und Prozesse für sich verstehbar zu machen, schwer zu übersehen.

Geschichtsdidaktiker, die sich mit Fragestellungen im Umgang mit dem Mittelalter beschäftigen, haben der Alterität einen hohen Stellenwert in ihren geschichtsdidaktischen Konzepten zugemessen. So nimmt bei Thomas Martin Buck der Umgang mit der Erfahrung von Fremdheit und Andersartigkeit eine Schlüsselfunktion im Zuge der Vermittlung mediävistischer Stoffe ein. Sein Ansatz baut auf dem Begriffspaar „Aneignung" bzw. „Identität" und „Verfremdung" bzw. „Alterität" auf. In dem Spannungsverhältnis zwischen diesen beiden Polen sieht er eine Chance für den modernen Mittelalterunterricht. So müsse das Mittelalter dort, wo es den Schülerinnen und Schülern nahe und selbstverständlich zu sein scheint, verfremdet werden, und dort, wo es fremd und finster sei, zur erkennenden Aneignung dieses Fremden führen[2]. Im Unterrichtsgeschehen sei eine sachhaltige Vergegenwärtigung des historischen Stoffes durch eine Spannung von Nähe und Distanz anzubahnen, wobei dieser Prozess bei den Schülerinnen und Schülern gezielt in der Schwebe gehalten werden müsse, um ihnen so die Vielschichtigkeit historischer Phänomene vor Augen zu führen[3].

Dieser Ansatz hat eine hohe Plausibilität[4], bedarf aber der weiteren Präzisierung. Ausgehend von diesem Modell, das theoretische Überlegungen und unterrichts-

---

und Hartmut VOIT, Idstein 2002, S. 112–127. Ferner grundlegend DERS., Jugend und Geschichte. Ein europäischer Kulturvergleich aus deutscher Sicht, Opladen 1999; DERS., Das Geschichtsbewusstsein Jugendlicher. Erste repräsentative Untersuchung über Vergangenheitsdeutungen, Gegenwartswahrnehmungen und Zukunftserwartungen in Ost- und Westdeutschland, Weinheim – München 1995; DERS., Geschichtslernen und Geschichtsbewusstsein. Empirische Erkundungen zu Erwerb und Gebrauch von Historie, Stuttgart 1988; Geschichtsbewusstsein empirisch (Geschichtsdidaktik. Neue Folge 7), hg. von Bodo VON BORRIES, Hans-Jürgen PANDEL und Jörn RÜSEN, Pfaffenweiler 1991. Eine Bewertung dieser Ergebnisse speziell für das Mittelalter findet sich u.a. bei Bea LUNDT, Das ferne Mittelalter in der Geschichtskultur, in: Geschichtskultur. Die Anwesenheit von Vergangenheit in der Gegenwart, hg. von Vadim OSWALT und Hans-Jürgen PANDEL, Schwalbach/Ts. 2009, S. 225–236, hier S. 226f.; Wolfgang HASBERG, Das Mittelalter – Quellgrund der Moderne für den (post-?) modernen Schüler?, in: Mittelalter und Geschichtsdidaktik. Zum Stand einer Didaktik des Mittelalters, hg. von Wolfgang HASBERG und Uwe UFFELMANN, Neuried 2002, S. 227–258, hier S. 231–242.

2   Thomas Martin BUCK, „Wer sich in die Gewalt eines anderen kommendiert". Zur Didaktik des Mittelalterunterrichts am Beispiel des Lehnswesens, in: Geschichte und ihre Didaktik. Ein weites Feld, hg. von Christian HEUER und Christine PFLÜGER, Schwalbach/Ts. 2009, S. 73–96, S. 81. Vgl. auch Waltraud SCHREIBER, Geschichte des Mittelalters im Geschichtsunterricht, in: Geschichte des Mittelalters für unsere Zeit (Anm. 1) S. 86–96, hier S. 90f.

3   BUCK (Anm. 2) S. 83.

4   Ohnehin kann hier auf zahlreiche Arbeiten von Karl Pellens und Uwe Uffelmann zurückgegriffen werden. Insbesondere Karl Pellens hat sich zur Dichotomie von Kontinuität und Alterität geäußert und auch Beispiele dargelegt, wie Fremdverstehen angebahnt werden kann. Vgl.

pragmatische Erfahrungen reflektiert, muss es nun darum gehen, die Kategorien „Identität" und „Alterität" näher zu bestimmen, insbesondere im Hinblick auf im Geschichtsunterricht ablaufende Lehr-Lern-Prozesse. Dies kann nicht ohne Hinzuziehung empirischer Daten geschehen.

2. Annäherung auf qualitativem Weg – Zur Wahl des Forschungsdesigns

Dieser Aufsatz beschränkt sich auf das Alteritätsverständnis von Schülerinnen und Schülern[5] und lässt den Aspekt der Identität beiseite, wobei die Methodenfrage zugunsten einer qualitativen Erhebungsform entschieden wurde[6]. Dabei reicht das gesicherte Vorwissen selbst für ein Leitfadeninterview nicht aus[7]. Um das qualita-

---

Karl PELLENS, Quellgrund der Moderne. Zur Didaktik mittelalterlicher Stoffe, in: Die höhere Schule 20 (1967) S. 217–222; Uwe UFFELMANN, Das Mittelalter im historischen Unterricht, Düsseldorf 1978, S. 49–62. Zu Alteritäten im Bereich der Religion vgl. Wolfgang HASBERG, Kirchengeschichte in der Sekundarstufe I. Analytische, kontextuelle und konstruktiv-pragmatische Aspekte zu den Bedingungen und Möglichkeiten der Kooperation von Geschichts- und Religionsunterricht im Bereich der Kirchengeschichte, Trier 1994 sowie Die religiöse Dimension im Geschichtsunterricht an Europas Schulen. Ein interdisziplinäres Forschungsprojekt (Bayerische Studien zur Geschichtsdidaktik 2), hg. von Waltraud SCHREIBER, Neuried 2000.

5 Über Fremdheitserfahrungen im Geschichtsunterricht wurde bereits ausführlich gearbeitet, vorrangig unter dem Blickwinkel des interkulturellen Lernens, während es hier um das eigene Fremde bzw. um das „nächste Fremde der Neuzeit", wie es Uwe Uffelmann genannt hat, nämlich das Mittelalter, geht. Vgl. UFFELMANN (Anm. 4) S. 49–62. Zum interkulturellen Lernen u.a. Bettina ALAVI, Geschichtsunterricht in der multiethnischen Gesellschaft, Frankfurt a.M. 1998; Migration und Fremdverstehen. Geschichtsunterricht und Geschichtskultur in der multiethnischen Gesellschaft (Schriften zur Geschichtsdidaktik 16), hg. von Bettina ALAVI und Gerhard HENKE-BOCKSCHATZ, Idstein 2004 und Dietmar VON REEKEN, Interkulturelles Lernen im Geschichtsunterricht, in: Geschichts-Didaktik. Praxishandbuch für die Sekundarstufe I und II, hg. von Hilke GÜNTHER-ARNDT, Berlin 2003, S. 233–241.

6 Diese Methode erfreut sich in der Geschichtsdidaktik einer großen Beliebtheit. Eine Reihe abgeschlossener und laufender Qualifikationsarbeiten versucht, auf diese Weise Erkenntnisgewinne zu erzielen. An dieser Stelle ist zu nennen Michele BARRICELLI, Schüler erzählen Geschichte. Narrative Kompetenz im Geschichtsunterricht, Schwalbach/Ts. 2005. Speziell mit dem Mittelalter befasst sich die laufende Dissertation von Friederike Stöckle, die bereits erste Zwischenergebnisse in Aufsätzen vorgelegt hat. Vgl. Manfred SEIDENFUSS – Thomas Martin BUCK – Sven PFLEFKA – Friederike STÖCKLE, Die Aktualität des Mittelalters, in: Zeitschrift für Geschichtsdidaktik (2008) S. 53–59.

7 Eine Studie, die dem Phänomen der Alterität auf die Spur kommen will, benötigt ein sehr differenziertes Forschungsdesign. Da die Vorannahme berechtigt ist, dass Alteritätserfahrungen in ihrer Art und Ausprägung in Interdependenz zum Alter und Vorwissen der Schülerinnen und Schüler stehen, aber auch vom jeweiligen Lerngegenstand beeinflusst werden, müssen diese Faktoren bei der Unterrichtsplanung berücksichtigt werden, was konkret

tive Erhebungsinstrument möglichst offen zu halten, wurde stattdessen auf die Methode des narrativen Interviews zurückgegriffen[8].

Im konkreten Fall wurde einer Gruppe von Schülern eine Quelle aus dem Mittelalter vorgelegt. Anschließend wurden diese aufgefordert, die Ereignisse mit eigenen Worten wiederzugeben und das Verhalten der Interakteure zu erklären. Nach diesem Teil, der die Hauptphase bildete, hat sich der Interviewer in einer Nachfragephase bemüht, offene Punkte zu klären und eventuell zu weiteren Erzählsträngen zu animieren[9].

Bei der ausgewählten Gruppe von Schülern handelt es sich um die 11. Klasse eines W-Seminars (Q11) der neuen gymnasialen Oberstufe (G8) in Bayern, das sich schwerpunktmäßig mit kirchengeschichtlichen Themen von der Antike bis zur Mitte des 20. Jahrhunderts beschäftigte[10]. Die Befragung wurde im zweiten Halbjahr der 11. Klasse durchgeführt. Im Verlauf der Interviews deuteten Ergebnisse, die im letzten Teil des Aufsatzes beschrieben werden, darauf hin, dass es ratsam

---

zur Folge haben würde, dass Alteritätserfahrungen bei einer Vielzahl von Schülern bzw. Schülergruppen und an zahlreichen Unterrichtsmaterialien beobachtet und gemessen werden müssten, um zu einigermaßen belastbaren empirischen Aussagen zu gelangen. Zudem wäre es ratsam, sowohl qualitative als auch quantitative Methoden der empirischen Forschung einzusetzen. In den sehr engen Grenzen dieses Aufsatzes ist es aber nicht möglich und sinnvoll, ein derart umfassendes Gesamtbild anzusteuern. Stattdessen soll anhand eines einzigen Themas und einer einzigen Schülergruppe ein Mosaikstein beigetragen werden. Es wäre vermessen, fertige Ergebnisse präsentieren zu wollen. Vielmehr sind die zusammenfassenden Aussagen in diesem Aufsatz als Forschungshypothesen zu sehen, die der Überprüfung und weiteren Differenzierung bedürfen.

8   Mit dieser Technik wird eine Erzählform gewählt, um erfahrungsnahe, subjektive Aussagen zu gewinnen. Hierbei gibt der Interviewer nur einleitend die Themenstellung vor und ermuntert in nichtdirekter Weise zur Erzählung. Dieses Vorgehen basiert auf der Annahme, dass mit der Auslösung des Erzählflusses eine Dynamik wirksam wird, die gewissen Strukturprinzipien Rechnung trägt, wie etwa dem Zwang zur Gestalterschließung (Tendenz zur Vollständigkeit, Verständlichkeit und Ausgewogenheit der Erzählung), zur Kondensierung (Schwerpunktbildung) und zur Detaillierung (Verständlichmachen von Motiven und Zusammenhängen). Vgl. Andreas DIEKMANN, Empirische Sozialforschung. Grundlagen, Methoden, Anwendungen, 20. Aufl., Hamburg 2009, S. 540f.; Fritz SCHÜTZE, Die Technik des narrativen Interviews in Interaktionsfeldstudien dargestellt an einem Projekt zur Erforschung der kommunalen Machtstrukturen, Bielefeld 1977; Ivonne KÜSTERS, Narrative Interviews. Grundlagen und Anwendung, 2. Aufl., Wiesbaden 2009, hier S. 13f.

9   DIEKMANN (Anm. 8) S. 541f.

10   Um zu einer soliden Basis zu gelangen, wären Beobachtungen und Interviews in verschiedenen Schularten und in allen Jahrgangsstufen notwendig. In dieses Forschungsfeld muss also erst ein Einstieg gesucht werden, verschiedene sind sinnvoll: So könnte man auch in der Primarstufe beginnen und den Umgang mit Alterität bis ins Erwachsenenalter verfolgen. Hier wurde allerdings der regressive Weg beschritten in der Erwartung, unter diesen speziellen Bedingungen und im begrenzten Rahmen dieses Aufsatzes eher zu brauchbaren Forschungshypothesen zu gelangen. Erklärung der Abkürzungen: Q = Qualifikationsphase (neue Oberstufe); K = Kollegstufe (alte Oberstufe); die Zahl weist auf die Jahrgangsstufe hin.

sein könnte, eine Vergleichsgruppe in die Studie einzubeziehen. Hierbei handelt es sich um einen Grundkurs der 12. Jahrgangsstufe des G9 (K12). Denn mit der Einführung des achtjährigen Gymnasiums in Bayern und der damit einhergehenden Kürzung der Schulzeit um ein Jahr ist es zu einer Neufassung des Lehrplans gekommen, wobei in den Jahren zwischen 2009 und 2011 die alte und die neue Oberstufenform parallel existieren, was einen Vergleich ermöglicht.

Bevor auf die Schüleraussagen eingegangen wird, soll aber die den Interviews zugrunde liegende Quelle, die eine Herrscherbegegnung zwischen König Friedrich Barbarossa und Papst Hadrian IV. schildert, kurz vorgestellt werden.

3. Helmolds von Bosau „Slawenchronik" – Informationen zur Quelle

Der erste Italienzug Friedrichs I. fand in einer politisch angespannten Situation statt. Schon die Wahl des Staufers am 4. März 1152 zum Nachfolger seines Onkels Konrad III. wurde in den zeitgenössischen Quellen[11] und folglich auch in der mediävistischen Forschung[12] teilweise kontrovers diskutiert. In den beiden folgenden Jahren seiner Regierung bemühte er sich, seine Herrschaft zu stabilisieren, wurde

---

11 Während Otto von Freising eine einmütige Wahl erlebt haben will und die Funktion Barbarossas als Eckstein, der das staufische und welfische Haus verbindet, betont, stellt Gislebert von Mons den Staufer als gerissenen Betrüger hin. Vgl. Otto von Freising und Rahewin, Gesta Friderici, hg. von Georg WAITZ und Bernhard VON SIMSON (MGH SS rer. Germ. [46]), 3. Aufl., Hannover 1912, hier II 2; Gislebert von Mons, Chronicon Hanoniense, hg. von Léon VANDERKINDERE (Commission Royale d'Histoire. Recueil des textes pour servir de l'histoire de Belgique), Brüssel 1904, hier S. 92–94.

12 Vgl. etwa Jan Paul NIEDERKORN, Friedrich von Rothenburg und die Königswahl von 1152, in: Von Schwaben bis Jerusalem. Facetten staufischer Geschichte (Veröffentlichungen des Alemannischen Instituts 61), hg. von Sönke LORENZ und Ulrich SCHMIDT, Sigmaringen 1995, S. 51–59; Werner HECHBERGER, Staufer und Welfen 1125–1190. Zur Verwendung von Theorien in der Geschichtswissenschaft (Passauer historische Forschungen 10), Köln – Weimar – Wien 1996, S. 239–252; Jutta SCHLICK, Die wiedergefundene Eintracht: König und Fürsten im Reichsgefüge des 12. Jahrhunderts, in: Macht und Ordnungsvorstellungen im hohen Mittelalter. Werkstattberichte (Münchner Kontaktstudium Geschichte 1), hg. von Stefan WEINFURTER und Frank Martin SIEFARTH, Neuried 1998, S. 125–144, hier S. 140f.; Bernhard SCHIMMELPFENNIG, Könige und Fürsten, Kaiser und Papst nach dem Wormser Konkordat (Enzyklopädie deutscher Geschichte 37), München 1996, S. 80–84; Stephanie HAARLÄNDER, Die Mainzer Kirche in der Stauferzeit, in: Handbuch der Mainzer Kirchengeschichte, Bd. 1: Christliche Antike und Mittelalter (Beiträge zur Mainzer Kirchengeschichte 6), hg. von Friedhelm JÜRGENSMEIER, Würzburg 2000, S. 290–331, hier S. 322; Thomas ZOTZ, Friedrich Barbarossa und Herzog Friedrich (IV.) von Schwaben. Staufisches Königtum und schwäbisches Herzogtum um die Mitte des 12. Jahrhunderts, in: Mediaevalia Augiensia. Forschungen zur Geschichte des Mittelalters (Vorträge und Forschungen 54), hg. von Jürgen PETERSOHN, Stuttgart 2001, S. 285–306, hier S. 288–290.

aber bereits in erste Streitigkeiten der Fürsten hineingezogen[13]. Diese Verwerfungen belasteten auch den Romzug Barbarossas, der im Oktober 1154 begann. Zuvor war es durch den Konstanzer Vertrag bereits zu einer Übereinkunft zwischen dem zukünftigen Kaiser und dem apostolischen Stuhl gekommen[14]. Auch die Wahlanzeige des Staufers hatte schon Positionsbestimmungen enthalten, an denen der Papst ablesen konnte, wie Friedrich I. das Miteinander von *imperium* und *sacerdotium* interpretierte.

Friedrich I. zog lediglich mit einem relativ kleinen Heer von etwa 1800 Rittern nach Süden. Bereits kurz nach dem Überschreiten des Brenner kam es zu ersten Kämpfen, da sich verschiedene Städte dem Staufer gegenüber feindselig verhielten. Dies zeigte sich dann auch auf dem Hoftag von Roncaglia, wo das Lehensgesetz Lothars III. erneuert wurde, da bedeutende Städte nicht bereit waren, sich den Wünschen des Staufers zu beugen, wohingegen aufgrund alter Rivalitäten zwischen den oberitalischen Städten andere umso leichter bereit waren, Barbarossa zu unterstützen. Letztlich war dem nordalpinen Herrscher die Welt der Kommunen fremd, da die Ordnungsprinzipien des Städtewesens dem traditionellen Gefüge des Reiches zuwiderliefen. Deshalb war auch für die Folgezeit mit schweren Auseinandersetzungen zu rechnen. Hauptgegner unter den Städten war Mailand, zu dessen Niederringung Friedrichs Kräfte aber nicht ausreichten, weswegen er nur gegen das Umland und schwächer befestigte Städte wie Chieri und Asti vorging. Schon die Eroberung von Tortona gestaltete sich schwierig. Die Städte waren wohl ohnehin für den Staufer auf diesem ersten Zug südlich der Alpen nachrangig. Zuerst einmal musste in Rom die Kaiserkrone gewonnen werden. Von zentraler Bedeutung war dabei das erste Zusammentreffen von König und Papst, das am 9. Juni 1155 nahe Sutri erfolgte.

Auf diesem ersten Italienzug Friedrich Barbarossas, speziell während der Ereignisse nahe Sutri, werden für den Mediävisten zahlreiche Problemfelder sichtbar, welche die Herrschaftszeit des zweiten staufischen Herrschers nachhaltig geprägt haben. Barbarossas Handeln oder auch Nichthandeln kann ohne genauere Kenntnis des Verhältnisses von König bzw. Kaiser und Reichsfürsten, von Kaiser und Papst und von Kaiser und oberitalischen Städten nicht verstanden werden, wobei für die beiden letztgenannten Bereiche auch die stadtrömische Bevölkerung und der byzantinische Basileus nicht außer Acht gelassen werden dürfen. Hinzu kommt, dass sich mittelalterliche Herrschaft in Gesten, Symbolen und symbolhaften Handlungen ausdrückt.

Obwohl Hadrian IV. durch König Wilhelm von Sizilien und die stadtrömische Opposition um Arnold von Brescia in Bedrängnis geraten war und die Hilfe Fried-

---

13 Bernd SCHNEIDMÜLLER, Die Welfen. Herrschaft und Erinnerung (819–1252), Stuttgart – Berlin – Köln 2000, S. 187f.

14 Alfred HAVERKAMP, Aufbruch und Gestaltung. Deutschland 1056–1273 (Neue Deutsche Geschichte 2), 2. Aufl., München 1993, S. 227f.

richs dringend benötigte, beunruhigte ihn das heranziehende deutsche Heer. Am apostolischen Stuhl war man sich nicht klar darüber, inwieweit Friedrich I. seinen Herrschaftsanspruch auf Italien und Rom ausdehnen wollte. Königliche und päpstliche Gesandtschaften gingen hin und her[15]. Auf beiden Seiten war viel Nervosität im Spiel.

Am 9. Juni kam Hadrian IV. in Begleitung von Bischöfen und Kardinälen ins deutsche Lager und wurde von Erzbischof Arnold von Köln und den Fürsten empfangen. Der König kam dem Papst entgegen, warf sich zu Boden, küsste seine Füße und erwartete den Friedenskuss, den Hadrian IV. aber verweigerte. Denn er verlangte zuerst von Friedrich I. den Strator- und Marschalldienst: Der König sollte das Pferd des Papstes am Zügel führen und ihm beim Absitzen den Steigbügel halten. Dass es sich beim Ausbleiben dieses Dienstes um keine Lappalie handelte, zeigt die Reaktion eines Teils der Kardinäle: Sie suchten das Weite. Barbarossa weigerte sich aber, die Arbeit eines Stallknechts zu verrichten und forderte stattdessen vom Papst, dass dieser ein vom König als Herabwürdigung verstandenes Wandgemälde im Lateran entfernen lasse, das Lothar III. bei der Leistung eben jenes Stratordienstes und damit als Lehnsmann des Papstes zeigt. An konstruktive Gespräche war nicht mehr zu denken. Auch die Kaiserkrönung stand in Frage. Erst nach langen Beratungen mit den Fürsten erklärte sich Barbarossa zur Leistung des Dienstes bereit[16]. Damit war eine Krise zwischen *regnum* und *sacerdotium* erst einmal abgewendet.

Über den genauen Ablauf der Ereignisse geben die Chronisten verschiedene Wirklichkeiten wieder. Otto von Freising übergeht quasi die Vorkommnisse, indem er schreibt, der Papst sei ehrenvoll aufgenommen worden, wie es seinem Amt gebührt, bevor dieser schwere Klagen gegen das römische Volk erhob und vom König ehrerbietig angehört wurde[17].

Der Kardinal Boso liefert, aus der Sicht des Papstes, die schlüssigste Schilderung. Nach seinem Bericht küsste Friedrich dem Papst die Füße, führte aber weder

---

15 Henry SIMONSFELD, Jahrbücher des Deutschen Reiches unter Friedrich I., Bd. 1: 1152–1158 (Jahrbücher der Deutschen Geschichte), Leipzig 1908 (ND Berlin 1967), S. 324–328; Ferdinand OPPL, Friedrich Barbarossa (Gestalten des Mittelalters und der Renaissance), 3. Aufl., Darmstadt 1998, S. 51.

16 Regesta Imperii IV 2, S. 314f. Johannes LAUDAGE, Alexander III. und Friedrich Barbarossa (Forschungen zur Kaiser- und Papstgeschichte des Mittelalters 16), Köln – Weimar – Wien 1997, S. 77–79; Gerd ALTHOFF, Inszenierung verpflichtet. Zum Verständnis ritueller Akte bei Papst-Kaiser-Begegnungen im 12. Jahrhundert, in: Frühmittelalterliche Studien 35 (2001) S. 61–84, hier S. 76–79.

17 *Quo Romanus antistes Adrianus cum cardinalibus suis veniens ex debito officii sui honorifice suscipitur gravique adversus populum suum conquestione utens reverenter auditus est.* Otto von Freising und Rahewin, Gesta Frederici seu rectius Cronica. Die Taten Friedrichs oder richtiger Cronica (Ausgewählte Quellen zur deutschen Geschichte 17), übersetzt von Adolf SCHMIDT und hg. von Franz-Josef SCHMALE, Darmstadt 1965, S. 338. Otto von Freising verlegt das Geschehen von Sutri nach Viterbo.

sein Pferd noch hielt er seine Steigbügel, was die Kardinäle in Furcht versetzte und fliehen ließ, so dass Hadrian IV. allein zurückblieb[18]. In den gleichen Grundzügen stellt auch Albinus-Cencius das Geschehen dar[19]. Beide geben außerdem an, dass sich ältere Fürsten in der Gefolgschaft Friedrichs befanden, die einst zusammen mit Lothar III. zum Papst gekommen waren und sich an den Ablauf des Treffens erinnern konnten, wonach der Anspruch Hadrians IV. zurecht bestand[20].

In einem anderen Licht stellt Helmold von Bosau in seiner Slawenchronik die Ereignisse dar:

„*Bei seiner* [des Papstes] *Ankunft im Lager eilte ihm der König entgegen, hielt ihm beim Absitzen vom Pferde den Steigbügel und führte ihn an der Hand in sein Zelt. Als Ruhe geboten war, sprach der Bischof von Bamberg namens des Königs und der Fürsten: ,Apostolischer Bischof, wie wir die ehrenvolle Gegenwart deiner Heiligkeit schon lange sehnlich erwartet haben, so nehmen wir sie nun mit herzlicher Freude auf und danken Gott, dem Spender aller guten Gaben, dass er uns bisher geleitet, an diesen Ort geführt und deines allerheiligsten Besuches gewürdigt hat. Wir wünschen dir nun kundzutun, ehrwürdiger Vater, dass diese ganze Kirche um der Ehre des Reiches willen von den Grenzen des Erdkreises her versammelt ist, ihren Fürsten deiner Heiligkeit zuzuführen, damit er zum Gipfel der Kaiserwürde erhoben werde. Er ist ein Mann, ausgezeichnet durch edle Abkunft, geistige Klugheit und kriegerisches Glück, aber auch vor Gott ragt er hervor, da er dem reinen Glauben anhängt, den Frieden und die Wahrheit liebt und für die heilige Kirche sorgt, insbesondere aber für die heilige römische Kirche, die er wie eine Mutter verehrt, indem er nichts außer Acht lässt, was ihn die Tradition seiner Ahnen zur Ehre Gottes und des Apostelfürsten zu tun heißt. Dafür zeugt die eben bewiesene Demut, denn als du ankamst, hat er dich unverweilt empfangen und, indem er sich um deinen geheiligten Fuß bemühte, getan, was rechtens ist. So bleibt nur übrig, heiliger Vater, dass auch du an ihm vollziehst, was dir obliegt, damit, was ihm an der Fülle kaiserlicher Hoheit noch fehlt, aus Gottes Gnade durch deine Hand ergänzt werde.' Darauf antwortete der Papst: ,Was du sagst, Bruder, sind (leere) Worte. Du sagst, dein Fürst habe dem heiligen Petrus die schuldige Ehrerbietung bezeigt, doch der heilige Petrus ist wohl eher missachtet worden, denn obschon der König den rechten Bügel halten musste, hat er den linken ergriffen.'* [...] *Lange und heftig wurde noch gestritten; schließlich schieden sie voneinander ohne*

---

18   Boso, Vita Hadriani, in: Pontificum Romanorum qui fuerunt inde ab exeunte saeculo IX usque ad finem saeculi XIII, hg. von. Johann Matthias WATTERICH, Leipzig 1862 (ND Aalen 1966), hier Bd. 2, S. 327.

19   Albinus-Cencius, Liber Censuum, in: Pontificum Romanorum II (Anm. 18) S. 342.

20   Boso, Vita Hadriani (Anm. 18) S. 327: *Tandem requisitis antiquioribus principibus et illis precipue, qui cum rege Lotario ad Innocentium Papam venerant, et prisca consuetudine diligenter investigata, ex relatione illorum et veteribus munimentis iudicio principum decretum est et communi favore totius regalis curie roboratum quod idem rex pro beatorum Apostolorum reverentia predicto pape Adriano exhiberet stratoris officium et eius streuguam teneret.* Ähnlich Albinus-Cencius, Liber Censuum (Anm. 19) S. 342f.

Friedenskuss. Da nun die, welche als Säulen des Reiches galten, befürchteten, dass sie sich vielleicht vergebens abmühen würden und das Werk nicht vollbringen könnten, überwanden sie durch vieles Zureden das Herz des Königs, so dass er den Papst ins Lager zurückrief. Als dieser wiederkam, empfing ihn der König mit dem richtigen (Strator-)Dienst[21].

Gravierende Unterschiede bestehen zwischen dem Bericht Helmolds von Bosau und den vorher genannten Quellen. Es sticht hervor, dass Helmold Friedrich I. zwar den geforderten Dienst leisten lässt, aber auf die falsche Art und Weise, weswegen ihn der Papst nicht akzeptiert.

Bei einer Gegenüberstellung der verschiedenen Quellen zu den Ereignissen von Sutri, können folgende Punkte als relativ sicher angesehen werden: Friedrich I. empfing beim ersten Zusammentreffen mit Hadrian IV. diesen in einer Weise, die vom Papst als Kränkung aufgefasst wurde, da der König nach seiner Meinung die Ehrerbietung, die dieser erwartete, nicht vollständig oder inkorrekt erbrachte, weswegen Hadrian den Friedenskuss verweigerte. Friedrich seinerseits zeigte sich ebenfalls echauffiert. Immer waren es die Reichsfürsten, wobei vornehmlich an die geistlichen zu denken ist, die mäßigend auf den König einwirkten und schließlich Erfolg hatten, so dass Barbarossa dem Papst schließlich den geforderten Dienst erwies, wie dieser es erwartete. Die Rede, die Helmold Eberhard von Bamberg in den Mund legt, ist ziemlich allgemein und inhaltsleer. Sie enthält die Begrüßung des Papstes, die Präsentation Friedrichs als eines geeigneten Kandidaten für die Kaiserkrone, eine zumindest indirekte Rechtfertigung für die Form der Begrüßung durch den König und die Bitte um die Krönung des Staufers. Helmold lässt Eberhard dabei auch den Begriff des *honor regni* gebrauchen. Von Bedeutung ist die Bezeichnung der Fürsten als „Säulen des Reiches" (*columpnae regni*), was ihre Mitverantwortung und Teilhabe an der königlichen Politik unterstreicht.

Der weitere Verlauf des ersten Italienzuges Barbarossas kann kurz zusammengefasst werden. Am 18. Juni 1155 erfolgte in der Peterskirche zu Rom die Kaiserkrönung des Staufers[22]. Die im Anschluss an die Krönung ausbrechenden Unruhen in Rom und die ungesunden klimatischen Bedingungen bewogen den Kaiser, das Heer von Rom wegzuverlegen. Friedrich I. musste sich auch dem Wunsch der Fürsten beugen, die in der Sommerhitze keinen Vorstoß nach Süditalien und Sizilien unternehmen wollten, was wiederum das Verhältnis zum Papsttum belastete[23]. An der Adriaküste bei Ancona trafen die Deutschen auf eine byzantinische Gesandtschaft, die Friedrich zu einem Angriff auf Sizilien aufforderte. Doch auch dieses Mal lehnten die Fürsten ab. Da keine weiteren Unternehmungen beschlossen

---

21 Helmold von Bosau, Slawenchronik I 81 (Ausgewählte Quellen zur deutschen Geschichte des Mittelalters 19), neu übertr. und erl. von Heinz STOOB, 6. Aufl., Darmstadt 2002, S. 152–154.
22 Regesta Imperii IV 2, S. 319.
23 OPPL (Anm. 15) S. 51.

wurden, die verabredeten Ziele aber erreicht waren, entschloss sich Barbarossa zur Rückkehr nach Deutschland, entließ das Heer und zog nach Norden über die Alpen.

4.   Das Alteritätspotential der Quelle

Schülerinnen und Schüler, die sich mit diesen Geschehnissen und insbesondere mit der oben zitierten Quelle Helmolds von Bosau auseinanderzusetzen haben, treffen auf vielfältige Schwierigkeiten, die nicht zuletzt in Alteritäten begründet liegen.

Zum Ersten ist es die für unsere heutige Zeit schwer verständliche Sprache, die Helmold von Bosau benutzt. Sowohl der überlange Satzbau als auch die Wortwahl sperren sich einem schnellen Zugriff, erfordern vielmehr, die Satzstruktur des aus dem Lateinischen übersetzten Textes Stück für Stück nachzuvollziehen, unbekannte oder fremd anmutende Termini (z.B. „apostolischer Bischof") mit Hilfe des Allgemeinwissens oder des historischen Fachwissens zu erschließen und Gespür zu entwickeln für die diplomatische Tonlage, die Helmold von Bosau hier anschlägt und vor allem dem Bamberger Bischof in den Mund legt. Hierzu wäre es auch vorteilhaft, der Erzählabsicht und damit auch der Position Helmolds von Bosau im Streit zwischen dem Papst und dem Staufer auf die Spur zu kommen, obgleich dies anhand des vorliegenden Textabschnitts zugegebenermaßen nicht leicht ist.

Ohne das notwendige historische Grundwissen kaum zu erschließen, sind Termini wie „Ehre des Reiches" (*honor imperialis*) oder „Säulen des Reiches" (*columpnae regni*), die zudem leicht überlesen werden können. Auch die Diskussion innerhalb der mediävistischen Forschung ist in diesem Bereich nicht abgeschlossen, haben diese Begriffe doch eine Tiefendimension und verweisen in den Kernbereich von Barbarossas Herrschaftsverständnis bzw. auf die Verfassungsstruktur des Reiches.

In der Zeit Friedrichs I. wurden die Ehre des Reiches und die Ehre des Herrschers zu einer zentralen politischen Handlungsmaxime. Für unser heutiges politisches Denken, das auf Prinzipien wie Rationalität, Zweckmäßigkeit und Allgemeingültigkeit von rechtlichen Normen gründet, ist dies nur schwer verständlich. Die germanistische Mediävistik hat frühzeitig den Stellenwert der Ehre im Verständnis der Artusepik erkannt, auch die Historiker wandten sich diesem Konzept zu[24]. Die große Bedeutung des *honor* ist für die Schülerinnen und Schüler aus der Quelle nur schwer zu erschließen, zumal derartiges Bewusstsein im bisherigen Geschichtsunterricht kaum angebahnt worden sein dürfte.

---

24 Vgl. vor allem Knut GÖRICH, Die Ehre Friedrich Barbarossas. Kommunikation, Konflikt und politisches Handeln im 12. Jahrhundert, Darmstadt 2001, hier S. 2–11 sowie Heinz KRIEG, Herrscherdarstellung in der Stauferzeit. Friedrich Barbarossa im Spiegel seiner Urkunden und der staufischen Geschichtsschreibung (Vorträge und Forschungen 50), Ostfildern 2008, hier bes. S. 140–148.

Eine weitere Alterität ergibt sich aus der Gegenüberstellung des mittelalterlichen Verfassungsgefüges mit dem modernen. Auch hier fällt es nicht leicht, durch einen regressiven Zugriff aufgrund heutigen Alltagswissens Erkenntnisse zu gewinnen, da das Funktionieren der mittelalterlichen Verfassungsordnung einem weitgehend anderen Regelwerk folgt. So ist die Frage, ob der Papst zu Recht Kritik am Verhalten des Königs geübt hat, aus verfassungsrechtlicher Sicht nicht zu entscheiden. Diese Unbestimmbarkeit ergibt sich aus der fehlenden Kodifikation der mittelalterlichen Verfassungsordnung bei gleichzeitiger Dominanz gewohnheitsrechtlichen Denkens und Handelns.

Rituale und Gesten, Symbole und symbolhafte Handlungen hatten eine ungemein große Bedeutung im Mittelalter. Die Feinheiten dieser nonverbalen Kommunikation zu ergründen, hat die Mediävistik lange Zeit beschäftigt. Deshalb ist es nicht unbegründet anzunehmen, dass auch die Schülerinnen und Schüler sich mit derartigen Nuancen schwer tun. Dies gilt umso mehr, da sie in der Decodierung solchen Symbolgehalts weitgehend ungeübt sind. Die Wichtigkeit wie auch die spezifische Aussage einer bestimmten symbolhaften Handlung im Mittelalter kann aus der Gegenwart in vielen Fällen nur sehr schwer erschlossen werden, weswegen solche Kommunikationsformen für die heutige Schülergeneration schwer aufzulösende Alteritäten darstellen.

5. Vorläufige Ergebnisse und Hypothesen

Um das Alteritätsverständnis der interviewten Schülerinnen und Schüler zu messen, wurde der Blick insbesondere auf Begriffe, Verfassungsordnung (insbesondere konsensuale Herrschaft) und symbolische Kommunikation gerichtet[25]. Das enge Forschungsdesign lässt es nicht zu, endgültige Ergebnisse zu präsentieren. Lediglich Annäherungen, Zwischenergebnisse und Hypothesen sind aufgrund der ausgewählten Quelle und der begrenzten Zahl an Schülern möglich.

Die alteritären Begriffe und die fremd anmutende Sprache Helmolds von Bosau, die dieser dem Papst und dem Bischof von Bamberg in den Mund legt, ist vom Großteil der interviewten Schülerinnen und Schüler richtig verwendet bzw. verstanden und in eine zeitgemäße Sprache transferiert worden. Ihnen ist es weitgehend gelungen, die Befindlichkeiten der Akteure richtig einzuschätzen. Alle haben

---

25 Vgl. hierzu auch die Kriterien bei Wolfgang HASBERG, Eckpunkte einer kulturwissenschaftlichen Erweiterung der Mittelalter-Didaktik, in: Mittelalter zwischen Politik und Kultur. Perspektiven einer kulturwissenschaftlichen Erweiterung der Mittelalter-Didaktik, hg. von Wolfgang HASBERG und Manfred SEIDENFUß, Neuried 2003, S. 109–142. Ferner Wolfgang HASBERG, Ad fontes narrantes! Quellen – Quelleneinsatz – Quellenarbeit im Unterricht über das Mittelalter, in: Geschichte, Politik und ihre Didaktik 30 (2002) S. 15–32.

die Spannungen gespürt, die zwischen Barbarossa auf der einen und Hadrian auf der anderen Seite herrschten.

Schwerer ist es für sie gewesen, die konkreten Inhalte, die in der diplomatischen Sprache der Beteiligten verborgen sind, zu erfassen. Die meisten haben erkannt, dass es das Ziel des Königs ist, zum Kaiser gekrönt und gesalbt zu werden, wobei es dem Bamberger Bischof zufällt, dieses Anliegen für Barbarossa vorzutragen. Auf Nachfrage des Interviewers ist deutlich geworden, dass jene Schülerinnen und Schüler, die sich hier leicht tun, über fachliches Grundwissen bezüglich des Verhältnisses von *imperium* und *sacerdotium* verfügen, wobei sie auf ihre Kenntnisse über den Investiturstreit zurückgegriffen und dieses auf das Zusammentreffen bei Sutri angewendet haben. Hierfür kann folgende Schüleräußerung als Beispiel dienen, aus der klar die Rückgriffe auf die im Geschichtsunterricht vermittelten Inhalte hervorgehen:

„*Die Fürsten und Könige hatten sich als von Gottes Gnaden eingesetzt verstanden. Und die Herrscher waren generell sehr eng mit der Kirche verbunden. Aber der einzige, der einen Kaiser krönen konnte, war der Papst. Und deshalb war es so etwas wie eine Zwangsliebe. Der Herrscher hat einfach der Kirche angehört, etwas anderes wäre damals gar nicht vorstellbar gewesen*" (Felix F., 17).

Dagegen hat nur ein kleiner Teil der Schülerinnen und Schüler die hohe Bedeutung erkannt, welche den symbolhaften Handlungen in dieser Quelle zukommt. Der gleiche Schüler, der im Übrigen zu den Leistungsstärksten des Jahrgangs gehört, äußert sich zum Stratordienst zuerst gar nicht, gibt dann auf eine spätere Nachfrage folgenden Erklärungsversuch:

„*Das Halten des rechten Steigbügels war dem Papst wichtig, weil Jesus am Palmsonntag auch auf einem Esel geritten ist und rechts abgestiegen ist*" (Felix F., 17).

Felix versucht an dieser Stelle also, das Verhalten der Akteure symbolisch zu deuten, und will nach Anknüpfungspunkten in der Bibel suchen. Jedoch sind letztlich sowohl sein Wissen (Bibel) als auch seine Kompetenzen, Hinweise auf Alteritäten im Text zu erkennen und diese richtig zu verorten, begrenzt. Eines von vielen weiteren Beispielen, bei dem sich Richtiges mit Falschem vermengt, die Interpretation aber insgesamt unbefriedigend bleibt, stellt die Erklärung von Julia G. (17) dar:

„*Was er da macht, ist wichtig für die Religion. Das Helfen beim Absteigen ist wohl ein Symbol. Der König hat sich wohl nicht richtig über den Papst informiert, also welcher Fuß krank ist. Der Papst hält das für respektlos. [Pause. Schülerin liest nach.] Ja! Er hat was am Fuß! Steht im Text! Und wegen dem Fuß hilft ihm der König runter vom Pferd. Der König verwechselt den Fuß. Er war falsch informiert. Daraus kann man auch auf die Kirche schließen, dass der König falsch informiert ist. Oder man kann daraus schließen, dass er sich nicht dafür interessiert hat*" (Julia G., 17).

Obwohl die Schülerin anfangs auf der richtigen Spur zu sein scheint, reichen ihre Fähigkeiten doch nicht aus, dieses alteritäre Phänomen richtig zu verorten. Sofern ansatzweise Wissen darüber vorhanden ist, dass symbolische Kommunikationsformen im Mittelalter existieren und ihnen eine große Bedeutung zukommt, kann sie dieses Wissen auf den konkreten Text doch nicht fruchtbringend anwenden.

Die Mehrzahl der Befragten ist über diesen Aspekt ohnehin einfach hinweggegangen. Um Aussagen hierzu zu erhalten, sind Nachfragen des Interviewers im Anschluss an die Textzusammenfassungen notwendig gewesen, die aber nur in geringer Zahl befriedigende Antworten ergeben haben.

Insgesamt fällt das Ergebnis hinsichtlich des Alteritätsverständnisses der interviewten Schülerinnen und Schüler ernüchternd aus. Von keinem der Interviews lässt sich sagen, dass die Kernproblematik sowie die Intentionen der Beteiligten richtig erfasst und das Geschehen zugleich sachlich und logisch richtig zusammengefasst worden ist[26].

Die interviewten Schülerinnen und Schüler wenden zwei Strategien an, um den Text trotz der zahlreichen Alteritäten zusammenfassen zu können. Entweder bemühen sie sich, die Passagen, die Alteritäten enthalten und die sie nicht verstanden haben, auszublenden und eine stimmige Zusammenfassung ohne diese zustande zu bringen, oder sie versuchen, die Alteritäten aufzulösen, indem sie auf fachspezifisches Wissen oder auf Alltagswissen zurückgreifen.

Im ersten Fall bleibt die angebotene Narration oberflächlich bzw. unvollständig, auch wenn der Ablauf des Geschehens sowie die Intentionen von Bischof, König und Papst zum Teil erkannt werden.

Bei der zweiten Variante wird versucht, die alteritären Elemente in Helmolds von Bosau Erzählung in den eigenen Vortrag zu integrieren. Hierzu werden Parallelen gesucht zu bekannten historischen Phänomenen oder Situationen aus dem alltäglichen Leben[27]. Doch gerade hierin besteht das Dilemma: Ein häufiger Grund, dass die von den Schülerinnen und Schülern angebotene Narration fachlichen wie auch allgemeinen Erfordernissen zum Textverständnis nicht genügt, ist auf das Misslingen dieses Transfers zurückzuführen. Denn sie suchen nach Ähnlichkeiten in ihrer (gegenwärtigen) Umwelt oder nach historischen Beispielen, ohne dabei den Kontext ausreichend zu bedenken, in dem das als Vergleich herangezogene Ereignis steht. Ein Problembewusstsein, dass es sich um ein alteritäres Phänomen handeln könnte, war bei der Q11 quasi nicht und bei der K12 nur rudimentär vorhanden. Nur sehr eingeschränkt ist eine Sensibilität vorhanden, im Geschichtsunterricht mit derartigen Alteritäten rechnen zu müssen bzw. ein Methodenrepertoire, diese aufzulösen.

Bei den interviewten Schülerinnen und Schülern handelte es sich in der Mehrzahl um Teilnehmer eines W-Seminars zur Kirchengeschichte, das sich mit dia-

---

26 Vgl. auch BARRICELLI (Anm. 6) S. 274.

27 Vgl. ebd. S. 277f.

chronen Strukturen und Prozessen im Miteinander von Staat und Kirche beschäftigte. Da in diesem Zusammenhang auch Aspekte der Liturgiegeschichte besprochen wurden, unter anderem auch liturgische Handlungen, die einen hohen Symbolgehalt haben, war im Vorfeld der Untersuchung von der Hypothese ausgegangen worden, dass diese Gruppe die notwendige Transferleistung im Großen und Ganzen erbringen und den Symbolgehalt im vorliegenden Quellentext differenziert erkennen würde.

Diese Erwartung bestätigte sich nicht. Vielmehr stellte sich heraus, dass fachspezifische Kenntnisse, die in einem mehrmonatigen zeitlichen Abstand vermittelt wurden und nun hätten hilfreich sein können, von den Interviewten nicht selbstständig zur Interpretation des Quellentextes eingesetzt wurden. Erst als der Interviewer einen entsprechenden Hinweis gab, kam es zu einem Aha-Erlebnis, worauf die betreffenden Schülerinnen und Schüler nun die Zusammenhänge aber schneller erkannten als diejenigen, die das W-Seminar zur Kirchengeschichte nicht besucht haben. Obgleich die hier untersuchte Gruppe von Schülerinnen und Schülern klein ist, kann aus dieser Beobachtung doch die Schlussfolgerung gezogen werden, dass Wissen über ähnliche Sachverhalte, seien es Strukturen oder Prozesse, zwar hilfreich, aber keine Gewähr ist, um alteritäre Phänomene in den Griff zu bekommen. Entscheidend ist eine Sensibilität für die Existenz von Alteritäten, also ein Problembewusstsein, das entsprechende Methodenkompetenzen einschließt.

Auf die Aufforderung des Interviewers, andere ihnen bekannte Gesten und Symbole zu nennen, die eine ähnliche Funktion haben könnten wie der Stratordienst im vorliegenden Text, ist auf Klassiker der deutschen Literatur oder auf bekannte Filme zurückgegriffen worden, nicht aber auf Beispiele aus dem Geschichtsunterricht. Überdurchschnittliche Leistungen im Umgang mit Alteritäten korrelieren bei den befragten Schülerinnen und Schülern zudem weniger mit guten Geschichts- als vielmehr mit guten Deutschnoten. Dies wirft die Frage auf, ob und inwiefern für das Erkennen und Verarbeiten von Alteritäten im vorliegenden Text fachspezifische Kompetenzen notwendig sind oder ob es sich nicht primär um fachübergreifende Frage- und Methodenkompetenzen handelt. Offensichtlich ist es für die Schülerinnen und Schüler nahe liegender, entsprechendes Wissen und Fähigkeiten aus anderen Fächern zu transferieren als auf solche aus dem Geschichtsunterricht zurückzugreifen. Beispiele aus Literatur und Film sind ihnen wesentlich präsenter und werden griffiger vorgetragen als solche aus dem Geschichtsunterricht.

Ein weiterer Befund ist gerade aus schulpolitischer Sicht von Interesse. Aufgrund der Einführung des achtjährigen Gymnasiums bestehen in Bayern in den Jahren 2009 bis 2011 alte und neue Oberstufenformen nebeneinander. Es ist nahe liegend, diese Chance zu nutzen und beide Formen im Hinblick darauf zu vergleichen, wie nachhaltig Kompetenzerwerb erfolgt (ist). Zur Verfügung standen neben dem oben genannten W-Seminar der Q11 14 Kollegiaten aus der 12. Jahrgangsstufe.

Kerngedanke des achtjährigen Gymnasiums war es, die Schülerinnen und Schüler ein Jahr früher an die Universitäten bzw. auf den Arbeitsmarkt zu bringen, ohne dabei allerdings qualitative Abstriche in Kauf nehmen zu wollen. Der Lehrplan für das G8 wurde deshalb mit dem Ziel entworfen, die Lehrplaninhalte so zu kürzen, dass die Kernkompetenzen erhalten werden. Das Bayerische Kultusministerium hat zum Vergleich der beiden Modelle bereits drei Erhebungen durchgeführt, wobei von einer Vergleichbarkeit der beiden Anforderungsprofile ausgegangen wird. Die jüngste Erhebung ergab, dass die Schülerinnen und Schüler des G8 in drei von vier Fächern besser abgeschnitten haben als die Kollegiatinnen und Kollegiaten des G9[28].

Dieser Befund kann durch die vorliegende Studie, obwohl diese aufgrund der geringen Zahl wie auch aufgrund der Auswahl der Teilnehmer nicht als repräsentativ angesehen werden kann, nicht bestätigt werden. Im Gegenteil, die Schülerinnen und Schüler aus dem G8, obgleich sie durch den vertiefenden Unterricht im W-Seminar zur Kirchengeschichte eigentlich einen Kompetenzvorsprung hinsichtlich des Verarbeitens von Alteritäten haben müssten, kommen zu keinen signifikant besseren, tendenziell sogar leicht schlechteren Ergebnissen. Während es im Bezug auf das (Fakten-)Wissen über mittelalterliche Strukturen und Prozesse keine aussagekräftigen Unterschiede zwischen der G8- und der G9-Gruppe gibt, legen die Interviews der Kollegiatinnen und Kollegiaten der alten Oberstufenform ein etwas differenzierteres Alteritätsbewusstsein offen, wobei vor allem ihr Textverständnis besser ausgeprägt und ihre Sensibilität bei der Interpretation der symbolhaften Handlungen höher war.

„Der König ist auf dem Weg nach Rom. Und auf dem Weg nach Rom treffen sich König und Papst in diesem Ort. Ich glaube, der Ort heißt Sutri. Und es geht darum, dass der König zum Kaiser gekrönt werden will. Der redet halt mit dem Papst bzw. der Bamberger Erzbischof redet im Namen des Königs mit dem Papst. Und letztendlich ist der Papst irgendwie beleidigt. Aber das habe ich nicht alles verstanden, ob es um etwas Symbolisches ging oder um eine formale Sache mit diesen Diensten. Vielleicht geht es darum, dass der König von der falschen Seite ans Pferd des Papstes herangetreten ist. Es war ja immer wichtig, auf welcher Seite man zum Herrscher steht" (Laila M., 18).

Diese Interpretation ist aus fachwissenschaftlicher Sicht zwar nicht völlig richtig, doch zeigt diese Kollegiatin aus der K12 ein wesentlich differenzierteres Problembewusstsein als die Schülerinnen und Schüler aus der Q11, schon allein dadurch,

---

28 Pressemitteilung Nr. 36 des Bayerischen Staatsministeriums für Unterricht und Kultus vom 23. Februar 2010; http://www.km.bayern.de/km/asps/presse/presse_anzeigen.asp?index=2099 (Zugriff am 12.07.2010).

dass sie die Alterität benennt und zu analysieren versucht und dabei auch auf der richtigen Spur ist, wenn sie auf den symbolischen Gehalt der Textstelle Bezug nimmt oder einen Formalakt vermutet.

Diese Erklärung der Kollegiatin ist eine der besten der K12, doch lässt sich auch allgemein feststellen, dass der K12 die Verarbeitung von Alteritäten besser glückt als der Q11. Hieraus kann nicht zwangsläufig auf ein Versagen oder eine Minderleistung des G8-Geschichtsunterrichts geschlossen werden, da zu vermuten ist, dass gerade hinsichtlich des Alteritätsverständnisses Reifungsprozesse eine große Rolle spielen, die sich dem Einfluss des Geschichtsunterrichts weitgehend entziehen. Dennoch sind die Ergebnisse dieser Kleinstudie ein Indiz dafür, dass eine Gleichwertigkeit von G8 und G9 zumindest in diesem spezifischen Bereich nicht gegeben ist.

In einer abschließenden Zusammenfassung kann festgehalten werden, dass die hier vorgestellten Ergebnisse im Wesentlichen die Defizite[29] bestätigen, die andere geschichtsdidaktische Arbeiten benannt haben, welche bereits nach der Repräsentation des Mittelalters im Geschichtsbewusstsein von Schülerinnen und Schülern gefragt haben[30]. Deren Vorstellungen vom Mittelalter und alteritären Verhaltensweisen, wie sie in der vorliegenden Quelle erfragt wurden, bleiben schablonenhaft. Verlässt man die im Geschichtsunterricht ausgetretenen Bahnen und stellt die Schülerinnen und Schüler vor Alteritäten, so bleiben die Erfolge bescheiden. Die interviewten Personen zeigten mehrheitlich nur rudimentär ausgebildete Strategien, mit diesen Phänomenen ohne die Hilfe der Lehrkraft umzugehen[31].

Damit stößt man auf ein methodisches Dilemma bei der Arbeit mit Alteritäten im Geschichtsunterricht, speziell im Hinblick auf das Modell, das Thomas Martin Buck vorgelegt hat: Einerseits investieren Lehrerinnen und Lehrer viel Zeit und Aufwand in das Arrangement von möglichst offenen Lernsituationen, die Raum für selbstgesteuertes Lernen lassen. Andererseits zeigen die hier gewonnenen Ergebnisse, dass bei der Arbeit an alteritären Phänomenen eine Anleitung durch die Lehrkraft notwendig ist, um überhaupt brauchbare Ergebnisse zu erzielen. In einigen Fällen waren im Nachfrageteil des Interviews die Interventionen und Hilfestellungen der Lehrkraft derart kleinschrittig, dass von einer Selbststeuerung in keiner Weise mehr gesprochen werden kann, was aber dann wieder Grundsatzfragen nach der Sinnhaftigkeit eines solchen Geschichtsunterrichts aufwirft[32].

---

29   Der Grundtenor der folgenden Aussagen ist kritisch gefärbt, auch wenn Michele Barricelli in seinem Urteil über die empirische Forschung zuzustimmen ist, diese rücke zu sehr die Defizite der Schülerinnen und Schüler in den Vordergrund und vernachlässige das Positive. Vgl. BARRICELLI (Anm. 6) S. 272f.

30   Vgl. Anm. 1.

31   Die oben beschriebene Variante, die Narration einfach unter Ausklammerung der Alteritäten zu konstruieren, ist eine durchaus zweckmäßige Strategie, soll aber im hier vorliegenden Zusammenhang als unbefriedigend gelten.

32   Vgl. auch SCHREIBER (Anm. 2) S. 93f. und BARRICELLI (Anm. 6) S. 278f. und 283.

Für die Zukunft wäre es deshalb ratsam, neben der Erhebung weiterer empirischer Daten aus dem Geschichtsunterricht zur Kategorie der Alterität auch methodische Alternativen als Alternative zum lehrerzentrierten Unterricht auf ihre Alltagstauglichkeit wie auch auf die Berücksichtigung geschichtsdidaktischer Grundprinzipien hin auszutesten.

Karin Kneile-Klenk

Zur Alterität mittelalterlicher Buchmalerei

Ein Beitrag zum Erwerb historisch-kultureller Bildkompetenz im Unterricht[1]

1.   Einleitung

In jedem Schulbuch mit dem Themenbereich „Mittelalter" finden sich historische Bilder aus diesem Zeitabschnitt. Im Unterricht dagegen nehmen solche Abbildungen meist keinen erwähnenswerten Platz ein. Werden sie überhaupt wahrgenommen, geschieht oftmals, was Christoph Daxelmüller die „Zerwendung" von Bildern nennt, d.h. die Abbildungen werden „unkritisiert und unreflektiert nur […] als Illustrationsgraphik verwendet"[2]. Vermutlich noch öfter gilt, dass Lehrende die vorhandenen Darstellungen einfach ignorieren bzw. übergehen. Bilder werden als historische Quellen häufig nicht ernst genommen. Diese „selbstverständliche" Nichtbeachtung entspringt meist einer Ratlosigkeit. Sie spiegelt sich nicht zuletzt im Fehlen qualitätsvoller Arbeitsaufgaben zu mittelalterlichen Bildern in Schulbüchern. Gründe für diesen Mangel könnten allgemein im fehlenden Wissen der Lehrenden über mittelalterliches Leben und Denken zu finden sein, weil diese Aspekte im Studium (vor allem für Grund-, Haupt- und Realschulen) keine oder nur wenig Beachtung erfahren. Zudem entsprechen mittelalterliche Darstellungen nicht den heutigen Sehgewohnheiten. Ungeübte Betrachter stören sich an den typisierten Gesichtern, weil sie individuelle Portraits suchen; genauso wie sie raumgreifende Bewegung erwarten anstelle der stilisierten Gesten im Bild. Auch die fehlende Raumperspektive und die Bedeutungsperspektive[3] befremden oftmals oder werden als „kindlich", d.h. als nicht gekonnt, wahrgenommen.

---

1   Dem vorliegenden Beitrag liegt ein didaktisches Modell zur Förderung historischer Bildkompetenz zugrunde, das im Unterricht einer vierten Klasse der Primarstufe konkret erprobt und durchgeführt wurde, hier aber aus Raumgründen nicht ausführlich, sondern nur ansatzweise dargestellt werden kann.

2   Christoph DAXELMÜLLER, „Die Sprache der Dinge". Mediale Vermittlung und Bildgrammatik, in: Bernd MÜTTER – Bernd SCHÖNEMANN – Uwe UFFELMANN (Hg.), Geschichtskultur. Theorie – Empire – Pragmatik (Schriften zur Geschichtsdidaktik 11), Weinheim 2000, S. 175–200, S. 190f. Siehe auch Michael SAUER, Bilder im Geschichtsunterricht, 2., überarb. und aktualisierte Aufl., Seelze-Velber 2003, S. 7.

3   Vor allem die Größenverhältnisse irritieren. Wichtiges wird beispielsweise groß, weniger Wichtiges klein dargestellt, auch wenn es sich im Vordergrund des Bildes befindet.

2.   Zur Alterität mittelalterlicher Bildlichkeit

Alterität als grundlegendes Merkmal der Historie wird kaum irgendwo schneller deutlich als im Umgang mit historischen Bildern. Die wirkliche, oft auch empfundene Fremdheit verweist darauf, dass die Deutung der Darstellungen sich nicht von selbst erschließt, sondern erst mühsam erlernt werden muss. Selbst auf einfache Fragen finden unausgebildete Lehrende und Lernende häufig nur mit Mühe eine kompetente Antwort: Hat diese Handhaltung etwas zu bedeuten? Wenn ja, welche Symbolik drückt die Geste aus? Wer oder was könnte überhaupt dargestellt sein? Was ist das für ein Gefäß oder Gerät, das ich auf dem Bild sehe? Wem ist diese Tracht, diese Kleidung zuzuordnen? Was sagt sie über die Stellung bzw. über den Stand der dargestellten Person aus? Welche Bedeutung haben die Farben und Symbole auf dem Bild? In welchen historischen Zusammenhang gehört die bildliche Darstellung?

Wenn solche Fragen entstehen, zeugen sie allerdings schon davon, dass zumindest eine Ahnung von der Alterität historischer Darstellungen vorhanden ist. Denn völlig Ungeübte finden mittelalterliche Bilder meist nur ausdrucksarm und deshalb nicht ansprechend, also nichtssagend. Aber selbst wenn Fragen nicht nur gestellt, sondern durch Nachschlagen und Recherchieren gelöst werden, kann es oftmals sein, dass die wichtigsten Bildaspekte überhaupt nicht erkannt werden und damit die zentralen Bildaussagen unverstanden bleiben. Deshalb bedarf es unbedingt einer historisch-kulturellen Bildkompetenz der Lehrenden, wenn sie den Lernenden angemessene Wege aufzeigen wollen, wie mittelalterliche Bilder zu verstehen und zu deuten sind[4]. Was unter historisch-kultureller Bildkompetenz zu verstehen ist und welche Aspekte bei ihrem Erwerb von Bedeutung sind, wurde in der didaktischen Fachliteratur in den letzten Jahren ausführlich dargelegt[5]. Deshalb wäre es unbedingt nötig, die Interpretation historischer Bilder zum Bestandteil jedes Geschichtsstudiums werden zu lassen.

---

4   Vgl. aus der Sicht der Geschichtswissenschaft Rainer WOHLFEIL, Methodische Reflexionen zur Historischen Bildkunde, in: Historische Bildkunde. Probleme – Wege – Beispiele, hg. von Brigitte TOLKEMITT und Rainer WOHLFEIL (Zeitschrift für historische Forschung 12), Berlin 1991, S. 17–35; Heike TALKENBERGER, Historische Erkenntnis durch Bilder. Zur Methode und Praxis der historischen Bildkunde, in: Hans-Jürgen GOERTZ (Hg.), Geschichte. Ein Grundkurs, 3. Aufl., Reinbek 2007, S. 88–103 und Jens JÄGER – Martin KNAUER (Hg.), Bilder als historische Quellen. Dimension der Debatten um historische Bildforschung, München 2009.

5   Vgl. beispielsweise Hans-Jürgen PANDEL, Die Bildquelle im Geschichtsunterricht, Schwalbach/Ts. 2008; DERS. – Kristin LAND, Bildinterpretation praktisch. Bildgeschichten und verfilmte Bilder, Schwalbach/Ts. 2009; Michael SAUER, Kompetenzen für den Geschichtsunterricht – ein pragmatisches Modell als Basis für die Bildungsstandards des Verbandes der Geschichtslehrer, in: Informationen für den Geschichts- und Gemeinschaftskundelehrer 72 (2006) S. 7–20, S. 12 und 16.

3. „Wie Vivien zum Ritter gemacht wurde …" – Schritte der Bilderschließung

Im Folgenden soll nun an einem Beispiel aufgezeigt werden, worin das Problem mittelalterlicher Bildlichkeit besteht und wie Lehrende bei der Vorbereitung und Durchführung einer Unterrichtsstunde, in der ein mittelalterliches Bild zentraler Unterrichtsgegenstand ist, vorgehen können. Es handelt sich um eine Buchillustration aus dem 14. Jahrhundert[6], wobei der dargestellte Sachverhalt historisch in die Zeit Karls des Großen zurückreicht. Dabei wird deutlich, dass für die Erschließung mittelalterlicher Bildlichkeit ein hohes Maß an Kompetenzen notwendig ist.

Cycle de Guillaume d'Orange, 14. Jh., London, British Museum, Royal 20. D. XI (B 1), fol. 134^v.

---

6 Die Abbildung findet sich beispielsweise in Didier MÉHU, Gratia Dei. Das Leben im Mittelalter. Aus dem Französischen übersetzt von Nikola VON MERVELDT in Zusammenarbeit mit
  Annet SCHÜTT, Freiburg – Basel – Wien 2004, S. 152; DERS., Das Mittelalter. Von Fürsten
  und Kaufleuten, Mönchen und Leibeigenen, Kreuzrittern und Minnesängern. Aus dem Französischen übersetzt von Nikola VON MERVELDT, Freiburg – Basel – Wien 2005, S. 152 (groß-
  formatige Farbabbildung); Josef FLECKENSTEIN, Rittertum und ritterliche Welt. Unter Mitwirkung von Thomas ZOTZ, Berlin 2002, S. 191 und Andreas SCHLUNK – Robert GIERSCH,
  Die Ritter. Geschichte – Kultur – Alltagsleben, Stuttgart 2003, S. 23 (mit ungenügender Legende).

3.1   Der Erscheinungssinn

Jede systematische Bildinterpretation geht in verschiedenen Schritten vor. Dabei orientiert sich die Vorgehensweise an dem Sachverhalt, der fachlich und didaktisch zu erschließen ist. Am Anfang steht die Bildbeschreibung, die man mit Hans-Jürgen Pandel auch als „Erscheinungssinn" charakterisieren könnte[7]. Sie dient zunächst zur Schärfung der eigenen Wahrnehmung und sollte möglichst deutungsneutral sein, also noch keine Interpretation liefern, um nicht vorschnell zu einem Ergebnis zu kommen, das der ursprünglichen Bildintention widerspricht. Wir halten also zunächst einmal fest, was wir auf dem Bild sehen, wobei wir uns bemühen, die Bildelemente möglichst exakt zu bestimmen. Als Beispiel dient eine Buchmalerei aus dem so genannten „Cycle de Guillaume d'Orange".

Was wird auf der Illustration dargestellt? Was ist zu sehen? Wir sehen, dass die Buchmalerei von einem dunkelblauen, verzierten Balkenrand umrahmt wird. Oben begrenzt ein flacher, leicht gewölbter Bogen das eigentliche Bild. Vor einem rötlichen Hintergrund, der durch schwarze Linien in kleine regelmäßige Quadrate aufgeteilt ist, welche mit weißen Rhomben samt kleinen roten Kreisen hinterlegt sind, stehen fünf Personen, drei große und zwei kleinere. Alle großen, statischeren Figuren recken die Arme über ihren Kopf nach oben. Sie tragen gleichartige fußlange Röcke mit einem V-Ausschnitt und schwarze Fußbekleidung. Sind die Gewänder der beiden Außenstehenden rotorange, so fällt der mittlere Rock durch seine dunkelblaue Färbung auf. Von letzterem stechen der weiße Gürtel und das helle Schwert deutlich ab, genau so wie der schwarze Gürtel der orangeroten rechten Figur. Dagegen kontrastiert der bräunliche Gürtel der dritten Person weniger zu ihrer Gewandfarbe, zumal auch ihr Schwert ähnlich gefärbt ist. Beide Schwertknäufe sind mit einem Kreuz verziert. Die Person rechts ist schwertlos. Zwei kleinere, dynamischere Figuren machen sich am Schwertgehänge der linken und mittleren Person zu schaffen. Links fasst die seitlich hinter der orangeroten Person stehende, hellblau gekleidete Figur in dessen Rücken, während sie mit ihrer Rechten nach vorne zur Gürtelschließe greift. Die andere kleinere Figur trägt ein ebenfalls knielanges, aber gelbes Kapuzenhemd mit hellblauen Strümpfen. Sie steht vor den beiden anderen Personen, fasst mit ihrer rechten Hand an die Schwertscheide des dunkelblau Gewandeten und mit ihrer anderen an dessen Gürtel. Alle Personen tragen eine ähnliche Frisur: leicht nach außen gewelltes mittellanges Haar mit einer Stirnlocke. Wie dieses wirken auch ihre Gesichter auf den ersten Blick stark schematisiert, was bei näherer Betrachtung jedoch relativiert wird.

---

7   Die vorliegende Arbeit orientiert sich hinsichtlich der Bildinterpretation auch im Folgenden an den von Hans-Jürgen PANDEL, Bildinterpretation, in: Ulrich MAYER – Hans-Jürgen PANDEL – Gerhard SCHNEIDER (Hg.), Handbuch Methoden im Geschichtsunterricht, 2. überarb. Aufl., Schwalbach/Ts. 2007, S. 172–187, bes. S. 178–182 eingeführten Arbeitsschritten bzw. Kategorien „Erscheinungssinn", „Bedeutungssinn", „Dokumentensinn" und „Zeitsinn".

3.2   Der Bedeutungssinn

Um den Bedeutungssinn erschließen zu können, muss das gesamte kulturelle Gedächtnis einer Gesellschaft durchsucht werden: vor allem das Umfeld, in das das Bild eingebettet ist. Die Buchmalerei ist einer altfranzösischen Handschrift aus der ersten Hälfte des 14. Jahrhunderts entnommen, die sich heute im British Museum (Ms. Royal 20. D. XI, fol. 134[v]) in London befindet[8]. Sie ist Teil einer „Chanson de Geste", die über Heldentaten von Guillaume d'Orange[9] aus der Zeit Karls des Großen berichtet. Die im „Cycle de Guillaume d'Orange" versammelten Chansons waren schon zwischen dem beginnenden 12. und 14. Jahrhundert verfasst worden, wobei die mündliche Überlieferungstradition sehr viel weiter zurückreicht. Der Wilhelms-Zyklus (auch Wilhelmsgeste oder Wilhelmsgesten genannt) gehört zu den ältesten Zeugnissen altfranzösischer Heldendichtung überhaupt. Die „Chanson de Guillaume" berichtet im Besonderen vom Sarazenenkampf. Hauptfiguren sind Guillaume und seine vier Neffen Vivien, Girard, Guichard und Gui.

Mit Hilfe der Überschrift des Bildes „Coment viviens fu fais chevaliers"[10] ist es möglich, sich der Bildbedeutung bzw. dem Bedeutungssinn zu nähern. Es wird ersichtlich, dass in dieser Buchmalerei die Schwertleite Viviens, des (vermutlichen) Neffen von Guillaume d'Orange, dargestellt ist[11]. Ausgewählt wurde der wichtige Moment der Schwertumbindung, die hier durch Knappen erfolgt. Diese sind als solche zweimal gekennzeichnet, einmal durch ihre kürzeren Gewänder und hellen

---

8   Vgl. Adolphe L. TERRACHER (Hg.), La chevalerie Vivien. Chanson de geste, Bd. 1: Textes, Paris 1909, S. V.

9   Die altfranzösischen Heldenepen (chansons de geste, von lat. gesta = Taten, Handlungen) werden häufig in drei Zyklen eingeteilt, die man als die Karlsgeste, die Wilhelmsgeste (auch Wilhelms- oder Willehalmszyklus) und die Empörergeste bezeichnet. Die Wilhelmsgeste (heute üblicherweise als „Cycle de Guillaume d'Orange" bezeichnet) befasst sich mit den Heldentaten des königstreuen Vasallen Guillaume de Toulouse (später meist Guillaume d'Orange genannt) zum Schutz und zur Erhaltung von Karls Erbe unter dem Nachfolger Ludwig dem Frommen. Hinter der legendenhaft überformten Wilhelms-Figur verbirgt sich die historische Gestalt des Grafen Wilhelm von Aquitanien bzw. von Toulouse († 812), einem Enkel Karl Martells, der für die Sicherung der so genannten spanischen Mark zuständig war und unter Karl dem Großen und Ludwig dem Frommen gegen Basken und Sarazenen gekämpft und Barcelona aus muslimischer Hand befreit hat. Wolfram von Eschenbach hat den Stoff nach einer Vorlage, die er vom Landgrafen Hermann I. von Thüringen erhielt, um 1217 ins Deutsche übertragen („Willehalm"). Vgl. Frank-Rutger HAUSMANN, Französisches Mittelalter. Lehrbuch Romanistik, Stuttgart 1996, S. 49f., 59 und 86f. und Dominique BOUTET – Karl-Ernst GEITH, Art. Wilhelmsepen, in: Lexikon des Mittelalters, Bd. 9, Stuttgart 1999, Sp. 198–201.

10   „Wie Vivien zum Ritter gemacht wurde". Vgl. MÉHU (Anm. 6) S. 152.

11   Vgl. JOSEF SCHUWERACK, Charakteristik der Personen in der altfranzösischen Chançun de Guillelme. Ein Beitrag zur Kenntnis der poetischen Technik der ältesten Chansons de Geste, Halle a.S. 1913, S. 1–21.

Strümpfe und zum anderen durch ihre (im Verhältnis zu den anderen Personen) geringere Größe[12]. Obwohl die Überschrift nur Vivien erwähnt, sind auf dem Bild noch zwei weitere angehende Ritter zu sehen. Sie repräsentieren wohl die vielen anderen Männer, die an der Schwertleite Viviens, einer Massenschwertleite vor einem Kampf gegen die Sarazenen, beteiligt waren[13]. Auch dass Knappen und nicht Lehnsherren oder andere hochgestellte Persönlichkeiten die Schwertumbindung vornehmen, verweist auf die große Anzahl der Beteiligten. Die beiden Männer rechts und links tragen bei der Zeremonie das in manchen Quellen zur Schwertleite erwähnte rote Hemd. Es symbolisiert die Bereitschaft, als christlicher Ritter sein Blut für den Glauben zu geben. Darauf deutet auch das Kreuz auf den beiden Schwertknäufen hin. Die schwarzen Strümpfe sollen an die Todesbereitschaft erinnern[14]. Solche Strümpfe tragen alle drei Männer.

Doch der angehende Ritter in der Mitte des Bildes fällt in mehrfacher Hinsicht auf. Nur er trägt ein dunkles Hemd mit der Symbolfarbe Blau für Treue und einen Gürtel in Weiß für Rein- und Keuschheit. Diese Farbsymbolik entspricht Vivien, der im anschließenden Kampf fallen wird, weil er sein bei der Schwertleite freiwillig abgegebenes Gelübde erfüllt, keinen Fuß breit vor den Sarazenen zu weichen[15]. Auch die riesige Übermacht der Feinde kann seinen Sinn nicht ändern; er bleibt seinem Gelübde gegenüber Gott treu und fällt nach langem tapferen, wenngleich aussichtslosem Kampf.

Die erhobenen Hände der drei abgebildeten Ritteraspiranten könnten im Rahmen der Zeremonie der Schwertleite[16] das Anflehen um Gottes Beistand darstellen. Wahrscheinlicher jedoch ist, dass es sich um eine im Mittelalter übliche epische Darstellungsweise handelt, bei der mehrere verschiedene Handlungen in einem Bild komprimiert bzw. zusammengefasst sind. Dann würden die erhobenen Hände darauf verweisen, dass die Anflehung schon zuvor in der meist üblichen heiligen

---

12   Dies kann als realistische Darstellung betrachtet werden, weil die Knappen möglicherweise jünger und deshalb kleiner sind. Auf jeden Fall entspricht es auch der Bedeutungsperspektive, bei der das Wichtigste entsprechend groß hervorgehoben wird.

13   Vgl. Wilhelmsepen. Eingeleitet von Michael HEINTZE. Übersetzt von Bodo HESSE (Klassische Texte des Romanischen Mittelalters 22), München 1993.

14   Vgl. die Internetseite für Regionalgeschichte des Instituts für Geschichtliche Landeskunde der Universität Mainz (URL: www.regionalgeschichte.net, Zugriff am 09.12.2010) sowie zur Zeremonie im Einzelnen SCHLUNK – GIERSCH (Anm. 6) S. 23 und Alwin SCHULTZ, Das höfische Leben zur Zeit der Minnesinger, Bd. 1 (ND der Ausg. von 1880), Kettwig 1991, S. 141–149.

15   Vgl. HAUSMANN (Anm. 9) S. 59 und SCHUWERACK (Anm. 11) S. XIII.

16   Allgemein zur Zeremonie der Schwertleite MÉHU (Anm. 6) S. 153; FLECKENSTEIN-ZOTZ (Anm. 6) S. 190–201 und SCHLUNK – GIERSCH (Anm. 6) S. 22f. Siehe auch Werner RÖSENER, Art. Schwertleite, in: Lexikon des Mittelalters, Bd. 7, Stuttgart – Weimar 1999, Sp. 1646f.

Messe erfolgt war[17]. Des Weiteren könnten sie an das zu Beginn des Zeremoniells vorgenommene Überstreifen der neuen Gewänder erinnern. Unter dem Aspekt der epischen Darstellungsweise macht es auch Sinn, dass die dritte (rechts stehende) Person ohne Schwert gezeigt wird; sie befindet sich noch in einem Zustand, der zeitlich vor der sogleich zu vollziehenden Schwertleite liegt: der Umbindung. Auf diese Weise wären – im Rahmen einer epischen Erzählweise – wichtige Phasen der Schwertleite in einem Bild vereint, wie dies auch in einem Oxforder Codex (entstanden um 1250) – wenn auch auf völlig andere Art – zu sehen ist[18]. Es stellt die Schwertleite des jungen Offa durch seinen Vater, König Warmund, dar. Hier sind die Hemdüberstreifung und die Sporenanlegung gut zu erkennen. Der wichtige Akt des Sporenanlegens fehlt im Vivien-Bild.

Schwertleite im Codex des Matthaeus Paris um 1250 (Oxford. Cotton. Nero. D. I.)

Die bei allen Beteiligten vorhandenen Frisuren mit der Stirnlocke erinnern an antike Heldendarstellungen Alexanders des Großen („Alexanderlocke"). Dieser wurde in Liedern des Mittelalters („Alexanderroman") längst besungen[19], ehe mit den „Chansons de Geste" die Heldentaten der eigenen Vorfahren hinzukamen. Bleiben noch der ornamentale Rahmen und der Hintergrund des Bildes. Ersterer unterstreicht die Kostbarkeit der Buchmalerei. Ornamentflächen schmückten Bilder, ehe Himmel bzw. Landschaften als Szenenhintergrund ins Bild gesetzt wurden.

---

17 Der künftige Ritter nahm am Vortag der Schwertleite ein rituelles Bad, um sich symbolisch von allen Sünden rein zu waschen, anschließend verbrachte er die Nacht, wie ein Mönch gekleidet, fastend und betend in der Kirche. Vgl. SCHLUNK – GIERSCH (Anm. 6) S. 23.

18 Die Abbildung findet sich als Nachzeichnung bei SCHULTZ (Anm. 14) S. 143.

19 Etwa im „Alexanderlied" des Pfaffen Lamprecht, das um 1150 in mittelhochdeutscher Sprache entstanden ist und zugleich den Beginn der frühhöfischen Epik im deutschen Sprachraum bezeichnet.

3.3   Der Dokumentensinn

Historikerinnen und Historiker interessiert bei jedem Bild aus der Vergangenheit nicht nur das Dargestellte, sondern auch das, was es über die Zeit seiner Entstehung aussagt, d.h. sie fragen nach dem so genannten Dokumentensinn. Das Bild wird damit auch als historische Quelle für seine Zeit gesehen[20]. Solche Fragestellung überschreitet die engere Bilddeutung bei weitem. Dazu ist zunächst festzuhalten, dass in der Zeit der Vivien-Illustration in Frankreich bereits die einfachere Schwertleite vom sog. „Ritterschlag" verdrängt worden war. Aber das historische Wissen von der Schwertleite war beim Buchmaler doch noch vorhanden, andernfalls hätte er die Szene nicht so dargestellt. Dabei stellt sich die grundsätzliche Frage, welche Rolle die (historische) Vergangenheit bei der Erstellung der Illustration überhaupt (noch) spielte. Warum erfreuten sich die „Chansons de Geste" über Jahrhunderte hinweg solcher Beliebtheit? Warum wurden sie immer wieder abgeschrieben bzw. erweitert? Welche Rolle spielte dabei die Illustration, die sehr aufwändig und teuer war? Man darf in diesem Zusammenhang nicht vergessen, dass das geschilderte und bebilderte Geschehen der von uns ausgewählten Vivien-Darstellung schon über 500 Jahre zurücklag. Zudem erfolgten Niederschrift und Bebilderung der Londoner Handschrift zu einer Zeit, in der die Blüte des Rittertums ihren Zenit längst überschritten hatte. Offensichtlich wurde versucht, diesem Niedergang mit Neubearbeitungen der alten Heldenlieder mit entsprechenden Illustrationen zu begegnen, also mit einem Blick in die „gute alte Zeit", die der Gegenwart als Vorbild dienen sollte. Es hat also schon einen Grund, warum die Schwertleite Viviens ins Bild gesetzt wurde. Es sollte an seinem Beispiel gezeigt werden, wie christliche Ritter nicht nur ihren Idealen lebten, sondern auch todesmutig und bedingungslos (Gelübde Viviens) für sie eintraten[21]. Die Heldenlieder sollten neben ihrer Unterhaltungsfunktion also gewiss auch Vorbildcharakter haben. Vermutlich gibt es jedoch auch noch weitere Gründe für die Beliebtheit der „Chansons de Geste", die seit dem 12. Jahrhundert zu den Liedern über antike Helden wie Alexander und Cäsar hinzutraten. Die Lieder über fränkische Helden im erfolgreichen Kampf gegen die muslimischen Mauren bzw. Sarazenen könnten etwa auch als Ausdruck eines beginnenden französischen Nationalbewusstseins[22] gedeutet werden.

---

20   Vgl. Wohlfeil (Anm. 4) S. 17: „Bilder sind historische Dokumente".
21   Vgl. SCHUWERACK (Anm. 11) S. 8.
22   Dieses beginnende französische Nationalbewusstsein drückte sich auch in der Erfindung der gotischen Architektur von St. Denis durch Abt Suger aus. Vgl. Bruno KLEIN, Beginn und Ausformung der gotischen Architektur in Frankreich und seinen Nachbarländern, in: Die Kunst der Gotik. Architektur – Skulptur – Malerei, hg. von Rolf TOMAN u.a., Köln 1998, S. 28–116.

3.4   Der Zeitsinn

Über den Dokumentensinn hinaus interessiert denjenigen, der sich historisch mit Bildern und Illustrationen befasst, der Zeitsinn. Die Frage lautet: Was geschah vor der Szene, die auf dem Bild eingefroren wurde, und was danach? Erst durch diese Fragen erhält die Interpretation die für Geschichte typische narrative Qualität. Da es sich bei der Londoner Buchmalerei vermutlich jedoch um mehrere Szenen in einem Bild handelt, hat die Darstellung selbst narrative Qualität – was bei modernen Bildern selten ist. Die Vorbereitung der Zeremonie am vorausgehenden Abend ist allgemein aus anderen Quellen zur Schwertleite rekonstruierbar. Auf die Frage, was noch früher bzw. danach geschah, antwortet die „Chanson de Geste": Vivien war zuvor am Hof des Grafen Guillaume als Knappe erzogen worden. Nach dem Überfall des muslimischen Königs Deramé mit einem großen Heer und der Verwüstung des fränkischen Landes wird Vivien zusammen mit 700 jungen Männern durch die Schwertleite zum Ritter gemacht. Dabei schwört er – ohne dazu aufgefordert zu werden – niemals auch nur einen Fuß breit vor den Heiden zurückzuweichen. In der folgenden Schlacht sind die christlichen Ritter in der Unterzahl. Viele fliehen in dem völlig aussichtslosen Kampf. Vivien fühlt sich aber vor Gott an seinen Schwur gebunden und kämpft mit großer Energie bis zu seinem Märtyrertod.

Soweit die Geschichte, in die das Bild eingebettet ist. Es kann jedoch noch allgemeiner gefragt werden: Auf welche Zukunft verweist das Bild? Die Schwertleite wurde – besonders in Frankreich – vom Ritterschlag verdrängt. Dies gilt auch für weite Teile des übrigen Europa, und zwar so weitgehend, dass beispielsweise der „Verband der Geschichtslehrer Deutschlands" den Schülern heute abverlangt, den Begriff „Ritterschlag" richtig anwenden zu können[23]. Obwohl auch bei letzterem die Schwertumgürtung von großer Bedeutung blieb, ist der Begriff „Schwertleite" heute nahezu völlig aus unserem Bewusstsein verschwunden. Dagegen wird der Begriff „Ritterschlag" noch als Metapher für heutige Situationen verwendet. Außerdem verweist das Bild auf die Zukunft: den Untergang des Rittertums. Weiter wäre etwa zu fragen: Wie wird heute mit dem Bild umgegangen? Im Internet ist beispielsweise die vorliegende Buchmalerei unter der Überschrift „Der mittelalterliche Markt"[24] über einen kommerziellen Anbieter zu finden. Er offeriert eine angeblich handgemalte Kopie des Bildes für 250,– Euro. Dabei wird allerdings aus der Buchmalerei ein Wandbild. Aber nicht nur die Größenordnung ist damit sehr verfälscht, auch der mittelalterliche ornamentale Hintergrund wird durch einen unifarbenen gelblichen ersetzt. Des Weiteren ist die Quellenangabe für das Bild

---

23   Verband der Geschichtslehrer Deutschlands (Hg.), Bildungsstandards Geschichte. Rahmenmodell Gymnasium 5.–10. Jahrgangsstufe, Schwalbach/Ts. 2006, S. 32.

24   www.ars-in-medival.de, Artikelnummer 20061005 (Zugriff am 20.09.2009).

völlig falsch[25]. Da es aus sämtlichen ursprünglichen Zusammenhängen herausgerissen wurde, kann es vom Betrachter nicht mehr gedeutet werden.

4.   Didaktische Überlegungen

Ziel der Begegnung mit der mittelalterlichen Buchmalerei „Wie Vivien zum Ritter gemacht wurde" sollte es sein, Schülerinnen und Schülern *bewusst zu machen*, dass historische Bilder nicht einfach mit unseren heutigen Erfahrungen und Sehgewohnheiten verstanden und interpretiert werden können. Der „erste Blick" reicht hier nicht aus. Denn er geht nicht selten fehl, weil er aus der modernen Gegenwart heraus auf eine Vergangenheit blickt, die zunächst einmal unverständlich und fremd erscheint. Die Schüler der vierten Klasse, in der ich das Bild im Unterricht einsetzte, sahen denn auch zunächst nur Folgendes: in einem Gefängnis (Gitter) werden Ritter (Schwert) durch Wächter entwaffnet (erhobene Hände). Man sieht an dieser „ersten" Deutung, dass sich das ausgewählte Beispiel nicht nur deshalb besonders gut zur Schulung historischer Bildkompetenz eignet, weil es sich um ein Thema handelt, das Jugendliche anspricht (Rittertum), sondern auch darum, weil unsere heutigen Deutungsmuster bei diesem Bild (zunächst einmal) weitgehend versagen: Das wird Jugendlichen auch recht schnell evident, wenn man mitteilt, dass die Illustration ungefähr 600 Jahre alt ist[26]. Fügt man die Bildüberschrift hinzu, wird die ursprüngliche Deutung blitzschnell korrigiert. Aus dem vermeintlichen „Entwaffnen" (Wegnehmen der Schwerter) wird jetzt im Rekurs auf das bereits vorhandene Posengedächtnis ein „Bewaffnen" (Schwert umbinden = zum Ritter machen). Die Schüler erkennen: Die Deutung eines Bildes ist ohne die Rekonstruktion des (zeitlichen und kulturellen) Kontextes nicht möglich.

An dem ausgewählten Beispiel können die Ebenen des Erscheinungs- und Bedeutungssinns[27] von historischen Bildern gut angesprochen und ihre Relevanz verdeutlicht werden. Ein Schwert auf einem Bild sagt noch nichts über dessen Funktion im Bild aus. Bei erhobenen Händen wird das moderne Bildgedächtnis zunächst einmal die imperativische Geste „Hände hoch!" aufrufen, die auch Schülerinnen und Schüler sicher aus TV-Actionfilmen kennen. Dass es sich eventuell auch um eine sakrale Geste handeln könnte oder eine epische Erzählweise, die zeitlich verschiedene Handlungen in einem Bild verdichtet, ist für Jugendliche, die sich mit mittelalterlichen Bildern auseinandersetzen, nicht sofort erkennbar. Dazu

---

25   Als Quelle wird Herrad von Landsberg angegeben. Damit wird das Bild dem Hochmittelalter zugeordnet, was für die Deutung des Dokumentensinns von fataler Konsequenz ist.

26   Um den Schülern die daraus resultierenden Deutungsunwägbarkeiten deutlich zu machen, wurde ihnen ein heutiges Pkw-Überholverbotsschild gezeigt. Sie sollten vermuten, wie es in 600 Jahren gedeutet werden könnte.

27   Vgl. PANDEL, Bildinterpretation (Anm. 7) S. 172–187.

bedarf es vielmehr einer historisch-kulturellen Bildkompetenz, die im Geschichts-unterricht sukzessive aufgebaut und gefördert werden muss, will man dass Kinder und Jugendliche Bilder nicht nur anschauen, sondern auch verstehen. Dabei ist es möglich aufzuzeigen, wie Deutungen durch das Hinzuziehen anderer Quellen einigermaßen abgesichert und verifiziert werden können. Zudem sollte im Verlauf der Bildinterpretation auf Schülerseite die Erkenntnis angebahnt werden, „dass es keine richtige oder falsche Interpretation gibt", wie Hans-Jürgen Pandel konstatiert, sondern dass Interpretationen lediglich plausibel oder unplausibel sein können[28].

In der von mir gehaltenen Stunde in der vierten Klasse Grundschule lag der Schwerpunkt auf der Anbahnung einer historisch-kulturellen Bildkompetenz bei gleichzeitiger Erweiterung des Wissens zum Thema „Leben der Ritter". Wird das Bild zum Thema des Unterrichts gemacht, müssen die Schüler zuvor darüber infor-miert werden, dass es für die dargestellte Schwertleite ein bestimmtes Zeremoniell gab. Dies ist die unabdingbare Voraussetzung, wenn sie das Bild historisch richtig zuordnen sollen: Am Vortag erfolgten das rituelle Bad und Gebete, am Haupttag die Einkleidung, oftmals in symbolischen Farben[29]. Höhepunkt des Festes war die feierliche Waffenübergabe, vor allem die Umgürtung mit dem Schwert und das An-legen der goldenen Sporen an die Lederstiefel. Beim anschließenden Turnier zeig-ten die frisch ernannten Ritter dann ihr kämpferisches Können. Schließlich erhiel-ten sie von der Person, die sie zum Ritter gemacht hatte, Geschenke. Mit einem Festessen, Musik und Tanz klang das Fest aus. Wird die Illustration nicht zum Hauptthema gemacht, so ist es ohne weiteres auch möglich, die Buchmalerei zur Wiederholung des bereits zuvor im Unterricht behandelten Themas einzusetzen[30]. Ältere Schülerinnen und Schüler mit entsprechendem Sachwissen können nicht nur nach dem Bedeutungs-, sondern auch nach dem Dokumenten- und Zeitsinn der Darstellung suchen oder die Geschichte Viviens recherchieren. Denn das Bild stellt ja nur einen Ausschnitt aus einem historischen Zusammenhang dar, der im Bild nicht abgebildet, sondern nur antizipiert werden kann.

Über die oben genannten groben Lernziele hinaus ist es möglich, an dieser Buchmalerei auch noch weitere allgemeine Erkenntnisse über (historische) Bilder anzubahnen: 1.) Bilder bilden nicht die Wirklichkeit ab; sie sind immer gestaltet (hier z.B. der Hintergrund sowie die epische Darstellung, d.h. die Komprimierung bzw. Zusammenfassung mehrerer Szenen in einer Szene), 2.) Bilder sind, was ihre Aussage anbelangt, nicht eindeutig (Entwaffnung oder Bewaffnung bzw. Schwert-verleihung), 3.) Zum Verständnis eines Bildes wird historischer Kontext benötigt (Titel, zeitgenössische Texte, ähnliche Bilder, Farb(symbol)wissen, historischer Hintergrund usw.), 4.) Trotz intensiver Recherchen bleiben (nahezu immer) Fragen

---

28 Ebd. S. 184.
29 Vgl. dazu die Ausführungen zum Bedeutungssinn und Anm. 17.
30 Vgl. zum Wiederholen mit Bildern Karin KNEILE-KLENK, Pauken oder Lernen? Abwechs-lungsreiches Wiederholen und Festigen im Geschichtsunterricht, Schwalbach/Ts. 2008.

offen – unsere Aussagenrekonstruktion gilt also (wie in allen Forschungsprozessen) – nur so lange, bis sie durch neue Erkenntnisse erweitert oder widerlegt wird.

5. Zusammenfassung

Anhand einer mittelalterlichen Buchmalerei aus einer altfranzösischen „Chanson de Geste" wurde aufgezeigt, wie Lernende an dem für sie interessanten Thema „Ritter", d.h. hier der „Schwertleite", die Alterität mittelalterlicher Bildlichkeit erkennen, auf welchen Wegen sie sich der ikonographischen Ebene des Bildes nähern und gleichzeitig auch ihre historische Sach- und Methodenkompetenz erweitern können. Dabei muss deutlich werden, dass es einer historisch-kulturellen Bildkompetenz bedarf, um mittelalterliche Bilder angemessen zu deuten und zu verstehen. Deren Aufbau ist ein komplexer Prozess, weshalb Lehrende zunächst selbst in ihrer Ausbildung diese Kompetenz erwerben sollten. Schritt für Schritt können sie dann auch Lernende befähigen, die Alterität historischer Bildlichkeit wahrzunehmen und zu entschlüsseln. Vor allem ist zu akzeptieren, dass eine Deutung nicht mit letzter Sicherheit erfolgen kann, sondern immer nur ein Annäherungsversuch an das ist, was das Bild ursprünglich intendierte. Nach meiner Erfahrung motiviert jedoch gerade diese „Offenheit" der Bilder Schülerinnen und Schüler immer wieder, sich über den Unterricht hinaus auf historische Spurensuche zu begeben, weil hier in besonderer Weise die Alterität mittelalterlichen Lebens erfahren werden kann.

In diesem Zusammenhang ist auch zu berücksichtigen, dass in der skript-oralen Gesellschaft des Mittelalters Bilder noch eine andere Bedeutung hatten, als dies etwa heute angesichts der „Bilderflut", die auf uns einstürzt, der Fall ist[31]. Texte waren häufig „verschlüsselt", waren nicht für den allgemeinen Gebrauch gedacht oder konnten (wegen der lateinischen Sprache) von der Mehrheit der Bevölkerung gar nicht gelesen oder verstanden werden. Der Bildlichkeit und Figürlichkeit (und deren Symbolik) kamen insofern im Bereich der Literatur, aber auch im Bereich der Kunst und Architektur eine entscheidende (häufig sakrale) Bedeutung zu, die heute nur noch schwer nachzuvollziehen ist, zumal das Mittelalter (im Vergleich zu heute) eine weithin bilderlose Welt war. Bilder besaßen deshalb – ganz ähnlich wie Texte – eine eigene Sprache und Symbolik, die zu entschlüsseln ist. Sie wurden auch nicht, was ebenfalls nicht zu vergessen ist, massenhaft gedruckt, sondern sind nicht selten Kunstwerke eigenen Ranges. Bildhandschriften entstanden etwa in verschiedenen Arbeitsgängen, an denen Schreiber, Rubrikatoren *und* Illuminatoren beteiligt waren. Die Illuminatoren waren dabei nicht nur für die „Bilder", sondern etwa auch für die Initialen zuständig. Bilder bzw. Illustrationen wurden deshalb auch nicht nur wahrgenommen oder angeschaut, wie wir dies heute nicht selten

---

31 Vgl. Horst WENZEL, Hören und Sehen, Schrift und Bild. Kultur und Gedächtnis im Mittelalter, München 1995.

sehr oberflächlich (weil wir optisch überlastet sind) tun, sondern tatsächlich „gelesen".

Man macht also von vornherein einen Fehler, wenn man mittelalterliche Bildlichkeit mit moderner vermischt oder lediglich zu Illustrationszwecken (etwa in
Lehrwerken) verwendet. Sie gehörte stets in einen spezifischen Funktionszusam-
menhang, dessen Abwesenheit das Einzelbild funktions- und deshalb bedeutungslos macht. Deshalb sind wir oft ratlos, wenn wir mit mittelalterlicher Bildlichkeit
konfrontiert werden. Ich erinnere in diesem Zusammenhang nur an die großen
Portale mittelalterlicher Kathedralen und ihrem Tympanon. Sie bieten nicht selten
„Weltgeschichte auf einen Blick"[32]. Wer sollte das lesen und verstehen können,
wenn er noch nie etwas von typologischem Denken oder „mehrfachem Schrift-
sinn"[33] gehört hat? In unserem speziellen Fall kommt noch erschwerend hinzu, dass
die von uns untersuchte Illustration einen literarischen Text begleitet, der eine bestimmte (legendenhaft überformte) Geschichte erzählt, das Bild also eigentlich
nicht selbstständig, d.h. ohne den Begleittext, wahrgenommen bzw. „gelesen" werden kann. Bild und Text bilden in der illustrierten Handschrift eine konzeptionelle
Einheit, die eigentlich nur künstlich aufzulösen ist. Illustrationen sind überdies
häufig Bestandteil eines sehr viel umfangreicheren Bilder-Zyklus, der insgesamt
betrachtet und interpretiert werden müsste, um dem Einzelbild gerecht zu werden.

Man sieht an diesem kleinen Beispiel: Bildarbeit ist Schwerarbeit. Sie sollte
jedenfalls – gerade im Bereich des Mittelalters – nicht als Nebensache, sondern
(wenn sie überhaupt angegangen wird) als Hauptsache betrieben werden. Denn den
Schülerinnen und Schülern muss klar werden, dass man Bilder, zumal solche des
Mittelalters, nicht nur flüchtig anschauen und dann weglegen kann, sondern dass
sie für unsere Wahrnehmungs- und Deutungskompetenz eine Herausforderung der
besonderen Art darstellen. Es bedarf gewissermaßen eines „zweiten Blickes", der
angemessen geschult und ausgebildet werden muss. Einschränkend ist jedoch zu
sagen, dass die notwendigen Recherchen für die angemessene Interpretation historischer Bildlichkeit fast immer sehr aufwändig sind, zumal sich in den Repro-
duktionen und deren Begleittexten (leider bis in die Schulbücher hinein) immer
wieder Fehler vor allem in den Legenden und Bildnachweisen finden. Man müsste
deshalb eigentlich auf die Originale bzw. auf die Handschriften selbst zurückgehen.
Lehrerinnen und Lehrer verfügen aber in der Regel nicht über die hierfür notwendige Zeit oder können sich gar auf Bibliotheks- oder Handschriftenreisen begeben,
wie dies Mediävisten tun, um die Codices vor Ort zu konsultieren. Das schließt
aber nicht aus, dass man nicht ab und an auch die Handschriftenautopsie (etwa in

---

32 Konrad KUNZE, Himmel in Stein. Das Freiburger Münster. Vom Sinn mittelalterlicher Kir-
    chenbauten, 5. Aufl., Freiburg – Basel – Wien 1985, S. 42f.

33 Vgl. Friedrich OHLY, Vom geistigen Sinn des Wortes im Mittelalter, in: Zeitschrift für deut-
    sches Altertum und deutsche Literatur 89 (1958) S. 1–23; wieder abgedruckt in DERS.,
    Schriften zur mittelalterlichen Bedeutungsforschung, Darmstadt 1977, S. 1–31.

der Badischen Landesbibliothek Karlsruhe oder einer anderen regionalen Handschriftenbibliothek) in den Unterricht integriert. In fast jeder älteren Universitätsbibliothek gibt es illustrierte Codices, die in der Handschriftenabteilung eingesehen werden können. Es ist faszinierend, das Papier- oder Pergamentmanuskript vor Ort „zu begreifen". Wenn das – aus welchen Gründen auch immer – nicht möglich sein sollte, ist es umso wichtiger, die im Unterricht behandelten Bilder oder Illustrationen sorgfältig auszuwählen und sich über deren Gehalt und Symbolik sowie den historischen Hintergrund genau zu informieren. Da dies viel Aufwand darstellt, den eine Lehrperson in den seltensten Fällen wird leisten können, wird Bildarbeit im Geschichtsunterricht häufig „klein" geschrieben oder sie konzentriert sich auf das in den Lehrwerken nicht selten relativ reflexionslos bereitgestellte Material. Deshalb ist es dringend erforderlich, dass von Universitäten und Pädagogischen Hochschulen (z.B. in Seminaren) entsprechende didaktische Hilfen erarbeitet und dann für Lehrende bereitgestellt werden – nicht zuletzt auch im Sinne einer erfolgreichen allgemeinen Medienerziehung. Ebenso wichtig wäre es aber auch, dass die Geschichtsdidaktik ihren Blick, der stark auf die neuere und neueste Geschichte begrenzt ist, weitet und der vormodernen Bildlichkeit und deren Interpretation und Analyse mehr Platz, als dies bislang der Fall war, in ihren einschlägigen Darstellungen einräumt[34].

---

34 Wer etwa SAUER, Bilder im Geschichtsunterricht (Anm. 2) studiert, dem fällt auf, dass hinsichtlich des Mittelalters zwar die gängigen „Schulbuchbilder" (etwa S. 48f. aus dem Evangeliar Ottos III. oder S. 75 eine Basler Altartafel aus dem Kunstmuseum, die bereits Hartmut Boockmann ausführlich interpretierte (Geschichte in Wissenschaft und Unterricht 36 (1985) S. 271–276)) angeführt, aber nicht wirklich interpretiert werden. Dem Mittelalter selbst ist nur ein kleiner Abschnitt (S. 182–184) vorbehalten, der sich allerdings eher auf Skulpturen denn auf Bilder konzentriert und auch keine wirkliche Auseinandersetzung mit der anspruchsvollen Materie bietet. Das Gros der Bilder entstammt eindeutig der Moderne.

Friederike Stöckle

„Die armen kleinen Bäuerlein – was die für 'ne Ausbeutung über sich ergehen lassen mussten ..." (Boris, 15 Jahre)

Alltagsvorstellungen zum Mittelalter: Verständnisbarrieren oder hilfreiche Erklärungsmuster?

1.   Einleitung

Was war die Leibspeise von Karl dem Großen? Wie fühlte sich ein Bauer im Mittelalter bei der Arbeit? Wie viel musste er überhaupt arbeiten und wann hatte er auch mal frei? Geschichte, das sind vor allem Fragen an die Vergangenheit. Oft können diese aber nur lückenhaft beantwortet werden, oft auch gar nicht. So bedeutet Geschichte für Schülerinnen und Schüler nicht nur die Konfrontation mit einer fremden, mitunter unverständlich erscheinenden Welt, sondern auch das Ertragen von Unvollkommenheit und Widersprüchen. Häufig nutzen sie ihr Alltagswissen, um sich historische Sachverhalte zu erklären. Dies kann in manchen Fällen hilfreich[1] und nützlich sein, in anderen Fällen jedoch den Zugang zur Geschichte erschweren, weil die Konzepte gegenwartsbezogen, verkürzt oder schlicht falsch sind. Nichtsdestotrotz kann konstatiert werden: „Die für einen Lerner verfügbaren Vorstellungen sind der Kontext, aus dem heraus neues Verständnis entwickelt werden kann, aus dem heraus neue Bedeutungen zugewiesen werden können"[2]. Daher ist es, gerade vor der Beschäftigung mit den älteren Epochen, wichtig und sinnvoll, die Vorkenntnisse, Alltagskonzepte und impliziten Theorien der Schüler[3] zum Thema zu erheben, um dann mit ihrer Hilfe einen Mittelalterunterricht zu konstruieren, der den Schülern verständlich und zugänglich ist. Hier setzt ein wichtiger

---

1   Hilfreich hier bezogen auf die Ausbildung eines wissenschaftlich adäquaten Verständnisses mittelalterlicher Geschichte. Für den einzelnen Schüler selbst sind seine Alltagskonzepte zunächst hilfreich, da sie ihm kohärent und bei der Erklärung verschiedener Sachverhalte als nützlich erscheinen.

2   Harald GROPENGIESSER, Didaktische Rekonstruktion des „Sehens". Wissenschaftliche Theorien und die Sicht der Schüler in der Perspektive der Vermittlung, Oldenburg 1997, S. 24.

3   Vgl. dazu Hilke GÜNTHER-ARNDT, Historisches Lernen und Wissenserwerb, in: Geschichts-Didaktik. Praxishandbuch für die Sekundarstufe I und II, hg. von Hilke GÜNTHER-ARNDT, Berlin 2003, S. 23–47, S. 27–32.

Zweig der aktuellen geschichtsdidaktischen Forschung an, der in Folge einer Entwicklung in den Naturwissenschaftsdidaktiken[4] den Wissenserwerb aus konstruktivistischer Perspektive betrachtet und dem Vorwissen der Lernenden einen entsprechend großen Stellenwert beimisst[5].

Welche Alltagsvorstellungen haben Schülerinnen und Schüler der 9. Klasse nun zum Mittelalter? Und: Sind diese Deutungsmuster eher hilfreiche Konstrukte oder verhindern sie ein adäquates Verständnis mittelalterlicher Strukturen und Zusammenhänge?[6] Wie müssen diese unter Umständen verändert werden, um Geschichtslernen zu fördern?

2. Hilfreiche Erklärungsmuster

2.1 Thorsten über die Akzeptanz und Legitimation mittelalterlicher Herrschaft

„Ich denk mal, das ist ja eigentlich auch, so gesehen, wenn man gut behandelt wird vom Herrscher, ist das ja auch kein schlechtes Geschäft: Ich geb dem Nahrung ab, ne, und bestell seine Felder, und dafür in Kriegszeiten, und das gab es damals ja ziemlich oft, darf ich dann in seine Burg. Nur manche Herrscher haben die Position eben ausgenutzt, also die meisten, und das war dann doch nicht mehr so gut".

Thorsten beschreibt hier das Wesen mittelalterlicher Herrschaft, wofür er ein eher alltagsweltliches Erklärungsmodell benutzt: Für die Untertanen ist das Verhältnis

---

4   Reinders DUIT, Lernen als Konzeptwechsel im naturwissenschaftlichen Unterricht, in: Lernen in den Naturwissenschaften. Beiträge zu einem Workshop an der Pädagogischen Hochschule Ludwigsburg, hg. von Reinders DUIT und Christoph RHÖNECK, Kiel 1996, S. 145–162.

5   Vgl. dazu vor allem Hilke GÜNTHER-ARNDT, Conceptual Change-Forschung: Eine Aufgabe für die Geschichtsdidaktik? In: Geschichtsdidaktik empirisch. Untersuchungen zum historischen Denken und Lernen, hg. von Hilke GÜNTHER-ARNDT und Michael SAUER, Berlin 2006, S. 251–278 sowie GÜNTHER-ARNDT, Historisches Lernen (Anm. 3).

6   Die Daten, aus denen in diesem Aufsatz zitiert wird, entstammen dem Forschungsprojekt „Schülervorstellungen zu mittelalterlichen Herrschaftsformen. Ein Beitrag zur didaktischen Rekonstruktion", welches im Rahmen des Promotionsprogramms „Fachdidaktische Lehr- und Lernforschung – Didaktische Rekonstruktion (ProDid)" an der Universität Oldenburg durchgeführt wird. Für dieses Projekt wurden im Herbst 2006/Frühjahr 2007 insgesamt 16 Schülerinnen und Schüler der 9. Klassen von Haupt- und Realschulen sowie Gymnasien in Oldenburg (Niedersachsen), Schorndorf und Welzheim (Baden-Württemberg) in qualitativen, leitfadengesteuerten Einzel- und Partnerinterviews zum Thema Herrschaft im Mittelalter befragt. Bewusst wurde das Sample so gewählt, dass die Probanden zwar bereits mit Mittelalterunterricht in Berührung gekommen waren (in der 6. und 7. Klasse), dieser jedoch nicht mehr unmittelbar im Gedächtnis präsent war. Auch musste eine gewisse kognitive Reife angenommen werden, um über Abstrakta wie „Herrschaft" sprechen zu können.

zum Herrscher „kein schlechtes Geschäft", ein guter Deal, eine stimmige Kosten-Nutzen-Rechnung. Hier klingen moderne marktwirtschaftliche Prinzipien durch, die sich so nicht auf den mittelalterlichen Kontext übertragen lassen, im Kern jedoch etwas sehr Mittelaltertypisches beschreiben, das den Kern jeglicher Herrschaftsbeziehung, sei es Grund- oder Lehnsherrschaft, bildete: Das Prinzip der Gegenseitigkeit, Schutz und Schirm gegen Rat und Tat bzw. gegen Dienste und Abgaben[7].

Wie erklärt sich Thorsten die Legitimation mittelalterlicher Herrschaft bzw. viel konkreter: den Gehorsam mittelalterlicher Untertanen?

„Ich denk so, das war damals so, wie es heute sich gehört, so, anständige Klamotten zu tragen, man kann ja auch nicht einfach so in, keine Ahnung, mittelalterlicher Tracht rumrennen, das ist so, wer sagt, dass man auf seinen Chef hören muss und auf den Lehrer, das ist einfach so, so wird man erzogen – das gehört so, man kriegt auch wahnsinnig Ärger, wenn man das nicht macht!"

Auch hier zieht der Schüler sein gegenwartsbezogenes Wissen über Verhaltensnormen zwischen Personen unterschiedlicher gesellschaftlicher Stellung zu Rate, um sich das Verhältnis eines mittelalterlichen Zeitgenossen zu seinem Herrn oder Herrscher zu erklären. Dabei heraus kommen traditionale Werte wie „das gehört [sich] so", die einem bereits in die Wiege gelegt werden und die im Grunde das „alte Herkommen" umschreiben, welches Thorsten so nur nicht benennen kann[8]. Neben der Tradition begründet er mittelalterlichen Gehorsam mit einem weiteren Aspekt, den man im Popitz'schen Sinne „Aktionsmacht"[9] nennen könnte: Wer die Regeln missachtet, dem droht „wahnsinnig[er] Ärger", der (mittelalterliche) Machthaber besitzt das Recht zu strafen, im weiteren Sinne die „Gerichtshoheit", welche Thorsten so natürlich auch nicht beim Namen nennt. Dieses Beispiel zeigt bereits, dass es einerseits für Schülerinnen und Schüler außerordentlich wichtig ist, die ‚Sprache der Epoche' zu erlernen, um adäquat argumentieren zu können, dass andererseits jedoch viele alltags- bzw. gegenwartssprachlich ‚verpackte' Vorstellungen und Konzepte in eine richtige Richtung führen.

---

7 Vgl. dazu z.B. Thomas Martin BUCK, Mittelalter und Moderne. Plädoyer für eine qualitative Erneuerung des Mittelalter-Unterrichts an der Schule, Schwalbach/Ts. 2008, S. 201; Hans-Werner GOETZ, Leben im Mittelalter: vom 7. bis zum 13. Jahrhundert, 5., unveränd. Aufl., München 1994, S. 122f. und Karl BOSL, Die Grundlagen der modernen Gesellschaft im Mittelalter. Eine deutsche Gesellschaftsgeschichte des Mittelalters, Teil I, Stuttgart 1972, S. 69.

8 Vgl. dazu z.B. Werner RÖSENER, Einleitung, in: Tradition und Erinnerung in Adelsherrschaft und bäuerlicher Gesellschaft, hg. von Werner RÖSENER, Göttingen 2003, S. 9–22, S. 17.

9 Heinrich POPITZ, Phänomene der Macht, Tübingen 1992, S. 24.

2.2   Vorstellungen zu sozialer (Im)Mobilität

Die meisten Schülerinnen und Schüler gehen zunächst von einer völligen sozialen Immobilität der mittelalterlichen Gesellschaftsstruktur aus und erklären diese für streng statisch, was faktisch ja durchaus für einen Großteil der mittelalterlichen Bevölkerung zutraf. Auch die Begründungen, mit welchen sich die Befragten diese Unveränderlichkeit des sozialen und rechtlichen Status erklären, sind vielfach sinnvoll für eine Beschreibung mittelalterlicher Lebensverhältnisse: *„Weil die dazu gar keine, ja, die haben nix, bringen nix mit, um da hinzukommen"*, beschreibt Jenny die Ausgangslage mittelalterlicher Bauern. Um sozial und rechtlich aufzusteigen, fehlten ihnen die Voraussetzungen: Edle Abstammung, Vermögen, zumindest ein Stück eigenes Land, gute Verbindungen zu einem Herrn, wie später die Ministerialen. In diesem Sinne kann Jennys Vorstellung als Grundlage für die Erklärung sozialer (Im)Mobilität im Mittelalter genutzt werden. Aber auch Ergänzungen sind notwendig, da sie die Vorstellung eines homogenen bäuerlichen Standes hat; hier gilt es, die großen rechtlichen, ökonomischen und sozialen Unterschiede innerhalb dieser Gruppe zu verdeutlichen[10]. Sinnel erklärt: *„Ne, die werden da ja reingeboren in diese Leibeigenschaft"* und betont, die Leibeigenen hätten geglaubt, *„dass das von Gott gesagt wurde und dass das halt so ist, und dass man da nix gegen machen kann"*. Diese Erklärung erinnert an heilsgeschichtliche Begründungen eines göttlichen „ordo", in dem jeder Stand seinen Platz, seine Aufgabe und somit auch seine Berechtigung und Würde hatte[11]. Eine solche Wertschätzung und damit einhergehende Akzeptanz der einzelnen Stände erwähnt sie jedoch nicht, da es für sie, wie für die meisten Schülerinnen und Schüler, schwer ist, sich die vollkommene religiöse Durchdrungenheit des Lebens und den tiefen Glauben der Menschen vorzustellen. Aber nicht nur die mittelalterliche Vorstellung einer solchen Trifunktionalität der Gesellschaft muss ergänzt werden, sondern vor allem die *Funktion* dieses Modells: Die Stabilisierung, Legitimation und der Erhalt eines scheinbar aus den Fugen geratenen Gesellschaftssystems[12]. Jennys und Kitkats Vorstellungen von den Bedingungen für sozialen Aufstieg im Mittelalter ähneln sich:

„Gute Beziehungen würden die brauchen" (Jenny). *„Ich denk mal schwer, aber wenn sie was Schönes gemacht haben oder so, was Tolles vollbracht haben, wären sie schon irgendwas Besseres, also könnten sie was Besseres werden"* (Kitkat).

Jenny nennt hier die weiter oben erwähnten Beziehungen als Bedingung für Aufstieg, für Kitkat erscheint es schlüssig, dass die Untertanen etwas Besonderes leis-

---

10   Vgl. GOETZ, Leben im Mittelalter (Anm. 7) S. 143.

11   Reinhard SPRENGER, Adel, Bürger, Bauern. Der anthropologische Hintergrund der mittelalterlichen Gesellschaft, Kastellaun 1978, S. 42f. und Werner HECHBERGER, Adel, Ministerialität und Rittertum im Mittelalter, München 2004, S. 1.

12   Dazu zusammenfassend BUCK, Mittelalter und Moderne (Anm. 7) S. 214–216.

ten mussten, um sich quasi nach oben zu arbeiten, womit sie im Grunde die Situation der Dienstmannen bzw. Ministerialen beschreibt, die sich durch ihre hervorgehobenen Funktionen im Dienst bei ihren jeweiligen Herren unentbehrlich gemacht hatten und auf diese Weise schließlich in den niederen Adel aufstiegen bzw. diesen mitbegründeten[13].

Thorsten erwähnt einen weiteren zentralen Aspekt sozialer Wandlungsprozesse im Mittelalter, nämlich die Stadt:

„Ja manche wären, glaube ich, eher in die Stadt gegangen, weil das da ein besseres Leben war, in der Stadt hattest du Rechte, und – das war einfach ein besseres Leben, weil wenn man zum Beispiel Leibeigener war und man lebte da sieben Jahre oder so, und der Herr kam nicht oder so, dann wurde man frei, man konnte dort auch ein Handwerk erlernen, dann wurde man auch von dieser Zünft-, Zunftgemeinschaft oder so geschützt".

Hier werden verschiedene Aufstiegsmöglichkeiten beschrieben: Die Stadt bot die Chance eines sozialen Aufstiegs, „ein besseres Leben" durch erweiterte berufliche Optionen und den Schutz einer Zunftgemeinschaft, aber auch den rechtlichen Aufstieg: Stadtluft machte frei, zumindest nach Jahr und Tag, was Thorsten hier anschaulich umschreibt[14]. Neben dem Faktor der persönlichen Freiheit, den Thorsten hier erwähnt, kann die bedeutsame Stellung der Stadt für das gesamte Herrschaftsgefüge im Reich ergänzt werden. Den Schülern ist nicht klar, dass mit der Entstehung und dem Ausbau der Städte die alte, feudale Ordnung nicht unwesentlich verändert wurde[15]. Auch diese Beispiele zeigen, dass in den Schülervorstellungen oft fruchtbare, jedoch teilweise noch recht unausgereifte Erklärungsansätze zu finden sind.

---

13 Natürlich fehlen dabei viele weitere Aspekte der ‚Aufstiegsarbeit' wie die Nachahmung einer adeligen Lebensweise. Vgl. dazu z.B. Josef FLECKENSTEIN, Die Entstehung des niederen Adels und das Rittertum, in: Herrschaft und Stand. Untersuchungen zur Sozialgeschichte im 13. Jahrhundert, hg. von Josef FLECKENSTEIN, Göttingen 1977, S. 17–39; Rolf KÖHN, Von der Expansion und Mobilität zur Stagnation: Gesellschaft und Wirtschaft im hohen Mittelalter, in: Das Mittelalter als Epoche. Versuch eines Einblicks, hg. von Uwe UFFELMANN und Carl-August LÜCKERATH, Idstein 1995, S. 130–163.

14 Vgl. z.B. GOETZ, Leben im Mittelalter (Anm. 7) S. 202 und Konrad ELMSHÄUSER, Geschichte Bremens, München 2007, S. 30f.

15 Vgl. SPRENGER, Adel, Bürger, Bauern (Anm. 11) S. 71.

3.   Beispiele für Konzepte, die ein Verständnis mittelalterlicher Strukturen erschweren

3.1   Katja über Königswahlen

Die Vorstellungen der 15-jährigen Katja weisen einen starken, unreflektierten Gegenwartsbezug auf. So antwortet sie auf die Frage, wie denn jemand im Mittelalter zum König wurde, folgendermaßen: *„Äh – die wurden gewählt, oder? Ja und dann haben die halt einfach die Macht übern-, äh gesprochen bekommen, zugesprochen bekommen"*.

Ausschlaggebend dafür, für eine solche Wahl in Frage zu kommen, war ihrer Meinung nach, *„dass die halt vorher aufgestellt worden sind, oder? ..., dass dann halt die Adeligen und die Bürger zusammengerufen worden sind, zum Wählen"*[16]. Voraussetzung für einen Kandidaten, überhaupt gewählt zu werden, waren laut Katjas Aussage besonders gelungene Wahlversprechen:

„Ich denk mal, dass der vorher Versprechungen gemacht hat, ... dass die halt noch gesagt haben, dass die das und das machen, und dass die ihn wählen sollen, und dass sie dann alle gut leben und so – und dass sie dann halt gewählt worden sind".

Bei ihrer Konzeptualisierung der mittelalterlichen Königswahl scheint Katja ihr Alltagswissen über moderne Bürgermeisterwahlen[17] zu nutzen: Es werden Kandidaten aufgestellt, welche beim Wahlvolk mit Hilfe verschiedenster Wahlversprechen, die meist eine bessere Zukunft für den einzelnen Bürger voraussagen, auf Stimmenfang gehen. Schließlich wird der Kandidat mit den meisten Stimmen zum Bürgermeister – oder eben zum König – gekürt. So kohärent dieses Erklärungsmuster für Katja selbst auch sein mag, erschwert es für sie dennoch ein Verständnis des komplexen Machtgefüges des Mittelalters, in dem lediglich die Großen des Reiches, die Reichsfürsten bzw. später nur noch die sieben Kurfürsten, die Möglichkeit bekamen, zu wählen und in dem auch diese Wahlen, je nach Stärke des herrschenden Geschlechts, manchmal eher reine „Formsache", oder doch zumindest Teil des ausgefeilten und vielschichtigen Prozesses der Königserhebung waren, den Heinrich Mitteis als „Kettenhandlung" charakterisiert hat[18].

---

16   Im weiteren Interviewverlauf grenzt sie diese Gruppe der Wahlberechtigten zwar weiter ein, wenn sie sagt, dass *„nur die Adeligen damals wählen [durften]"*, andererseits geht sie später doch auch wieder davon aus, dass die Untertanen ihren Herrscher akzeptiert hätten, weil *„sie ihn ja selbst gewählt haben"*.

17   Möglicherweise stellt sie sich jedoch, beeinflusst durch die Form der Wahlwerbung bzw. in Ermangelung genaueren Wissens zum bundesdeutschen Wahlsystem, auch die Wahl des deutschen Bundeskanzlers auf diese Weise vor.

18   Heinrich MITTEIS, Die deutsche Königswahl. Ihre Rechtsgrundlagen bis zur Goldenen Bulle, 2. Aufl., Darmstadt 1969, S. 48. Vgl. dazu auch Egon BOSHOF, Königtum und Königs-

3.2 Die Vorstellung vom allmächtigen Herrscher des Mittelalters

Eine scheinbar recht verbreitete Vorstellung von Schülerinnen und Schülern ist die des allmächtigen mittelalterlichen Herrschers, der teilweise gar als „Diktator" oder „Tyrann" bezeichnet bzw. mit absolutistischen Befugnissen ausgestattet wird[19]:

„So ein Herrscher, der hat alles befohlen: Steuer, Heer... der war einfach absolut ... und irgendwie Gott gleichgestellt" (Thorsten)[20]. *„Der König hat über [je]den Bereich regiert, hatte eigentlich alle unter sich, die Vollmacht"* (Bert).

Viele Schüler schreiben dem mittelalterlichen Herrscher explizit die alleinige Befehls- und Entscheidungsgewalt zu:

„Ja es, also in dem Land, wo er halt regiert hat, war er der einzige, würde ich jetzt mal sagen, aber es gab halt noch Leute, die ihm geholfen haben zu regieren, aber die waren auch trotzdem weiter, eher u-, die, die Gehilfen von ihm. Ja, die konnten dem halt sagen ‚jetzt kannst du noch das mal machen oder das ...'. Aber er konnte dann trotzdem noch sagen ‚ja ne, das will ich nicht' oder ‚das mach ich nicht'" (Carolyn). *„Dem König hat also alles gehört und die Fürsten, die haben vielleicht auch einen Teil gehabt, aber die waren dann auch ihm unterlegen"* (Ole).

Die angeführten Zitate zeigen, dass die Schüler dem mittelalterlichen König eine Allmacht zuschreiben, welche ihnen ein Verständnis der Machtstrukturen dieser Zeit erschwert, die wesentlich komplexer waren und insbesondere die Großen des Reiches als wichtige Entscheidungsträger und Herrschaftssubjekte einbanden[21].

---

herrschaft im 10. und 11. Jahrhundert (Enzyklopädie deutscher Geschichte 27), München 1997, S. 56–58; Reinhard SCHNEIDER, Zur Einführung, in: Wahlen und Wählen im Mittelalter, hg. von Reinhard SCHNEIDER und Harald ZIMMERMANN, Sigmaringen 1990, S. 9–14, S. 12f.

19 Auch wenn viele Schüler die Vorstellung eines geradezu allmächtigen mittelalterlichen Herrschers haben, so räumen doch die meisten ein, dass dieser auf Hilfe, z.B. beim Kriegführen, auf loyale Anhänger sowie treue Untertanen angewiesen war, *„weil ohne die ist er gar nix"*, wie Josefine konstatiert.

20 Dieser Schüler beschreibt die mittelalterliche Herrschaftsform insgesamt als „Absolutismus", wobei keine generelle Verwechslung, sondern eher eine ‚Überlappung' zweier Epochen vorliegt, da viele der von ihm beschriebenen Aspekte durchaus mittelalterlichen Charakter haben.

21 Vgl. dazu z.B. Uwe UFFELMANN, Aufstrebende Macht im spät- und nachkarolingischen Machtvakuum: Das ostfränkisch-deutsche Reich im Spannungsfeld von Königtum und regionalen Gewalten (911–1122), in: Das Mittelalter als Epoche (Anm. 13) S. 73–108; Gerd ALTHOFF, Spielregeln der Politik im Mittelalter. Kommunikation in Frieden und Fehde, Darmstadt 1997, S. 126–135 sowie DERS., Die Macht der Rituale. Symbolik und Herrschaft im Mittelalter, Darmstadt 2003, S. 16f.

4.   Schlussfolgerungen für die Strukturierung von Mittelalterunterricht[22]

Um die Alltagsvorstellungen der Schüler den wissenschaftlichen anzupassen, muss ein Conceptual Change[23] eingeleitet werden, eine Veränderung oder Erweiterung der bisherigen Vorstellungen. Als Türöffner kann ein sogenannter kognitiver Konflikt[24] dienen, der die Schüler auf eine Erweiterung ihrer scheinbar stimmigen Alltagsvorstellungen vorbereitet: Indem die Schüler mit einer Information konfrontiert werden, welche mit ihren bisherigen Annahmen nicht oder nur schwer vereinbar ist, werden sie dazu herausgefordert, ihre bisherigen Vorstellungen zumindest in Frage zu stellen: „Die Wahrnehmung und Prüfung solcher Differenzen kann Veränderungen des Denkens und Handelns nahe legen"[25]. Es reicht jedoch nicht, auf der Sachebene neue, eventuell irritierende Informationen zu liefern, um eine Veränderung der Schülervorstellungen zu bewirken. Für die Initiierung eines Conceptual Change ist es überdies wichtig, ein metakonzeptionelles Bewusstsein zu schaffen, mit dessen Hilfe den Schülern die Möglichkeit vor Augen geführt werden kann, ihre eigenen Vorannahmen in Frage zu stellen [26].

4.1   Methodische Implikationen

Bezogen auf Mittelalterunterricht und auf die in diesem Text beschriebenen Beispiele hieße das zunächst, die Vorstellungen der Schülerinnen und Schüler öffentlich an der Tafel oder in Stillarbeit z.B. auf Karteikarten zu sammeln, um selbst als Lehrkraft herauszufinden, aber auch den Lernenden bewusst zu machen: Wie stellen sie sich eigentlich einen mittelalterlichen Herrscher vor? Was durfte dieser? Wie weit war sein Handlungsspielraum gesteckt? Musste er seine Macht mit je-

---

22   Wenn aus den qualitativen Daten, die die Grundlage dieses Aufsatzes bilden, nun verallgemeinernde Schlüsse gezogen werden, so geschieht dies im Bewusstsein, dass die Daten keine Repräsentativität besitzen und darum lediglich Tendenzen aufgezeigt werden können.

23   Vgl. dazu z.B. GÜNTHER-ARNDT, Conceptual Change-Forschung (Anm. 5); Ola HALLDÉN, Conceptual Change and the Learning of History, in: Explanation and Understanding in Learning History, hg. von James F. VOSS, London 1998, S. 201–210.

24   James F. VOSS – Jennifer WILEY, Conceptual understanding in history, in: European Journal of Psychology of Education 12,2 (1997) S. 147–158, S. 151.

25   Horst SIEBERT, Der Konstruktivismus als pädagogische Weltanschauung. Entwurf einer konstruktivistischen Didaktik, Frankfurt a.M. 2002, S. 46.

26   Im Zweifelsfall kann ein solcher Versuch dazu führen, dass die Schüler neben ihren bisherigen, für sie selbst kohärenten Alltagskonzepten neue Vorstellungen entwickeln, die sie jedoch an ihre eigenen (Fehl-)Vorstellungen anpassen, wodurch insgesamt ein schräges Bild entsteht. Stella VOSNIADOU, Capturing and Modelling the Process of Conceptual Change, in: Learning and instruction: the journal of the European Association for Research on Learning and Instruction (Volume 4), Oxford u.a. 1994, S. 45–69, S. 64–67.

mandem teilen? Oder aber: Welche Möglichkeiten zu sozialer Mobilität bot das Mittelalter seinen Zeitgenossen? War es möglich, gesellschaftlich, rechtlich aufzusteigen? Wenn ja, wie und wodurch? Wie kam eigentlich ein mittelalterlicher König ‚an die Macht‘? Die von den Schülern genannten Ideen können dann mit entsprechenden Text- und Bildquellen oder Darstellungstexten kontrastiert werden, verbunden mit der Frage: Lassen sich die Vorstellungen der Lerner im Text/Bild wiederfinden? Oder treten hier völlig andere Argumente, Ansichten oder Tatsachen zu Tage? Müssen eventuell bestimmte Vorannahmen der Schülerinnen und Schüler – beispielsweise die, dass der mittelalterliche König allmächtig war – revidiert bzw. erweitert werden?

Darüber hinaus kann eine bewusste Kontextualisierung der Alltagsvorstellungen erarbeitet werden: Wie drückt die mittelalterliche Quelle das aus, was die Schülerinnen und Schüler vielleicht selbst in anderen Worten auch beschrieben haben? Wichtige ‚Leitbegriffe‘ der Epoche können notiert werden, um einen gewissen fachlichen Wortschatz zu erarbeiten[27].

4.2 Inhaltliche Implikationen

Thorstens Annahme (vgl. Kapitel 2.1), die meisten Herrscher seien ihren Verpflichtungen im gegenseitig angelegten Verhältnis nicht ausreichend nachgekommen, hätten „ihre Position ausgenutzt“, kann mit der Information erweitert werden, dass auch der mittelalterliche Herrscher „mächtig Ärger“ bekommen konnte, wenn er seinen Aufgaben nicht nachkam, denn zumindest theoretisch war dies im Widerstandsrecht der Untertanen verankert.

Die in Kapitel 2.2 beschriebenen Vorstellungen sozialer Mobilitätsprozesse können inhaltlich erweitert und am Beispiel der Herausbildung des niederen Adels konkretisiert werden. Dabei ist es wichtig, neben den von den Schülern genannten „besonderen Taten“, dem unentbehrlichen Dienst, auch andere Faktoren zu nennen, die zum Aufstieg beitrugen, wie die Abgrenzung nach unten, die Nachahmung eines adeligen Lebensstils usw. Die Konzepte der Schüler müssten auch dahingehend verändert werden, dass es nicht nur Einzelpersonen waren, welche sozial aufstiegen, sondern eine ganze Gruppe gemeinsam die Aufwärtsbewegung erreichte.

Insbesondere sollte den Schülerinnen und Schülern die religiöse Durchdrungenheit der Zeit deutlich gemacht werden, um ihre eventuelle Vorstellung vom Mittelalter als einer „düsteren“ und „ungerechten“ Zeit (vgl. Titelzitat) zu verändern. Nur wenn den Lernern klar wird, dass sich der mittelalterliche Mensch als Teil einer

---

27 Dabei ist natürlich die zusätzliche ‚Hürde‘ der lateinischen Sprache zu überwinden, wenn Originalquellen erarbeitet werden sollen. Häufiger ist jedoch die Arbeit mit Übersetzungen anzunehmen, die für Schüler bereits schwer genug zu verstehen sind. Auch bei der Arbeit mit mittelalterlichen Bildern ist Vorwissen von Nöten, um die reichhaltige Symbolik entschlüsseln zu können.

gottgewollten Ordnung verstand, dass sein Leben von Glauben, Religion und dem täglichen Überlebenskampf innerhalb eines äußerst kleinen Aktionsradius' geprägt war, und er eher selten dazu neigte, dies in Frage zu stellen, können sie eine adäquate Vorstellung von der Epoche entwickeln.

5.   Fazit

„Wissenschaftliche Konzepte sind ohne lebensweltliche Vorstellungen unfruchtbar, auch weil die Relevanzzuweisung aus der Lebenswelt erfolgt"[28]. Gerade das Mittelalter ist den Schülerinnen und Schülern auch außerhalb der Schule in unterschiedlichen geschichtskulturellen Angeboten vom historischen Roman über das Computerspiel bis hin zum Mittelaltermarkt äußerst präsent. Darum haben die Lerner zu diesem Thema besonders viele Alltagsvorstellungen und -konzepte, die es bei der Planung und Gestaltung von Mittelalterunterricht zu beachten gilt, um diesen für die Schülerinnen und Schüler verständlich und nachvollziehbar zu machen. Vor diesem Hintergrund bilden die Ergebnisse aktueller geschichtsdidaktischer Forschungsprojekte, die den Wissenserwerb aus einer konstruktivistischen Perspektive betrachten und das Vorwissen der Lernenden in den Mittelpunkt des Interesses rücken, einen wichtigen Grundstock für den Geschichtsunterricht im Allgemeinen und den Mittelalterunterricht im Besonderen.

---

28   GÜNTHER-ARNDT, Historisches Lernen (Anm. 3) S. 32.

Nicola Brauch

„*Alles authentisch, alles fiktiv!*" –

Populärhistorische Vorprägung von Geschichtsbewusstsein und historisches Lernen an Beispielen der Artustradition

„Wer heute Aufmerksamkeit erregen möchte, beschäftigt sich mit der Vergangenheit. Ob in Filmen oder Romanen: Die frisch aufpolierte Geschichte garantiert Einschaltquote und Verkaufserfolg. Wir leben im Zeitalter des Neohistorismus" (Ernst Osterkamp, 2008)[1].

1.   Einleitung

Als Leopold von Ranke, einer der Väter des Historismus, nach einem langen, erfolggekrönten Historikerleben daran ging, seine Lebenserinnerungen zu verfassen, da dachte er auch darüber nach, wie es eigentlich zu seiner Begeisterung für die Geschichtswissenschaft gekommen war. Die Romane von Sir Walter Scott (1771–1832) kamen ihm da in Erinnerung und rückblickend schrieb er über diese Erfahrung, er habe „mehr als eins dieser Werke mit lebendiger Theilnahme" gelesen, um fortzufahren: „[...] aber ich nahm auch Anstoß an denselben. Unter anderem verletzte es mich, wie er [...] Karl den Kühnen oder Ludwig XI. behandelt, ganz im Widerspruch mit der historischen Überlieferung [...]"[2]. Historisch gesehen kann man seit dem Übergang von der Mündlichkeit zur Schriftlichkeit im Mittelalter von Konjunkturen populärer Erzählungen durch die Zeiten hinweg sprechen[3], einem Phänomen, das sich in den letzten 20 Jahren unserer Zeit zu wiederholen scheint – mittelalterliche Helden und die entlastende Alterität untergegangener,

---

1   Zitat im Titel und dieses entnommen aus: Frankfurter Allgemeine Zeitung vom 12.07.2008. Ernst Osterkamp bezog sich im gleichnamigen Artikel auf den Film „Marie Antoinette" von Sofia Coppola aus 2006.

2   Alfred DOVE (Hg.), Zur eigenen Lebensgeschichte. Von Leopold von Ranke, Leipzig 1890 (Zitat: Dictat vom November 1885, S. 61).

3   Auf die orale Erzählkultur wird hier nicht eingegangen, doch es bleibt festzustellen, dass gerade der Artusstoff zeigt, dass das Populäre historischen Erzählkulturen in jedweder medialen Manifestation gleichsam naturgemäß innewohnt. Im Folgenden spreche ich daher von Erzählung im transmedialen Sinne. Vgl. dazu Nicole MAHNE, Transmediale Erzähltheorie. Eine Einführung, Göttingen 2007.

sagenumwobener Reiche sind wieder gefragt[4]. Über die mit Mittelalter-Romanen gefüllten Regale der Buchhandlungen oder auch die jährlich neu produzierten Spielfilme hinaus bestätigt auch die Medienrezeptionsforschung diesen empirischen Befund[5]. Wie sollen sich Fachwissenschaft und Fachdidaktik zu diesem Trend verhalten? Beide Disziplinen stellen sich seit einiger Zeit dieser Frage. Während der mediävistische Diskurs eher ein Randphänomen zu bleiben scheint[6], erschließt sich das Feld für die Geschichtsdidaktik über deren genuine Forschungsfelder von Geschichtskultur und Geschichtsbewusstsein einerseits leichter, andererseits lassen sich bei Betrachtung der bislang mit populärer Geschichtskultur befassten Arbeiten zwei Forschungsdesiderata ausmachen. Erstens untersucht ein Großteil davon spezifische Medien auf ihre Inhalte und Rezipienten[7]. Dabei kommen Unterricht und Lernprozesse nicht oder nur am Rande in den Blick[8]. Zweitens wird die systematisch notwendige Unterscheidung zwischen politisch gelenkter öffentlicher Geschichtskultur (Gedenktage, Museen, Denkmäler etc.) und der am Markt orientierten Produktion populärhistorischer Erzählungen und deren Rezeption noch wenig diskutiert. Infolgedessen bleibt die Frage nach der Verhältnisbestimmung von *popular* und *public history* für die Ontogenese von Geschichtsbewusstsein offen und damit auch die Frage nach deren je spezifischem didaktischem Potenzial[9]. Die folgenden Überlegungen verstehen sich innerhalb der genannten Desiderata als Beitrag zur Analyse des geschichtsdidaktischen Potenzials populärhistorischer Erzählungen an Beispielen der Artustradition.

---

4   Barbara KORTE – Sylvia PALETSCHEK, Geschichte in populären Medien und Genres: Vom historischen Roman zum Computerspiel, in: DIES. (Hg.), History goes Pop. Zur Repräsentation von Geschichte in populären Medien und Genres, Bielefeld 2009, S. 21–23.

5   Vgl. Ergebnisse der Quo Vadis-Studie des Autorenkreises Historischer Roman (www.akgv.org) vom März 2008 sowie Milan OEHLER, Mittelalterrezeption in der Populärkultur (unveröffentlichte Staatsexamensarbeit, Freiburg 2009, Betreuer Thomas Martin Buck).

6   Vgl. den Beitrag von Hans-Werner Goetz in diesem Band sowie Valentin GROEBNER, Das Mittelalter hört nicht auf. Über historisches Erzählen, München 2008. Sehr viel intensiver befassen sich die Kulturwissenschaften mit dem Phänomen. Die Rezeption etwa der Ergebnisse des kulturwissenschaftlichen Schwerpunkts der Universität Gießen verspricht innovative Ansätze auch für die Mediävistik.

7   Vgl. Geschichte und Öffentlichkeit. Orte – Medien – Institutionen, hg. von Sabine HORN und Michael SAUER, Göttingen 2009 und KORTE – PALETSCHEK (Anm. 4).

8   Eine luzide didaktische Potenzial-Analyse legte in den letzten zwanzig Jahren immer wieder Bodo von Borries vor – dem die Rezeption allerdings versagt blieb. Vgl. Bodo VON BORRIES, Historisch Denken Lernen – Welterschließung statt Epochenüberblick? Geschichte als Unterrichtsfach und Bildungsaufgabe, Opladen 2008. Die dort gelegte Spur wird neuerdings fachdidaktisch und kulturgeschichtlich weitergeführt. Vgl. Nicola EISELE, Kleiner Hobbit und Großer Artus. Populäre mittelalterliche Mythen und ihr Potenzial für die Förderung historischen Denkens, in: KORTE – PALETSCHEK (Anm. 4) S. 83–102.

9   Auch hierzu existieren m.E. nur aus der Feder des Geschichtsdidaktikers von Borries erste Überlegungen und weiterführende Anstöße.

2.　Populärhistorische Erzählung und Lehrerbildung

Die Ausgangssituation ist aus der Sicht der geschichtsdidaktischen Forschung ambivalent: Einerseits evoziert das Mittelalter großes Interesse und intrinsische Motivation zur Weiterbeschäftigung. Lernende unterschiedlichster Alters- und Bildungshintergründe verfügen über geschichtsaffine, alltagsförmige Vorprägungen gerade hinsichtlich dieser Epoche. Die Aneignung reflektierten geschichtsdidaktischen Umgangs künftiger Lehrpersonen mit populärhistorischen Erzählungen ist allerdings nicht zwingend Bestandteil der Lehrerbildung. Es fehlen empirische Studien zu Einstellungen und unterrichtlichem Handeln von Lehrpersonen bezüglich populärhistorischer Erzählungen – die Berichte aus der Praxis sind allerdings alarmierend: Miriam Sénécheau konnte kürzlich zeigen, dass selbst in für unterrichtliche Zwecke produzierten Filmen zur Antike Spielfilmmaterial unreflektiert eingesetzt wird, um die Dinge zu „veranschaulichen"[10]. Ein weiteres Alarmsignal betrifft die Einstellung von Lehramtsstudierenden hinsichtlich des historischen Erkenntniswertes populärhistorischer Erzählungen. Zwei Hauptrichtungen lassen sich auf Basis der vorläufigen Auswertung einer explorativen Studie in einem Seminar zu Ken Folletts „Säulen der Erde" definieren. Erstens die grundlegende Skepsis gegenüber dem historischen Gehalt des Romans („sich abwenden") und zweitens die „neo-historistische" Einstellung, man erfahre hier auf angenehmem Wege relevante historische Fakten[11]. Nur eine Minderheit der Lehramtsstudierenden reflektierte bereits zu Beginn des Semesters Gattung und Autorschaft in Bezug auf den historischen Erkenntniswert des Romans und zeigte damit Spuren wissenschaftsförmigen, reflektierten historischen Denkens. Dies zeigte sich im Verlauf des Kurses auch in den Schwierigkeiten der Studierenden, ihr alltagsförmiges Fragen in Habitus und Denken zu transformieren, die zur eigenständigen Entwicklung wissenschaftsförmiger historischer Fragestellungen notwendig sind. Es lässt sich damit die von Ernst Osterkamp eingangs aufgestellte Hypothese des Neohistorismus (man könnte auch von Positivismus sprechen) gerade für die Personengruppe künftiger Geschichtslehrer zumindest nicht ausschließen, vielmehr gibt es alarmierende Signale für deren Bestätigung.

Der vorliegende Beitrag befasst sich daher mit der Frage nach den Konsequenzen für die Lehrerbildung. Ziel ist die Förderung reflektierten didaktischen Denkens und Handelns hinsichtlich populärhistorischer Vorprägung von Geschichtsbewusstsein bei künftigen Lehrpersonen im Fach Geschichte (Gymnasium). Dazu

---

10　Miriam SÉNÉCHEAU, Geklaute Germanen? Fernsehdokumentationen als Basis für Unterrichtsfilme, in: Hans-Joachim GEHRKE – Miriam SÉNÉCHEAU (Hg.), Geschichte, Archäologie, Öffentlichkeit. Für einen neuen Dialog zwischen Wissenschaft und Medien. Standpunkte aus Forschung und Praxis, Bielefeld 2010, S. 227–257.

11　Die Studie wurde im Wintersemester 2009/10 durchgeführt. Die Datenerhebung erfolgte durch offene Fragebögen zu Beginn, Essays währenddessen und die Hausarbeiten zum Ende des Semesters (N = 24, darunter 11 Lehramtsstudierende).

wurde ein narratologisches Analyseinstrument für den Umgang mit populärhistorischen Erzählungen entwickelt, dessen Konstruktionsmerkmale ich in diesem Beitrag didaktisch begründe. Dabei gilt der Fokus des nächsten Abschnittes der Frage nach dem historischen Erkenntniswert populärer Artuserzählungen.

3.   Historische Erkenntnispotenziale populärhistorischer Artuserzählungen

Im Folgenden untersuche ich populärhistorische Artuserzählungen des 12., 15. und des 20. Jahrhunderts hinsichtlich ihres historischen Erkenntniswertes. Dabei gehe ich auf die mittelalterlichen Rezeptionen breiter ein, weil sie die Möglichkeitsbedingung zur Analyse der Exempla des 20. Jahrhunderts bereitstellen. Zunächst also die 1136 fertig gestellte „Historia regum Britanniae" des Geoffrey of Monmouth (ca. 1100–1154), eines Klerikers, der überwiegend in Cambridge tätig war[12]. Er verfasste die erste schriftliche Fassung des Artusstoffes, und zwar in lateinischer Sprache. Innerhalb seiner Geschichte der Könige Britanniens von den Anfängen bis in seine Gegenwart nehmen die Artuserzählung und die später hinzugekommenen Prophezeiungen des Merlin umfänglich und funktional eine überragende Stellung ein. Geoffrey schrieb in einer Zeit, als das Trauma der normannischen Eroberung (1066) die Frage nach der britischen Identität auf die Tagesordnung brachte. Eine Rückbesinnung auf Wurzeln und Helden britischer Identität in der Person des Artus schien ihm eine schlüssige Antwort auf diese gesellschaftspolitische Frage zu sein. Schon von den Zeitgenossen wurde er für die Verwendung der lateinischen Sprache angegriffen, da er damit auch nach damaligem Verständnis eine wissenschaftliche Objektivität für eine jeder empirischen Grundlage entbehrenden Erzählung suggeriere: „ [...] by embellishing [his stories] in the Latin tongue he has cloaked them with the honourable title of history [...] and in translating [Merlin's prophecies] into Latin he has published them as though they were authentic prophecies resting on unshakable truth"[13]. Auch wenn der Wahrheitsbegriff in der Historiographie des 12. Jahrhunderts sich von demjenigen unserer Tage nach dem „linguistic turn" deutlich unterscheidet, zeigt diese zeitgenössische Kritik, dass die intellektuelle (klerikal dominierte) Elite die Frage nach „Historizität" sehr wohl reflektierte. Was bezweckte Geoffrey also mit der Sprachwahl? Geht man vom Ergebnis aus und schließt daraus auf seine Strategie, ist ihm damit ein Geniestreich geglückt: die lateinische Sprache verdeutlichte dem „gemeinen Mann", es handele sich bei der „Historia" um eine hochgelehrte Chronik mit historischem Wahrheitsanspruch, gedacht für die Studierstube der Gelehrten. Für diese Kreise war das Buch aber

---

12   Geoffrey of Monmouth, The History of the Kings of Britain. Translated with an introduction by Lewis THORPE, London 1969.

13   William of Newburgh, History of English Affairs, ed. P. B. WALSH and M. J. KENNEDY, Warminster 1988, S. 29.

letztlich wenig relevant, denn die Fiktionalität des Inhaltes stand diesem Rezipientenkreis außer Zweifel. Sehr schnell gab es jedoch volkssprachliche Übersetzungen – der Wahrheitsanspruch blieb, denn es war ja ursprünglich in lateinischer Sprache geschrieben und folgte der Logik chronikalischer Erzählungen – und der Artusstoff verbreitete sich auf mündlichem wie schriftlichem Wege in Windeseile[14]. Hatte Geoffrey je geplant, mit Artus eine in die breite Bevölkerung integrierende Heldenfigur zu schaffen, so lässt sich angesichts der raschen Verbreitung von einem vollen Erfolg sprechen. Etwa dreihundert Jahre später verfasste der dem Landadel entstammende Thomas Malory (ca. 1405–1471) am Ende seines Lebens während eines Gefängnisaufenthaltes die auch heutigen Rezeptionen meist zu Grunde liegende Erzählung „Le Morte d'Arthur"[15]. Auch er schrieb in einer Zeit der Identitätssuche, die im Zeitalter der Rosenkriege das Problem stabiler Herrschaft durch das loyale Verhältnis von König und Magnatentum und die Frage nach der Herrschaftslegitimation zum Inhalt hatte. Auch Malory verfolgte Interessen, nach Meinung der Forschung überwiegend die Stärkung seines Standes, der gentry, bei Hofe[16]. Möglicherweise fallen für die Rezeptionsgeschichte aber die Intentionen seines Verlegers – des ersten Druckers in England – William Caxton, stärker ins Gewicht, der das Buch nach Malorys Tod um 1471 im Jahr 1485 publizierte. Er versah die Edition mit einem Vorwort, in dem er durch die Lebensbeschreibung des Autors als lebenslustigem Glücksritter und politischen Wendehals den Leser auf den Roman eines solchen Mannes neugierig machte[17]. Caxton arbeitete marktorientiert und baute erfolgreich auf die Zugkraft des Artusstoffes. Zugleich verfolgte er zeittypische didaktische Ziele, indem er die Vorbildlichkeit der Herrschaft der Tafelrunde betont, eine an der aufstrebenden Macht des Parlaments orientierte Ausrichtung, die die Forschung als Unterscheidungsmerkmal zwischen hoch- und spätmittelalterlicher Geschichtsschreibung identifiziert. Der Fokus hatte sich im 15. Jahrhundert von der Fixierung auf den König hin auf die Tafelrunde gelenkt – gleichsam als politische Utopie in nunmehr bewusst postuliertem fiktionalem Gewand[18]. Die Erzählung Malorys ist als Roman konzipiert und verlässt die chro-

---

14 Vgl. THORPE (Anm. 12) S. 28.

15 Malory's Le Morte d'Arthur. King Arthur and the Legends of the Round Table [edited first by William Caxton, the first English printer 1485]. The Classic Rendition by Keith BAINES. Introduction by Robert GRAVES, New York 1962.

16 Vgl. etwa Raluca L. RADULESCU, The Gentry Context for Malory's Morte Darthur (Arthurian Studies LV), Cambridge 2003.

17 Dass die Forschung aufgrund des häufigen Vorkommens des Autoren-Namens bis heute über die wahre Identität Malorys diskutiert (vgl. Peter J. C. FIELD, The life and times of Sir Thomas Malory, Cambridge 1993), muss nicht zwingend, aber kann zu der Überlegung führen, es habe diesen nie gegeben und Caxton selbst sei als Urheber des Werkes verantwortlich für dessen Erfolg.

18 Vgl. zum Wandel der englischen Historiographie und ihrer Funktion Chris GIVON-WILSON, English History in the Later Middle Ages, in: Chronicles. The Writing of History in Medieval England, Hambledon – London 2004, S. 153–213.

nikalische Form des Geoffrey. Das zeigt sich in erster Linie am Detailreichtum der Erzählung und deren Narrativ. Ein weiterer zentraler Unterschied lässt sich in der Brechung des bei Geoffrey klar christlich konturierten Königshelden Artus durch die Einführung der magischen Elemente beobachten, wie sie vor allem in der Bedeutung von Merlin zum Ausdruck kommt. Die Unterschiede zwischen den Artusrezeptionen des 12. und 15. Jahrhunderts lassen sich u.a. vor dem Hintergrund gewandelter politischer Strukturen zugunsten einer größeren Macht des Parlaments gegenüber dem Königsamt interpretieren. Artus und die Tafelrunde könnten demzufolge als narratologischer Seismograph für die Analyse von Zeitgeist angesehen werden. Die Erzählformate ließen sich erstens auf die Mentalität der Leser und zweitens auf politische Kontexte hin befragen. Ein spezifisch historischer Erkenntniswert ergäbe sich unter dieser Perspektive aus einer Bedingungs-Analyse der Popularität arturischer Narrative. Konsequenterweise könnten dann auch populäre Artuserzählungen der jüngeren Vergangenheit zu historischen Aussagen über Mentalität und politischen Kontexten führen. Die nachstehende Aufstellung unternimmt einen solchen Versuch diachroner Analyse durch die Hinzuziehung der Erzählung „Die Nebel von Avalon" von Marion Zimmer Bradley. Exemplarische Textauszüge finden sich in den Texttafeln 1 (Geoffrey), 2 (Malory) und 3 (Zimmer Bradley).

Texttafel 1

Geoffrey of Monmouth, Arthur of Britain (completed 1136)
After the death of Utherpendragon, the leaders of the Britons assembled from their various provinces in the town of Silchester and there suggested to Dubricius, the Archbishop of the City of the Legions, that as their King he should crown Arthur, the son of Uther. Necessity urged them on, for as soon as the Saxons heard of the death of King Uther, they invited their own countrymen over from Germany, appointed Colgrin as their leader and began to do their utmost to exterminate the Britons. They had already over-run all that sections of the island which stretches from the River Humberto the sea named Caithness. Dubricius lamented the sad state of his country. He called the other bishops to him and bestowed the crown of the kingdom upon Arthur. Arthur was a young man only fifteen years old; but he was of outstanding courage and generosity, and his inborn goodness gave him such grace that he was loved by almost all the people. Once he had been invested with the royal insignia, he observed the normal custom of giving gifts freely to everyone.

Texttafel 2

Thomas Malory, Le Morte d'Arthur (ed. 1485)
During the years that followed the death of King Uther, while Arthur was still a

child, the ambitious barons fought one another for the throne, and the whole of Britain stood in jeopardy. Finally the day came when the Archbishop of Canterbury, on the advice of Merlin, summoned the nobility to London for Christmas morning. In his message the Archbishop promised that the true succession to the British throne would be miraculously revealed. Many of the nobles purified themselves during their journey, in the hope that it would be to them that the succession would fall.

The Archbishop held his service in the cities greatest church (St. Paul's), and when matins were done the congregation filed out to the yard. They were confronted by a marble block into which had been thrust a beautiful sword. The block was four feet square, and the sword passed through a steel anvil which had been struck in the stone, and which projected a foot from it. The anvil had been inscribed with letters of gold: Who pulleth oute this swerd of this stone and anvyld is rightwys kynge borne of all brytaygne.

Texttafel 3

Marion Zimmer Bradley, Die Nebel von Avalon (1984)[19]

Vorspruch: „Morgan le Fay wurde nicht verheiratet. Man gab sie in eine Klosterschule, und sie wurde eine große Zauberin" (Malory).

S. 259: „Uther ist tot", sagte sie (Viviane) [...].

S. 260: „[...] Morgaine, du bist jetzt eine Priesterin. Du hast die heiligen Waffen gesehen [...]. Ich habe eine Aufgabe für dich: Wenn das Schwert in die Schlacht getragen wird, muss es mit allem Zauber versehen sein, den wir besitzen. Du wirst eine Scheide für dieses Schwert anfertigen [...]".

S. 264: „[...] Der Merlin flüsterte Artus etwas zu, und er beugte ehrfürchtig das Knie vor der Herrin am See [...]".

S. 265: „Die Herrin vom See streckte die Hand aus und bat Uthers Sohn, sich zu erheben. [...]. Artus lächelte – nicht wie ein Mann, der zum König gemacht wird, nicht wie ein Auserwählter, sondern nur wie ein hungriger Junge [...]".

S. 268: „Artus, Sohn der Igraine von Avalon und des Uther Pendragon, des rechtmäßigen Königs von ganz Britannien", sagte Viviane, „vor dir liegen die heiligsten Dinge deines Reiches. Schwöre mir, Artus Pendragon, König von Britannien, dass du Druiden ebenso gerecht behandeln wirst wie Mönche, wenn du den Thron besteigst".

S. 270: Artus sagte verwirrt zu Merlin: „Wollt Ihr, das ich schwöre?" „Mein

---

19 Marion ZIMMER BRADLEY, The mists of Avalon, London u.a. 1982 (USA: Fantasy).

> Gebieter und mein König, Ihr seid sehr jung für den Thron. Eure Christenpriester und Bischöfe maßen sich vielleicht sogar Macht über das Gewissen eines Königs an. Befrage dein Gewissen, Artus. Es wird dir antworten, ob es falsch ist zu schwören, allen Menschen und Göttern Gerechtigkeit widerfahren zu lassen, anstatt nur einem Gefolgschaft zu geloben". Artus sagte gemessen: „Gut, dann will ich schwören und das Schwert annehmen".

Der Vergleich der verschiedenen Erzählungen zeigt die Flexibilität des Artusstoffes in erfolgreichen – populären – Adaptionen von Autoren verschiedener Zeiten und Genres. Warum erfreuten und erfreuen sich gerade diese drei Rezeptionen des Artus-Stoffes so großer Beliebtheit? Immerhin lässt sich mit einigem Recht behaupten, dass alle drei das Artusbild ihrer Zeit und darüber hinaus maßgeblich geprägt haben. Alle drei sind damit Bestandteil von Geschichtskultur, die die Bedürfnisse einer breiten Leserschicht durch auktoriale Entscheidungen hinsichtlich der Gattung, Konturierung der Hauptfiguren und Stellungnahmen zum historischen Erkenntnisanspruch ihrer Erzählungen in besonderer Weise getroffen haben. Geschichtswissenschaftlich von besonderem Interesse ist dabei die bei jeder der drei Erzählungen erkennbare Spannung in der Wahl der Gattung und dem implizit oder explizit durch den Autor ausgewiesenen historischen Erkenntnisanspruch. Geschichtsdidaktisch ist an dieser Stelle die Beobachtung festzuhalten, dass es stets um kollektive und individuelle Identitätsfragen geht, was das Genre der populären Erzählung zur Anregung historischer Lernprozesse bei Heranwachsenden als geeignete Ausgangsbasis empfehlen könnte.

4.   Populärhistorische Erzählungen und Förderung historischen Denkens

Im vorangegangenen Abschnitt wurden drei populäre Artuserzählungen mit Hilfe von Kriterien aus dem Kanon historisch-kritischen Arbeitens untersucht, indem die Erzählungen als Quellen auf ihren historischen und auktorialen Kontext überprüft wurden. Solche von der Literaturwissenschaft lange bewusst vermiedenen Methoden werden jüngst von einem dort entstandenen Forschungsfeld aufgegriffen, das unter dem Begriff der „historischen Narratologie" in den letzten Jahren bekannt wurde. Besonders interessant für die Frage nach dem geschichtsdidaktischen Umgang mit populärhistorischen Erzählungen ist dabei der von Fotis Jannidis vorgeschlagene Fokus auf der Hauptfigur als Schlüssel zur Intention des Autors[20]. Interessant ist dieser Ansatz aus geschichtsdidaktischer Perspektive deshalb, weil er die Hauptfigur als „mentales Modell des Modelllesers" versteht und damit die Wechselwirkung zwischen Autor, Hauptfigur und Leser kognitionstheoretisch

---

20   Vgl. Fotis JANNIDIS, Figur und Person. Beitrag zu einer historischen Narratologie, Berlin 2004.

interpretiert. Historische Narratologie könnte sich deshalb in besonderer Weise eignen, Prozesse historischen Denkens an Beispielen populärhistorischer Erzählungen zu initiieren, weil die Frage nach der Hauptfigur einen Ansatz in der alltagsförmigen Vorprägung von Geschichtsbewusstsein bei Lernern findet. Unter dem Begriff „Artus" können sich Lernende etwas vorstellen, individuell abhängig vom Rezeptionsverhalten in Bezug auf Erzählformen des Stoffes, sei es in Film, Roman oder Dokumentation. Ausgehend von diesen alltagsförmigen Vorkonzepten lassen sich – so die hier vorgeschlagene Hypothese – Lernprozesse historischen Denkens in Lernumgebungen initiieren, die ihren Ausgangspunkt in alltagsrelevanten Vorstellungen nehmen. Solche von der empirischen Bildungsforschung als situiert definierte Lernumgebungen sind in besonderer Weise geeignet, nachhaltiges Lernen zu ermöglichen. Diese Interpretation folgt aus der Analyse der PISA-Daten und der begleitenden Weiterentwicklung der Kompetenzforschung. In diesem Zusammenhang lassen sich eine weitere und eine engere Definition von Kompetenz unterscheiden. Die weitere geht auf Franz Weinert zurück und integriert kognitive, volitionale und emotionale Kompetenzen[21]. Als Ergebnis der empirischen Kompetenzforschung der letzten Jahre formulierten die Bildungsforscher um Eckhard Klieme einen engeren Begriff von Kompetenz, der sich auf den kognitiven Aspekt einerseits beschränkt, andererseits durch die Verankerung unterrichtlicher Situationen mit dem Kriterium der Alltagsrelevanz forschungspragmatisch zielführender zu sein scheint. Sie verstehen unter Kompetenzen „[...] complex ability constructs that are closely related to performance in real-life situations"[22]. Diesem Begriff fühlt sich auch der hier vorgetragene geschichtsdidaktische Vorschlag zur Förderung von Kompetenzen historischen Denkens in Lernumgebungen mit einem Ausgangspunkt in den alltagsförmigen historischen Denkmustern verpflichtet.

Das Konzept der historischen Narratologie unternimmt also die Grenzüberschreitung von Literaturwissenschaft zur Geschichtswissenschaft, die sich bei Jannidis im Begriff der „cultural analysis" manifestiert. Kraft ihrer Popularität steht die Erzählung für maßgebliche Mentalitäten ihrer Zeit. Die Zeitebenen von Gegenwart (Entstehungszeit der Erzählung), Vergangenheit (ihr historischer Bezugspunkt) und Zukunft (reflektierter Umgang) lassen sich durch das Aufgreifen von intuitivem Wissen und das didaktische Anleiten orientierender historischer Fragen integrieren. Welcher Held passt zur Mentalität welcher Gesellschaft? Welche mentalitäts-, sozial- und kulturgeschichtlichen Kontexte konturieren den Artus der jeweiligen Erzählung bzw. leiten den Autor in der Wahl von Gattung und Hauptfigur? Welche Unterschiede der Kontextualisierungserfordernisse ergeben sich aus der Analyse des Erfolgs von Marion Zimmer Bradley im Vergleich zu Thomas Ma-

---

21 Vgl. Franz WEINERT, Concept of competence: a conceptual clarification, in: Dominique Simone RYCHEN (Hg.), Defining and selecting key competencies, Seattle u.a. 2001, S. 45–65.
22 Johannes HARTIG – Eckhard KLIEME – Detlev LEUTNER (Hg.), Assessment of Competencies in Educational Contexts, Cambridge – Göttingen 2008, S. V.

lory und Geoffrey of Monmouth? Neben den Zeitebenen erreicht der wissen-
schaftsförmige Umgang mit den Erzählungen der Autoren das zweite Spezifikum
historischen Erzählens: den Konstruktcharakter von Geschichte. Die beiden Spezi-
fika historischen Erzählens und Fragens (Zeitdimension und Konstruktcharakter)
sind entscheidend für die Entwicklung didaktischer Kriterien zur Analyse populärhistorischer Erzählungen.

Für den kompetenzdidaktischen Umgang mit populärhistorischen Erzählungen
ergibt sich aus der Zusammenführung der Kategorien historischen Denkens, historischer Narratologie und Kompetenzdidaktik ein konzeptioneller Schwerpunkt an
der Schnittstelle von Erzähltheorie, Geschichts- und Kognitionswissenschaft. Der
Fokus auf der Frage nach der Funktion der Hauptfigur stellt geschichtsdidaktisch
das wichtigste Argument für den Einsatz des erzähltheoretischen Modells zur didaktischen Instrumentalisierung populärhistorischer Erzählungen dar. Populärhistorische Erzählungen aller Medien und Genres arbeiten mit der Faszination von
Perspektivenübernahme des Lesers mit den Haupt-Figuren, die als Helden oder
auch Anti-Helden konstruiert werden[23]. Perspektivenübernahme spielt eine wichtige Rolle im Arrangement historischer Lernprozesse, weil sie auf Empathie und
Emotion der Lernenden rekurriert. Es lässt sich daher die Hypothese formulieren,
dass das Instrumentarium der historischen Narratologie mit dem Fokus „Hauptfigur" geeignet ist, situierte Lernumgebungen zum nachhaltigen Kompetenzerwerb
historischen Denkens am Beispiel populärhistorischer Erzählungen zu gestalten
(Tabelle 1).

Populäre Erzählung	Kontext (cultural analysis)	Gattung	Funktion der Figur	Konzept: historische Narratologie
Beispiel: Artus	Epochen/Autoren-spezifische anthropologische und psychologische Konzepte	Historischer Authentizitäts-anspruch des Erzählers	Mentales Modell des Modell-Lesers	Zusammenhang zwischen Leser, Text, Autor (Geschichte/ Literatur/Kognitionspsychologie

---

23 Jugendbücher, die dieses Bedürfnis nicht bedienen, verkaufen sich deutlich schlechter
    (Aussage Abteilung Jugendbuch, Rombach Freiburg, Juni 2010).

Generierung historischer Fragen und Hypothesen: Beispiel: „Herrschafts-legitimation"	Überprüfung des historischen Kontexts der Figurgestaltung (Forschungsstand und -diskurs)	Überprüfung des historischen Erkenntnisan-spruches der Gattung (Gattungskritik)	Überprüfung des Modell-Lesers als Repräsentant seiner Zeit (Mentalität, Gesellschaft)	Förderung historischen Denkens (Perspektiven-übernahme: Basis zur Entwicklung situierter Lehr/Lern-arrangements)

Tabelle 1: Narratologische Analyse von populärhistorischen Erzählungen hinsichtlich ihres historischen und kompetenzdidaktischen Erkenntniswertes

Als Gegenstand von Geschichtsunterricht sind populäre Erzählungen neben Narrativen der politisch motivierten Geschichtskultur Bestandteil der Förderung historischer Lesefähigkeit. Der damit aufgegriffene Begriff der PISA-Studie beinhaltet wissenschaftsförmiges Denken ebenso wie daraus resultierendes Handeln im Alltag. Mit Hilke Günther-Arndt[24] und dem Kompetenzstrukturmodell historischen Denkens der FUER-Gruppe lässt sich insofern von Historical Literacy sprechen, als die Zielbestimmung von Literacy darin besteht, Schüler zu „concerned, constructive and reflective citizen" (OECD 1999) zu erziehen. Die Definition bezog sich 1999 auf die mathematische Lesefähigkeit und ist gleichwohl anschlussfähig an den weitgehenden Konsens der internationalen Geschichtsdidaktik über den Sinn von Geschichtsunterricht als Beitrag zur Erziehung mündiger Bürger in demokratischen Gesellschaften[25]. Der spezifische Mehrwert historisch reflektierten Umgangs mit populären Erzählungen besteht nach dem bisher Gesagten gerade nicht darin, historische Romane gleichsam als historische Aufsätze auf „Fehler" hin zu überprüfen. Wohl aber eröffnet die narratologische Überprüfung populärer Erzählungen die Möglichkeit zur Einübung in die unterschiedliche Natur wissenschaftsförmigen und alltagsförmigen historischen Denkens und Handelns und könnte insofern einen Beitrag dazu leisten, neopositivistischen Versuchungen im Alltag zu widerstehen. Das historische Werturteil bezieht sich daher nicht auf die literarische Güte der untersuchten Erzählung. Vielmehr untersucht Geschichtswissenschaft die gesellschaftliche Funktion und Begründung populärer Werke und ihrer Stoffe.

---

24 Zuletzt in Hilke GÜNTHER-ARNDT – Urte KOCKA – Judith MARTIN, Historische Grundbildung ohne Globalgeschichte? Gegenwartsbezug und Kompetenzen historischen Denkens, in: geschichte für heute (2011) (im Druck). Für die freundliche Gewährung von Einsicht in das Manuskript bedanke ich mich sehr herzlich bei Frau Günther-Arndt.

25 Joseph ZAJDA – John A. WHITEHOUSE, Teaching History, in: Lawrence J. SAHA – Anthony Gary DWORKIN (Hg.), International Handbook of Research on Teachers and Teaching, New York 2009, S. 953–965.

Damit wird zugleich eine wichtige Abgrenzung zum deutschdidaktischen Verständnis von Lesefähigkeit vorgeschlagen. Während im Fach Deutsch Texte mit dem Ziel der Befähigung zu literarästhetischer Urteilskompetenz gelesen werden[26], geht es im Fach Geschichte um die Entwicklung reflektierten Geschichtsbewusstseins. Mündige Bürger, so lässt sich zusammenfassend sagen, sollten in der Lage sein, die unterschiedliche Funktion und Begründung historischer Erzählformen zu erkennen und sich diesen gegenüber entsprechend kritisch zu verhalten.

5.   Zusammenfassung und Ausblick

In diesem Beitrag wurde mit Hilfe der historischen Narratologie ein Instrument zur geschichtswissenschaftlichen und geschichtsdidaktischen Analyse für die Erschließung der Potenziale populärhistorischer Vorprägung des Geschichtsbewusstseins zur Förderung historischen Denkens entwickelt. Der Anstoß zu diesen Überlegungen bezog sich auf die Beobachtung des auch bei Lehramtsstudierenden verbreiteten Habitus unreflektierten, alltagsförmigen Denkens in Bezug auf populärhistorische Erzählungen. Deren Auswirkungen auf die Gestaltung künftigen Geschichtsunterrichts liegen unter anderem im populären Mittelalterboom der letzten 15 bis 20 Jahre begründet, mit dem die aktuell auszubildende Lehrergeneration aufgewachsen ist. Die das Geschichtsbewusstsein vorprägende Präsenz „mittelalterlicher" Alteritätserfahrung verstand dieser Beitrag daher als epochenspezifische didaktische Chance für die Förderung historischer Denkprozesse (mit den Charakteristika von Zeitverlauf, subjektiver Sinngebung und Konstruktcharakter von Geschichte). Zur Qualitätssicherung künftigen wissenschaftsförmigen und zugleich motivationsorientierten Geschichtsunterrichts wurde der Vorschlag zur Integration solcherart vorunterrichtlicher Wissens- und Interessensbestände durch die Entwicklung eines narratologischen Instruments für die Analyse populärhistorischer Erzählungen vorgelegt. Weitere Forschung zur empirischen Überprüfung hinsichtlich der Lerneffekte im Sinne einer Progression im Kompetenzerwerb historischen und didaktischen Denkens bei künftigen Geschichtslehrern ist erforderlich und in Planung. Erst auf dieser Grundlage werden sich Potenziale und Grenzen des hier vorgeschlagenen Ansatzes als didaktische Antwort auf Mittelalterboom und Neohistorismus präzisieren lassen. Geschichtslehrer – so das leitende Ziel – müssten sich nicht mehr mit Ranke von der populären Fiktion abwenden, sondern sich in der Lage sehen, mit deren Hilfe Lernprozesse historischen Denkens im Mittelalterunterricht wissenschaftsförmig anzuregen.

---

26 Thorsten ROICK u.a., Projekt Literarästhetische Urteilskompetenz, in: Zeitschrift für Pädagogik 56 (2010) S. 165–175.

Resümee

Ulrich Mayer

Lernpotenziale im Mittelalterunterricht

1.   Versuch eines Resümees

Mit der Formulierung des Tagungsthemas waren die Ansprüche an die Veranstaltung nicht gerade niedrig angesetzt. Aber anders als zu befürchten, war die Tagung nicht durch scharfe Kontraste und erkenntnistheoretische Auseinandersetzungen zwischen extremen Protagonisten eines hier und da noch herrschenden Bildes von der historischen Wirklichkeit eines *Mittelalters an sich* einerseits und der Auffassung vom Aufgehen des Mittelalters in der schieren *Konstruktion der Betrachter* auf der anderen Seite gekennzeichnet. Vielmehr ging es um eine erstaunlich große Bandbreite der Wirklichkeit unterschiedlicher Vorstellungen zum Mittelalter in den Hauptlinien der geschichtskulturellen, fachwissenschaftlichen, geschichtsdidaktischen und unterrichtsmethodischen Beschäftigung mit der Epoche. Es wurde also gleichsam in mittelalterlicher Weise die *aurea mediocritas* eingeschlagen. Und das war gut so, denn auf diese Weise ergab sich ein produktiver Austausch zwischen einschlägig ausgewiesenen Referentinnen und Referenten aus zahlreichen Sparten der Geschichtskultur, der Geschichtsforschung und -didaktik, der Schulpraxis und Schulverwaltung. Eine erste Bilanz der Tagung im Hinblick auf die didaktischen Grundfragen von Auswahl und Strukturierung sowie unterrichtspraktische Realisierungen im Umgang mit sehr unterschiedlichen Mittelalter-Konstruktionen ist naturgemäß unvollständig und subjektiv.

In Konzeption, Themenwahl und praktischer Umsetzung hätte das Planungs- und Leitungsteam kaum bessere Entscheidungen treffen können, um Forschung, Populärkultur, Fachdidaktik und Schulpraxis ins Gespräch zu bringen, um Verständigungschancen, Anschlussfähigkeiten, gegenseitige Ergänzungen zu bedenken und sie auf Konsequenzen für Geschichtsunterricht und individuelles Geschichtslernen zu befragen. Das begann mit der Idee und der Energie, eine ganz erstaunlich große Anzahl von Sparten der aktuellen geschichtskulturellen Szene zu berücksichtigen und sie mit Institutionen zusammenzuführen, die sich traditionell mit dem Mittelalter beschäftigen. Das ging weiter mit der sinnvollen Tagungschoreografie, die große Palette hoch- und populärhistorischer Befassung mit mittelalterlicher Geschichte gleichsam zwischen Wissenschaft und Unterricht in den Mittelpunkt der Tagung zu rücken und tagungsdramaturgisch geschickt Kooperationsmöglichkeiten zu thematisieren.

Wenn Informationen über disziplingeschichtliche Entwicklungen, Tendenzen moderner Mittelalterforschung, geschichtsdidaktische Theorie und Pragmatik, die Vorstellung medialer Trends und aktueller Bemühungen um Verlebendigung und Vergegenwärtigung von Mittelalterlichem zusammen kommen, ergibt sich die Frage nach einem gemeinsamen Nenner für das dargebotene Vielfältige, auch das Vielerlei und das traditionell scheinbar Unverträgliche des reichen Angebots. Gibt es möglicherweise einen Grundakkord über den Darstellungen geschichtstheoretischer Grundfragen, von Erkenntnissen der mediävistischen Forschung, fachdidaktischer Konstruktionen, curricularer Entscheidungen und der bunten Fülle medialer Events? Es scheint im Rückblick, dass während dieser Tagung die Schnittmenge für alle Vortragenden und Diskutierenden das Potenzial des historischen Lernens war, auf welche Weise auch immer es sich aus der Beschäftigung mit dem Mittelalter ergeben kann.

2.   Lernpotenziale für die Geschichtswissenschaft

Vertreter verschiedener Ausrichtungen der Mittelalterforschung stellten disziplinäre Grundlagen, historiografische Traditionen und Probleme des gegenwärtigen Selbstverständnisses dar. Vorträge und Diskussionen ließen erkennen, dass es in letzter Zeit durchaus zu einer gewissen Auffüllung des tiefen Grabens zwischen universitärer Mediävistik und populärkulturellen Präsentationen des Mittelalters gekommen ist. Gleichwohl können sich auch Historiker, die sehr erfolgreich an modernen Formaten wie etwa Fernsehserien zur deutschen Geschichte beteiligt sind, kaum die Teilhabe an der ganzen Fülle des geschichtskulturellen Umgangs mit mittelalterlicher Geschichte vorstellen. Die Tendenzen zu gegenseitiger Verständigung und Angleichung bringen es allerdings auch mit sich, dass zunehmend die Frage gestellt wird, ob die Geschichtswissenschaft denn weiterhin die allein richtige oder gar wahre Sichtweise auf die Geschichte des Mittelalters, die alleinige Deutungshoheit also, für sich in Anspruch nehmen kann.

Die Tagung provozierte und dokumentierte durchaus erstaunliche Übereinstimmungen, zumindest aber Annäherungen zwischen Fachwissenschaft und Fachdidaktik. Freiburg könnte bei Historikern zur Überwindung, vielleicht sogar zur Verabschiedung des Feindbildes Geschichtsdidaktik beigetragen haben. Dieses Feindbild entstand vor fast vier Jahrzehnten um das pointiert eingesetzte Diktum „Metawissenschaft", das Vertreter der Geschichtsdidaktik als analytische Größe für ihre sich neu formierende Disziplin beanspruchten, andererseits aber von Fachhistorikern weithin als deren Dominanzanspruch missverstanden wurde.

Neben deutlichen parallelen Bemühungen und Erkenntnissen um die Erweiterung der Perspektiven von zeitlicher Dauer, räumlicher Ausdehnung und thematischer Akzentuierung des Mittelalters in beiden Disziplinen zeigten sich korrespondierende Auffassungen über Ziel und Ablauf des historischen Denkens bei Lehrenden wie bei Lernenden in Hochschule und Schule. Freilich sind die Logik der Geschichtsdidaktik und die Logik der Geschichtswissenschaft verschieden. Während es die Aufgabe fachwissenschaftlichen Forschens und Lehrens ist, durch die Aufarbeitung möglichst umfangreicher Quellenbestände die Fülle und Weite historischer Erkenntnisse zu ermitteln und gute Historiker heranzubilden, untersucht die Geschichtsdidaktik, in welcher Art und in welcher Richtung diese Ergebnisse das Bewusstsein der damit Konfrontierten, also der Lernenden, anregen und strukturieren können. Die Relevanz der Forschungsthemen ergibt sich aus der Diskussion innerhalb der *scientific community*, die Relevanz der Unterrichtsthemen aus der Diskussion darüber, was für das *gegenwärtige und zukünftige Leben der Schülerinnen und Schüler* in der sie umgebenden Gesellschaft wichtig sein könnte.

3. Lernpotenziale für die Geschichtsdidaktik

In den explizit geschichtsdidaktischen Sektionen der Veranstaltung wurde folglich deutlich in Erinnerung gerufen, dass „Geschichte" nicht der möglichst umfangreiche Bestand des ermittelten Fachwissens über die Vergangenheit ist, sondern eine besondere Art zu denken, eine spezifische methodische Zugangsweise zur vergangenen Wirklichkeit samt den Ergebnissen dieser Anstrengungen. Dementsprechend ist die Aufgabe der Geschichtsdidaktik nicht die Vorbereitung, gar Konditionierung des möglichst effizienten Transports fachwissenschaftlich erhobenen und fachmethodisch gesicherten Wissens von oben her in die Schülerköpfe. Konsens dürfte auch über die Vorstellung geherrscht haben, dass die Geschichtsdidaktik das durch Forschung und Lehre bereit gestellte historische Wissen voraussetzt, um es in Hinsicht auf seine Bedeutung für historisches Lernen im Geschichtsunterricht und anderen Formen der Geschichtsvermittlung zu reflektieren. Es geht um Auswahl des Wissenswürdigen aus der Vielfalt des Wissensmöglichen in einem prinzipiell vertikal strukturierten Denkprozess.

Einig war man sich auch über die Berechtigung eines Bestandes nicht dauerhaft kanonischer, aber zeitweilig kanonisierter, für längere Zeit verbindlicher Gegenstände, die in drei Hinsichten zu Themen, d.h. intentional aufgeladenen Inhalten werden können. Diese Aspekte der Auswahl sind:

- innergenerationelle und intergenerationelle Verständigung über als wichtig Erkanntes (auch als Basisnarrative zu bezeichnen),
- Handlungskoordination als das Können, in der Gesellschaft sinnvolle wichtige Handlungen zu bewerkstelligen,
- transkulturelle Identität als Disposition zu gegenseitiger Anerkennung in globaler Dimension.

Ungelöst blieb die immer wieder aufkommende Frage, ob für den Erwerb derartigen historischen Wissens und den Aufbau eines reflektierten Geschichtsbewusstseins der Unterricht im chronologischen Durchgang organisiert sein müsse. Wenn der Geschichtsdidaktik während der Tagung eine Transmissionsrolle zugeschrieben wurde, dann war es die der Vermittlung zwischen wissenschaftlich gesicherten Vorstellungen aus dem Rahmen der Geschichtswissenschaft und den populären Bildern aus dem Rahmen der Geschichtskultur. So wurde auch nur noch ausnahmsweise – von vielen Teilnehmerinnen und Teilnehmern gar nicht mehr bewusst registriert – die Vorstellung artikuliert, die Fachwissenschaft sei die Instanz, die ihre Ergebnisse in einen hierarchisch von oben nach unten zielenden Reduktionsvorgang eingebe. Insgesamt hat sich dem Betrachter in Freiburg sehr deutlich die mittelalterliche Geschichte als wichtiges Gebiet innerhalb des Kerngeschäfts der Geschichtsdidaktik erwiesen, nämlich der Reflexion über historisches Lernen. Weniger deutlich konnte eine spezifische Mittelalter-Didaktik begründet und strukturiert werden.

4. Lernpotenziale für die Produzenten von Lehrplänen und Lehrbüchern

Übereinstimmung herrschte in der Forderung, die in diesen beiden Textsorten bzw. Medien eingefahrenen, traditionell verfestigten Blickrichtungen auf das Mittelalter abzulösen durch eine vielfältigere Sicht. Das Mittelalter war bunter und „räumlich weiter". Ein Beispiel dafür ist die Tripolarität Judentum – Christentum – Islam in einem um das Mittelmeer reichenden Raum. Für diese Erweiterung sind neuere Aspekte der Forschung zu berücksichtigen; nicht in allen Einzelheiten, aber doch in den grundsätzlichen Zugängen der verschiedenen „turns" der letzten Jahrzehnte. Solche neuen Zugangsweisen werden derzeit in den curricularen Vorgaben unterschiedlich bezeichnet: Leitkategorien, Inhaltsfelder, Inhaltsaspekte oder Dimensionen.

Gemeinsam ist ihnen, dass es sich um wissenschaftlich weitgehend konsensfähige prinzipielle Sichtweisen auf historisch-soziale Prozesse, Zustände und Mentalitäten handelt. Sie leisten eine inhaltliche Strukturierung der Geschichte und dienen damit als verlässliche Instrumente zur Auswahl, Strukturierung und Akzentuierung wichtiger Sachverhalte und Problembereiche der mittelalterlichen Geschichte. Dank ihrer kategorialen Zugangsweise sind sie gleichsam als Filter für Wesentliches zu verstehen und zu nutzen. Die Dimensionen, die gleichzeitig den „großen Fragen" unserer Gegenwart korrespondieren, lassen sich auflisten:

- Eigenes und Fremdes
- Zeitvorstellungen und Weltbilder

- Lebensphasen und Lebensformen
- Herrschaft
- Wirtschaft
- Gesellschaft
- Soziale Ungleichheit

Sie zu beachten ist ein ganz wesentlicher Bestandteil des Prozesses, wie man von Inhalten zu Themen der mittelalterlichen Geschichte im historischen Lernen kommt.

5. Lernpotenziale für Lehrerinnen und Lehrer

Ein Lernpotenzial für die Lehrenden besteht in erster Linie in der deutlichen, auf den ersten Blick sogar verstörenden Erkenntnis von der Existenz und der prinzipiellen Verschiedenheit zweier scheinbar unverbundener Eigenwelten in der Schulwirklichkeit. Auf der einen Seite stehen die von den Lehrenden aus Studium und Fortbildung jeder Art mitgebrachten Vorstellungen (Konzepte) eines wissenschaftlich gesicherten Bestandes an Wissen über die Geschichte des Mittelalters. Auf der anderen Seite gibt es bei ihren Schülerinnen und Schülern vorherrschende Annahmen und Bilder aus der populären Kultur. Wie man dem gerecht werden kann, das dürfte wohl kaum in der Addition der beiden Bereiche bestehen. Eine pragmatische Lösung besteht darin, die Vorstellungswelt der Lernenden nicht nur als Bedingungsfeld aufmerksam zu beobachten, sondern sie auch im Unterrichtsprozess je nach aktueller Situation zu berücksichtigen, konkret: sie als Anstoß für die Inhaltsauswahl zu bedenken.

Alle während der Tagung mitgeteilten Beobachtungen über historisches Lernen stellten fest, dass die Lernenden nicht nur Spuren und Überresten des Historischen begegnen, aus denen sie in methodisch gerichteter Arbeit zu eigenen Darstellungen kommen, gleichsam Geschichten aus dem zugrunde liegenden Material entwickeln. Ebenso, darin sind sich die Geschichtsdidaktiker einig, bringen die Lernenden aus ihrer Umwelt fertige Geschichten, gehörte und übernommene Deutungen, aufgegriffene Sach- und Werturteile, auch Vorurteile, mit in den Unterricht. In der Tagung gab es eindrucksvolle Beispiele dafür, dass beide Bestandsmengen, nämlich historische Quellen aller Art und wie immer geartete historische Darstellungen von Kindern – übrigens genau so von der Masse der erwachsenen Geschichtsrezipienten und -konsumenten – ungegliedert als Belege für Geschichte aufgefasst und verwendet werden. Die Aufgabe des Geschichtsunterrichts besteht entsprechend seiner Bemühungen um sachlich-fachliche Richtigkeit darin, solche Geschichtsvorstellungen zu prüfen, ihre quellengestützte Plausibilität zu beurteilen und gegebenenfalls im Rückgriff auf die den Lehrenden bewussten Quellen zu revidieren.

Man kann wohl so weit gehen, die empirisch noch ganz unzureichend erhobenen, aber in der Unterrichtspraxis überall auftauchenden Vorstellungen, Annahmen, Meinungen, Vermutungen über das Mittelalter nicht nur vordringlich als eine Sammlung von Defiziten oder Lernhinderungen anzusehen. Vielmehr können diese Momente als Teile dessen betrachtet werden, was vor allem in den Didaktiken der Naturwissenschaften, aber auch in der Nachbardisziplin Didaktik der politischen Bildung derzeit als *conceptual change* diskutiert wird. In dieser Sicht geht es darum, auf vorhandene Konzepte der Lernenden einzugehen mit dem Ziel, zur Differenzierung der – streng historisch gesehen – fragwürdigen Einstellungen und Vorurteile beizutragen.

Es wäre folglich für das historische Lernen der von Hause aus zumindest historisch infizierten Kinder und Jugendlichen ausgesprochen kontraproduktiv, wenn man die spannenden, interessanten, lieb gewordenen Mittelaltervorstellungen jetzt rigide destruieren wollte. Es geht aber darum, die Lernenden durchaus erkennen zu lassen, dass die Produzenten solcher populären Vorstellungen in der besonderen Art der „abgekürzten, aufbereiteten und aufgeputzten Darstellung" nicht nur informieren, sondern viel häufiger „beeinflussen, unterhalten, animieren, einlullen" wollen (Bodo von Borries).

Wenn man beabsichtigt, das immense Geschichtsangebot zum Mittelalter nicht nur als Moment der Bedingungsanalyse zu berücksichtigen, sondern den Schülerinnen und Schülern auch die aktive und nachdenkliche Teilhabe an der Geschichtskultur zu ermöglichen, so müssen wir sie befähigen, solche populären Darstellungsweisen entschlüsseln, durchschauen und damit umgehen zu lernen. Ob man dieses Verfahren mit der in anderen wissenschafts- und erkenntnistheoretischen Zusammenhängen klar definierten Vokabel „dekonstruieren", auch in der Variante „de-konstruieren", bezeichnen muss, ist zweifelhaft. Die Suche nach Begriffen in einer fremden Nomenklatur könnte sich als eine Modeerscheinung herausstellen.

Historisches Lernen, das die Wirklichkeit der Geschichtskultur mit mittelalterlicher Thematik nicht diffamieren will, sollte folglich ebenso wie den vielgestaltigen Bestand historischer Quellen auch die verschiedenen Formen der Konstruktion von Geschichte, ob wissenschaftlicher oder geschichtskultureller Art, aufgreifen und bearbeiten. Die Darstellungen unterliegen im historischen Lernen damit den gleichen Bearbeitungsschritten wie die herkömmlich bevorzugten historischen Spuren/Überreste/Quellen. In der Summe geht es darum, im historischen Umgang mit unterschiedlichen Gattungen mittelalterlicher Quellen und Deutungen verschiedener Art angemessen historisch zu lernen. Hier soll keinesfalls übermäßig harmonisiert werden, aber: Auf diese Weise kann gerade der Unterricht über mittelalterliche Phänomene dazu beitragen, die wissenschaftlichen Ansprüche (in fachlich abgesicherten Beständen) und die gesellschaftlichen Ansprüche (in den weit gespannten geschichtskulturellen Beständen) auf der einen Seite und die individuellen Dispositionen und Ansprüche der Lernenden (mit ihren jeweiligen Konzepten) auf der anderen Seite in Verbindung zu bringen.

6. Lernpotenziale für Schülerinnen und Schüler

Die Vorträge und Diskussionen zu den geschichtskulturellen Angeboten haben immer wieder deren hohes Potenzial an Faszination und Sinnlichkeit, Lust und Gestaltung, Ästhetik und Motivation, Produktion und Handeln, Gefühl und Trost, Erlebnis und Erfahrung vor Augen geführt. Damit wurde gerade von dieser Seite die Bedeutung des Emotionalen, Ästhetischen und Pragmatischen für Auffassung, Aneignung und Verarbeitung von Geschichte betont. So wurde im Interesse der Lernenden die Perspektive zur Berücksichtigung wichtiger allgemeiner, nicht auf den ersten Blick zum Fach gehöriger Prinzipien eröffnet. Freilich galten die Anregungen zur Berücksichtigung dieser Aspekte im Unterricht nicht als Plädoyers zum Ausschluss oder zur Ersetzung des Kognitiven, sondern als Angebote zur Erweiterung der immer noch unübersehbaren Dominanz der Kognition im Geschichtsunterricht.

Auf eine weitere Weise kann Mittelalter-Unterricht über die Vermittlung rein inhaltlicher Lernbestände hinausreichen. Es wurde deutlich, dass in einem emotionsgestützten Unterricht zu wesentlichen Ereignissen, Entwicklungen und Strukturen prinzipiell auch historisches Denken gefördert werden kann. An ausgewählten Inhalten können Schülerinnen und Schüler nämlich historische Kompetenzen anwenden, einüben und ausbilden. Dabei dürfte es zweitrangig sein, an welchen der heutzutage vorliegenden Kompetenzmodelle sich diese Förderung des historischen Denkens orientiert. Den verschiedenen Modellen sind mit je unterschiedlichen Gewichtungen und unter divergierenden Bezeichnungen im Grunde vier Anforderungen gemeinsam, die die Lernenden – auch bei mittelalterlichen Themen – zu bewältigen haben. In Anlehnung an das Kompetenzmodell des Schweizer Geschichtsdidaktikers Peter Gautschi geht es um Folgendes:

1. Wie finde und erkenne ich durch Menschen oder Zeugnisse Zugänge zu Vergangenem?
– Vermutungen, Fragen, Annahmen
2. Wie erschließe ich mir Quellen und Darstellungen?
– Überprüfungen, Erstellen einer Sachanalyse
3. Wie lassen sich die erschlossenen Komplexe deuten und darstellen?
– Verortung, Ursache/Wirkung/Folgen
4. Was ist der Sinn, den ich aus der Beschäftigung gewinnen kann?
– Verbindung von Vergangenem, Gegenwärtigem, Zukünftigem

Es wäre eine dankenswerte Aufgabe für die geschichtsdidaktische Forschung, mit gutem Willen konzentriert, sachlich, an gegenseitigem Verständnis konkurrierender Vorstellungen orientiert, die vorliegenden Modelle zu sichten, abzuwägen und dann im Interesse der Schülerinnen und Schüler in den verschiedenen Bundesländern möglichst ein konsensuelles Modell zu erstellen. Ein solches Unterfangen könnte sich den Stil der skizzierten Tagung zum Vorbild nehmen.

Die Freiburger Tagung hat beachtliche Anstöße geliefert. Die Diskussionen dokumentierten nicht nur die Fähigkeiten, das jeweilige Selbstverständnis zu akzeptieren, sondern auch die Bereitschaften, die Ansprüche von Geschichtskultur, Mediävistik, Geschichtsdidaktik und Schulpraxis als gleichberechtigte Faktoren für gelingendes historisches Lernen zu respektieren. Angesichts der Schwierigkeiten, sozusagen auf Anhieb bereits verwertbare Elemente für die Unterrichtspraxis zu entwickeln, haben sich als Zwischenergebnis doch Perspektiven zur Kooperation im Hinblick auf gesellschaftlich relevanten, fachlich zutreffenden, didaktisch begründeten und methodisch anregenden Mittelalterunterricht ergeben.

Dass ein offener Austausch ohne Hierarchisierungsansprüche, dass anregende Diskussionen, Gespräche zwischen Vertretern verschiedener Generationen, zwischen Forschenden, Lehrenden und Vermittlern auf vielen Ebenen in einer hervorragenden Atmosphäre stattfanden, war nicht zuletzt der intensiven Vorbereitung und glücklichen Moderation der Tagung durch die Verantwortlichen, Prof. Dr. Thomas Martin Buck (PH Freiburg), Dr. Nicola Eisele-Brauch (Universität Freiburg) und Prof. Dr. Manfred Seidenfuß (PH Heidelberg) zu verdanken.

Ausblick

Valentin Groebner

Arme Ritter

Moderne Mittelalterbegeisterungen und die Selbstbilder der Mediävistik[1]

1.   Einleitung

Die Fragen lauten immer ähnlich. Warum der Boom von nacherzähltem und rein-szeniertem Mittelalter? Was suchen all die Besucher von Mittelalterspektakeln und die Leser von historischen Romanen eigentlich? Und – der Ton wird ernster, nach-denklicher, mit einer Spur Melancholie – was verbindet uns noch mit dem Mittel-alter, heute?

Als Historiker muss man zurückfragen. „Uns" – bitte wen? „Noch" – seit wann? (Es gibt Fragen, die so ungenau sind, dass sie gar nicht beantwortet werden wol-len.) Im Folgenden soll es um drei kurze Interventionen gehen, die mir für die ge-genwärtige Situation der Mittelalterforschung charakteristisch zu sein scheinen und die das Verhältnis der Fachgemeinschaft zum Außen bestimmen. Der erste Punkt betrifft die Geschichte dieser Fachdisziplin selbst: Er ist deswegen eine Art Rück-blende. Mein zweiter Punkt fragt, was eine Fachdisziplin wie die Mediävistik zu einer Disziplin macht und was für Konsequenzen damit verbunden sind. Und drit-tens möchte ich nach den Chancen und Möglichkeiten fragen, die durch neue Kon-stellationen von Mittelaltergebrauch am Beginn des 21. Jahrhunderts entstehen.

Vorab: „Das" Mittelalter, in der Einzahl, ist keine allzu brauchbare Bezeich-nung. Zwischen der Plünderung Roms im 5. Jahrhundert und der Entdeckung der Neuen Welt tausend Jahre später ist in Europa einfach sehr, sehr viel passiert, und nur wenig davon passt in die gängige Schublade „mittelalterlich". Als Bezeichnung für eine irgendwie kohärente historische Epoche ist das Schlagwort untauglich – Spezialisten haben das schon vor fünfzig Jahren geschrieben. Aber warum gibt es dann den Begriff immer noch, unausrottbar und bilderstark? Und warum fangen auch aufgeklärtere Bewohner des 21. Jahrhunderts sofort an, von Rittern (edel), Mönchen (fromm), Bauern (echt) und, wenn es ganz schlimm kommt, von Hexen

---

1 Der vorliegende Beitrag gibt den Schlussvortrag der Tagung wieder, der am 26.09.2009 an der Pädagogischen Hochschule Freiburg gehalten wurde. Die Vortragsform ist beibehalten wor-den.

zu fantasieren, von „Ursprüngen" und „Verlorenem", kaum dass das magische M-Wort gefallen ist?

Die Bezeichnung „Mittelalter" wird heute längst nicht mehr als sachlicher Begriff für einen Zeitabschnitt verwendet, sondern ist von der Geschichte seiner eigenen Rezeption sozusagen überwuchert worden. „Das" Mittelalter in der Einzahl im Schulunterricht zusammenzufassen und zu vermitteln ist deswegen keine schwierige, sondern eine unlösbare Aufgabe. Mittelalter ist keine Epoche, sondern eine Über-Kategorie, ein Erzählmodus, der verspricht, extrem Heterogenes fiktiv zu überwölben und mythisch zu verorten – man könnte auch sagen: einzutopfen.

2.   Abstammungsgeschichten und Empfindungsathleten

Warum ist das so? Damit wäre ich bei meinem ersten Punkt, bei der Rückblende. Die Mediävistik, so wie wir sie kennen, entsteht am Ende des 18. und am Beginn des 19. Jahrhunderts unter einem doppelten Vorzeichen. Das eine ist religiös – Beschäftigung mit dem Mittelalter als Auseinandersetzung mit den Traditionen der katholischen Kirche; eine Auseinandersetzung, die seit der Gegenreformation zwischen reformierten und katholischen Gelehrten erbittert um die Echtheit mittelalterlicher Texte geführt wurde, und seit der Romantik aufgeladen mit einem ursprünglichen, reinen Mittelalter als Sehnsuchtsort. Dafür gibt es auch eine Gründungsurkunde. In Novalis' Text ‚Die Christenheit oder Europa', 1799 geschrieben, ist das Mittelalter die glückliche Epoche von Ganzheit und Gemeinschaft unter der Leitung der Kirche. Leider sei die Menschheit für dieses „herrliche Reich" noch nicht reif gewesen. Aber nun, dreihundert Jahre später, so Novalis, sei überall ein „neues Zeugungselement der Religion" zu spüren. Also nicht Wiederherstellung von etwas Vergangenem, sondern mystische Auflösung einer „zerrissenen" Gegenwart in einer religiösen Utopie von Ganzheitlichkeit. Novalis' Mittelalter von religiöser Echtheit ist deswegen vor allem eines, nämlich utopisch, und würde sich erst in der Zukunft verwirklichen lassen.

Dazu trat noch ein zweites Vorzeichen, und das war national. Ein erhabenes Mittelalter als vergangener Ursprung und utopische Zukunft gleichzeitig war im 19. Jahrhundert genau das, was ehrgeizige junge Gelehrte überall in Europa gerade brauchten. In den gelehrten Nationalbewegungen wurde mit dem Mittelalter buchstäblich Staat gemacht: Die jungen europäischen Staaten – Italien, Deutschland, Kroatien, egal – waren alle dermaßen jung, dass sie nichts dringender benötigten als möglichst alte, ehrwürdige Ursprünge, Nationalgeschichte und Nationalliteratur, die bis ins möglichst frühe Mittelalter zurückreichen sollte und mit allergrößter philologischer Genauigkeit rekonstruiert und dokumentiert werden mussten. Diese enthusiastischen Philologen haben die Wissenschaften und die Institutionen geschaffen, in denen wir heute forschen, und sie taten das explizit als politische

Zeitgenossen, die mit dem Mittelalter eben Zukunft schaffen wollten. Mittelalter als Zukunft also; für das Mittelalter als nationale Ursprungsgeschichte im 19. Jahrhundert war dieses Konzept ebenso bestimmend wie für das Parallelunternehmen Mittelalter als religiöse Echtheit.

Unter diesem doppelten Vorzeichen haben die Gelehrten dann immer genauere Techniken der Analyse und Rekonstruktion authentischer mittelalterlicher Dokumente entwickelt; denn das waren die ruhmreichen Jahrzehnte der wissenschaftlichen Philologie und Quellenkritik. Bis weit ins 20. Jahrhundert war dieses Nebeneinander von religiöser *und* nationaler Ursprungsgeschichten für die Libido der Mediävistik charakteristisch, für die Lieblingsthemen der Wissenschaftler – denken Sie an Heinrich von Sybel oder Heinrich Treitschke, ganz zu schweigen von Ernst Kantorowicz. Die Mittelalterforschung war im 19. und 20. Jahrhundert schon deswegen nicht zu trennen von politischen Indienstnahmen, weil sie selbst politisch sein wollte. Die Erforschung der eigenen Ursprünge als Zukunftswissenschaft für die Erneuerung der Kirche oder für die Schaffung zukünftiger stolzer Staatsbürger hat die Mediävistik in der Industriegesellschaft der Moderne zu einer machtvollen und zeitweise sehr einflussreichen Disziplin gemacht. Bis weit ins 20. Jahrhundert waren religiöse und nationale Ursprungsgeschichten keine Gegensätze, sondern konnten problemlos mit einem gemeinsamen Intensitätsvokabular betrieben werden. Das ermöglichte Mittelalterhistorikern, nicht nur als kühle Kenner der unbestechlichen Überlieferung aufzutreten, sondern – bei Bedarf – auch als emphatische Einfühlungsathleten.

Das Mittelalterliche ist deswegen seit fast zweihundert Jahren jenes scheinbar unverfremdete, neue entdeckte Älteste, das man sich wieder aneignen kann. Dieser Wunsch aber war unerfüllbar; oder genauer, er schuf sich im Versuch seiner Erfüllung selbst ab. Denn alle Begeisterung konnte bereits die Historiker des 19. Jahrhunderts, allesamt kluge Leute, nicht darüber hinwegtäuschen, dass alte Dokumente und Überreste, einmal aufgefunden, sich eben nur als alte Dokumente und bloße Reste erwiesen, deren Bezüge verloren und erloschen waren. Authentische Texte und Bilder aus dem Mittelalter lassen sich nämlich recht zuverlässig daran erkennen, dass sie keine Ansatzpunkte für die Empfindungen ihrer modernen Betrachter bieten. Ganz im Gegensatz zu den Fälschungen: Die befriedigen stets die Wünsche ihrer Entdecker, sofort und bis in alle libidinösen Details. Echtes Mittelalter, um es anders zu sagen, fühlt sich im Rohzustand, unbearbeitet, einfach nicht sehr mittelalterlich an.

„Das" Mittelalter braucht deswegen den Erzähler, der die bloße fragmentarische und widersprüchliche Vergangenheit in wieder konsumierbare Geschichte verwandeln kann, komplett mit Vorläufern, Höhepunkten und Epilogen. Der Mittelalterhistoriker als Figur entstand im 18. Jahrhundert als Enthusiast, um im 19. Jahrhundert in den Staatsdienst übernommen zu werden, mit Pensionsberechtigung. Zwischen 1900 und dem Zweiten Weltkrieg waren dann sprachmächtige Spezialisten

für das Mittelalter, Spezialisten für Kaiserkrönungen, Kreuzzüge und Siedlungs-
forschung definitiv befugt zum Raunen über das Große Ganze, über „Reich" und
„Geist", „Erbe" und „Nation": In historischen Romanen lässt sich das ebenso nachlesen wie in Parlaments- und Rektoratsreden.

Nach 1945 war das vorbei; und nicht nur in Deutschland und Österreich. Denn
während nach dem Ersten Weltkrieg Mittelalterbeschwörungen in der politischen
Symbolik und in der Massenkultur weiterhin Hochkonjunktur hatten – von der
„Kreuzzugs"-Metaphorik über die architektonischen „Totenburgen" bis zu Fritz
Langs Filmen, gab es nach 1945 auf der Ebene der politischen Großmetaphern
nichts mehr dergleichen. Man baute nach 1945 auch nirgends mehr national neo-
gotisch, wie am Ende des 19. Jahrhunderts; oder religiös neo-romanisch, wie am
Beginn des 20. Jahrhunderts. Das Mittelalter als ernstgenommener Ursprung des
Eigenen hatte am Ende des Zweiten Weltkriegs endgültig ausgedient, auch wenn
seine Wiederbelebung immer wieder neu versucht wurde, von der zeitweiligen
Begeisterung der Neuen Linken der 1970er Jahre für ein rebellisches Vollkorn-
mittelalter widerspenstiger Handwerker und Hebammen bis zur Instrumentalisierung mittelalterlicher Mythen durch die populistische Rechte nach 1989 – etwa
Slobodan Miloševićs Berufung auf den angeblichen mittelalterlichen Schlachten-
mythos auf dem Kosovo polje; oder Umberto Bossis Versuch, nach dem Vorbild
mittelalterlicher Stadtrepubliken 1994 einen oberitalienischen Staat namens „Pada-
nia" zu gründen. Mit dem Mittelalter wird heute kein Staat mehr gemacht, und
auch keine Kirche. Auch in der Schweiz geht es mittlerweile ohne Nationalmit-
telalter; sichtbar etwa an den auf sehr interessante Weise gescheiterten offiziellen
eidgenössischen 700-Jahr-Feiern 1991. (Fehlgeschlagene historische Jubiläen sind
für Historiker ohnehin viel interessanter als geglückte.)

Seit der zweiten Hälfte des 20. Jahrhunderts wird „das" Mittelalter mit etwas
Neuem verbunden, einem neuen Modus der Geschichts-Benutzung. Es steht nicht
mehr für religiöse Authentizität oder für nationale Ursprünge. Trotzdem ist das
Mittelalter praktisch allgegenwärtig geworden. Es wird unablässig neu produziert
und nachgestellt, nicht nur von Bestsellern, Filmen und Computerspielen der Unterhaltungsindustrie, sondern ebenso im Rahmen der riesigen, seit den 1950er Jahren in immer rascheren Zuwachsraten expandierenden Dienstleistungsbranche, die
heute nach neueren Berechnungen die zweitgrößte des Planeten ist, mit geschätzten
12 Prozent Anteil am globalen Bruttosozialprodukt. Es ist jene Industrie, die es
schafft, sich in ihrer Selbstdarstellung als das genaue Gegenteil industrieller Produktion darzustellen: der Tourismus. Wie im Film und Computerspiel sind touristische Attraktionen nicht denkbar ohne das Als-ob einer Reise in die Vergangenheit. Die historischen Denkmäler und die „ursprünglichen" oder (tolles Wort!)
„unberührten" „mittelalterlichen" Bauten, Altstädte und Dörfer, mit denen jeder beliebige Reiseführer zwischen Rumänien, der Toskana und dem Jemen aufwartet;
Unterhaltung und Tourismus sind heute die Vorzeichen für populären Geschichts-

gebrauch. Sie funktionieren nicht durch Abstammungsgeschichten, sondern durch Rekombination des Pittoresken. „Das" Mittelalter ist heute deswegen nicht mehr Chiffre für das Urtümliche, Echte, sondern funktioniert als Zeichen für Verkleidung, für Simulation und jene Formen von Re-Inszenierung, die auch selbstbewusst als Reinszenierungen daherkommen, fürs Nach-Spielen. Wie alle Spiele ist das eine ziemlich ernste Sache.

3.   Die lieben Kollegen: Reden aus dem Bauch der Disziplin

Damit wäre ich bei meinem zweiten Punkt: bei der Mittelalterforschung als Fachdisziplin. Wie kann eine Disziplin auf diese Veränderung der Vorzeichen, oder, wenn sie so wollen, auf die Auflösung der beiden alten Meta-Erzählungen vom Mittelalter (religiöse und nationale Ursprungsgeschichte) und den Erfolg der neuen reagieren? Hier ist ein bisschen Wissenschaftssoziologie brauchbar. Fachdisziplinen sind Reputationsgemeinschaften, die einen bestimmten Wissensbestand verwalten und durch scharfe Grenzziehungen sozusagen einhegen, aber gleichzeitig als moderne Wissenschaft über diesen Bereich selbstverständlich ständig neue Informationen produzieren sollen. Damit ist ein Paradox verbunden. Denn eben diese neuen Forschungen bringen ständig von außen neue Informationen ins Innere der Disziplin. Und dort erzeugt diese neue Empirie zwangsläufig Unsicherheit über Hierarchie und Status – wie wichtig ist das neue Zeug? Wo kann es eingeordnet werden?

Wissenschaftliche Disziplinen kontrollieren dieses Problem, indem sie stillschweigend einen Bereich zentraler Fragen festlegen, in dem – und zwar nur in ihm – dem Selbstverständnis der disziplinären Gemeinschaft zufolge der wissenschaftliche Fortschritt stattfindet. Disziplinen werden also nicht durch explizite Befehle oder Gesetze gesteuert, sondern eher durch eine Art Vorselektion, um unpassende Informationen aussortieren zu können. Jede Fachdisziplin muss deshalb Filter gegen Unpassendes entwickeln, Mechanismen, die es ihr erlauben, bestimmte Fragen als die „wichtigeren" oder „eigentlich relevanten" auszuwählen. Fragen nach anderen Dingen sind zwar erlaubt, bringen aber der- oder demjenigen, die oder der sie stellt, keine zusätzliche Reputation ein. Im Gegenteil, sie können ihr oder sein Ansehen sogar gefährden, weil sie ja von den wichtigen theoretischen „Kern"-Fragen des Fachs ablenken oder unter Umständen sogar davon wegführen. Jede Disziplin sortiert stillschweigend, aber ziemlich rigide zwischen illegitimen Fragen, die demjenigen, der sie aufwirft, keinen Zuwachs, sondern Verlust an Ansehen eintragen, und den „richtigen" Forschungsthemen, die Reputation einbringen. Gedruckt zu werden ist auch im Zeitalter der Sammelbände weiterhin das symbolische Äquivalent dafür, eine wichtige Entdeckung gemacht zu haben; und ironischerweise funktioniert das dann am besten, wenn zu dieser „Kernfrage" der Disziplin schon ziemlich viele Arbeiten vorliegen.

Das heißt: Fachdisziplinen behaupten zwar stets, ihr Fachgebiet „in seiner ganzen Breite" abzubilden, aber sind in Wirklichkeit an einer solchen Vollständigkeit nicht interessiert und können sie auch gar nicht liefern. Fachdisziplinen lassen sich als Reputationsgemeinschaften beschreiben, die sich rund um einen Kanon von Lieblingsproblemen entwickelt haben – und die können sich eben nur relativ langsam wandeln, damit die Disziplin stabil bleibt. Man könnte die Veränderungen in den Schwerpunkten der deutschen Mittelalterforschung seit 1945, die in den Vorträgen auf dieser Tagung so überzeugend dargestellt worden sind, als Anpassung an die Veränderung der Geschichtsbilder und der Meta-Erzählungen beschreiben.

Die Mittelaltergeschichte bildet deswegen schon seit längerer Zeit nicht mehr unbedingt Spezialisten für Abstammungsbeweise aus, die für Ursprünge und Kontinuitäten zuständig wären. Sondern viel eher Expertinnen und Experten für Materialrecherche und pittoreske Bilder, Kombinatoren fürs Exotische, deren besondere Qualifikationen im Know-how für Recherche liegen. Die Mehrzahl der an den Universitäten ausgebildeten Historikerinnen und Historiker arbeitet heute nicht mehr als höhere Verwaltungsbeamte, wie im 19. Jahrhundert, oder als Lehrerinnen und Lehrer im Schuldienst, wie im 20. Jahrhundert bis zur Mitte der 1980er Jahre, sondern als Journalisten, in der Welt der Public Relations, der Werbung, und in neuen Formen von Museums- und Öffentlichkeitsarbeit. Damit ist aber ein Prozess der Rückkopplung in Gang gesetzt. Der stark veränderte Arbeitsmarkt für Absolventen des Fachs Geschichte hat auf das, was in der Fachdisziplin und in der Forschung selbst passiert, natürlich zurückgewirkt – wenn auch nur langsam und zeitverzögert.

Denn eine wissenschaftliche Disziplin muss ja um ihre Kernprobleme konzentriert bleiben, damit sie sich selbst als Disziplin organisieren kann. Ebenso muss sie auf der fast undurchlässigen Grenze zwischen wissenschaftlichem Innen und außerwissenschaftlichem Außen beharren, was die Arbeitsthemen angeht. Deswegen bleibt gerade den Fachvertreterinnen und -vertretern, die es selbst sehr viel besser wissen, gar nichts anderes übrig, als munter immer weiter von „dem" Mittelalter zu reden und zu schreiben, in der Einzahl, mit großem M. Wenn heute dabei gerne von der Breite und der Aktualität „des" Mittelalters geredet und geschrieben wird, dann wollen und können die Kollegen damit die bisherige Fokussierung auf früh- und hochmittelalterliche Reichsgeschichte als das „eigentliche" Mittelalter und das alte Übergewicht einer lateinisch-deutschen Nationalgeschichte nicht nachträglich kritisieren; denn diese Fokussierung ist weiterhin das, was das Fach als Fach konstituiert. Aus demselben Grund kann jeder, der als Vertreter seiner eigenen Disziplin spricht, sich problemlos auf die Tradition und auf die Aktualität des Faches gleichzeitig berufen; und er kann das nicht nur, sondern muss es gewissermaßen auch, im Futur II. Denn eine erfolgreiche Fachdisziplin ist ja deswegen eine, weil ihre traditionellen Kernfragen immer schon aktuell gewesen sein werden.

Wenn man nicht im Namen der Disziplin mit ihrer jeweils eigenen großen Einzahl sprechen möchte, sondern von außen, dann könnte man konstatieren, dass im deutschen Sprachraum schon seit einiger Zeit nicht eines, sondern zwei Fachmittelalter wahrnehmbare Konturen angenommen haben. Mittelaltergeschichte Nummer eins wäre jene Fachdisziplin, die sich auf die Quellen des Früh- und Hochmittelalters fokussiert und sich, so scheint mir, analog zur Alten Geschichte als hochspezialisiertes philologisches Expertenwissen institutionalisiert hat, mit dem Schwerpunkt auf Papst- und Kaisergeschichte und einem zur Spätantike offenen Bereich der Ethnogenese und Völkerwanderungsgeschichte. Mittelaltergeschichte Nummer zwei behandelt dagegen das auf Humanismus- und Renaissanceforschung hin orientierte städtische, archiv- und bilderorientierte Spätmittelalter, in dem es um Kunst, Politik, Subjektivität und Medien geht. Zwischen den beiden gibt es durchaus Berührungspunkte und Überschneidungen – der Stauferkaiser Friedrich II. zum Beispiel, der von beiden Seiten beanspruchbar ist. Aber sonst teilen die beiden Mittelalterdisziplinen nur wenig; sie haben verschiedene Interessen, Erkenntnisinteressen, und Jargons.

Dazu kommen Veränderungen in der Selbstdarstellung der Spezialistinnen und Spezialisten. In der älteren Observanz war der wissenschaftliche Autor gehalten, die strengen Formen der eigenen Askese und seiner temporären Abkehr von der Welt als Kriterium für die eigene Leistung demonstrativ vorzuzeigen. In der neueren Spielart muss er versuchen, sein Publikum von der Unmittelbarkeit, Aktualität und – am allerhärtesten – von der vergnügten Spontaneität seiner Forschungen und ihrer Ergebnisse zu überzeugen. Der Erfolg einer Fachdisziplin beruht unter anderem auf ihrer Fähigkeit, in ihrem Inneren geträumte abgeschlossene Welten zu erschaffen. In diesem Reich des Als-ob spielen kluge, pragmatische und ehrgeizige Männer und Frauen als arme tugendhafte Ritter vermeintlich „reine" und „strenge" Wissenschaft. Spiele (wir wissen das) sind immer eine höchst ernsthafte Angelegenheit.

4.   In Verwertungsketten

Und damit wäre ich an meinem dritten Punkt. Was für Chancen und Möglichkeiten entstehen durch die neue Situation? Louis Gottschalk, Professor für Geschichte an der Universität Chicago, schrieb 1935 dem Präsidenten der Filmproduktionsgesellschaft Metro Goldwyn Mayer einen Brief. Auslöser war eine Welle von Historienfilmen aus Hollywood – über das antike Rom, Jeanne d'Arc, Robin Hood, die Eroberung der Neuen Welt, die amerikanischen Bürgerkriege und die Erschließung des amerikanischen Westens. Gottschalk begrüßte als Historiker grundsätzlich die-

ses intensive Interesse, das die neu entstandene millionenschwere Unterhaltungsindustrie historischen Stoffen entgegenbrachte. Aber, so schrieb er, es gehe nicht
an, dass die Wahrheit, die Historiker mühsam über Abläufe in der Vergangenheit
recherchiert und zusammengetragen hätten, zur Unterhaltung des Publikums in den
Filmen verändert, verzerrt und bis zur Unkenntlichkeit verfälscht würde. Er forderte, dass den Fachhistorikern selbstverständlich das Recht eingeräumt werden müsse, historische Filme, bevor sie in den Kinos gezeigt würden, auf ihre Faktentreue
zu überprüfen, zu kritisieren und gegebenenfalls zu revidieren.

In gewisser Weise war das 1935 aktuell und folgerichtig; fünf Jahre zuvor war
der sogenannte Hays-Code erlassen worden, in dem sich die Filmemacher verpflichteten, auf Szenen zu verzichten, die Gewalt verherrlichten, in denen Gangster
als Helden auftraten, in denen zu starke Andeutungen auf Sexualität vorkamen, von
nackten Körperteilen ganz zu schweigen, in denen unverheiratete Mütter auftraten
oder in denen Liebesverhältnisse zwischen Schwarzen und Weißen vorkamen –
Zungenküsse waren ebenfalls tabu. 1934 wurde diese formell freiwillige Vereinba-
rung unter dem Druck der Regierung, die mit der Einführung von Gesetzen zur
Filmzensur drohte, zur Pflicht. Gottschalks Gedankengang ist einleuchtend. Wenn
die Filmproduzenten verpflichtet werden konnten, zum Schutz der öffentlichen
Moral und der Jugend auf *sex and crime* zu verzichten, war es dann nicht auch logisch, sie in demselben öffentlichen Interesse zur Wahrhaftigkeit beim Umgang mit
historischen Fakten anzuhalten? Der arme Professor Gottschalk hat aus Hollywood
nicht einmal eine Antwort erhalten. Am Beginn des 21. Jahrhunderts, inmitten von
boomenden Infotainment in Filmen, Fernsehserien, Computerspielen und touris-
tischen Erlebniswelten mit historischen Figuren und historischem Inhalt müssen
sich die Spezialisten für Geschichte explizit mit den Geschichtserfindungen in den
populären Medien der Unterhaltungskultur und der Tourismusindustrie auseinandersetzen, weil diese Geschichtsinszenierungen sonst selbst ihre eigenen medialen
Binnenwirklichkeiten schaffen.

So neu die Trägermedien und die Formen dieser Geschichtsinszenierungen auch
sein mögen, die Auseinandersetzung mit den Meta-Erzählungen, die den Umgang
mit Geschichte prägen, ist ein altes Problem. Die Mittelalterforschung des 17. und
18. Jahrhunderts musste sich an den religiösen Inanspruchnahmen der Geschichte
abarbeiten. Gerade weil sie sich von den Polemiken zwischen katholischen und reformierten Ursprungserzählungen absetzen mussten, schufen die Historiker der
Aufklärung neue Techniken des Umgangs mit historischen Texten – Anthony Graf-
ton hat das in seiner „Geschichte der deutschen Fußnote" wunderbar dargestellt;
aber man kann das auch bei Chladenius nachlesen. Ebenso hat die Vereinnahmung
des Mittelalters als nationale Ursprungsgeschichte im 19. und 20. Jahrhundert Historiker herausgefordert, diesen auf den ersten Blick so verlockenden Inanspruchnahmen von „passendem" Material intellektuelle Instrumente entgegenzusetzen,
mit denen sie die Logik der Ursprungserzählung untersuchen und beschreiben

konnten; etwa in den Arbeiten des großen tschechisch-schweizerischen Mediävisten František Graus. Auch auf diese Weise entstehen neue Forschungsgegenstände und neue Methoden in einer Fachdisziplin; nämlich unfreiwillig.

Wir armen Ritter der Mediävistik haben heute gar keine andere Wahl, als uns mit den künstlichen historischen Welten der Unterhaltungsindustrie und des Tourismus zu befassen; einfach, weil sie da sind. Wissenschaft ist kein unvermischter „reiner" Bereich inmitten einer korrumpierten Welt (übrigens selbst ein religiöses Erzählmuster). Wer heute die Entstehung der mittelalterlichen Eidgenossenschaft unterrichtet, kommt nicht darum herum, den mittelalterlichen Quellen (also etwa dem Bundesbrief und dem „Weissen Buch von Sarnen") all die machtvollen patriotischen Inszenierungen aus dem 19. und 20. Jahrhundert gegenüberzustellen, in denen Rütlischwur und Tellsprung durch Theaterstücke, Historiengemälde und Filme buchstäblich politische Wirklichkeit wurden. Aus dem selben Grund kann ein Hauptseminar über die Kreuzzüge nicht nur von Richard Löwenherz und Wilhelm von Tyrus handeln, sondern muss wenigstens in groben Zügen auch von der kolonialen Expansion des 19. Jahrhunderts sprechen, die den Begriff des „Kreuzzugs" überhaupt erst geschaffen hat. (In den mittelalterlichen Texten war von „Wallfahrten", wenn nicht noch schlichter von „iter", Reise, die Rede.) Aber diese Imaginationen haben in einem Spiegelkabinett von Retrofiktionen selbst wieder höchst reale Wirkungen gehabt: Von der Propaganda der Bush-Administration, die 2001 Al-Kaida und die Taliban als „medieval" bezeichnete, aber selbst zu „crusade" gegen den Terror aufrief, zurück zum Longseller „Ivanhoe" von Sir Walter Scott, seit 1822 in endlosen Remakes immer wieder neu adaptiert; von Ridley Scotts „Kingdom of Heaven" von 2005 bis zum Computerspiel, „Assassin's Creed" von 2006, das dem Ego-Shooter erlaubt, im rekonstruierten Jerusalem, Akko und Damaskus des Jahres 1191 zu jagen. Die Geschichte der Kreuzzüge ist auch die Geschichte ihrer Rezeption in der Moderne. Mittelaltergeschichte kann deswegen nie nur vom Mittelalter alleine handeln; sie ist nicht unvermischt oder unkorrumpiert zu haben.

5.   Die „ausgeweidete Vergangenheit"?

2007 ist in England ein Buch erschienen, das „Manifestos for History" heißt und von der Situation der Geschichtswissenschaft im 21. Jahrhundert handelt. Einer der Autoren, David Lowenthal, erzählt unter der Überschrift „Die ausgeweidete Vergangenheit" von einer Historikerin, die in der Sainte Chapelle in Paris von einer englischsprachigen Touristin angesprochen wird. „Was das für ein Ort sei?" Eine Kirche, vom Heiligen Ludwig erbaut. „Heiliger Ludwig?" fragt die Besucherin. „Ja, ein französischer König, der auf Kreuzzug ging ..." „Kreuzzug?" fragt die zurück. „Ja, er ging auf eine Reise übers Mittelmeer und brachte eine heilige Reliquie zurück, die Dornenkrone." „Dornenkrone?" fragt die Touristin wieder, noch verwirrter. An diesem Punkt gibt die Erzählerin auf; sie fühlte sich außerstande, die Bedeutung der Kirche jemandem zu erklären, die von den historischen Grundlagen ganz offensichtlich nicht die geringste Ahnung hatte, aber als Touristin in Paris unterwegs war.

Jeder, der sich professionell mit Geschichte beschäftigt, hat möglicherweise schon ähnliche Erlebnisse gehabt; und sehr viele Historikerinnen und Historiker auch in Europa und hier in der Schweiz würden in die kulturpessimistische Diagnose einstimmen, dass der Bezug zur Geschichte von Unterhaltungsindustrie und den digitalen Welten bedroht sei. Ich wäre mir da nicht so sicher. Ich glaube, dass das Verhältnis zwischen dem, was im Inneren der Geschichtswissenschaft als strenge, kritische Erforschung der Vergangenheit betrieben wird, und dem äußeren, alltäglichen Drumherum, dem Nicht-Wissenschaftlichen, also dem Kitsch, den Unterhaltungsfilmen und den Touristen um einiges komplizierter ausfällt, als es auf den ersten Blick scheint.

Denn so vertraut das Beispiel von Herrn Lowenthal auch klingt, stimmt es eigentlich? Sieht eine Touristin – unwissend – möglicherweise nicht ganz neue Dinge in einer gotischen Kirche, die jemandem, der seine Proseminare zur Geschichte des 13. Jahrhunderts brav absolviert hat, eventuell gar nicht auffallen? Denn tatsächlich ist das, was man heute in der Sainte Chapelle in Paris sieht, nicht einfach die ursprüngliche, Mitte des 13. Jahrhunderts gebaute Kirche. Im 17. Jahrhundert brannte sie komplett aus und war fast zweihundert Jahre Ruine. Mehr als die Hälfte der heute sichtbaren Bausubstanz – die großen Figuren, der Großteil der Glasfenster – stammt aus der Mitte des 19. Jahrhunderts, als die Kirche in einer damals komplett neuen und aufsehenerregenden Form restauriert und rekonstruiert wurde, nämlich farbig. Was die Touristin heute sieht, hat selbstverständlich viel mit Ludwig dem Heiligen, dem Kreuzzug und der Dornenkrone zu tun, aber mindestens ebenso mit dem Geschmack des 19. Jahrhunderts, der katholischen Reaktion auf die Verwüstungen der Französischen Revolution und vor allem mit dem modernen Massentourismus des 20. Jahrhunderts, der aus einer Kirche erst eine touristische Sehenswürdigkeit voller fotografierender Menschen macht (denn das ist ja nicht dasselbe). Und Lowenthals Berichterstatterin, die genervte und pessimistische Historikerin – was macht die eigentlich in der Sainte Chapelle?

Mittelalter kann nicht „rein" vermittelt und unterrichtet werden, ebensowenig, wie es „rein" oder „ursprünglich" erforscht werden kann. Es ist immer nur gemischt zu haben, vermengt mit seinen Inanspruchnahmen, Remakes und Reinszenierungen aus den letzten 250 Jahren. Schon ein kurzer Blick auf all den wunderbaren Tell-, Kreuzfahrer- und Stauferkitsch des 19. Jahrhunderts lehrt, dass diese Rekonstruktionen nicht unbedingt weniger interessant und schon gar nicht weniger komplex sind als die alten Materialien, von denen sie Gebrauch machen. Die Mediävistik wird sich in Zukunft mit diesen Geschichtsinszenierungen der Unterhaltungs- und Tourismusindustrien intensiv befassen, und nicht als Rand-, sondern als Kernthema der Fachdisziplin; und zwar einfach deswegen, weil wir als Wissenschaftler an der Wirklichkeit gemessen werden. Und Wirklichkeit, so eine praktische Definition, ist das, was nicht verschwindet, auch wenn man nicht daran glaubt[2].

---

2   Weiterführende Literatur: Thomas ASBRIDGE, Die Kreuzzüge. Aus dem Englischen von Susanne HELD, 2. Aufl., Stuttgart 2011; Marjorie GARBER, Academic Instincts, Princeton University Press 2001; Hans-Werner GOETZ – Jörg JARNUT (Hg.), Mediävistik im 21. Jahrhundert. Stand und Perspektiven der internationalen und interdisziplinären Mittelalterforschung, München 2003; Valentin GROEBNER, Das Mittelalter hört nicht auf. Über historisches Erzählen, München 2008; Geraldine HENG, Empire of Magic. Medieval Romance and the Politics of Cultural Fantasy, New York 2003; Bruce HOLSINGER, Neomedievalism, Neoconservatism, and the War on Terror, Chicago 2007; Guy MARCHAL, Schweizer Gebrauchsgeschichte. Geschichtsbilder, Mythenbildung und nationale Identität, Basel 2006; Kevin MEETHAN, Tourism in Global Society. Place, Culture and Consumption, Basingstoke 2001; Peter MORAW – Rudolf SCHIEFFER (Hg.), Die deutschsprachige Mediävistik im 20. Jahrhundert, Ostfildern 2005; Sue MORGAN – Keith JENKINS – Alan MUNSLOW (Hg.), Manifestos for History, London – New York 2007; Niklas LUHMANN, Selbststeuerung der Wissenschaft, in: DERS., Soziologische Aufklärung. Aufsätze zur Theorie sozialer Systeme, Opladen 1969, S. 233–252; Otto Gerhard OEXLE, Geschichtswissenschaft im Zeitalter des Historismus, Göttingen 1998; Marcus THOMSEN, Ein feuriger Herr des Anfangs. Kaiser Friedrich II. in der Auffassung der Nachwelt, Ostfildern 2005; Steven WATSON, Touring the Medieval. Tourism, Heritage and Medievalism in Northumbria, in: Tom SHIPPEY – Martin ARNOLD (Hg.), Appropriating the Middle Ages, Cambridge 2001, S. 239–261; Peter VON MOOS, Gefahren des Mittelalterbegriffs, in: Joachim HEINZLE (Hg.), Modernes Mittelalter, Frankfurt a.M. 1994, S. 33–63.

Autorinnen und Autoren

Nicola Brauch, Dr., Studienrätin im Hochschuldienst an der Albert-Ludwigs-Universität Freiburg, Rempartstraße 15, 79085 Freiburg

Thomas Martin Buck, Dr., Professor für Geschichte und ihre Didaktik an der Pädagogischen Hochschule Freiburg, Kunzenweg 21, 79117 Freiburg

Arnold Bühler, Dr., Oberstudienrat im Hochschuldienst an der Goethe-Universität Frankfurt am Main, Grüneburgplatz 1, 60629 Frankfurt am Main

Casimir Bumiller, Dr., freiberuflicher Historiker, Lehrbeauftragter am Historischen Seminar der Universität Basel, Hexentalstraße 32, 79283 Bollschweil

Martin Clauss, Privatdozent Dr., Akademischer Oberrat auf Zeit (Mittelalterliche Geschichte) am Institut für Geschichte der Universität Regensburg, Universitätsstraße 31, 93053 Regensburg

Hans-Joachim Fischer, Dr., Professor für Erziehungswissenschaft und Grundschulpädagogik an der Pädagogischen Hochschule Ludwigsburg, Reuteallee 46, 71634 Ludwigsburg

Hans-Werner Goetz, Dr., Professor für Mittelalterliche Geschichte an der Universität Hamburg, Fakultät für Geisteswissenschaften, Historisches Seminar, Von-Melle-Park 6, 20146 Hamburg

Christine Grieb, M.A., Doktorandin (Mittelalterliche Geschichte) am Institut für Geschichte der Universität Regensburg, Universitätsstraße 31, 93053 Regensburg

Valentin Groebner, Dr., Professor für Geschichte mit Schwerpunkt Mittelalter und Renaissance an der Universität Luzern, Kasernenplatz 3, 6000 Luzern

Simon Maria Hassemer, Stipendiat der Studienstiftung des deutschen Volkes und Doktorand in Mittelalterlicher Geschichte an der Albert-Ludwigs-Universität Freiburg, Rempartstraße 15, 79085 Freiburg

Carl Heinze, M.A., Doktorand an der Albert-Ludwigs-Universität Freiburg, Balanstraße 86, 81541 München

Wolfgang Hochbruck, Dr., Professor für Nordamerikanische Philologie und Kulturwissenschaft an der Albert-Ludwigs-Universität Freiburg, Rempartstraße 15, 79085 Freiburg

Karin Kneile-Klenk, Dr., Wissenschaftliche Mitarbeiterin am Institut für Politik- und Geschichtswissenschaft der Pädagogischen Hochschule Freiburg, Kunzenweg 21, 79117 Freiburg

Sven Kommer, Dr., Privatdozent für Medienpädagogik an der Pädagogischen Hochschule Freiburg, Kunzenweg 21, 79117 Freiburg

Heinz Krieg, Dr., Akademischer Rat an der Albert-Ludwigs-Universität Freiburg, Historisches Seminar, Abteilung Landesgeschichte, Werthmannstraße 8, 79085 Freiburg

Christian Kuchler, Dr., Akademischer Rat in der Abteilung Didaktik der Geschichte an der Universität Regensburg, Universitätsstraße 31, 93053 Regensburg

Gerhild Löffler, StD, Gymnasiallehrerin, Fachberaterin für Geschichte am Regierungspräsidium Freiburg und Lehrbeauftragte am Staatlichen Seminar für Didaktik und Lehrerbildung Freiburg, Bertoldstraße 55, 79098 Freiburg

Bea Lundt, Dr., Professorin für mittelalterliche Geschichte und für Didaktik der Geschichte an der Universität Flensburg, Auf dem Campus 1, 24943 Flensburg

Ulrich Mayer, Dr., Professor i.R. für Didaktik der Geschichte an der Universität Kassel, Am Pfingstwäldchen 52, 35578 Wetzlar

Sven Pflefka, Dr., Privatdozent für Didaktik der Geschichte an der Friedrich-Alexander-Universität Erlangen-Nürnberg, Kochstraße 4/II, Postfach 8, 91054 Erlangen

Jörg Schwarz, Privatdozent Dr., Akademischer Rat an der Ludwig-Maximilians-Universität München, Geschwister-Scholl-Platz 1, 80539 München

Friederike Stöckle, Studienreferendarin für das Lehramt an Gymnasien in Oldenburg, Institut für Geschichte der Universität Oldenburg, Ammerländer Heerstraße 114–118, 26129 Oldenburg

Register

Das nachstehende Register erfasst Personen und Sachen, wobei historische Namen und Persönlichkeiten (z.B. Karl der Große oder Richard Löwenherz) in alphabetischer Reihenfolge der Vornamen eingeordnet sind. Der Umlaut ist bei der Einreihung berücksichtigt, so dass also z.B. Jörn Rüsen vor dem spätmittelalterliche König Ruprecht erscheint.

1. Personen

2. **Sachen**

Waxmann

Horst Bayrhuber,
Ute Harms, Bernhard Muszynski,
Bernd Ralle, Martin Rothgangel,
Lutz-Helmut Schön, Helmut J. Vollmer,
Hans-Georg Weigand (Hrsg.)

Empirische Fundierung in den Fachdidaktiken

Fachdidaktische Forschungen, Band 1
2011, 280 Seiten, br., 29,90 €, ISBN 978-3-8309-2448-7

Durch empirische Forschung fundiertes Wissen der Lehrkräfte, so belegen internationale Studien, ist maßgeblich für die Qualität ihres Lehrprozesses verantwortlich.

Dieser Band gibt detaillierte Einblicke in verschiedene fachdidaktische Forschungsprojekte und zeigt auf, welches zurzeit wichtige Fragestellungen in den einzelnen Fachdidaktiken sind, mit welchen Verfahren und Methoden sie angegangen werden und wie die Ergebnisse zu beurteilen sind – insbesondere im Hinblick auf die Gestaltung und Verbesserung unterrichtlicher Praxis innerhalb der einzelnen Fächer.

In vierzehn Beiträgen werden empirische Studien aus dem gesamten Spektrum der universitären Fachdidaktik vorgestellt und deren Ergebnisse diskutiert. Der Band eignet sich daher für einführende Veranstaltungen in die Fachdidaktik ebenso wie für forschungsorientierte Seminare und Veranstaltungen innerhalb und außerhalb der Ausbildungsinstitutionen.

MÜNSTER · NEW YORK · MÜNCHEN · BERLIN

Stefan Burmeister,
Nils Müller-Scheeßel (Hrsg.)

Fluchtpunkt Geschichte

Archäologie und Geschichtswissenschaft
im Dialog

Tübinger Archäologische Taschenbücher, Band 9
2010, 310 Seiten, br., 24,90 €, ISBN 978-3-8309-2437-1

In den 1970er und 1980er Jahren fand noch ein recht reger Austausch zwischen Archäologie und Geschichtswissenschaft über Fragen der Zusammenarbeit statt. Dabei bildete sich der Konsens, dass die einstmals als Handlungsmaxime ausgegebene Parole des „Getrennt marschieren, vereint schlagen!" nicht als methodologischer Leitfaden für die interdisziplinäre Zusammenarbeit taugt. Leider ist der Austausch über die Grundlagen der Interdisziplinarität zwischen den Fächern seitdem fast vollständig abgeebbt und findet allenfalls noch im Bereich der Archäologie des Mittelalters und der Neuzeit statt.

Dieser aus einer Tagung im Jahr 2007 hervorgegangene Band hat das explizite Ziel, den eingeschlafenen Dialog neu zu beleben und den gemeinsamen Fluchtpunkt von Archäologie und Geschichtswissenschaft wiederzufinden. Der Band versammelt 14 Beiträge von Vertretern der Geschichtswissenschaft und der Prähistorischen Archäologie, der Ägyptologie und der Vorderasiatischen Archäologie, die die Quellenproblematiken der jeweiligen Disziplinen genauso wie konkrete Schwierigkeiten bei der interdisziplinären Zusammenarbeit diskutieren.

Waxmann

MÜNSTER · NEW YORK · MÜNCHEN · BERLIN

Michael Doering

Das sperrige Erbe

Die Revolutionen von 1848/49
im Spiegel deutscher
Schulgeschichtsbücher (1890–1945)

Internationale Hochschulschriften, Band 518
2008, 562 Seiten, br., 39,90 €, ISBN 978-3-8309-2074-8

Schulbücher bedürfen seit ihrer nachhaltigen „Verstaatlichung",
insbesondere seit der Neuordnung des Bildungswesens im Zuge der
Preußischen Reformen zu Beginn des 19. Jahrhunderts der expliziten
staatlichen Genehmigung. Von hervorstechender Brisanz war (und
ist) dies für das Schulfach Geschichte als primär politischem Fach.
Geschichtsdarstellung und -vermittlung im Schulbuch fungiert ergo
zugleich als amtlich verordnete, quasi offizielle Biographie eines
Volkes.

Aus heutiger Sicht machte die Revolution von 1848/49 für die
Geschichte des deutschen Volkes wie für das demokratische Selbstverständnis der Bundesrepublik unwidersprochen und identitäts-
stiftend Epoche. Welche Bedeutung hingegen Schulbuchautoren und
Aufsichtsbehörden in früheren Phasen deutscher Staatlichkeit diesem
zentralen Ereignis beimaßen, ist von prägnantem Aufschluss für deren
Sicht auf Gesellschaftsstruktur, Volkssouveränität, Modernisierungs-
zwang, Nationalverständnis, im weiteren Sinne auch für Vorstellungen über ethische Erziehungsziele.

Diese Untersuchung zeigt Kontinuität und Wandel in den offiziösen
Geschichtsbildern auf, die Schulgeschichtsbücher des Wilhelmini-
schen Kaiserreiches, der Weimarer Republik und der nationalsozialistischen Diktatur ihren jeweils heranwachsenden Generationen
von den Volkserhebungen 1848/49 vermittelten. Sie will damit der
Rekonstruktion von Wertvorstellungen historischer Gesellschaften
und der Transparentmachung menschlicher Handlungsdispositionen
in Umbruchsituationen dienen und einen Beitrag zur Erforschung der
Kategorie „Geschichtsbewusstsein" leisten.